颐明遗文集

顾明远文集

第六卷

中国教育的文化基础
中国教育路在何方

顾明远 著
姜英敏 整理

北京师范大学出版集团
BEIJING NORMAL UNIVERSITY PUBLISHING GROUP
北京师范大学出版社

目　录

中国教育的文化基础

中国教育路在何方

顾明远教育漫谈

上　编

下　编

中国教育的文化基础[*]

* 原由山西教育出版社2004年出版。

前　言

　　一些教育问题常常困扰着我：为什么素质教育在我国如此难以推行？为什么学历主义在中国人头脑中经久不衰？为什么职业技术教育在我国发展不起来？近些年来我国大力提倡教师和家长都要转变教育观念，但转变什么观念？旧的观念产生的根源是什么？新的观念又如何才能产生？改革开放以来，我们引进了外国的许多教育理论和思潮，哪些理论切合我国的国情？又如何使它本土化？思来想去，我觉得这些问题都与中国的文化传统有关。十多年前我就萌发了研究教育和文化的关系的念头。我觉得，教育犹如一条大河，而文化就是河的源头和不断注入河中的活水，研究教育不研究文化，就只知道这条河的表面形态，摸不着它的本质特征，只有彻底把握住它的源头和流淌了5 000年的活水，才能彻底地认识中国教育的精髓和本质。

　　但是真的做起来，就觉得力不胜任。原因是我的文化底子太薄弱。为了弥补不足，我曾努力读书，收集资料，但由于年龄已长，记忆力衰退，看了后面，忘了前面。特别是因为杂事缠身，精力分散，不能集中起来写作，所以拖了十年之久，才动起笔来。2003年，我利用"非典"（"非典型肺炎"的简称）的非常时期，关在家里长达两个半月，总算完成了一个初稿。本稿只能说是一部读书笔记，尤其是有关文化的部分，主要是借用了别人研究的成果，并无多少自己的见地。关于教育方面，也只做了一些梳理，谈了一些自己的观点，并未能解决上述问题。现在拿出来出版，一方面是向北京市教育科学规划领导小组办公室交差，另一方面是向同行们求教。

绪　论

教育是什么？提出这个问题，似乎有点可笑。但是，即使是教育理论界，对什么是教育也众说纷纭。

先从被大家称为"教育学之父"的夸美纽斯说起。他认为，人人具有知识、德行和虔信的种子，但这种子不能自发地生长，需要凭借教育的力量，"只有受过恰当教育之后，人才能成为一个人"[①]。夸美纽斯没有给教育直接下定义，但很明显，上面的话是对教育的一种解释。这里面包含着宗教的影响，他认为人的天赋是由上帝创造的，三颗种子"自然存在我们的身上"，教育则使这些种子发芽生长。他的学说可以称为"生长说"。

夸美纽斯（1592—1670），捷克教育家。从小深受宗教影响。他是世界上最早提出普及教育思想的教育家。他依据自然秩序的原理，提出目标明确、互相衔接的教育体系；强调教学论就是把"一切事物"教给"一切人"的重要手段，提出了直观性原则、彻底性原则、自觉积极性原则、系统性原则、循序渐进性原则和量力性原则等教育原则。

[①]［捷］夸美纽斯：《大教学论》，傅任敢译，39页，北京，人民教育出版社，1984。

英国教育家洛克则主张"人心没有天赋的原则""人心是白纸",教育能使儿童掌握知识和德行。有人称此说为"白板说"。

法国教育家卢梭则提倡"自然教育",教育的任务应该使儿童"归于自然",培养自然的人、自由的人。

德国教育家赫尔巴特提出了作为独立的一门科学的教育学的理论体系。他说:"教育学以学生的可塑性作为其基本概念。"[①]"教育学作为一种科学,是以实践哲学和心理学为基础的。前者说明教育的目的;后者说明教育的途径、手段与障碍。"[②]他的教育目的就是"德行",同时"通过教学来进行教育"。因此他认为,不存在"无教学的教育"和"无教育的教学"。[③]

俄国教育家乌申斯基则把教育分为广义和狭义两种:狭义的教育概念中,学校、负实际责任的教师是教育者;广义的教育概念是无意识的教育,大自然、家庭、社会、人民及其宗教和语言都是教育者。他认为:"完善的教育可

赫尔巴特(1776—1841),德国哲学家、心理学家和教育家。赫尔巴特的教育学以伦理学和心理学为基础,把教学过程分为管理、教学、教育三个阶段。他认为教学应以学生多方面的兴趣为基础,进而把兴趣分为经验、思辨、审美、国情、社会、宗教六个方面。赫尔巴特的教育思想对欧美的中学教育,尤其是古典中学教育影响很大。他的门徒齐勒、莱因等人在老师的基础上总结出了"五段教授法",在世界范围内曾产生较大影响。

---

① [德]赫尔巴特:《普通教育学·教育学讲授纲要》,李其龙译,190页,北京,人民教育出版社,1989。

② [德]赫尔巴特:《普通教育学·教育学讲授纲要》,李其龙译,190页,北京,人民教育出版社,1989。

③ [德]赫尔巴特:《普通教育学·教育学讲授纲要》,李其龙译,12~13页,北京,人民教育出版社,1989。

能使人类的身体的、智力的和道德的力量得到广泛的发挥。"[①]

美国教育家杜威从实用主义经验论出发,主张"教育即生长"。他给教育下过一个定义:"教育就是经验的改造或改组。这种改造或改组,既能增加经验的意义,又能提高后来经验进程的能力。"[②]杜威理解的教育也是"生长说",但与夸美纽斯的"生长说"有所不同。杜威把教育建立在儿童的经验上,虽然他认为儿童的经验是建立在他的原始本能上的,但又认为经验是人的有机体与环境互相作用的结果。

从以上简要介绍中可以看出,历史上各国教育家对教育的理解和诠释各不相同。他们都是在不同的历史背景下,根据自己的哲学观点和教育实践提出对教育的理解和诠释。他们都没有给教育下完整的定义,主要是从教育的作用和教育的目的这两个角度提出教育是什么。这里面还包含着对人的本质、人的先天素质与后天获得的不同认识等。

中国教育界长期以来受孔孟教育思想的影响。孟子说:"得天下英才而教育之,三乐也。"(《孟子·尽心上》)《说文解字》称:"教,上所施,下所效也。"韩愈的《师说》说得更明确,教师的任务就是"传道、授业、解惑",这也就是教育。新中国成立以后,我们学习苏联,最早接触的教育定义是加里宁提出的:"教育是对于受教育者心理上所施行的一种确定的、有目的的和有系统的感化作用,以便在受教育者的身心上,养成教育者所希望的品质。"[③]凯洛夫主编的《教育学》中没有提一般教育的定义,只提共产主义教育,给教育赋予了阶级的内容。他在书中写道:教育是社会的和历史的过程,它在阶级社会里是具有阶级

---

① [俄]乌申斯基:《人是教育的对象》第1卷,李子卓等译,12页,北京,科学出版社,1959。
② [美]约翰·杜威:《杜威教育论著选》,赵祥麟、王承绪译,159页,上海,华东师范大学出版社,1981。
③ [苏联]加里宁:《论共产主义教育》,88页,莫斯科,外国文书籍出版局,1949。

性的。"共产主义的教养，是有目的地、有计划地实现着青年一代底造就，使他们去积极参加共产主义社会底建设和积极捍卫建立这个社会的苏维埃国家。"[1]长期以来我们接受了这个观点，认为教育是有目的、有计划地培养年青一代的活动，它具有历史性、阶级性，是上层建筑。

《中国大百科全书·教育》，新中国成立以来组织出版的规模最大的一部教育类百科全书。该书由中国大百科全书出版社出版。

1978年，我国教育界展开了一场教育本质的大争论，争论的焦点集中在教育的本质属性上：教育是上层建筑，还是生产力，有多种属性，但没有统一的结论。因此，各种教科书中有不同的定义。

下面，我们列举具有权威性的几种定义（只选广义的）来分析一下。

第一，教育是培养人的一种社会现象，是传递生产经验和社会生活经验的必要手段。（《中国大百科全书·教育》）

第二，教育传递社会生活经验并培养人的社会活动。通常认为，广义的教育，泛指影响人们知识、技能、身心健康、思想品德的形成和发展的各种活动。（顾明远主编的《教育大辞典》）

第三，广义的教育是泛指一切增进人们知识、技能、身体健康，以及形成或改变人们思想意识的活动。（南京师范大学教育系编的《教育学》）

第四，教育是一种社会活动，它区别于其他社会事物的本质属性就是人的培养。（潘懋元主编的《高等教育学》）

以上定义可以算作一个大类，这类定义有两个特点。一是从现象学的角度提出：教育是一种社会活动或社会现象；教育的本质是培养人。二是从教育者出发，强调教育者对受教育者的影响，培养教育者所希望

---

① ［苏联］凯洛夫：《教育学》上册，沈颖、南致善等译，21页，北京，新华书店，1950。

培养出的人。这类定义很少讲到受教育者本人在教育过程中的作用和他们的自我发展。《中国大百科全书·教育》把教育视作传递生产经验和社会生活经验的手段，更加突出了教育者的作用，却没有提到学生在教育过程中的作用。

1979年，于光远先生提出把教育学分为教育现象学和教育认识学：研究教育发生、发展过程的为教育现象学，研究教育发展规律的为教育认识学。他还提出教育的三体论，即主体、客体、环境，三体互相作用。我当时不大同意他的三体论，因为以哲学的观点看，无论是对学生还是对教师来讲，都只能是二体论。如果以学生为主体，则教师、环境都是客体；如果以教师为主体，则学生、环境是客体。但是从教育过程的基本要素来讲，确实有学生、教师、环境三个要素，把三个要素叫作三体，也无不可。于光远的这种认识克服了只从现象学角度来看教育的片面性，同时提出了受教育者（学生）在教育中应有的地位。

1981年，我在《江苏教育》第10期上发表了《学生既是教育的客体，又是教育的主体》一文，引起了教育界的争论。争论的焦点是教育过程中以谁为主，是以学生为主还是以教师为主。学生也是教育的主体的提法与教师起主导作用的传统教育观念相矛盾。这实际上涉及对教育的理解和诠释问题，也就是冲击了传统的教育观念。需要指出的是，随着教育改革的深入和国外教育理念的引入，学生在教育中的主体地位这一观念得到了大多数教育工作者的认同。

随着教育理论界对学生主体性的张扬，20世纪90年代中期，项贤明提出泛教育理论。他在《泛教育论——广义教育学的初步探索》中说："教育是作为主体的人在共同的社会生活过程中开发、占有和消化人的发展资源，从而生成特定的、完整的、社会的个人的过程。"[1]这就完全

---

[1] 项贤明：《泛教育论——广义教育学的初步探索》，151页，太原，山西教育出版社，2002。

从学生的发展角度来看教育了。他认为，人的生长发展在本质上是一种生命现象，同无机界的简单变化不同，它的本质特性就是主动地"生长"，而且是所有生命的生长中最高级、最复杂的，因此，来自外部的"改造"不足以全面概括教育这种人成为人的活动的本质，全面的教育观应当是内在地包含了"改造"的"生成"教育观。[①]这种教育观实际上与杜威的教育观相似。在教育中强调学生主体的生长是必要的，但完全否认外部的影响，特别是忽视教师的作用，"泛教育"就变成没有教育了。人的成长与教育密不可分，但把"人成为人"的全部活动都说成是教育，那么，教育就变成涵盖人类一切活动的活动了。

20世纪90年代末，在全国一片对"应试教育"的声讨中，什么是教育又被人重新提出来。以保定吴宗璜为首的"主客体关系学"研究课题组就写了一本书——《教育是什么——智能的积累遗传》（2000年出版），试图用主客体关系的理论来论述教育问题。他们认为，人与其他生物一样，总是力争生存和发展；要生存和发展，就要趋利避害，因此，"教育属于人的趋利避害的活动"。他们构建了一套理论，认为主客体的关系就是"一元四系"。"一元"指主客体的存在，"四系"是指部整系、因果系、共性系、相似系。主客体关系学认为，所谓生物的进化，主要是指其调节主客体关系"功能"的进化。这种调节功能由两部分组成：一是主体内部的信息处理功能；二是外部的趋利避害功能。信息处理功能又分为三个等级：第一等级是感应，第二等级是感知，第三等级是思维。趋利避害功能与之相对应，也有三个等级：第一是适应，第二是利用，第三是创造。而生物的调节功能是衡量生物进化程度的主要标志。微生物和植物已具有感应—适应功能；动物具有感应—适应和感知—利用功能；而具有思维—创造功能的就是人。思维—创造功能就是头脑的

---

① 项贤明：《泛教育论——广义教育学的初步探索》，151页，太原，山西教育出版社，2002。

智力或通常所说的"智能"。生物还具有积累遗传的功能，即把前代获得的信息处理和趋利避害的功能进行积累并遗传给后代的功能。所以他们认为，"人的教育，或者狭义的教育，应该定义为'智能的积累遗传'，这是人的教育的基本特征，也是人的教育的'本质'"。该书认为，当今的教育，由于思维—智力的机制和规律还没有像基因遗传的机制和规律那样已经被揭示和掌握，所以人的教育只能停留在人们可以认识和把握的外在行为的教育（传授）水平上。该书断言，"当今人的教育，本质上还是动物式的教育"。传统教育是"传授知识—接受知识"的教育，新型教育模式应是"开发智力—培养创新"的模式。①

上述观点虽然给我们很多启发，但把复杂的教育简单地生物学化了。首先，该书认为动物也有教育。这是一个有争议的问题。教育理论界一般认为，教育是人类特有的活动，是有目的、有意识的活动，而动物是没有意识的。其次，把传统教育说成是动物式的教育很不合适。远古的教育对人类的生存和发展起到了重要的作用，任何人也不能抹杀过去的教育（即传统教育）对人类文明的进步做出的贡献。把传统教育说成是"动物式的教育"，是不是意味着我们今天还没有人类文明，还处在"动物式"的生活中？今天我们批判传统教育，并不是否定它的一切，而只是说它不符合当今时代的要求，不能培养现代化所需要的有创新精神和能力的人。最后，把教育说成是"智能的积累遗传"也失之偏颇。发展人的智能，只是教育的一个任务，还不是教育的全部。教育要使受教育者的脑力和体力都得到充分的发展，在德智体诸方面都得到发展。

从以上关于教育的定义和观点可以看出，什么是教育，或者说教育是什么，至今还没有较为一致的看法。定义者总是从某一视角提出对教

---

① "主客体关系学系列丛书"撰写组：《教育是什么——智能的积累遗传》，北京，商务印书馆，2000。

育的理解。有的从教育现象的角度，指出教育是一种社会活动；有的从教育目的的角度，说教育的本质是培养人的活动；有的从教育内容的角度，提出教育是传递生产经验和生活经验的活动；更有人从人的生长的角度，主张教育即生长。虽然自从有了人类社会就有了教育，且人人都受过一定的教育，但要对教育下一个科学的定义不是一件容易的事情。学术界对教育的本质属性有各种不同的解释，这是因为，教育既具有永恒性，又具有历史性。历史包括两个方面：一是纵向的，不同时代对教育有不同的要求，不同时代、不同利益集团的人群又对教育有不同的认识；二是横向的，不同的民族、不同的国家历史传统、文化背景不同，从而对教育有不同的认识。以上这些还只是对教育的理解，至于对教育的目的、内容、方法，对教育各要素及其相互关系的理解，更因为时代的变迁、民族文化的不同而很不相同。每个国家或民族都有自己的教育传统，每一个时代，这种教育传统又会有变化。教育的复杂性就在于此。它不像生理学或者医学那样，生理学和医学是研究人的生长发育、疾病治疗的，各地区、各民族人体之间的差异极小，有共同规律可循。教育却复杂得多，虽然也有共同规律，但各国各民族的教育传统差异很大。这是因为教育是人类的一种社会活动，它受人类的其他活动的影响很大，特别是不同文化对教育的影响。

正是基于上述原因，我深深地感到，要想认识和理解一个国家或一个民族的教育，非了解和认识该国、该民族的文化不可。于是，我选择了教育与文化这个研究课题。"八五""九五"规划期间，我们从比较教育的角度研究了"民族文化传统与教育现代化"问题，对几个主要的发达国家的文化和教育传统做了一些探讨。本书将着重研究影响中国教育的文化基础。认识别国的教育是为了更好地认识本国的教育、改进本国的教育。但为了借鉴别国的经验，就必须对自己有所了解。就像人体输血一样，要想输入别人的血液，就必须知道自己的血型；要进行器官移植，就必须知道自己的机体有无排异反应。同时，我们在教育实践中天天喊教育观念的转变，但哪些观念需要转变，向哪个方向转变，怎样才能转变，并不是很清楚。要清楚地认识这些问题，就必须研究中国教育与中国文化的关系。

这个课题对我来讲是特别困难的。"八五""九五"规划期间，我主要做的是国际比较，虽然基本上完成了，但感到很不深入。这种比较可以长期做下去，而且需要做一些实地考察工作，才能真正理解一个国家、一个民族文化的特质，从而理解它对该国、该民族教育的影响。这次要研究中国教育的文化基础，就要对中国文化有深入的研究。这在我是比较难的，但又感到这个问题很重要。如果不了解中国文化对中国教育的影响，就不可能了解中国教育的特质，就不能把握在教育现代化过程中如何进行教育改革，特别是传统教育观念的转变。因此，我只能采取边学习边研究的方法，有些问题，特别是关于文化的问题，我只能说是了解了一点皮毛，文中写到的只是我个人的学习笔记而已，主要的目的是想把这个问题提出来，引起学术界的重视。

第一章　教育与文化

　　研究一种教育，必须研究产生它的文化基础。20世纪初，英国比较教育家萨德勒（Michael Sadler，1861—1943）就认为，孤立地研究教育是不对的，必须重视教育的文化背景，研究决定教育的各种因素。德国的施奈德（Friedrich Schneider，1881—1974）和英国的汉斯（Nicholas Hans，1888—1969）建立了比较教育的因素分析法。他们认为，影响教育的因素有国民性、地理位置、文化、经济、科学等。汉斯把影响各国教育的因素分为三类：一、自然因素，其中包括种族因素、语言因素、地理因素和经济因素等；二、宗教因素，其中包括天主教传统、圣公会传统和清教徒传统等因素；三、世俗因素，其中包括人文主义、社会主义、民族主义、民主主义等因素。[1]这种分类是以西方文明为中心的，并不科学。值得注意的是，他提出了影响教育的因素的复杂性。我们如果从人类的基本社会活动来分析，影响教育的因素应该分为政治因素、经济（生产）因素、文化因素等，其中，文化因素对教育的影响尤为深刻，尤为持久。从许多国家的教育发展历程可以看到，政治变革了，经济结构也改变了，但教育制度，特别是教育理念没有太大的变化。因此，只有研究影响某种教育的文化因素，才能理解某种教育的本质。今

---

① 参见王承绪、顾明远：《比较教育》（第3版），7页，北京，人民教育出版社，1999。

天，我们要创建有中国特色的社会主义教育体系（包括理论体系），就不能不研究中国教育赖以发生和发展的文化基础。

第一节　有关文化的各种界说和文化的特性

文化的各种界说

为了弄清楚教育与文化的关系，首先要弄清楚什么叫文化，如何理解文化。文化是一个有广泛内涵的概念，据说学术界对文化的定义已有200多种。有的说，文化是一种生活样态；有的说，文化是人类创造的物质和精神成果的总和；有的专指精神成果。梁漱溟说："你且看文化是什么东西呢？不过是那一民族的生活的样法罢了。"[①]他又说："文化，就是吾人生活所依靠之一切。"[②]他和钱穆的说法很相似。钱穆在《文化与生活》中说："文化必由人类生活开始，没有人生，就没有文化。文化即是人类生活之大整体，汇集起人类生活之全体即是文化。"[③]他在《中国历史研究法》一书中又说："文化是全部历史之整体。""换言之，文化即是人生。此所谓人生，非指各人之分别人生，乃指大群体之全人生，即由大群体所共同集合而成的人生，包

梁漱溟（1893—1988），中国现代哲学家、教育家。乡村建设理论是作为教育家的梁漱溟所提出的重要的理论命题，他强调"教育即乡村建设"，认为中国的乡村和中国的"民族精神"是中国社会和文化的根本。

① 梁漱溟：《东西文化及其哲学》，见《中国现代学术经典·梁漱溟卷》，33页，石家庄，河北教育出版社，1996。
② 梁漱溟：《中国文化要义》，见《中国现代学术经典·梁漱溟卷》，237页，石家庄，河北教育出版社，1996。
③ 钱穆：《文化与生活》，见《中华文化之特质》，22页，台北，世界书局，1969。

括人生之各方面、各部门，无论物质的、精神的均在内，此始为大群体人生的总全体。"①这就是说，一个群体的全部生活和他们所创造的一切财富都是文化。但是，他在《中国文化史导论》一书中又把文化与文明分开来说。他说："大体文明文化，皆指人类群体生活而言。文明论在外，属物质方面。文化论在内，属精神方面。故文明可以向外传播与接受，文化则必由其群体内部精神累积而产生。"他还说："文化可以产出文明来，文明却不一定能产出文化来。"②他这里说的文化又仅指精神成果了。可以看出，梁氏、钱氏的说法也有不一致的地方。且钱穆认为文化是人生的全部，而梁漱溟则认为文化是人生依靠的一切，其中也小有差别。赵雅博则认为："文化之本质要义，乃是改变自然与改变自己的原始状态，而予以新的状况。更恰切地说，乃是将在自然中或自己中所潜藏的作用或能力发挥出来，也就是人使用自己的能力——理智意志感官，来使潜存于自己或自然中的潜能成为现实，其目的是在于使人自己得到与自己原始状态的不同的改变，使自己成为比原始状态更好的情况……"③这种改变可以理解为物质和精神两个方面。以上这些界说从不同的角度来理解文化这个复杂的概念，都是有道理的。他们的提法不同，但有一点是相同的，即都是指人类的活动及其结果。

我更赞成张岱年、程宜山两位先生在《中国文化与文化论争》一书中给文化下的这样一个定义："文化是人类在处理人和世界关系中所采取的精神活动与实践活动的方式及其所创造出来的物质和精神成果的总和，是活动方式与活动成果的辩证统一。"④这个定义强调了人类活动方

① 钱穆：《中国历史研究法》，北京，生活·读书·新知三联书店，2001。
② 钱穆：《中国文化史导论》，5页，台北，台湾商务印书馆，1993。
③ 赵雅博：《中国文化与现代化》，1页，台北，黎明文化事业公司，1992。
④ 张岱年、程宜山：《中国文化与文化论争》，2页，北京，中国人民大学出版社，1990。

式（动态的）和活动成果（静态的）的统一；活动成果既包含物质成果，又包含精神成果；人类的活动方式又包括了精神活动和实践活动两个方面；人类的活动方式本身也是文化，不仅是他的活动成果。这就比其他的定义更全面。

张岱年（1909—2004），中国现代哲学家，北京大学教授。著有《中国哲学大纲》《中国哲学发微》《中国哲学史方法论发凡》等。

文化的特性

文化是一个不断发展、不断创造的过程，可以把它叫作文化的时代性。钱穆把人类文化分为游牧文化、农耕文化、商业文化三种类型，并对之做出了自己的解释。不论他的分类是否科学、解释是否恰当，有一点是对的，即文化是随着时代的变化和社会的发展而不断变迁的。游牧时代有游牧文化，农耕时代有农耕文化，人类进入工业社会则有工业文化或商业文化。人类现在正迈向信息化时代，人类文化也将进入一个新时代。这种变迁是在人类的精神活动和实践活动中完成的。一方面，人类的活动是文化变迁的动力和源泉，这是文化变迁的一个方面；另一方面，文化的变迁，或者叫文化的创造是在旧有的文化，亦即传统文化的基础上进行的，不可能脱离传统文化，凭空创造出一种新文化。新文化可以对旧文化加以改造、扬弃，却无法脱离旧文化的基础。就像一个生物体的新生命一样，虽然脱离了母体，与母体完全不同，但是总带着母体的基因。这是因为人类的精神活动和实践活动总是在原有的文化环境中进行的，人类不可能生活在文化的真空中，新文化也不可能从文化的真空中创造出来。也正是因为文化具有这种继承性、变迁性，我们今天才对文化研究有这么高的热情。

文化具有民族性的特点。文化总是由某个民族或种族所创造的，而一个民族或种族的特性也较多地集中表现在他们所具有的文化中，也就是梁漱溟所说的"民族生活的样法"①。因此,"文化传统"和"民族文化传统"可以是同义词。由于世界各民族所处的历史时期不同,自然社会环境不同,对自然界和社会各种现象的认识和理解不同,因而他们创造出了各自不同的文化。古代社会有五大文明形态,即古埃及文明、古印度文明、古巴比伦文明、古希腊文明、中国文明。经过几千年的历史变迁,由于战争和其他原因,有些文明衰落了。希腊文明成了西方文化的源头,东方的中国文明却一直延续到今天。随着民族国家的出现,文化的民族性表现得越发强烈,这是对不同民族国家而言的。在同一个民族国家,在阶级社会,由于一个民族中存在着阶级和阶层,因而一个民族的文化也不是单一的。列宁认为,每一种民族文化中都有两类不同的文化。他说:"每个民族的文化里面,都有一些哪怕是还不大发达的民主主义和社会主义的文化成分,因为每个民族里面都有劳动群众和被剥削群众,他们的生活条件必然会产生民主主义的和社会主义的思想体系。但是每个民族里面也都有资产阶级的文化(大多数的民族里还有黑帮和教权派的文化),而且这不仅是一些'成分',而是占统治地位的文化。"②从民族文化内部来说,他们有着不同的文化成分,但从民族之间来说,每个民族文化又都具有自己的民族特性。因此,民族文化中存在着主流文化和非主流文化,多民族国家中还存在多种民族文化,但必定有一种主流文化代表着一个国家民族的整体文化。

文化的时代性和文化的民族性,是文化的两大特性。文化的时代性说明文化是随着时代的变迁而变迁的,也可以叫作文化的变异性。这种文化的变迁说明了文化的动态性,它要随着社会经济、政治、科技等的变革而不断变化,以适应时代的要求。正是这种变异性,文化才能

---

① 梁漱溟:《东西文化及其哲学》,见《中国现代学术经典·梁漱溟卷》,33页,石家庄,河北教育出版社,1996。

② 《列宁全集》第20卷,6页,北京,人民出版社,1958。

不断进步，与时代同行。如果一个民族的文化不能跟上时代的步伐前进，这个民族的文化就会衰退，甚至消失。古代五大文明中有些文明之所以消失，就是因为或遭外族入侵，或是不能适应时代的变革，而被别样的文化替代。文化的民族性则又说明文化具有相对的稳定性、持续性，甚至相对的凝固性，即不易变革的特性。正是这种稳定性、持续性，才形成了民族文化传统。但变革是绝对的，稳定是相对的。只有随着时代而变革，才能确保民族文化的生命力，文化的特性才能保持下来。

文化的变迁有渐变和突变两种方式。文化的渐变是从文化内部逐渐发生的，或者因为生产力的发展而引起生活方式的变化，或者在与外族贸易交往中逐渐吸收外族的文化要素。文化的突变表现在社会剧烈变革的时代。例如，欧洲的文艺复兴，推翻了中世纪的宗教文化，复兴了古代文明，开启了工业文化；美国的独立战争，推翻了欧洲的某些文化传统，逐渐建立起美国文化；中国的新民主主义革命推翻了半殖民地半封建的文化传统，开始建立社会主义新文化。但是，这些变迁并没有抛弃原有民族文化的传统。美国文化仍然是欧洲文化的继续，中国的社会主义新文化仍然保存着中华文化的传统。所以说，民族文化具有某种凝固性。有时候在社会剧烈变革中某些文化因素表面上消失了，但在适当的环境下又会复活。例如，俄罗斯的东正教传统，十月革命后似乎消失了，但是在70多年以后，苏联一解体，很快又复活起来。在漫长的历史进程中，文化的变迁总是逐渐地进行的。有时是通过贸易交往，有时是通过民族间的战争，最后达到文化的冲突与融合。例如，中国与欧洲的贸易，通过丝绸之路把中国的"四大发明"传到欧洲，同时也带回了欧洲的文明。古代欧洲的连年战争，也曾使罗马文化传遍欧洲。

一个民族文化变迁的动力可以来自外部压力，也可以来自内部。众所周知，埃及是文明古国，因为罗马入侵，古埃及文明消失了，到7世纪中叶，埃及逐渐建立起了伊斯兰文化，但古埃及人创造的先进的科学技术和灿烂的文学艺术流传至今，仍是人类文化的宝贵遗产。在中国，西学东渐也是在列强的炮舰下逐渐展开的。在鸦片战争之前，中国虽然也在吸纳着其他民族文化，但是数量极少，也没有涉及中国文化的本质。鸦片战争以后，洋务运动也好，变法维新也好，都不得不直面西方文化，从而引发中西文化的尖锐冲突。在这场冲突中，不论采取什么政策，"中学为体，西学为用"也好，"师夷之长技以制夷"也好，都不能避免中国文化的变迁。另一种变迁的动力来自文化的内部，即一种民族文化为了适应时代的变化而不断变化。例如，古埃及文字原来是楔形文字，后来由于科学技术的发展、生产生活的需要，逐渐为拼音文字所代替，从而促进了古埃及文化的进步。人类从游牧文化发展到今天的工业文化、信息文化，也是文化内部的动力引起的变迁。中国近代文化的变迁，也是不断来自内部的动力的结果，即使受到列强的逼迫，也是由于中国自己追求现代化的需要。由此可以得出结论：民族文化的变迁，总是以内部动力为根据，以外部动力为条件。

文化的时代性反映了人类文化的共性，文化的民族性反映了人类文化的个性。张岱年、程宜山两位先生说："文化的时代性和民族性问题，说到底，是一个一般与特殊的关系问题。同一时代的不同民族的文化具有相同的时代特点，这是一般；同一时代的不同民族的文化各具民族特点，这是特殊。同一时代同一民族有表现其共同心理的共同文化，这是一般；同一时代同一民族又有表现其不同阶级、不同党派的不同心理的两种文化，这是特殊。"[①]

在当今经济全球化、信息国际化、人员国际交流日益频繁的大背景下，出现文化的国际化和民族化冲突的问题势所必然。一方面，通过国

---

① 张岱年、程宜山：《中国文化与文化论争》，12页，北京，中国人民大学出版社，1990。

际交流，各民族的文化互相交融，互相渗透；另一方面，每个民族又都企图保持自己民族文化的特色，不被其他文化融合、消弭。特别是那些弱小民族，时时感受到强势文化的逼迫。某些强权国家借经济全球化之势，全力推行文化霸权主义，不断地把自己的价值观强加于人，把西方的生活方式宣扬为最先进的文化。这种文化霸权主义不仅受到各民族的强烈抵制，也不利于真正的国际化。文化的国际化，不是用某一种文化来取代所有的文化，而是各种文化互相交流、互相学习，使各自的文化更加繁荣和发展。每个民族的文化都有它的优点，也会有缺点，要在文化交流中吸收其他民族的优秀文化，以丰富自己的文化，使得世界文化丰富多彩。有人讲，在当今世界，文化越具有民族性，就越具有国际性。这是说，每个人都生活在各自的文化中，但又总想了解别样的文化。例如，外国友人到中国来，绝不会去看世界公园，而是要去看长城、十三陵、秦陵兵马俑，因为这些地方更具有中华文化的民族性。当然，这里说的文化的民族性，是指民族文化的优秀特色，而不能以国粹主义来理解。正因为这样，联合国教科文组织才会把埃及的金字塔、中国的长城列入世界文化遗产名录。

文化的传承和演变

文化的传承和演变是一个非常复杂的过程。关于文化的传承和演变的理论主要有三种：进化、播化和涵化。

所谓文化进化，是指文化的发展是逐步积累、不断发展的，由简单到复杂，由低级到高级。这种理论强调了文化传承和演变的时间形式，是文化发展的普遍的、历史的原则。

所谓文化播化，是指文化是通过人类的交往联系——贸易、战争、迁徙等活动传播和发展起来的。这种理论强调了文化传承和演变的空间形式，也是文化发展的区域原则。

所谓文化涵化，是指一种文化不是孤立地发展的，而是在与外来文化的接触中，通过冲突、融合，双方都会有所变化，出现一种交叉渗透的局面，最后经过有意识和无意识的选择、调整，产生出一种新的文化。这也是文化发展的普遍规律。

人们对文化传承和演变的认识各异，因而形成了各种不同的学派。

进化学派，以英国的爱德华·泰勒、美国的路易斯·摩尔根为代表，强调人类本质的一致性和由此而产生的文化发展的一致性，又称"单线进化论"（古典进化论）。20世纪50年代又出现"新进化论"，即"多线进化论"，这一学派不承认存在人类各种文化发展的一致性和普遍规律。

播化学派，以德国的弗里德里希·拉第尔和弗里兹·格雷布内为代表，主张"文化圈理论"，把文化圈看作一个实体，并认为这个实体是以其发源地为中心，再扩散到世界广大地区的。这一学派过分强调了文化的空间转移。

社会学派，以法国的埃米尔·迪尔克姆（又译"涂尔干"）和马歇尔·莫斯为代表，认为人类文化产生的根源是社会环境。文化就是社会的集体观念，因此要用社会学的实证方法来研究文化。

历史学派，以美国的弗朗兹·博厄斯为代表，强调对文化进行"历史的动态研究"，主张"文化独立论"，认为每种文化都有其生物的、地理的、历史的、经济的影响，它们都是决定因素，但不是唯一因素，人类文化的发展是非规律性的。

"文化相对论"，又称"价值理论"，认为各民族文化在价值上是平等的，没有对一切社会都适用的绝对的评价标准。

功能学派，以英国的布罗尼斯拉夫·马林诺斯基等为代表。他认为文化是一个完整的总体，总体由各部分组成，各部分有自己的特殊作用，都是为了完成自己的功能。

此外，还有心理学派（弗洛伊德）、结构主义学派等①，这些学派各执一词，各持一端。其实，各种文化的传承和演变都要经过进化、播化和涵化的过程，这就是普遍规律。各种具体文化的演变过程又各不相同，各有自己发展的道路和特殊性，这是毋庸置疑的。这些理论不同程度地影响到人们对教育及其与文化的关系的认识。

文化发展的基本环节

文化的发展过程尽管十分复杂，但离不开传递（transferring）、选择（selecting）、发现（finding）、创造（making）这四个基本环节。

传递，就是将已有的文化产品在时间和空间上加以延伸，以期在将来保存其文化，同时在不同的地域扩大其影响。其中，时间上的纵向传递是形成民族文化传统的最直接的因素；横向传递则促进了各民族、各地域的文化交流，使民族文化更加丰富多彩。传递本身并非创造，但传递过程也不是机械地移动。传递的内容必然会受到传递主体和环境的影响，或增加些什么，或失掉些什么。传递还可做这样的区分：主文化的主体主动向外传递；客文化的主体把它传带到客文化地区去。例如，基督教文化的扩张，就是基督教的传教士（主文化的主体）主动地把基督教文化传递到世界各地。中国古代的四大发明和制陶、养蚕等技术传播到欧洲，有些是中国商人（主文化的主体）自己传过去的，有些是欧洲商人（客文化的主体）带过去的。不论哪种传递方式，文化的传递总是和文化的选择联系在一起的。

选择，是指文化的主体根据时代的要求和自己的需要在传递已有文化或吸收异质文化时强调或者增加一些东西，贬斥或者舍弃一些东西。传递与选择是分不开的，传递过程中必然会有选择。例如，儒家学说经过董仲舒的选择、朱熹的诠释，已与原始儒学有很大的不同。又如，西

---

① 《中国文化史三百题》，上海，上海古籍出版社，1987。

学东渐以后，中国政界和知识界的各种议论，其实就是对西方文化的一种认识和选择过程。今天我们说弘扬中华民族的优秀传统文化，实际上也是对民族传统文化的一个选择，所谓"取其精华，去其糟粕"，把优秀的部分发扬光大。文化的选择总是受到一定时期政治、经济的制约。除了物质层面的文化产品以外，制度、观念等属于上层建筑的文化形态必然要受到经济基础的制约。一个时期的统治阶级也总要选择有利于巩固其统治的制度和观念。适应其需要的就被保留下来，甚至发扬光大，不适合的就被淘汰。秦始皇的焚书坑儒、董仲舒的独尊儒术都是一种精神文化选择；乾隆为"四库全书"的编纂做了充分的筛选工作。即使是物质文化，也有一个选择问题。不同时代由于生产力的发展，人们对物质的需求会产生不同的要求，对原有的物质产品就有一个选择和淘汰的过程。文化选择的内容有两种：一种是对自己文化的选择，这就是批判地继承和发展；另一种是对异质文化的选择，这就是引进和融合。选择的方式也有两种：一是自上而下的，由统治集团明令禁止或倡导发扬。例如，蒙古族和满族入主中原以后推行的汉化政策，就是自上而下的文化选择。二是自下而上的，先在民间流行，然后逐渐影响到社会上层，最终被全社会接受。例如，西学东渐，开始是传教士在民间悄悄传播，然后逐渐影响到朝廷。可以说，没有选择就没有文化的传播和发展。

发现，是指挖掘和利用已经存在的但未曾受到注意的文化。发现分为两种：一种是时间意义上的，指对过去的文化进行发掘和利用。例如，我国汉代古文学派就是因为在孔子故居的夹壁墙里发现了大量的春秋战国时期的文献资料而兴起的；考古发掘也是对文化的发现；还有今天的各种研究，如敦煌学、红学、鲁迅学等，都是在做文化的发现工作。这种发现可以使民族文化大放异彩，同时促进文化的进一步发展。欧洲的文艺复兴也是通过对古希腊文化的发掘而兴起的，最终形成欧洲资产阶级的思想文化传统。发现的另一种含义是空间意义上的，指对异质文化的发现和吸收。这里又可以分为两种情况：一种是积极的、主动的；另一种是消极的、被迫的。前者如佛教东传，被中国文化吸纳；后者如清末的西学东渐，经过西方的坚船利炮，中国人逐渐发现西方文化的先进。文化发现总有一个过程，而且它总是和文化的选择联系在一起的。

"四库全书"，丛书名，成书于清乾隆时期，收书3 460余种，分经、史、子、集四部，基本包括了清乾隆以前的中国古籍，堪称繁富。

创造，是指建立前所未有的新质文化的过程，是文化发展的最高形式。它包括具有起始意义的创造（或者叫原创），以及在一定文化基础上的再创造（或者叫改造）。无论是原创还是再创造，都离不开原来的文化基础。因为创造的主体总是生活在一定的文化环境中，不能离开原有的文化基础，在文化的真空中创造出一种新文化来。列宁曾经在十月革命后批判无产阶级文化派企图否认无产阶级在创建社会主义文化时必须利用过去的文化遗产。他说："马克思主义这一革命无产阶级的思想体系赢得了世界历史性的意义，是因为它并没抛弃资产阶级时代最宝贵的成就，相反地却吸收和改造了两千多年来人类思想和文化发展中一切有价值的东西。"[①]

就我国而言，中华文化的创造和奠基时期是先秦。考古学的材料证明，我国早在约公元前7000年至公元前2300年就产生了华夏、东夷、南蛮等文化派别，创造出具有很高水平的物质文明，并形成了较为丰富的文化思想；至周代逐步建立了宗法制度和礼制，并在我国维持了几千

---

① 《列宁全集》第31卷，283页，北京，人民出版社，1958。

年。时至春秋战国，诸子蜂起，学派林立，百家争鸣，中华文化进入了辉煌的创造时期，中华文化由此确定了其基本走向。由中华文化的发展可以看出，一个民族文化的形成必须首先经过创造性的劳动。当然，文化不仅在奠基时期需要创造，在进一步发展的过程中，仍然需要创造，即在一定文化基础上的再创造。中华民族是一个多民族集体，中华文化就是在不断吸收、融合各民族文化的优秀内容的过程中发展起来的。例如，中国的民乐就是吸取了很多民族的音乐元素而成的；中国妇女穿的旗袍，本来是满族的服装。近代以来，受西方文化的影响，中华文化已经吸收了许多西方文化的精华。中华人民共和国成立以后，确立了马克思列宁主义、毛泽东思想对中华文化的指导，在原有文化的基础上，吸收和改造了几千年来中国人民和世界人民创造的一切有价值的文化成果，创立起了中华民族的、科学的社会主义新文化。改革开放以来，在邓小平理论的指导下，具有中国特色的社会主义新文化更加灿烂夺目。总之，创造始终是民族文化发展最重要的环节。

如果说传递和选择大体上是属于保存文化的环节，那么发现和创造则应属于生产文化的环节。文化的发展离不开这四个环节，并且它们不是按顺序进行的，而是交叉前行的。

文化的内涵和构成

文化的内涵是极其丰富的，任何一种文化都包括科学、艺术、宗教、道德、法律、学术、思想、风俗、习惯、制度等。学术界对文化的构成有多种分类。一是二分法：精神文化与物质文化，或者分为观念与实体、外显与内隐。二是三分法：物质、精神和制度，或者分为物质、观念和关系。物质文化是指人们在从事以物质生活资料为目的的实践活动过程中所创造的文化，是征服自然界所创造的文化成果；关系文化是指人类在创造过程中所接触和构成的各种社会关系，如生产关系、贸易关系、公私关系、国际关系、民族关系、政权关系等；观念文化是指长期形成的社会文化心理、历史文化传统、民族文化性格、哲学思想、观念理论、文化理想和文学艺术、宗教信仰、道德规范等。[①]三是四分法：物态文化层、制度文化层、行为文化层、心态文化层。[②]

张岱年、程宜山两位先生采取的是三分法。他们说："在我们看来，文化主要包含三个层次。第一层是思想、意识、观念等。思想意识中最重要的有两个方面：一是价值观念，一是思维方式。第二层是实物，即表现文化的实物，它既包括像哲学家的著作、文艺家的文学艺术作品一类的'物'，也包括科学技术物化形态的'物'，即人工改造过的物质。第三层是制度、风俗，是思想观点凝结而成的条例、规矩等。"[③]庞朴也把文化分为三个层次：物的层次（物质的层次）、心的层次（或叫心理的层次）、中间层次（心与物相结合的层次），但是解释有所不同。庞朴以看电影为例子，把放电影的硬件部分称为文化的"物的层次"；电影宣传的思想、主题及电影院的管理制度称为文化结构的第二个层次，即"心与物相结合的层次"；看电影的人的审美情绪、审美观点、价值判断等为文化结构的第三个层次，即"心的层次"。[④]四分法是把风俗、习惯等从制度文化中分出来，称之为"行为文化"。从文化的质素来分，还有高雅文化与通俗文化之分。我认为，不论文化包含哪些内容，对文化的构成如何划分，有一点是特别要关注的，即文化的人文精神。文化是人创造的，同时文化又创造着人，人是在一定的文化环境中成长的，因此，要特别重视文化的人文精神。失去人文精神的创造成果，不能称之为文化，或者只能称为"垃圾文化""文化渣滓"，如人类创造的赌博机

---

① 金达凯：《中国文化史论》，台北，屯青书屋，1994。
② 张岱年、方克立：《中国文化概论》，5～6页，北京，北京师范大学出版社，1994。
③ 张岱年、程宜山：《中国文化与文化论争》，4页，北京，中国人民大学出版社，1990。
④ 庞朴：《文化的民族性与时代性》，71～72页，北京，中国和平出版社，1988。

器，以及宣传暴力、色情等内容的作品和信息。

我们下面讲到的文化主要是指思想观念层面的文化，也涉及部分制度文化，因为思想观念文化与教育的关系最密切。不是说物质文化、制度文化不重要，也不是说它们没有影响到教育的发展，而是相对来讲，思想观念文化对教育的影响最深刻、最长远，所以要着重研究。由于精力、水平和文章篇幅的限制，本书也只能涉及文化的一部分，而不是全部。

第二节　教育是文化的一部分

教育是人类重要的社会活动、文化活动。前面提到的台湾学者赵雅博给文化下的定义，更像是给教育下的定义。教育的本质就在于人使用自己的能力来使自己潜存的能力发挥出来，改变自己的原始状态，使自己生活得比原始状态更好。教育是培养人的活动，是把人类创造的生产经验和生活经验传授给下一代，也就是把文化传递给下一代，促进他们的智力发展，使他们从自然的人成为社会的人。教育创造的主要是精神产品，它蕴含在培养的人才中，同时也蕴含在所创造的物化的知识中。因为教育的主要任务是培养人才，所以它是通过人才培养来传播文化和创造文化的。

教育传播和创造着文化，同时，教育又离不开文化。教育总是在一定的文化环境中进行的，总是受制于整个文化传统。例如，中国古代教育是在古代封建文化的土壤上展开的，中国历史上长期存在的科举制度是在封建制度中形成的，是封建文化的一部分，这种科举制度把学校教育与人才的选拔制度结合在一起，影响了中国教育1 300多年。

教育作为文化的一部分，是一定时期的政治、经济的产物，它受制于政治、经济制度和生产发展水平，同时又受一定文化的影响。文化对教育的影响比政治、经济对教育的影响更加深刻，更加持久。教育的基本要素是教育者、受教育者、教育内容、教育手段，这四个要素无不受到文化深刻而持久的影响。特别是文化的思想、意识、观念层面的影响，渗透到教育者和受教育者的教育价值观、人才观、教学观、师生观等方面，影响到教育价值观的确立、教育目标的制定、教育内容的选择、教育制度的建立等。

文化对教育的影响

文化对教育的影响大致有几个方面：文化的价值取向影响到教育的价值观。例如，美国文化传统的最基本的价值取向是个人主义。这是由美国历史的发展造成的。美国是一个移民国家，美国人来自世界各地，他们来到美洲大陆，为了生存和发展，就要靠个人的奋斗和开拓，因而个人主义溶化于每个美国人的血液中，深深影响到美国教育的价值观。英国文化的价值取向就与美国大不相同。英吉利民族文化的价值取向是崇尚传统。这是由于传统在英国没有受到强烈的抨击和彻底的否定，所以，英国人生性保守，时至今日，许多古老的制度和观念仍然盛行。他们的教育价值观也是保守的，贵族式的教育制度、培养绅士风度仍是英国教育的追求。中国文化是一种伦理型文化，中国文化的价值取向是追求人格的完善，因此，中国教育历来强调德育为先，"立人""达人"，教育学生如何做人，然后是孝敬父母，忠于国家。

一个国家的文教政策必然影响到教育的制度和教育的内容。各个国家在一定的时期总会有一定的文教政策，这种文教政策往往受当时政治、经济制度的制约。例如，日本明治维新采取全盘西化的文教政策，使得日本的近代教育发生了根本的变化。中国汉代实行独尊儒学的文化政策，影响了中国教育制度和内容2 000多年；中国的科举制度作为一种制度文化，也曾经影响了我国教育1 300多年。后面我们在研究中国教育的文化基础时还要详细地讨论。

文化产品，包括物质产品和精神产品的生产方式和呈现形态，也影响着教育的内容、方法和组织形式。文字的产生和发展，不仅影响到文化本身的发展，也影响到学校教育；学校教育就是在物质产品有了一定富余的时候才产生的；印刷术的发明和普及，使得古代的经典能够广泛地传播和保存，学校教育开始有了教材和读本；班级授课制的教学组织形式也是在资本主义生产开始发展的时期创立的。历代的哲学家、思想家、文学家的著作是文化的精神产品，这些著作无不影响着教育的观念、内容和方法。近代科学的迅速发展，更是使学校教育的内容、方法和手段发生了很大的变化。我们曾经讲过，现代教育是现代生产的产物，实际上，现代教育也是现代文化的产物。

教育的基本特性

教育是文化的一部分，因此具有与文化同样的特性，即民族性和时代性。

一个民族（或国家）的教育传统与一个民族的文化传统一样，有本身的特质。它适合该民族（或国家）的政治、经济、科技制度和发展水平，适合本民族的文化传统，是受本民族文化传统的影响而形成的。我在《民族文化传统与教育现代化》一书的"引言"中写过："我们发现，在前两个阶段的研究过程①中分析影响教育的政治因素和经济因素比较多，分析影响教育的文化因素比较少，而各国教育制度和事实单单用政治因素和经济因素来分析又觉得难以解释，虽然这些都是很重要的因素，但总觉得有些隔靴搔痒。例如，美国、法国、德国都是经济发达的资本主义国家，可是它们的教育制度和处理教育事实的方法又大相径庭，即使同处欧洲大陆，法国和德国的教育也大不相同；而社会制度不同的东方国家，如中国、日本、韩国的教育传统却有许多相同之处。这

———————

① 指比较教育在哲学社会科学研究"七五"规划以前和"七五""八五"规划期间的研究。

是为什么？……于是就想到民族文化传统与教育发展的关系……"[①]教育传统总是带着民族文化的烙印，从而形成民族教育的特质。这种特质不能简单地肯定或否定，它适合该国或该民族的政治、经济、科技、制度和发展水平，适合他们的文化传统，但不一定适合别的国家或别的民族。这就是教育的民族性。

教育又具有时代性，或者叫作变异性，即随着时代的发展而变迁。教育的变迁和文化的变迁一样，它的动力来自教育的外部和教育的内部。教育的外部动力就是政治制度和经济制度的变革、科学技术的发展。当代科学技术迅猛发展，对培养人才的教育提出与以往不同的要求，教育必须变革，实现教育的现代化，以适应时代的要求。教育变迁的动力还来自教育的内部。例如，教育发展带来的教育需求和结构的变化、教育科学的发展对培养人的规律的新认识、教育的实践为教育提供的新经验等，都要求教育不断革新，不断完善。

教育是文化的一部分，同时教育又具有相对的独立性。其实，文化包含的各个部分如文学、艺术、建筑等，都有各自的独立性，教育也不例外。教育的对象是人，是青少年儿童。人有自身发展的规律，青少年儿童的成长有自己的规律。教育不仅要受政治、经济、文化的制约，而且要遵循青少年儿童成长发展的规律。违背这些规律，人的潜能可能被压制，人才可能被摧残。因此，教育不仅具有文化的特性，还具有科学的特点。有的学者说，教育既是一门艺术，又是一门科学（有人说，教育不能是科学，教育学才是科学，那是从学科的角度来说的。我这里说的科学，是指教育活动要像科学活动那样遵循人的发展的科学规律）。科学是具有普适性的。普适性和民族性既有矛盾，又是可以融合的。教育既是一门科学，也就有普适性的一面。正是这种普适性，各民族、各

---

① 顾明远：《民族文化传统与教育现代化》，2页，北京，北京师范大学出版社，1998。

国教育就有许多相似的地方，可以互相学习、互相借鉴，某些教育制度、教育内容、教育方法甚至可以移植。我国现代教育制度就是从西方移植过来的，日本、韩国的现代教育制度也是移植于西方，并非本土生长的，这是不争的事实。当然，这种移植要充分考虑本国的文化传统和教育传统，它仍然是在民族文化的土壤上生长起来的，所以一旦移植成功，它又具有民族教育的特色。这个时候，科学性和民族性也就融合于一体了。

现代教育更具有国际性。现代教育本身就是一种国际现象，它是互相学习、互相交流的结果。随着科学技术的发展，国际交往越来越便捷，特别是国际互联网的开通，使得信息交流越来越快捷，世界变得越来越小。某一个国家的某一项教育改革会迅速传遍全世界。大量在国外学习的留学生，在异国工作的外国专家和顾问，在世界各地举行的国际会议，学者间往来的各种信件、资料的交换，都促进了国际文化教育的交流，促进了教育的国际化。

教育的国际性是教育时代性的表现，它与教育的民族性是不矛盾的。教育的国际性并不排除教育的民族性，正是教育具有民族性，才有国际交流的必要。现在有一种主张，提倡教育要与国际接轨，这就与教育的民族性有矛盾了。世界上并没有统一的教育体系，也没有统一的轨道，只有各国、各民族的教育，因此也就无从接轨。由于教育国际化程度的加强，外国留学生的增多，国际互相承认学历、承认学位是存在的，但这也需要通过国际协议或双边协议才能进行。

还需要说明一点，民族文化传统与教育现代化既有互相矛盾、互相对立的一面，又有互相依存、互相促进的一面。民族文化传统是经过长期的历史积淀而形成的对现实社会仍产生巨大影响的文化特质和文化模式。它包含着许多旧的内容，特别是传统文化的部分。文化传统在它形成的初期是当时的新文化，代表着当时社会发展的方向，而对现代社会来说，它又是旧文化。虽然它的内容在不断发展、不断增加，但毕竟有一部分内容是旧的。当然，旧文化传统中也有优劣之分。因此，在实现教育现代化的过程中，要对文化传统加以鉴别、选择和改造。

民族文化传统与教育现代化相互依存和相互促进的一面表现在：第一，民族文化传统是教育现代化的基础和前提，这在前面已经有详细的论述。第二，民族文化传统作为民族的特征，总有它的合理的内核。这种内核反映了民族性和人民性，代表了民族发展的方向和人类进步的方向，它促进了教育现代化的发展。

第三节　教育的文化功能

教育受文化的影响至深至久，而文化也需要依靠教育来传播和继承。当然，文化的传播不完全依靠教育，还有许多传媒，但教育确实是文化的继承和发展的主要途径。特别是典籍文化，需要靠学校教育通过从识字开始的文化科学教育一代一代传下来，这是不言自明的道理。总体来说，教育的文化功能也包含在文化发展的几个环节中，即教育具有选择文化、传播文化、创造文化的功能。

任何一个时代的统治集团都要根据一定的时代、一定的社会需要，并基于当时对文化的理解，对已有的文化产品进行淘汰或保留。这种淘汰或保留往往通过教育来实施。前面讲到，文化总是随着时代的发展而不断发展的，这种发展不仅包括新的创造，而且包括淘汰和保留。特别是制度和观念层面的文化，都属于上层建筑，它们要受到经济基础的制约。生产方式变革了，上层建筑也必然会变化。每一个历史时期的统治阶级也总是要选择有利于巩固其统治的观念和制度，因此，适应其需要的文化就被保留下来，甚至发扬光大，不适合的就被淘汰。秦始皇的焚书坑儒，西汉时期董仲舒的罢黜百家、独尊儒术，都是一种文化选择。

秦始皇的焚书坑儒是通过行政手段对文化进行选择，起到了破坏文化的作用。董仲舒的独尊儒术是既通过行政手段又通过教育来实现的，使教育内容局限于儒家经典，而且持续了2 000余年。物质文化也有一个选择问题。这种选择有的是通过社会生活自然而然地优胜劣汰；有的则是通过教育的手段，传播先进的生产技术和知识，批判和摒弃旧的生产技术和知识。

前面已经讲到，文化选择的内容有两种：一种是对本民族的文化选择，另一种是对外来文化的选择。我们的教育既要弘扬优秀民族文化传统，又要吸收世界上一切文化优秀成果，这就需要对本民族文化和外来文化进行认真的梳理研究，由表及里，去粗取精，也就是进行认真的选择。对于本民族的文化，我们既反对虚无主义，认为中国的传统文化都是封建主义的文化，没有什么可以继承的；也反对复古主义，认为现在还要以半部《论语》来治天下。我们认为，中华民族传统文化中有优秀的精华，但也有封建的糟粕，只有根据时代的要求，去伪存真，去粗取精，才能确立现代化的价值观念，达到选择的目的。物质文化，包括建筑、服装、艺术装饰等，都是经过这种选择而发展起来的。只有这样不断选择，中华民族的优秀文化才能发扬光大。对于外来文化，我们既反对关门主义，认为一切外来文化都不适合中国的国情，都把它拒之门外；我们也反对全盘西化，认为只有西方文化才是先进的，应该全盘接受。我们认为，任何一种文化都包含着优秀的成分和糟粕的成分，而且有些内容可能只适合本民族，不适合其他民族，因此，对外来文化更有一个选择问题。文化的选择对弱势民族来讲尤为重要，如果对外来的强势文化不加选择，本民族的文化就要被侵蚀，就有失去的危险。吸收外来文化，教育起着更为重要的作用。

教育是传播文化的重要手段，学校教育的主要任务就是传递保存在典籍中的物化知识。当然，学校教育还需通过学校的制度、教师的言传身教向下一代传递价值观念、行为规范，从而使民族文化得以世代相传。如果说纵向传递是本民族文化的传播方式，那么在教育领域进行国际交流、互派留学生等，则起到横向传递文化的作用。

通过教育传播文化与选择文化是分不开的，教育在传播文化的过程中必然会有选择。传播文化的主体（包括政府和教师）往往会根据时代的要求和自己的需要强调或者增加一些内容，贬斥或者舍弃一些内容。政府制订教学计划、教学大纲，或者编制课程标准，编写国家通用教材，实际上就是一种文化选择，即根据教育目标的要求和儿童发展的要求，选择适合的文化内容作为教育内容。

教育通过选择而传播的文化已经不是原来的文化，因此，教育总带有文化创造的意义。就拿儒学来讲，经过董仲舒选择、朱熹诠释的儒学已经不是原本的儒学。古文经学、今文经学都对儒家经典做了不同的解释。这种解释就是对儒家文化的一种选择，也就是一种创造。宋明理学吸纳了佛教禅宗的思想内容，更是对儒家文化的一种创造。

教育在文化创造中起着重要的作用。学校的任务，一是培养人才，二是创造知识。学校教育在培养人才的过程中开展学术讨论、科学研究，创造出新的知识和思维方式，丰富和创造了人类的文化。中国古代的书院、欧洲中世纪的大学都在人类文明发展史上起到了不可估量的作用。现代学校更是知识的策源地，许多科学技术都是在学校的实验室里首先产生的。学校培养了大批创新人才，他们也在不断地为社会创造新的物质文明和精神文明。

第二章 中国文化及其基本特征

第一节 中国文化的形成和演进

中国是一个文明古国，有着悠久的历史，中国文化源远流长，要在短短的一小节中把中国文化的发展说清楚是不可能的，对于笔者来说尤为困难。但为了说明中国教育传统的形成，这个问题无法避开，权且在这里谈一点读书的体会。

中国是一个多民族的国家，各民族都有自己的文化传统。因此，中国文化传统是一个包含了多民族文化的大系统。它的形成是几千年来各民族之间互相冲突、交流、融合的结果。在这个大系统中，汉民族文化系统一直居于主导地位。近代许多学者研究了中国文化发展的历史。梁启超在他的《论中国学术思想变迁之大势》一书中，把中国学术思想的发展分为：胚胎时代（指黄帝时代至春秋时代）、全盛时代（从春秋至先秦）、儒学统一时代、老学时代、佛学时代、近世之学术（从明亡以迄今时）。这里既有纵向的划分，又有横向的交叉。近年出版的两本书对该问题的划分也不相同。如吴小如主编的《中国文化史纲要》采用传统的上古、中古、近古三分法。他认为，上古涵盖秦汉以前的漫长历史时期，是中国文化发生和奠基时期；中古时期有两个主要文化现象，其一是士族文化得到深入发展，其二是不同民族的交流和融合；近古指宋元明清时期，是中国文化转型的时期。[①]张岱年、方克立主编的《中国文化概论》一书则没有做一般的分期，而是根据中国文化发展的内在变化，分别论述了九个历程：一、上古：中国文化的发生；二、殷商西周：从神本走向人本；三、春秋战国：中国文化的"轴心时代"；四、秦汉：一统帝国与文化一统；五、魏晋南北朝：乱世中的文化多元走向；六、隋唐：隆盛时代；七、两宋：内省、精致趋向与市井文化勃兴；八、辽夏金元：游牧文化与农耕文化的冲突与融汇；九、明清：沉暮与开新。[②]两书都讲到西学东渐为止，没有涉及我国近现代文化的发展和变迁。也就是只讲了中国的传统文化，没有讲中国文化传统的整体发展。中国近现代文化虽然与中国传统文化有很大差异，但它也是中国文化的一部分，而且对教育的影响十分巨大。谈中国教育的文化基础，不能不涉及中国近现代文化。因此，我根据个人的学习理解，把中国文化的形成和演变做如下简要的概述。

华夏文化的诞生和初始阶段　考古学的资料表明，我国早在公元前7000年至公元前2300年就产生了华夏、东夷、南蛮等文化派别。在今山西、河南、陕西三省交界处，黄河中上游的广阔地域内出现了仰韶文化；在今山东、河南、江苏黄河中下游中原地区出现了龙山文化；以后相继出土的还有江浙一带的良渚文化等；前几年在成都附近出土的三星堆文物，说明3 000多年以前的巴蜀文化与中原文化有着密切的联系。近年来在中国的南方和北方都有许多新的考古发现，把中华文化的历史向前推进了几千年。早在7 000多年以前，中华民族的先民们就在中华大地上创造了灿烂的文化。殷墟出土的甲骨文和其他文物表明，殷商时期我国已经创造出具有较高水平的物质文明，并形成了较为丰富的文化

---

① 吴小如：《中国文化史纲要》，北京，北京大学出版社，2001。
② 张岱年、方克立：《中国文化概论》，目录3～4页，北京，北京师范大学出版社，1994。

思想。华夏初期文化属于氏族制度的文化。据考证，仰韶文化属于母系氏族公社制时期，龙山文化属于父系氏族公社制时期。原始文化在物质方面主要是火的使用和石器、木器、骨器、陶器的工具制作与使用；观念文化方面主要表现在原始宗教崇拜、祖先崇拜和图腾崇拜，中国先民中已经出现了以龙、凤等为徽记的图腾画。

周朝宗法制度的确立 殷周之际的文化变迁是中国文化史上的第一次大变革。《中国文化概论》和《中国文化史纲要》都把这个时代称为"从神本走向人本"的时代。这个时代从社会制度来讲，是由原始的氏族公社制社会逐步转变为贵族奴隶制的宗法制度社会的时代。到周朝，宗法制度的国家已初步形成。正如《诗经》所云："周虽旧邦，其命维新。"周朝的维新，主要表现

孔子（前551—前479），中国古代最伟大的哲学家、教育家。他设学舍，开私人讲学之先，晚年潜心"六经"的考订，把整理"六经"的工作与教学结合起来，由此产生了丰富的教育思想。修订"六经"是孔子一生最伟大的贡献之一。

在宗法制度的建立上。宗法制度的核心是嫡长继承、余子分封的继承制度。维护这种制度需要一套调节人际关系的礼节和祭祀的制度，所以就产生了一套礼乐制度（或称"礼教"）。这种礼乐制度为后世儒家所继承并发展，影响了中国文化几千年。

春秋战国时期的百家争鸣 这是中国从耒耜农业向犁耕农业转化的时期。在政治制度方面，家国一体的宗法制国家崩溃，郡县制、君主专制的中央集权制逐步确立，诸侯割据，国家未能统一。在经济上，由井田制过渡到名田制。在学术上，诸子蜂起，学派林立。西汉初期史家司马谈把"诸子百家"概括为阴阳、儒、墨、名、法、道六家；西汉末期刘歆则归纳为儒、墨、道、名、法、阴阳、农、纵横、杂、小说十家。实际上，儒、道、墨、法、阴阳是当时最主要的学术流派。为什么在春

秋战国时期能出现百家争鸣的局面？这取决于当时社会政治的变迁，也取决于学术界内部力量的聚积。史家对此有很多论述。梁启超在分析百家争鸣的原因时举出七端：一是由于蕴蓄之宏富；二是由于社会的变迁，宗法制度的崩塌，"前此为贵族世官所垄断之学问，一举而散诸民间"①；三是由于思想言论之自由，"周既不纲，权力四散，游士学者，各称道其所自得以横行于天下，不容于一国，则去而之他而已"②；四是由于交通之频繁；五是由于人才之见重；六是由于文字之趋简；七是由于讲学之风盛。如此分析是有道理的。百家争鸣的结果是互相学习、互相补充，学术思想得到进一步发展。还如梁启超所说："诸派之初起，皆各树一帜，不相杂厕；及其末流，则互相辩论，互相薰染，往往与其初祖之学说相出入，而旁采他派之所长以修补之。"③百家争鸣极大地推动了中国文化的发展。该时期是中国文化的辉煌时期，同时也形成了中国文化的基本走向。

儒家主流文化的确立　经过多年的兼并战争，秦王赢政终于完成了统一中国的大业。秦始皇在政治改革的同时，出台了一系列文化政策，全国实现了文字的统一、货币的统一、度量衡的统一，所谓"书同文，车同轨，度同制"，同时实行文化专制主义。秦始皇采纳李斯的建议"非秦纪皆烧之"，于是"下焚书之命，行偶语之行""犯禁者四百六十余人，皆坑之咸阳"。这就是震惊天下的"焚书坑儒"。秦王朝的专横导致了过早的自我覆灭。

汉初吸取秦亡之教训，实施清静无为、与民休息的政策。此后，诸

① 梁启超：《论中国学术思想变迁之大势》，见《中国现代学术经典·梁启超卷》，16页，石家庄，河北教育出版社，1996。
② 梁启超：《论中国学术思想变迁之大势》，见《中国现代学术经典·梁启超卷》，16页，石家庄，河北教育出版社，1996。
③ 梁启超：《论中国学术思想变迁之大势》，见《中国现代学术经典·梁启超卷》，28页，石家庄，河北教育出版社，1996。

子百家学说又呈现出复兴的气象。但是，汉王朝在政治上的统一，必然要求思想上的统一。汉武帝时董仲舒三次应诏上书，在《天人三策》中提出"罢黜百家，独尊儒术"的主张，并把儒学改造为以"三纲五常"为核心的封建伦理道德。此后，以儒家思想为主导的统一的中国传统文化基本上确立下来。这个文化传统绵延了2 000多年，直到"五四运动"之前，没有质的变化。当然，中国文化不限于儒家文化，它是多民族文化的融合，即使是在汉文化中，也渗透着道家、法家等思想的传统，后来又吸收了佛教思想。但不可否认，儒家文化在中国传统文化中一直处于主导地位。张岱年、程宜山两位先生说："儒家思想、儒家文化虽然并不等于中国传统文化的全部，但确实是最能代表中国传统文化的东西……中国传统文化的基本精神主要体现于儒家学说中，中国文化与西方文化的基本差异也主要体现于儒家学说中。"①确为信言。

此后，中国文化又经过几次大的冲突和融合，但直到"五四运动"之前的每一次冲突和融合，都没有使以儒家为主流的汉文化发生质的变化，而汉文化却吸收和融合了其他民族文化的内容，使中国文化更加丰富多彩。

魏晋玄学、佛教对儒学的冲击　这是秦汉以后中国文化的第一次大的冲突。玄学的经典是《老子》《庄子》和《周易》。自汉武帝"罢黜百家，独尊儒术"以后，道家思想便由盛而衰。时至东汉末期，社会动荡。自三国鼎立至隋文帝统一，中间的三百多年时间，中国重新处于分割的状态。儒学无法维持其独尊的地位，各家思想又活跃起来。玄学成为当时知识阶级的主要学术思潮。当时社会改朝换代频仍，生灵涂炭，门阀世族地主之间强取豪夺，互相残杀，使得一部分知识分子悲观失望、消极颓废，只好谈玄放纵，寻求精神寄托，于是玄学盛行，攻击名

---

① 张岱年、程宜山：《中国文化与文化论争》，128～129页，北京，中国人民大学出版社，1990。

教礼法。玄学的发展无论在哲学思想上还是在文学艺术上都对儒学有重大突破。如玄学崇尚的自然和自由，就是对儒家礼教的直接冲击。张岱年、方克立在《中国文化概论》一书中说道，玄学是由老庄哲学发展而来的，"老庄之学轻人事、任自然的价值观以前所未有的规模推入中国知识分子的心灵世界，进而铸造了中国士人玄、远、清、虚的生活情趣"[1]，这就找到了中国知识分子清高之源。

老子，中国古代哲学家。著有《老子》(亦称《道德经》)。《老子》一书中包含了丰富的教育思想。

这个时期，佛教也在中国大地传播。佛教来自古印度，汉代传入中国内地，魏晋南北朝大动乱时期，适应统治阶级思想麻醉的需要，得以广泛传播。同时，在东汉时期佛教教义开始同中国的传统伦理和宗教教义相结合，在隋唐达到鼎盛，并产生了具有中国特色的许多宗派。佛教对中国的哲学、文学、艺术、建筑等都产生了巨大的影响。

魏晋南北朝时期，虽然玄学风行，佛教传播，但儒学仍在发展，魏晋经学独具特色，使儒家经学进入了一个新的历史发展阶段。[2]

这个时期也是民族大融合时期。由于天灾、战争等原因，北方少数民族自汉朝开始就不断迁徙中原边郡，日渐汉化，到魏晋南北朝时期进一步发展，北方少数民族纷纷到中原建国。为了巩固自己的统治，他们提倡"汉化"。特别是由拓跋鲜卑建立的北魏，统一了北方各国，孝文帝时期，迁都洛阳，全面推行汉化改革，极大地促进了北方民族与汉民族的融合。在这种融合中，并非少数民族单方面的"汉化"，汉民族也

① 张岱年、方克立：《中国文化概论》，94页，北京，北京师范大学出版社，1994。
② 毛礼锐、沈灌群：《中国教育通史》第2卷，293页，济南，山东教育出版社，1986。

吸收了许多少数民族的优秀文化，逐渐形成了中华民族文化的传统。

隋唐时期东西方文化的交流　隋唐时期是中国开疆拓土、建立大帝国的时期。中国文化也进入气势恢宏的隆盛时代。隋唐的兴盛与社会的急剧变化有关。当时门阀世族势力急剧没落，科举制度确立，中下层士子由科举进入仕途，极大地激发了庶族寒士参与政治的积极性，使他们登上了世俗地主阶级的文化宝座。"唐代文化因而具有一种明朗、高亢、奔放、热烈的时代气质。"[①]唐代是诗歌创作最活跃的时代，它对中国文学的发展影响极大。唐代的绘画、书法也有很高的成就。唐文化反映了盛唐的恢宏气象。

隋唐时期也是西域地区发展最重要的时期。唐开国以后，大力开发、经营西北边陲。一度称雄漠北的突厥政权土崩瓦解，唐朝在西域驻军设府，保证了中西交通大动脉的畅通与繁荣。中西文化通过丝绸之路得以交往，而汉民族以宽广的胸怀吸收了许多西方文化的精华。唐朝可称为一个具有国际气魄和胸怀的朝代，唐首都长安已成为一个国际性大都市。唐朝时东罗马帝国曾七次通使中国。西方商人的足迹遍及中国南方的扬州等城市。也就是在这个时期，中国的造纸、丝织、火药、冶金技术传入阿拉伯帝国，然后又传入欧洲。隋唐时期中国不仅与西方交往频繁，而且与东方各国交往很密切。日本、越南都多次派人入唐。不过，对于东方来讲，更多的是汉文化在这些地区的传播。可以说，隋唐时期继承了魏晋时期多民族、多文化的交融发展，以更开放的姿态、兼容并包的宏大气派，大胆吸收各民族文化，其对中国文化的发展具有重要意义。

宋明理学的形成　宋朝是中国文化发展的重要时期。宋太祖立国以后，积极推行"重文轻武"政策，形成了弃武习文的社会风气，士大夫都重视学识，因此，宋朝在哲学、文学、绘画、技术等方面均有重大发

---

① 张岱年、方克立：《中国文化概论》，97页，北京，北京师范大学出版社，1994。

展。但是，宋代文化风格与唐代截然不同。唐代文化明朗、热烈、奔放，宋代文化则柔静、淡雅、相对封闭。

宋朝直至明朝在中国文化发展史上最重要的事件是宋明理学的建构，它影响了中国后期封建社会的发展。宋明理学是儒、释、道经过斗争后三教合流的产物。汉武帝以后，传统儒学在中国思想界达到至尊的地位，但不断受到玄学、佛教的挑战。宋朝儒学家开始大胆吸收佛、道两家的思想，革新儒学，创立了理学。[①]理学始于北宋周敦颐、张载、程颐、程颢，以"穷理尽性"为主要内容。他们认为"万物只有一个天理"。朱熹对此做了充分发挥，认为宇宙有理和气，"有是理便有是气，但理是本"，提出了"存天理，去人欲"的思想。南宋陆九渊、明代王守仁则把"心"视为宇宙万物的本原，强调明心即穷理，更注重内心的修养，以达到"与天地万物为一体"的境界。宋明理学把儒学哲学化，把儒学推崇的"三纲五常"等政治伦理道德说成是至高无上的天理，从哲理上加强封建政治的统治。可以说，宋明理学使儒学文化发展到了顶点。朱熹被认为是儒学的集大成者，经他整理和注释的儒家经典被尊为儒家思想的正统，成为中国读书人必读的经典，也是科举考试的依据。但物极必反，宋明理学禁锢了人们的思想，也使儒家文化失去了生气和活力，中国社会从此开始逐渐走向衰落。

朱熹（1130—1200），南宋哲学家、教育家，宋代理学之集大成者。朱熹一生著述甚多，在教育方面产生重大影响的有《童蒙须知》《小学》《近思录》《论语集注》《孟子集注》《大学章句》《中庸章句》等。他对周秦以来的教育理论与教育实践做了系统的总结和改造，建立了完整的教育理论体系。

辽、金、元时期的民族冲突和融合　隋唐以后中国文化的大冲突、大融合是在辽、金、元时

---

① 李宗桂：《中国文化概论》，23页，广州，中山大学出版社，1988。

期。这个时期，我国北方少数民族不断入侵中原以至统治全国，这是中国历史上第一次非汉族统治的时期。但令人惊异的是，中国传统文化非但没有中断，反而得到了充实和发展。原因是当时北方民族尚处于奴隶制阶段，他们入主中原以后，为了加速少数民族封建化的进程，各朝都采取了大力推行"汉化"的文教政策，"尊孔崇儒"是这一政策的核心。这一政策的实施促进了中华民族的大联合、大融合。以儒家文化为核心的汉文化随着中国疆域的扩大，向南、向西、向北扩展。少数民族在推行汉化的同时，还力图保持本民族的文化传统。在这一时期，汉文化也吸收了许多少数民族文化的精华，例如，吸收了北方民族的尚武精神及淳朴的学风；少数民族歌舞乐器也成为中华民族文化艺术的一部分。这种多民族文化的融合一直到清朝还在继续。清入关统一全国以后，把自己作为中国封建正统的延续，竭力推行汉化，把本民族文化完全纳入汉文化之中。因此，辽、金、元乃至后来的清朝时期虽然仍是儒家文化大一统的时期，但它也是中国文化大融合的时期，使中华民族文化发展进入了一个新阶段。

西学东渐对中国文化的冲击　明末清初，西方传教士开始到东方来传教。明万历年间，意大利耶稣会传教士利玛窦（Matteo Ricci，1552—1610）、西班牙传教士庞迪我（Didaco de Pantoja，1571—1618）等人到澳门、广东传教，后来到了北京。他们的宗教活动的特点是通过介绍西方学术为传教事业开路，并致力于使天主教中国化。适值明中叶，一些地区开始出现资本主义生产关系的萌芽。一些先进的知识分子开始对封建礼教进行批判，他们提出"经世致用"的主张。利玛窦等传播的西方学术吸引了一批中国知识分子。如徐光启阅读了利玛窦的《山海舆地图》，非常钦慕，开始向利玛窦学习天文、历算等西方近代科学。他还与利玛窦合作翻译了《几何原本》六卷。这些传教士不仅介绍西方天文、历算，而且介绍其他近代科学。如德国传教士邓玉函（Jean

Terrenz，1576—1630）所著的《泰西人身说概》，是最早传入中国的人体解剖学；艾儒略（Giulio Aleni，1582—1649）所撰的《西学凡》，介绍了当时西方教育制度，尤其是欧洲大学所设的专业、课程、教学过程、考试等。

西学东渐不仅传入了西方的近代科学，而且冲击了中国传统文化的世界观、价值观和思想方法。其时，启蒙思想家如黄宗羲、颜元等都起来反对脱离实际的学风，反对空谈心性道德的理学，提倡经世致用的实学；批判了儒家文化的"不为技艺所缚，故不屑道，不乐为技艺"的传统观念，抨击科举制度，主张培养有"经纬天地之略"的人才。但是，由于当时政治、经济等各种因素，清朝建立后，一度出现封建社会的回光返照——康乾之治，再加上传统势力过于强大，西学东渐最终也未能动摇中国传统文化的基础。

"五四运动"及中国传统文化的解体 中国文化的最大一次变迁是从1840年鸦片战争开始的。"五四运动"是反对中国封建文化的集中表现，但直到新民主主义革命胜利，才真正摧毁了中国封建文化的基础。中国自秦以来直到鸦片战争之前，是一个封建社会，反映封建社会政治、经济的占统治地位的文化是封建文化。鸦片战争以后，外国资本主义侵略中国，中国社会又逐渐生长了资本主义因素，中国逐渐变成了一个半殖民地半封建社会。反映这种社会的占统治地位的文化，则是半殖民地半封建的文化。因此，中国传统的封建文化自鸦片战争以后就已经开始逐渐解体。但由于清王朝尚未被推翻，辛亥革命以前中国文化的主体还

利玛窦（1552—1610），意大利耶稣会传教士。明万历十年（1582年）来中国，研读"四书五经"，在传教的同时也向中国介绍西方的自然科学等知识，译有《几何原本》（与徐光启合译）、《天学实义》等，对打开中国人的眼界和中外文化交流均起到了积极的作用。

是以儒家文化为主流的封建文化。"五四运动"是彻底反帝国主义反封建的新文化运动，它是在俄国十月革命影响下产生的。当然，在"五四运动"初期，参加文化运动的知识分子的成分是很复杂的。正如毛泽东所说的："五四运动，在其开始，是共产主义的知识分子、革命的小资产阶级知识分子和资产阶级知识分子（他们是当时运动中的右翼）三部分人的统一战线的革命运动。"[1]一批激进的知识分子如李大钊、陈独秀等受到俄国十月革命的影响，将马克思主义介绍到中国。随着中国共产党的建立，新文化运动就成为新民主主义革命的一部分。只有在新民主主义革命取得胜利的时候，中国封建传统文化体系才真正崩溃，新文化体系才开始建立起来。然而，正如上一章讲到的，文化，特别是思想观念层面的文化，具有某些凝固性，社会制度的变革可以动摇旧文化的基础，摧毁旧文化的体系，但旧文化的某些观念还会残存下来，新文化的建立还需要几代人的努力。到今天，我国社会主义新文化尚在建设之中。但是，"五四运动"以来的这一次中国文化的变迁是带有根本性的转变，是中国文化的一次质的变化。关于西方文化对中国文化的冲击与影响，我们在后面将有专章论述，这里只做简单的介绍。

从中国文化的演变可以看到，中国文化是在冲突与融合中发展而来的。每一次冲突和融合，都是文化的选择和创造。中国文化在演变过程中，凡是优秀的部分，总是被保留下来，并且经过改造和创新，符合了时代的要求，从而更加发扬光大；凡是拙劣的部分，就会被抛弃，当然也有一部分会在某些人的头脑中残存下来。中国文化从纵向发展来讲，几经变迁，到今天已经发生了质的变化。但从横向上看，它又区别于别的国家、别的民族的文化，具有中华文化的特质。正是这些文化的特

---

① 毛泽东：《新民主主义论》，见《毛泽东选集》第2卷，700页，北京，人民出版社，1991。

质，凝聚成世界各地华人的中华情结，大家团结一心，为复兴中华文化而努力。

第二节　中国传统文化的基本特点

中国文化是世界文化的重要组成部分，是中国人民的宝贵财富。中国文化经过数千年的演进，已经发展成为一种高水平的文化形态，它既有民族性，又有世界性。中国文化的特殊之处，我认为有下列几点。

第一，中国文化具有较强的创造性。中国文化几千年来虽经多次变迁，但绵延不断，至今仍散发出灿烂的光辉，这与它强大的创新力密不可分。从近些年出土的文物可以看到，我们的祖先富于想象，善于创造。1998年，我参观了徐州汉墓，甬道约百米长，一米宽，两米高，两壁的直线丝毫没有误差，计算之精确，为当代专家所惊叹。2000年，我又参观了三星堆出土的文物，青铜面具等打造得十分精美，而且富有想象力。这一切都说明，古代中国人有很强的创新精神和精湛的技艺。古代的四大发明，更是中华民族为世界文明做出的最杰出的贡献。中国不仅在物质文化上有许多创造，而且在制度文化、观念文化上也有许多创造。例如，《易经》主张的简易（执简驭繁）、变易（事物变化）、不易（永恒不变）之义；又如，科举制度开创了文官考试制度的先河。儒家文化也是在不断创新中发展的，宋明理学发展到儒学的顶点。虽然自清朝以来，由于夜郎自大、闭关自守，中国文化一度走向衰落。但自从中国人民推翻了帝国主义的压迫和封建主义的统治，找到了合乎中国国情的社会制度，中国人民便再一次焕发了青春，中国文化再一次在创新中复兴和发展。

第二，中国文化具有强大的包容性。中国文化具有吸收各种异质文化并使之有机地与本民族文化相结合的特性。从历史上看，异质文化进入中国，大都逐步走向中国化而成为中国文化的一部分。正如梁启超所云："吾中国不受外学则已，苟既受之，则必能尽吸其所长以自营养，而且变其质、神其用，别造成一种我国之新文明，青青于蓝，冰寒于水。"[①]如前面提到的佛教东渐就是一个鲜明的例证。佛教产生于印度，却在中国得到保存、发展和弘扬。佛教的教义原本与中国的宗法观念是矛盾的：佛教主张出世，中国文化主张入世；佛教重视来世，中国文化重视现世。佛教的教义与中国文化的忠孝等宗法观念也是不协调的，但经过几百年的改造与吸收，佛教有一部分变成中国式的宗教（如禅宗），另一部分则被吸纳于宋明理学之中。再如，世界历史上许多文化都因异族入侵而中断或消亡，如古印度文化因雅利安人入侵而雅利安化；埃及文化因亚历山大的占领而希腊化，因恺撒的占领而罗马化，因阿拉伯人的移入而伊斯兰化；希腊罗马文化因日耳曼人的入侵而中断上千年。中国文化却把以武力入主中原的北方民族文化纳入中国文化发展的轨道中来。当然，这与文化发展的水平有关。长期以来，中国文化是农业文化，北方民族文化是游牧文化，他们入主中原以后要使游牧文化转变为农业文化，就要学习汉文化。例如，清政权建立以后，为了统一中国，就竭力推行汉文化，要求所有满族大臣要员都学习汉文经典。康熙皇帝还亲自主持编纂了《康熙字典》，乾隆主持编纂了"四库全书"，满族文化完全融于汉文化之中，满文却因没有人读而逐渐消亡，至今已濒临消失的危机。与此同时，汉文化也从少数民族文化中吸收了许多优秀的营养，为汉文化注入了新的血液，使中国文化更加丰富多彩。

　　第三，中国文化具有强大的统合力。中国的古代文化包括齐鲁文化、荆楚文化、巴蜀文化、吴越文化、岭南文化等多元文化体系。这

---

① 梁启超：《论中国学术思想变迁之大势》，见《中国现代学术经典·梁启超卷》，73页，石家庄，河北教育出版社，1996。

些文化虽然所处的地域不同，文化的内容和特点不同，发展的水平层次也有差异，但它们都有足以融为一体的共同特征，它们都有共同的大传统。中国文化的这种特点至今仍体现得十分明显。全世界的华人，无论身处何地，都有着极其相似的价值观和人生追求。产生这种强大的统合力的原因是多方面的。中国长期是一个统一的国家，虽然有地区的差异，但都处在同一个社会制度和生产方式之下，都以儒家文化为主流文化。同时，这与中国使用统一的文字有密切关系，各地的方言虽有差异，但全国都使用统一的文字。少数民族在民族融合过程中都使用汉语言文字，有了统一的文字，儒家文化才得以在全国保存通行。在这里，教育所起的作用是不言而喻的。

第四，中国文化具有多元性。中国是一个多民族国家，在中华大地上居住着56个民族。每个民族都有自己的文化传统，汉文化是中华民族文化的主流，但各少数民族也都保留了自己的文化传统，从而形成了中国文化的多元性。即使占总人口92%的汉族，由于地域的不同，地域文化也有差别。例如，齐鲁文化与岭南文化就有很大的区别。南方和北方的汉族无论在居住条件（包括建筑艺术）还是风俗习惯上都有许多不同。再如，中国有八大菜系，内容和制作方法各不相同，但又有许多共同的特点，形成中国统一的与西方完全不同的饮食文化。因此，中国文化是丰富多彩的，但又有统一的基本精神。世界上很少有这样既丰富多彩又基本统一的民族文化传统。文化的多元性和文化的包容性、统合性是辩证统一的关系，正是因为中国文化具有包容性，才形成如此异彩纷呈的多元文化。也正因为中国文化是多元的，才需要包容和统合，形成一个整体。

第五，中国文化具有世俗性。与西方神学的遗世独立相比，中国文化表现出一种理性的入世精神。孔子在《论语》中就有一些关于鬼神的论述，如"务民之义，敬鬼神而远之，可谓知矣"（《论语·雍也》），"未能事人，焉能事鬼？"（《论语·先进》）孔子对鬼神虽未否定但也未肯定的思想，对中国后来形成无神论的文化传统有很大影响。同时，作为中国文化主导思想的儒家思想提倡一种入世精神，它要求"修身、齐家、治国、平天下"，倡导以天下为己任的社会责任感。这与西方浓厚的主张原罪思想的宗教文化不同，与佛教重视来世的文化也迥然不同。

这些基本特征使得中国文化能够绵延几千年，而且得到不断发展和提升。

第三章 中国传统文化的类型、性质和基本精神

  中国传统文化是指中国的古代文化,即中国走上现代化以前的文化。上一章已经提到,中国走向现代化是在鸦片战争以后、洋务运动时期开始的。但现代化是一个历史过程,不是一下子就能建立起来的。从洋务运动到"五四运动"之前,中国现代文化尚未建立。如果从文化的社会基础来说,则从辛亥革命胜利,封建王朝覆灭起,中国古代文化就失去了它的社会基础。但是,作为思想观念层面的文化并不因社会制度的改变而立即消失。更何况辛亥革命以后,封建反动势力总企图复辟,他们总是要利用旧文化中腐朽的东西来为他们服务。所以有人说辛亥革命又是失败的。同时,中国现代文化也是在继承古代文化的基础上发展起来的,古代文化中的优秀的东西必定会得到继承和发展。我们这里把中国传统文化限定为中国古代文化,是因为中国传统文化是产生和形成于中国封建社会的,虽然不能说中国传统文化就是封建文化,但它毕竟是中国封建社会的产物,它与中国现代文化有着本质的不同。中国传统文化虽然产生和形成于中国封建社会,但它是中华民族的文化结晶,蕴藏着丰富的内涵,蕴含着民族的精神,是创建现代新文化的基础。今天我们要创建社会主义新文化,就必须重新认识我国的传统文化,吸取它的精华。因此,对中国传统文化需要仔细地分析,区别凝聚中华民族绵

延几千年的优秀精华和阻碍中国社会发展的落后糟粕，即毛泽东所说的"取其精华，去其糟粕"。做这种工作，对教育工作者来说，特别重要。正如第一章所说，教育对文化有着传播、选择、改造的功能。教育工作者要把中国传统文化传授给下一代，就要对传统文化有一番选择和改造。区分优劣就是一种选择；把优秀的精神赋予时代的内容，发扬光大，就是创造。为了做好这项工作，我们首先要分析一下中国传统文化的类型和性质。

第一节　中国传统文化的类型和性质

任何一种类型的文化的产生和发展，都离不开该文化所处的自然环境和社会历史条件。从自然环境来看，中国地处亚洲腹地，东面临海，西部是崇山峻岭，在交通不发达的古代，处于半封闭状态。虽然中国很早就与四邻有交往，并且在汉代就开辟了通向欧洲的丝绸之路，但这种交往是很艰难、非常有限的。中国传统文化本质上属于半封闭的大陆文化。从物质生产方式来看，中国长期处于小农经济的农业社会，商品经济不够发达。虽然到宋代，有些地区的商品经济已有较快发展，这从著名画卷《清明上河图》中就可以看出，但历代政策总是重农抑商，手工业、商业没有得到足够重视和长远发展，基本上还是以自给自足的小农经济为主。从社会组织结构来看，中国古代社会是以宗法制度为维系社会秩序工具的封建专制主义社会，在广袤的土地上，团结了几十个民族，组成了大一统的国家，而且延续2 000余年。这可以说在世界史上是独一无二的。中国传统文化就是在这样的社会制度中产生和发展的，同时也维护了这种社会制度的确立、延续和强化。这些特点决定了中国传统文化与世界文化的不同，形成了自己的特点。

中国传统文化是伦理型文化

中国文化从总体上来讲是伦理型文化，这是中国文化最具典型性和代表性的特征，也是学术界所公认的。有些学者把西方文化概括为"智性文化"，把中国文化称为"德性文化"，的确是有道理的。中华民族在漫长的大一统的历史发展过程中，建构了一套成熟的道德价值体系，形成了丰富的个人伦理、家庭伦理、国家伦理及宇宙伦理的道德规范体系，并有一整套完备的道德教育理论。它是中国民族文化传统中的重要内容。当然，中国传统文化在重视伦理道德的同时并不轻视知识，而是德智统一的，但是有一个主次，智是为德服务的。《大学》开篇第一句就是："大学之道，在明明德，在亲民，在止于至善。"学习知识就是为了完善道德。《论语·学而》中说"行有余力，则以学文"，明确地把学习知识放在次要位置上了。儒家甚至把天、地、自然也纳入伦理之中。北宋哲学家张载的一段话充分说明了这一点。他说："乾称父，坤称母；予兹藐焉，乃混然中处。故天地之塞，吾其体；天地之帅，吾其性。民吾同胞，物吾与也。"（《正蒙·乾称篇》）他把天称为父，地称为母，把人民称为兄弟，把万物称为朋友，完全把自然人伦化了。

也有的学者认为，西方文化是"求真的文化"，中国文化是"求善的文化"，这也是有一定道理的。美国哈佛大学的校训是："让柏拉图与你为友，让亚里士多德与你为友，更重要的是，让真理与你为友。"（Let Plato be your friend, and Aristotle, but more let your friend be truth.）而中国大学的校训总是以德为先。清华大学的校训是"自强不息，厚德载物"，与西方的价值取向迥然不同。

伦理关系是一种人际关系、人情关系，特别是家族中的人际关系。梁漱溟在《中国文化要义》中说中国是伦理本位的社会。伦理首重家庭。"伦理始于家庭，而不止于家庭。"[①]"伦理关系，即是情谊关系，亦即是其相互间的一种义务关系。"[②]他又说："举整个社会各种关系而一概家庭化之，务使其情益亲，其义益重。"[③]这种关系与中国社会以血缘关系为基础的宗法制度有关。这个问题，我们在下面还会谈到。

中国的伦理文化与西方的宗教文化大不相同。在西方社会，宗教生活是大多数人不可缺少的，因此也可以说，宗教文化是西方文化的主要类型。西方宗教文化是以神为主宰的文化，中国的伦理文化则是一种讲究世俗人伦关系的文化。由于有这种世俗的伦理文化，所以中国人没有宗教的需要。中国清末民初有一位学者叫辜鸿铭（1857—1928），人称"文化怪杰"，他曾经写了一本具有世界影响的名著，名曰《中国人的精神》，又名《春秋大义》或《原华》，是用英文写成的，被译成法、德、日多种文字，1996年才被译成中文。书中有许多荒诞的观点，但他对于中国人不需要宗教的说法，却有一定的道理。他说："中国人之所以没有对于宗教的需要，是因为他们拥有一套儒家的哲学和伦理体系，是这种人类社会与文明的综合体儒学取代了宗教。"[④]他认为，宗教能给人以安全感和永恒感，儒学不是宗教，却能取代宗教，是因为儒学中存在着宗教那样能给人以安全感和永恒感的东西，这就是孔子修的《春秋》中的内容。他分析了儒学与欧洲宗教的差异，认为欧洲宗教是教导人们做一个善良的人，儒学则教导人们去做一个善良的公民。他说：

① 梁漱溟：《中国文化要义》，见《中国现代学术经典·梁漱溟卷》，309页，石家庄，河北教育出版社，1996。

② 梁漱溟：《中国文化要义》，见《中国现代学术经典·梁漱溟卷》，309页，石家庄，河北教育出版社，1996。

③ 梁漱溟：《中国文化要义》，见《中国现代学术经典·梁漱溟卷》，309页，石家庄，河北教育出版社，1996。

④ 辜鸿铭：《中国人的精神》，黄兴涛、宋小庆译，41页，海口，海南出版社，1996。

"儒教则认为人生的主要目的，是做一个孝顺的儿子和善良的公民。"①
为什么人生的目的是这样呢？他解释说，孔子教导人们，人类社会的所
有关系中，除了利害这个基本动机外，还有更高尚的行为，这就是"责
任"。为了给这种责任找一个基础，孔子提出了"名分"，所谓"名分大
义"。辜鸿铭先生在书中又画龙点睛地强调说："一个中国人，特别是一
个受过教育的中国人，如果背叛了名誉法典，抛弃了忠君之道，即孔子
国教中的名分大义，那么，这样一个丧失了民族精神、种族精神的中国
人，就不再是一个真正的中国人了。"②这里为什么不厌其烦地引用辜鸿
铭的话呢？因为他说得太精辟了，他既把中国人不需要宗教的原因说得
很清楚——有了儒学一套伦理纲常，又把中国以儒学为主体的传统文化
的封建伦理精神说得一览无遗。他在书里描绘的中国人完全是封建社会
的中国人。他把忠和孝作为中国人的基本精神，也是封建文化的基本精
神。"名分大义"在他眼里特别重要，是中国伦理道德的基础。而"名
分大义"从何而来呢？从封建宗法社会的等级制度和观念而来，从封
建社会坚持的"三纲五常"而来。辜鸿铭老先生真是把中国伦理文化
的消极面阐述得太清楚不过了。这种消极的、腐朽的伦理观念恰恰是
我们现在所要批判和摒弃的。中国伦理文化的真正精华，他却没有把
握到。

中国伦理型文化绵延几千年，自有其积极一面。不能说中国的伦理
型文化就是消极的文化。中国传统文化特别强调人的道德主体精神的弘
扬、人的精神境界的追求。道德伦理对于增强民族内聚力、振奋民族精
神、整合群体价值、协调社会秩序有着极其重要的作用，并且由此而使
中国社会得以向前发展。中国传统的伦理道德中的信念，如"天下兴

---

① 辜鸿铭：《中国人的精神》，黄兴涛、宋小庆译，47页，海口，海南出版社，1996。
② 辜鸿铭：《中国人的精神》，黄兴涛、宋小庆译，74页，海口，海南出版社，1996。

亡，匹夫有责""先天下之忧而忧，后天下之乐而乐"就是一种协调个人与国家、个人与民族关系的观念；"父慈子孝、兄友弟恭、夫敬妇从"就是调节家庭关系的伦理观念；"己所不欲，勿施于人""与人为善""诚信待人"等就是协调人与人关系的伦理观念；"富贵不能淫，贫贱不能移，威武不能屈"就是关于个人修养的伦理观念。此外，诸如仁爱孝悌、谦和好礼、诚信笃实、克己奉公、见利思义、忠贞爱国等都是中国伦理文化的精华，这些美德在今天建设社会主义现代化过程中仍具有十分重要的现实意义。

宗法制度是中国伦理型文化的社会基础

中国古代社会的组织结构是宗法制度。这是由于中国是在血缘纽带解体不充分的情况下进入阶级社会而形成的，同时也因为中国的社会以小农自然经济为基础。小农自然经济是以家庭为基础的生产方式。宗法制度重于家庭，由家庭而家族，再走向国家，形成了"家国一体"的组织形态。整个社会用"君臣、父子、夫妇"之间的宗法原则组织起来。

中国人的血缘意识、家庭观念特别重，注重个人在家庭中的地位、职责和义务。因为"中国文化以家族为本位，注意个人的职责和义务，西方文化以个人为本位，注意个人的自由和权利"①。陈独秀在《新青年》上发表的文章也说："西洋民族以个人为本位，东洋民族以家族为本位。"又说："宗法社会尊家长重阶级，故教孝……国家组织一如家族，尊元首重阶级，故教忠。忠孝者，宗法社会封建时代之道德，半开化东洋民族一贯之精神也。"②在中国古代，几代人生活在一个大家庭中，"同居共财"，每个家庭成员在经济上是不独立的，需要依靠共同财产来生

① 梁漱溟：《中国文化要义》，见《中国现代学术经典·梁漱溟卷》，石家庄，河北教育出版社，1996。
② 陈独秀：《东西民族根本思想之差异》，载《新青年》，第1卷4号，1915。

活。维系家庭秩序的就是家庭的伦理原则，即父慈子孝、兄友弟恭、夫敬妇从等，其中又以孝为核心。《孝经》把孝看作"天之经也，地之义也，民之行也"，而且把它扩大到一切道德之本，"孝，德之本也"。民间也有所谓"百善孝为先""务本莫贵于孝"等古语。因此，有的学者如钱穆就认为，中国文化是"孝的文化"。谢幼伟在《孝与中国文化》一书中说："中国文化在某一意义上，可谓为'孝的文化'。孝在中国文化上作用至大，地位至高；谈中国文化而忽视孝，即非于中国文化真有所知。"①家庭中地位最高的是父亲，儿子对父亲要绝对服从，此谓之孝。

中国的伦理体系由家庭而至家族，由家族而至国家，一脉相承。在家庭中提出的是"孝"，孝顺家庭之长、家族之长；在国家中提出的是"忠"，忠于君主，也即一国之长。所以《孝经》说"始于事亲，中于事君，终于立身"，由此而引申到一切人际关系的处理原则。中国的伦理体系中有一个重要的特点，即重家族轻个人，重群体轻个体，重义务轻权利。

随着宗法制度的崩溃，中国传统的伦理道德已经失去了存在的社会基础，但是作为观念形态的文化还在继续。这种家族观念在今天的中国仍然有着重要的影响。西方家庭，子女成年（一般满18岁）即离开家庭独立生活。中国家庭则以合居为幸福，父母照顾了子女，还要照顾孙儿孙女。"生儿防老，积谷防饥"的思想至今还在许多人的头脑中存在。这种观念也有一定的积极面，就是中国人尊老敬老，视孝敬父母、赡养父母是子女应尽的责任，但也不能不说没有消极的影响。中国人往往把子女视为私有财产，不尊重子女的独立人格，不重视培养他们的个性和

---

① 转引自梁漱溟：《中国文化要义》，见《中国现代学术经典·梁漱溟卷》，257页，石家庄，河北教育出版社，1996。

独立能力。

中国传统文化的人文精神

中国传统文化的一大特点是"以人为本"。这与西方文化有截然的不同。西方文化"以神为本"，天地万物都是上帝创造的。中国文化则重视人的作用，"人是万物之灵"，把人放到宇宙万物的中心。中国古代思想家一般都怀疑鬼神的存在。孔子就说："务民之义，敬鬼神而远之，可谓知矣。"（《论语·雍也》）他的学生问他如何事鬼神，他回答说："未能事人，焉能事鬼？"

中国儒家学说一贯重视现实社会的人生问题，重人道而不是天道，把人放到一定的伦理政治关系中去考察，重视道德实践。孔子学说的核心可以概括为一个"仁"字。"仁"有多种解释，最主要的精神是克己和爱人。"克己复礼为仁。""克己"即以礼约身，"非礼勿视，非礼勿听，非礼勿言，非礼勿动"。"仁者，爱人"，"爱人"，即以礼待人，"己欲立而立人，己欲达而达人""己所不欲，勿施于人"。儒学在汉代经过董仲舒的改造，建立了一套伦理纲常（"三纲五常"），更是重视人伦关系。虽然他为了维护汉朝的封建统治，构建了一套"天人感应"的体系，但落脚点还是君臣、父子、夫妇之义的人伦关系。宋明理学以穷理尽性为主要内容，建立了以"理"为本的天人合一宇宙观，把"三纲五常"视为天理，最后还是落脚到人伦关系上。理学重视人的道德修养，反对灵魂不灭论，否认鬼神的存在，强调人的主体能动性。应该说，汉儒对孔子学说的改造，宋明理学对儒学的新的解释，很大程度上扭曲了原始儒学的思想。他们强调的人伦关系更多的是为封建统治服务，从而抑制了人性的发展，偏离了人文精神。

中国文化的人文精神还表现在对待宗教上。西方基督教文化主张"原罪说"，人要不断忏悔，从善赎罪，死了以后入天堂。佛教文化也是重来世，今世从善，来世成佛。中国文化则重现实人生，强调通过人来解决现实生活中的问题。宗教信仰本来是排他的，信了一种宗教就不能信另一种宗教，但中国人没有专一宗教观念，佛也拜，仙也拜，妈祖也是神，关公也是神，而且很实用主义，有什么愿望想实现就去求神，想发财就来供财神爷，想求子就去拜观世音，平时却没有什么宗教信仰。

中国传统文化的这种人文精神对于弘扬人的主体性、重视人的精神的开发、鼓舞人们自强不息具有重要意义。

第二节　中国传统文化的基本精神

任何一个民族文化，不论它的表现形式多么丰富多彩，都有它的基本精神，也即民族精神。民族精神是指一个民族经过长期的社会实践逐步形成的比较稳定、持久的共同的精神状态和心理特征，是民族文化中最深层、最积极的核心。它植根于民族文化，又影响和促进民族文化的发展，是一个民族发展的动力。因此，研究一个民族的文化，不能不研究它的基本精神。不了解一个民族的基本精神，也就不了解这个民族的文化。任何民族文化的任何层面中都渗透着民族文化的精神，也即民族的意识、价值观。一个民族思想家、哲学家的思想、著作反映本民族的意识和价值观；一个民族的风俗习惯、待人处世无不反映着他的民族精神。即使是物的文化，也无不反映着民族精神。例如，中国出土文物多青铜器、陶器，希腊出土文物多石像雕刻；中国出土文物上的绘画雕刻，其寓意象征都与其他国家出土的文物迥然不同。这里面渗透着民族精神。

中国传统文化博大精深，源远流长。它是中华民族几千年来实践创造的文明成果，包含了丰富的物质文明和精神文明。按照文化的结构来说，文化有物质层面、制度层面、观念层面的文化三种。中国传统文化的基本精神主要是指观念层面的文化，包括思想、意识、价值观、思维方式等。任何文化都有积极的一面和消极的一面。我们这里论述的中国传统文化的基本精神是指中华传统文化中的积极因素，是经过中华民族长期实践和思想家们概括提炼的，指导着中国人民的生活行为，并推动社会发展的思想意识和价值观念。它们集中了中国传统文化的优秀精华。

董仲舒（前179—前104），中国西汉哲学家、教育家。在教育方面，他总结了秦王朝灭亡的历史教训，继承和发展了儒家教育思想，为汉王朝的文化教育政策奠定了理论基础。

关于中国传统文化的基本精神，各家研究者众说纷纭。张岱年、程宜山著的《中国文化与文化论争》一书，把中国文化的基本精神归纳为刚健有为、和与中、崇德利用、天人协调四个方面。但张岱年和方克立主编的《中国文化概论》则主要集中在三点上，即天人合一、以人为本、刚健有为。李崇桂著的《中国文化概论》提出八点：自强不息、正道直行、贵和持中、民为邦本、平均平等、求是务实、豁达乐观、以道制欲。挖掘中国传统文化的基本精神应该有一个标准。这个标准就是人与自然、人与社会（民族和国家）、人与他人、人与自身的关系。根据这四种关系，并且从教育的角度来看，中国传统文化的基本精神可以有下列几个方面：天人协调、自强不息、贵和尚中、矢志爱国、敬老爱幼、诚信待人、勤劳节俭、慎独自爱等。这些方面长期影响着中华民族一代又一代人的思想和行为习惯，也深刻地影响着我国的教育传统。下面我们分别加以分析。

天人协调　许多论者在谈及中西文化差异的时候，总会说到中西文化对人与自然关系的不同理解。杜威在中国演讲时就说过：西方文化是征服自然，东方文化是与自然融合。"五四"时期李大钊曾经说过："东西文明有根本不同之点，即东洋文明主静，西洋文明主动是也。"他认为东西方所处的地理环境不同，形成了两种文化的差异。这种"主动""主静"说当然不限于人与自然关系，而且涉及宇宙观、人生观各个方面。但其中提到关于自然的，他认为，东方文化是"自然支配人间的"，西方文化是"人间征服自然的"。[①]如果仔细考察起来，这些说法都有一些绝对化。其实人类，不论是西方人还是东方人，都是靠不断利用自然、改造自然而发展进化的。人类不是被动地顺应自然，而是为了自身的生存和发展，总是在不断地征服自然、利用自然。现实世界不是由于人类无节制地利用自然，已经使人类的生存环境受到严重的破坏了吗？当然，这里讲的人与自然的关系只是讲东西方文化对自然的一种态度、一种价值观和世界观。

中国许多学者都把"天人合一"看作中国文化的基本精神之一。虽然各派对"天人合一"的理解不同，解释各异，但基本上认为"天人合一"是指天与人、天道与人道、天性与人性的统一，并认为中国人早就认识到人与自然要和谐相处。其实，中国儒学所主张的"天人合一"并非对自然的态度，而是儒学伦理思想的一部分，是用天道来解释人道，用天道来为人道服务。石中英分析了古代哲学对"天"的理解：一是自然意义上的天，二是宗教意义上的天，三是伦理意义上的天。他认为："中国古代讨论天人关系和天人合一很少在自然意义和宗教意义上来谈论，大都是在伦理意义上来谈论。"[②]"'天人关系'基本上是一最高的道德准则。"[③]我很赞同他的观点，只要看看历代学者对"天人合一"的阐释就可以得出这个结论。

汉代思想家董仲舒提出"天人感应"说，认为"天"是有意志的上

① 转引自张岱年、程宜山：《中国文化与文化论争》，57页，北京，中国人民大学出版社，1990。
② 石中英：《教育学的文化性格》，272页，太原，山西教育出版社，2001。
③ 石中英：《教育学的文化性格》，272页，太原，山西教育出版社，2001。

帝，帝王的权力受命于"天"，这完全是为汉武帝政权大一统服务的唯心主义思想体系。宋代张载明确提出"天人合一"的命题，认为人是自然的一部分，都是由"太虚之气"构成，但是他同样把自然人伦化。他认为儒者"因明致诚，因诚致明，故天人合一，致学而可以成圣，得天而未始遗人"（《正蒙·乾称篇》）。后代的思想家也都是把天道和人道混为一谈。他们谈天道并不是谈自然发展的规律，而是为人道做注解。当然，有许多思想家也探究了宇宙发展的规律，有许多精辟的见解，但一谈到天与人的关系，往往就被中国传统的名分伦常束缚，用天道来解释人道。

我们今天说的"天人协调"是中国传统文化的基本精神，它剔除了封建伦理的束缚，指中国古代对人与自然协调的朴素的思想。中国古代经典中就有这方面的记载。《周易大传》中就讲道："有天地，然后有万物；有万物，然后有男女；有男女，然后有夫妇。"（《序卦》）又说："显诸仁，藏诸用，鼓万物而不与圣人同忧，盛德大业至矣哉！"（《系辞》）这里指出，人类是自然的一部分，自然生成万物是无意识的，不是以圣人的意志为转移的，这才是真正的天人协调，而不是后人解释的天道与人道的统一。但是应该承认，"天人合一"的思想一直是中国古代学者所关注的问题。"天人合一"思想成为中国的主导文化，在历史上起到统一思想、凝聚民族意识的重要作用。今天来认识"天人协调"，更有重要的意义，所以我们把它列为中国传统文化的基本精神。

自强不息　自强不息、刚健有为是中国传统文化，也是整个中国文化的基本核心。中国古代大思想家孔子把自强不息、刚健有为的思想发挥得十分充分。他说，"刚毅木讷近仁"（《论语·子路》），"三军可夺帅也，匹夫不可夺志也"（《论语·子罕》），"士不可以不弘毅"（《论语·泰伯》），"发愤忘食，乐以忘忧，不知老之将至"（《论语·述而》）。这些思想都激励人们应该奋发图强、刻苦学习、勤奋工作、刚强不屈。

《易传·象传》对刚健有为的精神做过经典性的概括表述。它说："天行健，君子以自强不息。"天体运行，健强不止；人的活动效法于天，故应刚健有为，自强不息。又说："刚健而文明，应乎天而顺乎人。""刚健中正，纯粹精也。"把刚健文明、刚健中正作为人的最高思想品质。这些思想一直为后人所继承和发展。如果说"天人合一"的思想主要为中国知识分子所关注，那么"自强不息"的精神则普遍扎根于人民百姓之中。

自强不息的精神就是顽强不屈的精神、不断进取的精神、自力更生的精神、团结奋斗的精神。这种精神推动着中国社会数千年来不断发展。它表现在与大自然的斗争中，我们的祖先与洪水斗争，与猛兽斗争，发扬了"大禹治水""精卫填海""愚公移山"、自力更生的精神；在民族危难之际，它激发民族斗志，反抗压迫，不畏强暴，克服困难；在国家强盛时期，它鼓舞人们不断进取，努力创新。这种精神增强了民族的凝聚力和不屈不挠的精神。在今天全国人民建设社会主义现代化的过程中，尤其需要这种精神。在刚刚过去的我国人民战胜"非典"的战斗中，这种精神同样发挥了无比的威力。

贵和尚中 中国传统文化的基本精神之一是贵和尚中。所谓贵和，就是重和谐，主张"和而不同"，不同之融合；所谓尚中，就是主张中庸，不偏不倚，不走极端。中国西周末年，史伯已经认识到，不同的事物配合、统一起来，能有和谐的效果。五味相和，能够产生可口的食物；六律相和，才能产生悦耳的音乐。史伯说："夫和实生物，同则不继。以他平他谓之和，故能丰长而物归之。若以同裨同，尽乃弃矣。"（《国语·郑语》）也就是说，不同的事物相配合而达到平衡叫作"和"，和才能产生新事物；而相同的事物加在一起，会互相排斥，不会发展。这里已经充满了矛盾统一的辩证思想。春秋末期齐国的晏婴阐述了"和"与"同"的差异，以向齐昭公解释君臣之间"可否"相济的关系。他对齐昭公说："和如羹焉，水、火、醯、醢、盐、梅，以烹鱼肉，燀之以薪，宰夫和之，齐之以味，济其不及，以泄其过。君子食之，以平其心。君臣亦然。君所谓可而有否焉，臣献其否以成其可。君所谓否而有可焉，臣献其可以去其否。是以政平而不干，民无争心。"（《左传·昭公二十年》）

孔子也是主张贵和尚中的。他说："礼之用，和为贵。"（《论语·学而》）又说："君子和而不同，小人同而不和。"（《论语·子路》）他把"和"作为君子的道德标准。孔子把"和"与"中"联系在一起，反对极端，认为"持中"才能达到和谐，而"中"又是以"礼"为标准的。他说："礼之用，和为贵。先王之道，斯为美。小大由之，有所不行。知和而和，不以礼节之，亦不可行也。"（《论语·学而》）《中庸》一书集中反映了孔子"持中"的思想。宋朱熹注："中者，不偏不倚，无过无不及之名。庸，平常也。"他把"中庸"作为世界的根本法则，称："中也者，天下之大本也；和也者，天下之达道也。致中和，天地位焉，万物育焉。"他又把"中庸"视为人类道德的最高标准，说："中庸其至矣乎！民鲜能久矣！"

贵和尚中是与礼尚谦让联系在一起的。中国人总是崇尚以谦让的态度对待他人，讲究宽宏大度。中国这种贵和尚中的思想，使其能够以广阔的胸襟、海纳百川的气概，吸收各民族的文化，融合为中华民族的大文化。

贵和尚中的思想，作为中国传统文化的基本精神已经为全民族所认同，成为中国协调各种人际关系的行为准则。中国人识大体，顾大局，重和谐，求稳定，促进了我国民族的大团结，也促进了我国人民与世界各国人民的友好交往。周恩来总理在万隆会议上提出"求同存异"，今天我国提出"和平发展"，与世界各国共兴同荣，这也是中国贵和尚中思想在国际关系中的继承和发展。

当然，中庸思想也有一定的消极面，它持中求稳，过于保守，同时贵和往往需要息争，这都不利于创新和进取，似乎与今天讲究竞争的世界不相吻合。但从总体上来说，积极的一面占主导地位。

矢志爱国　爱国，是中国传统文化的基本精神，也是中华民族传统美德的重要内容。从古到今，在中国人的道德体系中，是否爱国，成为衡量、评价一个人一生主要的乃至最根本的标准。列宁曾经指出："爱国主义就是千百年来巩固起来的对自己的祖国的一种最深厚的感情。"[①]这种感情是国家民族存在和发展的基本保证。应该说，每个民族都具有热爱自己的民族和祖国的情感。对于中华民族来说，爱国主义有着特别的意义。因为自鸦片战争以后的百年中，中国是屡遭列强侵略的国家，中华民族是被压迫的民族。爱国主义始终是鼓励中国人民抗击外敌、不断前进的不竭动力。

从中国传统文化来讲，中国长期以来是以宗法制度为主体的社会，家国一体，"忠"和"孝"是两个最基本的伦理道德概念。孔子修《春秋》就是用周礼来规定"名分大义"的。其中最重要的就是臣民对君主的绝对服从，这就是"忠"。孔子在回答鲁定公问君臣的关系时说："君使臣以礼，臣事君以忠。"(《论语·八佾》)董仲舒根据封建中央集权制度的需要，提出"三纲五常"的伦理规范，影响中国人的伦理价值取向达2 000多年。"三纲"中的第一条就是"君为臣纲"，强调臣民绝对服从自己的君主。这些无疑充满了封建伦理道德思想，是为封建统治服务的，而且长期阻碍了我国社会的发展。这些封建思想在今天是应该批判和摒弃的，但其中包含的忠于国家、矢志爱国的思想长期为中国人民所认同，并被视为美德。几千年来，中国人民以祖国为重，以民族为上，涌现出许许多多可歌可泣的爱国英雄。

---

① 《列宁全集》第28卷，168～169页，北京，人民出版社，1956。

中国古代思想家深刻的忧国忧民思想哺育着中国人民的爱国精神。例如，《礼记·儒行》就写道："苟利国家，不求富贵。"《左传·昭公元年》："临患不忘国，忠也。"范仲淹在《岳阳楼记》中的"先天下之忧而忧，后天下之乐而乐"，文天祥的"人生自古谁无死，留取丹心照汗青"，顾炎武流传甚广的"天下兴亡，匹夫有责"等爱国诗句，都被广大人民口诵心惟。正是这种爱国精神，激励我国人民不畏强暴，团结一心，前赴后继，抵

《岳阳楼记》篆书图。《岳阳楼记》为北宋名臣范仲淹所作。文中详细描绘了岳阳楼"衔远山，吞长江"的恢宏气势和晦明变化的景色特点。更重要的是，文章抒发了中国古代知识分子"先忧后乐"的忠君爱国思想，为历代人民所称道。

抗了列强的侵略和压迫，取得了抗日战争和新民主主义革命的胜利。正是这种爱国精神，激励我们的莘莘学子，为了祖国的繁荣富强，奉献了个人的一切，投入轰轰烈烈的社会主义建设中。矢志爱国永远是中华民族前进的动力。

爱国主义对中国人来讲，还应该做历史的解释。中国是一个多民族国家，在中国尚未统一的时候，各民族、各诸侯国之间时常发生冲突和争战。中国统一之后，各民族和睦地生活在中华大家庭中，爱国主义就表现在中华民族的大团结、中国领土的统一上，表现在对中华文化的认同上。

敬老爱幼　由于中国古代社会的组织构成基础是宗法制度，因此，中国人的意识中，家庭观念特别重，中国人十分重视个人在家庭中的地位和责任。维护家庭的伦理道德就是"父慈子孝、兄友弟恭、夫敬妇

从"，其中又以"孝"为核心。儒家文化也特别重视"孝"，把它作为最基本的道德规范。《孝经》对"孝"做了系统的阐述，提出"以孝治天下"，认为"人之行，莫大于孝""夫孝，天之经，地之义也，民之行也"。孔子认为孝主要表现在敬上。他说："今之孝者，是谓能养。至于犬马，皆能有养。不敬，何以别乎？"（《论语·为政》）孟子也说："孝子之至，莫大于尊亲。"（《孟子·万章篇上》）在中国古代文化中，孝是维护封建秩序的行为纲纪，在一定程度上和范围内具有阻碍社会进步的消极作用，但长期形成的尊老敬亲的传统深入人心，成为中国的传统美德，今天仍然有着积极意义。一方面，老人为社会的发展做出过贡献，应该受到社会的尊重；另一方面，他们又是社会中的弱势群体，需要得到社会的关怀。

敬老与爱幼往往是联系在一起的。因为幼童是自己生命的延续，是民族的未来，而且他们年幼弱小，需要成人的照顾。古代讲的"父慈、兄友"都是指要爱护幼小。中国古代提倡的敬老爱幼，不限于自己的家庭，而是扩大到全社会，成为人的一种美德。"老吾老以及人之老，幼吾幼以及人之幼"，孟子的这句名言已成为中国传统美德的格言。

诚信待人　中国古代调节人际关系的重要准则就是诚信。古人说："人所以立，信、知、勇也。"诚信既是一个人的立身之本，也是一个民族、一个国家的生存之基。《左传·襄公二十二年》说："失信不立。"就是说，不讲信用就无法立身立国。诚信待人，对人诚实守信，是中国的传统美德。儒家学说非常重视信，董仲舒把它列为"五常"之一。所谓五常，是指"仁、义、礼、智、信"五种道德观念。孔子说："与朋友交，言而有信。"曾子说："吾日三省吾身：为人谋而不忠乎？与朋友交而不信乎？传不习乎？"（《论语·学而》）孔子又说："人而无信，不知其可也。大车无輗，小车无軏，其何以行之哉？"（《论语·为政》）

意思是说，一个人不讲信用，不知他怎么立身处世。好比大车没有輗^①，小车没有軏^②，怎么能行走呢？中国历史上有许多故事说明为了守信，甚至应牺牲自己的利益。诚信是立人之根本，为君的要取信于民，才能得到臣民的爱戴；为友的要取信于友，才能友谊长存；为师的要取信于生，才能培养出诚信的弟子。"言必信，行必果"已经成为中国人处世待人的人生哲理，得到大家的广泛认可与遵守。因此，诚信待人应该是中国传统文化的基本精神。现代社会更需要诚信，只有建立在互相信任的基础上，社会才能稳定、团结和发展。

勤劳节俭　勤劳节俭是中华民族的传统美德，是创造中国灿烂文明的基础。《左传》中说："民生在勤，勤则不匮。"（《左传·宣公十二年》）墨子说："俭节则昌，淫佚则亡。"（《墨子·辞过》）唐代诗人李商隐《咏史》中有一句是"历览前贤国与家，成由勤俭败由奢"。这些名言警句都是说：勤劳可以致富，但还需要节俭。勤劳而不节俭，富足也不能长久。中国妇孺能诵的一首诗——"锄禾日当午，汗滴禾下土。谁知盘中餐，粒粒皆辛苦"（李绅《悯农》），常常用来告诫子孙要勤劳节俭。

勤劳应用到学习上就是刻苦学习，这在中国也是有传统的。唐代教育家韩愈在《进学解》中勉励青年勤奋学习的话也是中国妇孺皆知的："业精于勤，荒于嬉，行成于思，毁于随。"

因此，无论工作还是学习都需要勤奋。现代社会仍然需要勤劳节俭，勤劳才能创造财富，节俭才能节约资源。有人认为，市场经济讲求消费，扩大消费才能扩大生产。但是，地球的资源是有限的，今天如果不靠勤劳寻求新的资源，不靠节俭节约资源，不仅经济不能持续发展，而且会危及我们子孙后代的生存。因此，勤劳节俭是中国传统文化的基

---

① 輗指古代大车辕端用来连接、固定横木或车轭的部件。
② 軏指古代车辕与横木相连接的关键。

本精神，值得永远保持和发扬。

慎独自爱　这是中国人自我修养的最高境界。慎独是指一个人在他人无所察知的时候，也能自觉地遵守道德规范。《礼记·大学》中说："诚于中，形于外，故君子必慎其独也。"自爱是指一个人要尊重自己的人格，不自暴自弃。自爱是和自强、自信联系在一起的。相信自己的力量，自强不息，就能做出成绩。要做到慎独自爱，就要严以自律、洁身自好，不受利禄的诱惑。中国人讲究"气节"，这也是一种慎独自爱的表现。"富贵不能淫，贫贱不能移，威武不能屈"（《孟子·滕文公下》），代表了中国人的气节。有气节的人，受人尊敬；不自爱的人，被人唾弃。用今天的话来说，就是能正确对待自己，正确对待遇到的挫折，不屈不挠，顽强奋斗；正确对待得到的荣誉，不骄不躁，不忘乎所以。慎独自爱是中国人追求的精神境界，也是最高的人格品质。

以上是笔者所理解的影响世代中国人思想行为的中国传统文化的基本精神。如果从道德修养的角度讲，还有许多传统美德，这里只是就人与自然、人与国家、人与他人、人自身修养几个方面提出最典型的民族精神。由于论题范围广，从宏观到微观，单是这几个方面的叙述，未免让人觉得不太均衡，但是它们的精神力量是同等的，在世界观、人生观、价值观、道德观上给了中华民族巨大的影响，持久而强烈，直至今天。

第三节　中国传统文化的消极面

中国传统文化是中国旧时代的文化，它从先秦时期就开始形成，在2 000多年的封建社会里没有根本的改变。虽然它起到了团结中华民族、统一中国，使中国文化本身得到发展的作用，它的基本精神长期影响着中国人的价值观和行为方式，但它毕竟是旧时代的文化。用历史唯物主义的方法来分析，中国传统文化有积极的一面，但消极面也是极为明显的。同时，任何文化都具有两重性，有优秀的一面，也会有腐朽的一面。文化的发展就是优秀的部分得到传承和发展，腐朽的部分逐渐被摒弃和淘汰，但也总会有一部分残留下来的过程。中国传统文化的社会基础是封建社会和专制主义，在封建社会相当长的一段时期内，中国传统文化可以说居于世界文明的巅峰，但到了近代，中国逐渐落后了。为什么会落后？中国文化在其中应该承担什么样的责任？近百年来中国知识分子苦苦寻求原因，特别是"五四运动"前后，许多学者、各种派别发表了自己的观点与见解。

许多学者认为近几百年来中国之所以落后于西方，是因为文化的落后，特别是观念的落后。陈独秀认为，中国要跟上西方文明，需要两种觉悟：一是政治的觉悟，国民人人关心政治，参与政治；二是伦理的觉悟，而且把伦理的觉悟作为最后的觉悟。他说："自西洋文明输入吾国，最初促吾人之觉悟者为学术……其次为政治，年来政象所证明，已有不克守缺抱残之势。继今以往，国人所怀疑莫决者，当为伦理问题。此而不能觉悟，则前之所谓觉悟者，非彻底之觉悟。盖犹在惝恍迷离之境。吾敢断言曰：伦理的觉悟，为吾人最后觉悟之最后觉悟。"[1]梁漱溟也同意陈独秀的观点。他说，大家最早看见的是西洋火炮、铁甲、声、光、化、电的奇妙。及至甲午之役，海军全体覆没，于是大家始晓得火炮、铁甲、声、光、化、电，不是如此可以拿过来的，这些东西后面还有根本的东西。于是有戊戌变法、庚子事变。但是西洋的政治制度实际上仍不能在中国实现，还有根本的问题在后头。"所谓根本就是整个的西方文化——是整个文化不相同的问题。"[2]他认为，文化的不同，就在于生

---

① 陈独秀：《吾人最后之觉悟》，《新青年》第1卷6号，1916。

② 梁漱溟：《东西文化及其哲学》，见《中国现代学术经典·梁漱溟卷》，15页，石家庄，河北教育出版社，1996。

活中解决问题的方法不同。他把它分为"人生的三路向"。

（一）未来的路向：就是奋力取得所要求的东西，设法满足他的要求。换句话说就是奋斗的态度……

（二）遇到问题不去要求解决，改造局面，就在这种境地上求我自己的满足……

（三）走这条路向的人，其解决问题的方法与前两条路向都不同。遇到问题他就想根本取消这种问题或要求。[①]

"所有人类的生活大约不出这三个路径样法：（一）向前要求；（二）对于自己的意思变换、调和、持中；（三）转身向后去要求。"[②]他认为，"中国文化是以意欲自为、调和、持中为其根本精神的"[③]，因此非彻底改变不可。他还说："我可以断言假使西方不同我们接触，中国是完全闭关与外间不通风的，就是再走三百年、五百年、一千年也断不会有这些轮船、火车、飞行艇、科学方法和'德谟克拉西'精神产生出来。"[④]这种彻底否定中国传统文化的基本精神的观点是值得商榷的。中国传统文化的基本精神中有积极进取的一面，从历史上中国文化吸收、包容各民族文化的事实足以说明。更何况历史是发展的，腐朽的东西到了一定程度必然就会死亡。生产力的发展必然会改变生产关系，不过是

---

① 梁漱溟：《东西文化及其哲学》，见《中国现代学术经典·梁漱溟卷》，63页，石家庄，河北教育出版社，1996。

② 梁漱溟：《东西文化及其哲学》，见《中国现代学术经典·梁漱溟卷》，64页，石家庄，河北教育出版社，1996。

③ 梁漱溟：《东西文化及其哲学》，见《中国现代学术经典·梁漱溟卷》，65页，石家庄，河北教育出版社，1996。

④ 梁漱溟：《东西文化及其哲学》，见《中国现代学术经典·梁漱溟卷》，74页，石家庄，河北教育出版社，1996。

迟早的事。中国社会的发展绝不会等到300年、1 000年以后。按照马克思主义观点，外因总是要通过内因起作用的。中国社会内部早已蕴藏着一股力量，迟早会冲破封建专制主义的束缚。当然，梁漱溟提出的三种人生路径，确实是值得我们思考的。

鲁迅（1881—1936），中国现代文学家、思想家、革命家、教育家。鲁迅以一种大无畏的精神投身到社会革命之中。他提出，要改造社会就要造就大批新的战士。社会的改革"首先在人"，呼吁"救救孩子"，倡导教育必须与"社会实际斗争"相结合。

20世纪20年代，许多学者还讨论过"国民性"问题。鲁迅先生的小说《阿Q正传》就是探讨国民性的一部有影响的著作。据许寿裳先生回忆，早在日本，他们就常常讨论中国的国民性。"我们又常常谈着三个相连的问题：（一）怎样才是理想的人性？（二）中国民族中最缺乏的是什么？（三）它的病根何在？对于（一），因为它是中外哲人所孜孜追求的，其说浩瀚，我们尽善而从，并不多说。对于（二）的探索，当时我们觉得我们的民族最缺乏的东西是诚和爱……至于（三）的症结，当然要在历史上去探究，因缘虽多，而两次奴于异族，认为是最大最深的病根。做奴隶的人还有什么地方可以说诚和爱呢？……唯一的救济方法是革命。"[1]鲁迅坚决主张彻底改造民族性，必须进行思想革命，否则招牌虽换，货色照旧；口号虽新，骨子里还是旧的，革命不能成功。他说："说到中国的改革，第一著自然是扫荡旧物，以造成一个新生命得能诞生的机运。"[2]旧物是什么呢？就是以"三纲五常"为主要内容的封建奴隶的思想意识，也就是鲁迅笔下的愚昧、守旧、懦弱、屈从、自我满足等鄙习，或

---

① 许寿裳：《我所认识的鲁迅》，7页，北京，人民文学出版社，1952。
② 《出了象牙之塔·后记》，《鲁迅全集》第13卷，227页，北京，人民文学出版社，1973。

称中国国民的劣根性。这是中国传统文化中糟粕的部分。鲁迅描写中国国民的劣根性，一方面做了艺术的夸大，另一方面也有恨铁不成钢的情感在里面，他并未否定中国传统文化中的基本精神，恰恰相反，他是为了唤起民众最后的觉悟，激发民族的基本精神。

孔乙己，鲁迅小说《孔乙己》中的主要人物。他身上集中体现了中国封建社会知识分子迂腐、落后的特征。鲁迅批判地揭示了孔乙己的悲剧性格，表现了对造成这种性格的文化教育制度的有力鞭挞。

梁漱溟在《中国文化要义》中，概括了中国民族的十点品性为：①自私自利；②勤俭；③爱讲礼貌；④和平文弱；⑤知足自得；⑥守旧；⑦马虎（模糊）；⑧坚忍及残忍；⑨韧性及弹性；⑩圆熟老到。[1]这似乎过分重视消极面了。

张岱年、程宜山在《中国文化与文化论争》一书中指出中国传统文化有两大缺陷：一个是缺乏实证科学，另一个是缺乏民主传统。"科学"与"民主"就是"五四运动"时大家讲的"赛先生"和"德先生"。这两大缺陷是与中国传统文化的社会基础密切相关的。中国古代社会的基础，一是小农经济，二是专制主义的宗法制度。正是这种社会基础，中华民族传统文化中的优秀品质长期被压制，而落后的东西被保存下来。因此，认识中国传统文化中的缺点，有利于我们清算落后的东西，发扬优秀的基本精神。

以上许多论述是从中国传统文化整体而言的。这些缺陷特别影响教育传统的消极面，大概可以归纳为以下几点。

因循守旧　在封建社会，自然经济占统治地位。这种封闭式的经济

---

[1] 梁漱溟：《中国文化要义》，见《中国现代学术经典·梁漱溟卷》，258～259页，石家庄，河北教育出版社，1996。

活动只要求人们恪守传统，守家立业，而不要求开拓进取。中国古训是"父母在，不远游"，子女要守在父母的身边。这种观念影响到教育的价值观和人才的培养。几千年来封建社会统治阶级需要培养的是听话的奴仆，要求他对主人绝对忠诚和服从，不需要有自己的独立见解；而劳动人民在封建统治和自然经济条件下，也只知道教育自己的子女守家立业，把他们束缚在一块土地上，不要求他们开辟新的天地。

讲"名分"，重等级　在以宗法制度为基础的封建社会中，人是按等级定位的。所谓长幼有别，上下有序，是按规定的"名分"来排序的。儒家思想的核心"礼"，就是奴隶社会和封建社会等级制度的社会规范和道德规范。"礼"最初指祭神的器物和仪式。周代把礼从仪式中区分出来，发展为"君君、臣臣、父父、子子"的等级制度和以血缘关系为纽带的宗法制度。中国传统文化一直把礼作为伦理道德规范。孔子说："非礼勿视，非礼勿听，非礼勿言，非礼勿动。"（《论语·颜渊》）这种观念长期影响着中国人的思想：官本位，重官轻民，重权力轻义务。至今中国的人事制度还沿用等级制度，不仅行政管理部门有等级，企事业单位也有等级，连学校都分什么副部级、司局级；人与人交往时称呼对方也要带上"长"字，一切待遇都是按行政等级来划分的。中国人特别讲究"名分"，讲究级别。高等学校教师评职称，各行各业立即也评起职称来，这都是讲究"名分"和等级的思想。这种观念不破除，也就没有民主和平等可言，是和现代文明格格不入的。讲究"名分"，是一切官本位的根源，这种思想已经影响到我们的下一代。最近从《新闻晨报》上看到一篇文章，很说明这个问题。摘要如下。

　　周末，儿子回家，我发觉他的小队长臂章不见了。儿子吞吞吐吐地道出原委。因为上课玩卷笔刀，被老师喝令拿下小队长的臂章，交给邻座专心听讲的小朋友。

我陷入了深思。记得在我小时候，班主任言明，当班长是最骄傲的。谁乖巧、懂事，谁就有可能当上……小学毕业那天，我仍未当上班长。后来我倒发觉那个当上班长的同学生活得挺压抑，工作也并不如意。

总以为那是畸形年代的事情，可在我们的下一代身上还在衍生。儿子看我一声不吭，以为我生气了，就摇着我的手臂说："不要紧的呀，老师说了，只要听老师的话，还可以当小队长的！你放心，我下个星期就把它夺回来。"

官文化在中国绵延几千年，相比之下，我们所引领给孩子的那种激励、那种骄傲、那种心灵的锻造，我感觉，仿佛缀满了脆弱的果子，令人心生悲哀。

（摘自《新闻晨报》2003年9月4日）

重伦理轻技术　以儒家学说为核心的中国传统文化只重视伦理道德，不重视科学技术。《礼记》中说，"凡执技以事上者""不与士齿""作淫声、异服、奇技、奇器以疑众，杀"（《礼记·王制》）。孔子就不谈技术，连种田都不谈。古代墨家和名家重视科学技术，但是当时未成为主导思潮。自从汉武帝独尊儒学的政策施行之后，墨家和名家更丧失了应有的地位。少数知识分子也从事过科学探索，如东晋道家葛洪，曾经研究医学、兵法、天文；明代李时珍潜心研究药学，撰写了《本草纲目》，对我国的中医药学影响很大；明末徐霞客考察中国的山山水水，对地理学做出了很大贡献。但这仅限于极个别的知识分子，而轻视技术的思想已成为主导思想。近代科学没能在我国产生，不能不说与这种轻视技术的传统思想有关。

重整体轻分析，重归纳轻演绎　从思维方式上讲，中国传统文化重整体轻分析，重归纳轻演绎。重整体有它合理的一面，把事物看成整体，有利于克服片面性、局部性。中西医的区别就在于此：中医看病施药重视病人整体的状况，协调治理；西医看病重视局部机体的病变，对症下药。但是，重视整体而轻视局部的分析，往往会对事物的认识模糊不清，不能科学、定量地说明事物的性质，满足于笼统的概念。这种思维方式有碍于实证科学的发展。

中国传统文化思维方式的另一种表现是重归纳轻演绎。中国古代哲人论述的道理，只有结论，没有论证。孔子在《论语》中的言论，每一句话都是判断语，是一种结论，却不给予论证和解释。例如，孔子说："温故而知新，可以为师矣。""学而不思则罔，思而不学则殆。"这些判断语有非常深刻的意义，但没有解释为什么是这样。这与西方古希腊学者苏格拉底的"产婆术"大不相同。"产婆术"是用问答的方式揭露对方谈话中的自相矛盾，引导对方进一步思考，这样一步步地达到揭示事物的本质。中国古代教育却是让尚不懂世事的孩子去读"四书五经"，使学生养成不求甚解的学风。这种思维方式严重地阻碍着实证科学的发展，阻碍着科学精神的养成，不能不说是中国传统文化的缺陷，在现代化进程中是需要改变的。

总之，由于中国传统文化是在中国宗法制度的封建社会里形成的，无疑会带有许多封建的、落后的观念，而这些封建的、落后的观念都需要我们在研究中国传统文化时认真分析和剔除。

第四章　中国的教育传统及其基本特点

第一节　中国教育传统的演变及形成

　　教育是文化的一个组成部分，中国教育是中国文化的重要组成部分。中国教育一方面是中国文化的选择、传播、改造工具；另一方面又在中国文化的基础上形成了自己的传统。中国的教育传统有一个形成、发展的过程，一定的历史时期有一定的文化传统，也有一定的教育传统。从理论上讲，教育传统和文化传统是同步发展的，但实际上不完全是这样。因为教育有相对的独立性，有时教育落后于整体文化的发展，例如，明末清初西学东渐，近代科学传播到中国士大夫阶级中，但没有在学校教育中反映出来；有时教育会超前于整体文化的发展，例如，清末民初，教育采用了西方学制，但当时中国的文化是半殖民地半封建性质的，尤以封建文化为主体。教育传统是受当时的政治、经济及文化的影响而形成的，同时也是对过去的教育传统的继承和发展。例如，近代学制引入中国以后，学校制度、结构、教学内容和方法都有了明显的改变，但教育的价值观、人才观，乃至于教学方法，仍然有中国传统教育深深的烙印。

　　这里还要说明两个概念，即教育传统和传统教育。教育传统是指一个国家或地区，或一个民族长期形成的具有各自特色的教育体系，包括教育思想、教育制度、教育模式等。传统教育是指过去教育实践中形成并得以流传下来的有一定特色的教育体系。用语法的时态来讲，教育传统是现在进行时态，传统教育是过去时态。教育传统是在传统教育基础上形成的，是传统教育的继承和发展。因此，传统教育和教育传统并非对立的关系。有人把传统教育说成是保守的、陈旧的，这样笼统地讲是不对的。传统教育既然是过去长期形成的，确实有保守的一面，但它并非已经凝固不变，它也是发展变化而来的。至于它的内容，是既有优秀的，可以在今天继承和发扬光大的；也有落后的，不适合现时代要求的，需要摒弃的。因此，今天的教育传统只能在批判和继承传统教育的基础上才能形成。批判并非指否定、排斥，而是指选择和改造。也就是说，教育不仅对文化有一个选择和改造的问题，教育对自身也有一个选择和改造的问题。中国的教育传统的发展就是对自身不断选择和改造的过程。

所以，中国教育传统的形成和发展也有一个过程，大致经历了以下几个重要的阶段。

远古原始形态的教育　原始社会是人从动物界分离出来的第一个人类社会形态。原始社会的生产力水平很低，人类借以生活的工具仅仅是石器和用树木制成的弓箭，吃的是连毛带血的禽兽肉，饮的是野兽的血和天然的水；后来才慢慢学会制造陶器，学会使用火，学会吃熟食；以后又学会种植和放牧。根据摩尔根《古代社会》一书的描述，人类走过了蒙昧时期、野蛮时期、文明时期。原始社会属于蒙昧时期和野蛮时期，这个时期很长很长，大约有一百多万年的历史。在这段漫长的岁月里，人类为了生存和发展，需要互相交流生产经验和生活经验，并把它们传授给下一代，这就产生了教育。原始形态的教育活动主要是在共同劳动和祭祀等社会活动中进行并完成的。

我国考古学者考察了元谋人、蓝田人、北京人等属于旧石器时代早期的人类遗址，对于揭示中国教育的起源具有重大意义。我国古籍中就有用火、耕牧等记载。例如，《白虎通》曰："教民熟食，养人利性，避臭去毒。"就是教人用火煮熟食物，可以增强体质，调节性情。据《尸子》载："宓羲氏之世，天下多兽，故教民以猎。""燧人之世，天下多水，故教民以渔。"《易经·系辞》又曰："包羲氏没，神农氏作，斫木为耜，揉木为耒，耒耨之利，以教天下。"就是教民耕种。可见原始社会的教育是和人们的劳动联系在一起的。我国古籍中还有图腾崇拜、宗教祭祀等活动的记载，这些活动都是通过教育一代一代传下来的。至氏族社会末期，"家学"的学校教育形式开始萌芽，但是这种学校是由氏族显贵垄断着的。

文字出现与学校的产生和发展 文字的出现促进了学校的产生和发展。有了文字，人类的生产经验和生活经验就能被记录下来，人类的文化就有了书面的记载，学校就有了文字记载的教材。根据我国古代传说，文字是仓颉创造的，其实应该是劳动大众创造的，经过史官总结、修正而确认流行。我国最早发现的文字是刻在龟甲和兽骨上的，考古学家称其为甲骨文。甲骨文已经是很成熟的文字，恐怕在这之前还有一个很长的原始文字阶段。后来又刻在青铜器皿上，称为金文。陕西眉县出土的27件青铜器上有3 500字左右的铭文，记载着西周的历史。正是这些文字的发明，我们今天才能够了解我国古代的历史。以后文字又刻在竹简或木简上，书写在布帛上。大约西汉时，我国就出现了最早的植物纤维纸。东汉蔡伦总结、推广了前人的造纸经验，纸就可以大量

仓颉，也作"苍颉"，传说中汉字的创造者。传其为黄帝史官。

生产了。纸的发明和应用对人类文化的继承和发展起到了巨大的推动作用，对学校教育的发展也起了巨大的作用。它不仅便于书写，而且便于保存和传播。

印刷术的发明是中国人民对人类文化又一次伟大的贡献。当然，这已经是后来的事（我国5世纪出现碑石石刻，11世纪毕昇发明活字印刷术）。印刷术的发明对于文化的广泛传播和教材的普及有着极为重要的作用。纸和印刷术的发明大大便利了教学的进行，促进了学校教育的发展。

我国古代很早就有学校。根据古籍记载，我国最早的学校有"庠""校""序"等名称。《孟子·滕文公上》中称："设为庠序学校以教之。庠者，养也；校者，教也；序者，射也。夏曰校，殷曰序，周曰庠。学则三代共之，皆所以明人伦也。"可见我国的学校大约出现在氏族社会后期、奴隶社会早期。

人类进入阶级社会以后，教育也具有了阶级性，学校教育为统治阶级所垄断。教育的内容主要是学习统治者的礼仪、兵法等治人之术。我国古代的教育内容是"礼、乐、射、御、书、数"，所谓"六艺"，反映了奴隶制国家尚武尊礼的需要。

孔子首开私学之风　私学就是私人讲学，始于春秋时期。《吕氏春秋·离谓》记有春秋郑国邓析私人讲学的事迹，但一般认为是孔子首开私学之风。孔子在鲁国曲阜设学授徒，以诗书礼乐教弟子。他还带着学生周游列国，是春秋末期最大的私人讲学团体。同时代还有少正卯在鲁国讲学。墨子自称有弟子三千人。战国时期，诸子蜂起，各自设学传道授徒，学生也可以自由择师，形成了百家争鸣、人才辈出的盛况。秦代曾经禁止私学，但是禁而未绝。汉代经师讲学又盛行起来，自立"精舍""精庐"，有的规模很大，达到数百数千乃至万人之众。魏晋南北朝时期，社会动荡，官学兴废无常，私学又有了发展。这个时期除了世俗性的私学外，还有佛教、道教的宗教教育私学。隋唐以后，私学的名称更是繁多，有家塾、经馆、义学、私塾、村塾等，形成了庶民学习的风气。唐朝末年又出现了书院，到宋代有了较大发展，后来逐渐向官学演变。总之，私学在我国教育发展史上有着重要的地位，它对中国文化的传播和发展功不可没。

"独尊儒术"和封建主义教育确立 西汉初期，社会崇尚黄老之学，实行"与民休息""无为而治"的政策。汉武帝继位以后，为巩固封建制度，谋求政治大一统，采纳董仲舒的建议，推行"罢黜百家，独尊儒术"的文教政策。汉武帝在建元五年设置

孔子杏坛讲学图（明·吴彬 款）

儒家五经博士，罢免其他诸子，将儒家经典列为官学。从此，儒家经典成为我国封建时代学校教育的主体内容，中国传统教育也由此而形成。汉王朝又将原始儒学改造成为适应汉代统治需要的官方儒学，以"三纲五常"为核心，强化君父统治。"独尊儒术"的文教政策为以后历代统治者所尊奉。

"独尊儒术"对中国教育的影响是巨大的。首先，它结束了"百家争鸣"的局面，实现了教育的儒学化。汉朝儒学经过"今文经学"与"古文经学"之争，完成了建立统一儒学的任务，但这种儒学已经不是孔子儒学的本来面目，是经过改造后的儒学。隋唐时期科举制度的建立，把教育与选拔人才结合起来，科举考试的内容也是以这种改造过的

儒学经典为主，这种制度对我国教育的影响也非常深远。其次，它促成了教育的政治伦理化。儒学从孔子开始就强调教化、德治和仁政，并重视教育的政治作用。汉武帝的独尊儒学意味着接受儒学教化、德治的思想，即所谓"教化立而奸邪皆止"，使儒学教育更加政治化，为巩固封建统治服务。教育的政治化也就成为中国教育的传统。

汉武帝（前156—前87），名彻，中国历史上最有作为的皇帝之一，开疆拓土，建章立制，居功至伟。在思想文化上，实行"罢黜百家，独尊儒术"，从而奠定了儒学在我国社会历史中的地位。

汉以后近2 000年来，中国教育虽然也随着朝代的更迭而有所变化，但直到鸦片战争之前，封建教育的根本传统没有本质的改变，只是到近代才受到较大的冲击。

殿试，中国古代科举考试层级中最高级别的考试，一般由皇帝亲自主持。殿试第一名为状元，第二名为榜眼，第三名为探花。此图表现的是唐代殿试时的情景。

科举制度产生，选才与教育结合　科举选士制度始于隋朝，唐代有了发展，逐渐形成一种选拔人才的考试制度。这种制度对中国的教育产生了巨大影响。它把教育纳入考试制度之中：一方面，使庶人子弟有机会通过科举考试进入仕途，极大地调动了庶民百姓读书的积极性，形成了中国人重视教育的传统；另一方面，使教育从属于科举考试，强化了脱离实际的经院主义学习。特别是明朝以后，科举考试采用"八股文"，使学校教育更加僵化。科举制度对中国教育的价值观、人才观、教学观都产生了严重的不良影响，特别是使学历主义成了中国教育的传统。这在后面我们还要分析到。

洋务运动和维新运动对中国传统教育的冲击　这是自西汉以来对中国传统教育的第一次大的冲击。明末清初，西学开始东渐，但对中国教育并未产生多大影响。鸦片战争以后，中国的门户被打开，中国封建统治阶级内部一些官僚逐渐认识到，中国的军事、经济、教育落后于西方

康有为（1858—1927），中国近代资产阶级改良派领袖。

列强。以曾国藩、李鸿章、左宗棠、张之洞等为代表的一批人士倡导洋务运动。所谓洋务，简单地说，就是与外国有关的一切事务，包括工业、商业、外交、教育等。洋务运动在教育方面的主张就是张之洞提出的"中学为体，西学为用"。所谓"中学为体"，就是把封建主义的"三纲五常"视为中国文化的基础。"西学为用"就是"师夷之长技以制夷"，学习西方的技术；就是在封建专制制度和封建伦理纲常不变的条件下，开办一些工厂、学校、报馆等，接纳一些西方资本主义的自然科学和技术，以达到富国强兵的目的。在洋务运动的倡导下，中国第一次办起了洋学堂，派出了第一批留学生。第一批洋学堂主要是外国语学校、工业学校和军事学校，如京师同文馆、上海广方言馆、广州同文馆、福建船政学堂、天津水师学堂、江南水师学堂等。

维新运动是19世纪末一批具有资产阶级改良主义思想的知识分子发起的。他们抨击八股取士制度，要求废除科举考试，改革传统的教育模式，建立现代形式的新学校，学习西方的科学技术，培养实用人才。

洋务运动和维新运动是两种性质不同的运动。前者是封建统治阶级内部提出的改革教育的主张，后者是资产阶级改良派提出的所谓"新学"主张。虽然这两次运动的背景、内容都不相同，但都是在清朝末

年发生的，都是对中国封建主义教育传统的一次冲击。洋务运动不愿意触及封建思想的核心，但主张办洋学堂。维新运动则从发展资本主义出发，要求改变封建专制政体，学习西方文化。虽然维新运动失败了，但经过他们的斗争，封建主义教育思想受到批判，封建伦理纲常开始发生动摇，封建教育制度开始崩溃。废科举、兴学堂就是这两次运动的结果。1905年，在中国存在了约1 300年的科举考试终于

梁启超（1873—1929），中国近代资产阶级改良主义者、教育学家。

被废除，西方的教育制度和先进的科学教育内容得以在中国建立和传播。

　　辛亥革命对封建教育传统也可以说是一次冲击。特别是蔡元培提出的教育方针，体现了资产阶级关于人的和谐发展的思想，对封建主义教育思想是一次有力的批判。但是，随着辛亥革命的失败，蔡元培的教育思想并未得到实现。

　　"五四运动"对中国传统教育的冲击　　第二章、第三章讲到的"五四运动"对中国传统文化的批判，实际上也是对旧教育的批判。"五四运动"提出的"科学"与"民主"的口号，沉重地打击了封建主义教育传统。学校里废除了尊孔读经的内容；在文学革命的推动下，学校采用白话文进行教学，使学校教育贴近人民大众的生活实际，为教育的普及创造了条件；开展平民教育运动，提倡男女受教育的权利平等；提倡科学的教育内容和方法等。这一切都使中国教育的传统发生了质的变化，封建教育制度的大厦彻底倒塌。

　　"五四运动"的最大收获是马克思主义在中国的传播。这在第三章中已经提到。它对中国教育的影响是：中国教育界从此掌握了科学的思想方法，从而真正掌握了批判封建主义教育和资本主义教育的有力武

器，为建立中国的新的教育思想体系和教育制度奠定了基础。杨贤江撰写出版的《新教育大纲》（1929年）就是我国第一部运用马克思主义观点比较系统地阐明教育理论的著作。

中国人民革命的胜利和中国新的教育传统的形成　中国工农革命战争年代，革命根据地在发展教育，特别是干部教育方面取得了新的经验，提出了新民主主义的教育方针。苏维埃文化教育的总方针"在于以共产主义的精神来教育广大的劳苦民众，在于使文化教育为革命战争与阶级斗争服务，在于使教育与劳动联系起来，在于使广大中国民众都成为享受文明幸福的人"[1]。解放战争的胜利彻底推翻了封建主义和帝国主义的统治，封建主义教育传统失去了它的政治基础。1949年，《中国人民政治协商会议共同纲领》第四十一条提出要"肃清封建的、买办的、法西斯主义的思想"，建立民族的、科学的、大众的新民主主义教育。经过中华人民共和国成立初期的教育改革，封建主义教育思想作为一个体系已经彻底崩溃。但是，我们不能不认识到，思想体系的崩溃不等于这些旧思想从此绝迹，某些封建主义教育思想的残余仍会存留下来，至今还在一些人的头脑中起作用。

中华人民共和国成立以后，我国教育经过多次改革，特别是改革开放以来，中国教育的改革和发展进入了一个新阶段，具有中国特色的教育传统正在形成。

从以上中国教育传统的形成

陕北公学，中国共产党领导的以坚持抗日民族统一战线、实施国防教育、培养抗日干部为目的的干部学校，成立于1937年9月，校址在延安。图为陕北公学学生参加集会。

---

[1] 《毛泽东同志论教育工作》，15页，北京，人民教育出版社，1958。

和演变过程可以看到，教育无时不受当时政治、经济、文化的影响，尤其受文化的影响是深刻的、久远的、不容易改变的。因此，要研究中国教育传统，要建立有中国特色的新的教育传统，就不可不研究中国教育的文化基础，也就是要研究中国文化的变迁及其对教育的影响，研究西方文化（包括西方教育）传入中国以后对中国教育的影响。同时，还应当看到，教育发展有自身的规律，一定时期的教育传统是在继承和改造了历史上的教育传统并吸收了外来教育传统的基础上形成的。就拿今天中国教育的传统来讲，它包含了以下一些因素：①几千年来中国传统教育的影响，其中包含着优秀的教育思想和封建主义教育思想的残余；②"五四运动"以来科学与民主的优秀教育思想；③老解放区教育的经验和传统；④新中国成立以后学习的苏联的教育思想、制度和方法；⑤改革开放以来西方教育思想的影响。当然不能说这些因素都是孤立的、互不联系的，相反，它们是互相联系、互相影响的。这些因素中包含着优秀的教育思想，也包含着陈旧的教育思想。这些因素在我国当前的教育传统中也不是等量地在起作用，而是有主有从的。应该说，新中国成立以来，我们正在以马克思列宁主义、毛泽东思想、邓小平理论和"三个代表"理论为指导，努力实践建立有中国特色的现代教育体系和传统。但新的教育传统还在形成之中，还不能说已经形成。同时毋庸讳言，我们的教育传统中还残存着不少落后的、陈旧的东西，还需要更新教育观念、深化教育改革，才能建立起符合21世纪时代要求的、有中国特色的教育。

第二节 中国教育传统的基本特点

中国教育传统有几千年的历史，基本上可以分为两个大阶段：第一阶段是从古代到中华人民共和国成立以前，基本上是封建主义的教育。

虽然远古时代至春秋战国经历了原始社会和奴隶社会，但那时中国教育传统尚未形成；鸦片战争至新中国成立以前又经历了半殖民地半封建社会，封建教育制度已经崩溃，但从教育思想来讲，中国教育传统总体上还是封建主义的，或者叫作半殖民地半封建主义的，而占主导地

北京国子监内的太学牌匾。

位的仍是封建主义的。只有在中华人民共和国成立以后，中国教育传统的性质才得到根本的改变，成为大众的、科学的、民族的社会主义的教育传统。这是第二阶段。但是这两个阶段并不是截然分开的。"五四运动"以后，大众的、科学的、民族的教育思想在中国大地上就开始萌芽，在革命根据地得到了一定的实现。新中国成立以后，封建主义教育思想受到了彻底批判，封建教育制度也早已不复存在，但一部分封建教育思想还残存在许多人的头脑中，至今仍在起作用。同时，两个阶段的教育传统也不是毫无联系的，后者是在批判和继承前者的基础上发展起来的。与中国文化传统一样，从纵向的中国发展的历史来看，中国教育传统在两个阶段中发生了质的变化；从横向与别国的教育相比，中国教育传统又有中华民族的特点，是前后有着继承关系的。中国教育传统受到中国文化传统的影响，有着明显的特点。归纳起来，大致有以下几个方面。

中国教育有政教合一的传统　中国历史上的官学很发达，历史上有明确记载，从西周开始就设有官学。由朝廷直接举办、管辖的为中央官学，如西周的国学，汉代的太学、官邸学、鸿都门学，唐代的国子监、太学、四门学等。历代官府按行政区域在地方设置的学校为地方官学。官学中的教师叫学官，是朝廷的官员。《礼记》所载的学官有大司乐、大乐正、小乐正等，汉代开始设五经博士、博士祭酒等，隋以祭酒、司业为国子监正副职总领，唐承隋制，宋设提举学事司，明设提督学校

官，清设提督学政。他们都领朝
廷俸禄。

　　政教合一最明显的特征是教
育与选拔人才相结合，具体表现
在科举制度上。科举制度是一种
人才选拔制度，经过逐级统一考
试，按成绩选录人才，授以相应
的官职。科举考试的内容历代虽
有不同，但始终以"四书五经"
为主要内容。因此，教育就是熟
读这些经典和注疏，以应付科举
考试，达到做官的目的。

辟雍，本为西周天子所设大学，东汉以后，历代皆有辟雍，但多为祭祀之所。图为北京国子监内的辟雍。

　　政教合一的传统在我国革命根据地表现得也很充分。那时的教育以
干部教育为主，学校里的学生既是学员又是干部，享受国家公务员的一
切待遇。学校里的教员也都是各级干部。教育的目的和内容都是为当时
的革命斗争服务的。直到新中国成立以后，大学生还享受着干部的政治
待遇。长期以来，我国把教育作为阶级斗争乃至政治斗争的工具，不能
说与这种传统无关。

　　中国教育有重伦理道德的传统　　中国文化是伦理型文化，中国教育
也可以说是伦理型教育，重视人的道德修养。《说文解字》称："教，上
所施，下所效也。""育，养子使作善也。"《中庸》称："修道之谓教。"
《学记》称："教也者，长善而救其失者也。"这些都是从人的道德修养
的角度谈教育，反映了长期以来封建统治阶级的要求。孔子、孟子的学
说都是讲人与人、人与社会的关系的。孔子提出了以"仁"为核心的一
套学说，而"仁"纯粹是一种道德观念和品质；孟子继承孔子的思想，
强调"父子有亲，君臣有义，夫妇有别，长幼有序，朋友有信"，要求

受教育者能够遵守这人间的"五伦"。《礼记·大学》曰:"古之欲明明德于天下者,先治其国;欲治其国者,先齐其家;欲齐其家者,先修其身。"于是,"修身、齐家、治国、平天下"就成为中国教育的最高理想。

这种传统具有较高的人文精神。如果剔除其封建内核,它强调的是教育的社会化功能,培养年青一代具有正确对待自己、正确对待他人、正确对待社会的高贵品质,对社会、对国家、对民族有高度的责任感。

这种重伦理的传统发展到今天就是重视育人,所谓"教书育人",把培养做人、做中国人放在第一位;政治思想教育列于学校教育的首位,要求对学生进行爱国主义、集体主义、社会主义的思想教育,帮助他们树立正确的世界观、人生观、价值观。

中国教育有重经典、轻技术的传统 这个特点与重伦理是有关系的。中国历来的学校教育只是教给学生统治政权的本领,很少教给学生生产的技能。孔子虽然教授"六艺",即礼、乐、射、御、书、数,似乎概括了"道德教育、文化知识和技能技巧的培养"三个部分,但是这三方面不是等量齐观的,而是把道德和道德教育放在首位,为三者的重心[①],而射、御属于军事教育的内容,也非生产技能。以后历代学校教育都根据科举的要求,以儒家经典为内容,从不传授生产劳动的技能。虽然中国古代有闻名于世的"四大发明",技术上有许多创造,但那都是民间靠原始形态的教育传播的,即依靠父传子、师传徒的方式进行的。这种方式不利于科技知识和生产技术的流传、积累和保留,遇到天灾人祸,很容易失传。我国古代的许多技艺未能流传至今,不能不说与我国的教育传统有关。从出土文物中我们可以看到,我国古代已有很高的冶炼技术、陶瓷制作技术,但后来都失传了。造成这种后果的

---

① 毛礼锐、沈灌群:《中国教育通史》第1卷,226页,济南,山东教育出版社,1985。

原因是：一方面，统治阶级垄断了这些技术，产品只供朝廷享用，不许在民间流传。例如，江西出土的官窑，发现许多成品都被砸碎掩埋了，就是为了不让朝廷的这些专用品流传到民间，制窑的技术当然更不让流传。另一方面，学校教育不传授这些技术，并且蔑视技术，知识分子不去总结这些技术，因而缺乏典籍文献的记载与整理，很难流传下来。一旦掌握技术的工匠去世，他的技术也就随之终结，不能流传于后世。

中国教育的这种传统形成了中国人重经典、轻技术的思想，这种思想直接影响到我国科学技术的发展，而且至今仍在影响着我国职业技术教育的发展。

中国教育传统重视基本知识的传授，而方法是经院主义的　中国教育历来从识字开始，古代儿童首先学字书，如秦汉时学《史籀篇》《仓颉篇》，宋代以后学《百家姓》《千字文》《三字经》，然后就是熟读《论语》《孟子》《中庸》《大学》等"四书五经"及各家的注疏。方法是老师照本宣科，不知贯通；学生死记硬背，不求甚解。汉儒讲学，只讲经典的考据与经文的解释，往往"一经说至百余万言"，流于烦琐。而且师法、家法①壁垒森严，讲经必须严格遵守，否则将被逐出

《百家姓》《千字文》是中国古代对儿童进行启蒙教育所使用的主要教材，成书于北宋，也称"蒙学课本""蒙养书""小儿书"，其他同类图书还有《三字经》《千家诗》《文字蒙求》等。内容浅近易懂，朗朗上口，便于儿童记诵。

---

① 所谓师法，是指传经时以汉初立为博士的经师的经说为准绳；所谓家法，是指后来大师的弟子们在传经时有所发展的一家之言。

"家"门。因此，教学不能独立思考，缺乏创造性。唐宋时代虽曾有过改革，但都以失败告终。特别是明清时期发生的几次"文字狱"，知识界遭受无情镇压，使得思想禁锢，学界无言，严重地影响到学校教学。明清科举采用八股文，题目一律采用"四书五经"中的原文，内容注释必须

这是一幅表现师道尊严的照片。为师居中正坐，弟子分列两边，中心突出，次第严明，显示了中国古代尊师重教的社会风气和精神追求。

以程朱理学家注释为准，结构体裁有一套硬性的格式，更加禁锢了学生的头脑。顾炎武曾经严厉地抨击，说："八股之害，等于焚书，而败坏人才，有甚于咸阳之郊所坑者凡四百六十余人也。"

中国教育历来重视背诵记忆，俗话说："熟读唐诗几百首，不会作诗也会吟。"这种方法有利于巩固基本知识，却不利于培养学生独立思考的能力和创新精神。新中国成立以后，我国教育以苏联为蓝本，强调学习系统的知识，精讲多练。这种经验与我国古代教育传统一拍即合，形成了今天重视基本知识的传授、基本技能的训练的传统，却忽视了创新精神和实践能力的培养。

中国教育有尊师重教、师道尊严的传统　中国历来重视教育。这有两方面的原因：一方面，历代统治阶级总是标榜以德治国，教化臣民。汉朝以后，历代王朝都是以武力统一天下，但都用文教治天下。例如，宋赵匡胤用武力取得政权以后，就采取"兴文教，抑武事"的政策，抑制豪门，强化皇权。清朝统一全国后，一边镇压有反清复明思想的知识分子；一边修文偃武，推行汉文化，推崇程朱理学。另一方面，科举制度不以门第取士，平民百姓也可以参加考试，虽然中榜者不多，但给人一种希望，只要努力读书，就有出头之日，于是"学而优则仕""读书

做官"的思想在民间流传。在中国，不论王孙贵族，还是庶民百姓，只要有条件，都愿意让自己的孩子读书。

因为重视教育，所以尊重老师。中国有"一日为师，终身为父"的传统，把教师放到与父母同等的地位。同时，由于汉代以后独尊儒学，把孔子抬到了维护封建统治的至高无上的地位。孔子一生主要从事的职业是教师，因此，教师也就沾了孔子的光，成为"天地君亲师"的最后一员。中国历代经典和思想家的著作中，都把师道尊严作为教化的主要内容。例如，《学记》提出"师严然后道尊"，因为"师"是"道"的传播者，只有尊师，才能达到传道的目的；韩愈的《师说》把教师的任务归纳为"传道、授业、解惑"，也强调师道尊严。这种传统一直流传到今天，不能不说与中国人的教育价值观有关。

中国的教育传统，如果从内容上来讲，还有许多特点，这里只是从宏观的角度概述它的特征。这些特征不能加以全面肯定或者全面否定，它对中国教育现代化的影响有积极的一面，也有消极的一面，要具体分析。这一点，我们在后面章节中还要具体谈到。

第五章 中国传统文化对中国教育的影响

第一节 中国传统文化铸造了中国传统教育

"中国传统教育"是同"中国传统文化"相对应的概念，是指与中国传统文化相伴而生的中国近代教育以前的教育。教育是文化的组成部分，中国传统教育也是中国传统文化的组成部分，同时是在中国传统文化的大熔炉中铸造出来的。中国传统文化以儒家文化为核心，中国传统教育更是以儒家文化为主体，从教育价值观到教育内容和方法，无不渗透着儒家的精神。可以这么说，中国传统教育就是传承儒家文化的教育。本节我们试从以下几方面说明中国传统文化对中国传统教育的影响。

重视教育，把教育作为立国立民之本的教育价值观

中国历来重视教育，视教育为民族生存、国家安定的命脉，因此，中国很早就把教育纳入为国家的事业，建设国家首先要开展教育。传说黄帝、尧、舜时代就十分重视教育，自舜开始已有专门教育机构的出现。《尚书·舜典》中记载："夔，命汝典乐，教胄子。"可见当时已有专门的公职人员对贵族的子弟施教。《史记·五帝本纪》中也有类似的记载，有一段还讲到对百姓的教育："契，百姓不亲，五品不驯，汝作司徒，而敬敷五教，在宽。""五教"就是指父义、母慈、兄友、弟恭、子孝，即血缘家族的伦理，要求用这些血缘家族的伦理道德教育百姓。这个时期还没有提到君臣的关系，因为中国当时还没有进入君主制度，还处于原始公社制社会。以后随着生产力的发展和社会的变革，教育越来越受到重视。据古籍记载，虞、夏、商、周都有各种学校。到西周时期，中国奴隶制社会已臻完善，学校教育也开始分等级。当时的学校分国学和乡学两类：国学为统治阶级的上层贵族子弟而设；乡学是地方学校，为庶民所设。①《礼记·学记》中说："古之教者，家有塾，党有庠，术有序，国有学。"可见西周时代已有完整的教育体系。

到了春秋战国时期，孔子首开私学之风，各派名家也都设馆收徒，社会上形成了一种学习的风气。儒家文化特别重视教育立国。《学记》开宗明义地说"建国君民，教学为先"，把教育摆在立国的首要位置。许多儒学思想家都提倡重视教育，希望通过教育，统治者能够成为圣明之主，臣民能够"化民成俗"，接受教化，成为良民。孔子的弟子有子说："其为人也孝弟，而好犯上者，鲜矣；不好犯上，而好作乱者，未之有也。"（《论语·学而》）也就是说，接受了教育，懂得一套礼仪，就不会犯上作乱。

隋唐开始设立科举取士以后，庶民百姓只要埋头读书，科举考试榜上有名，就能改变个人的身份和社会地位。科举制度极大地刺激了百姓接受教育的积极性。"学而优则仕""书中自有黄金屋，书中有女颜如玉"已为百姓口诵心惟，因此说中国人有十分重视教育的传统。无论王孙贵族，还是黎民百姓，只要有一点能力，节衣缩食，都会送子女上学。中国古代官学、私学之发达，是其他文明国家不多见的。

中国古代为什么这样重视教育呢？因为人们认为教育是立国立民的根本。《大学》中说："欲明明德于天下者，先治其国；欲治其国者，先

---

① 毛礼锐、沈灌群：《中国教育通史》第1卷，71页，济南，山东教育出版社，1985。

齐其家；欲齐其家者，先修其身；欲修其身者，先正其心；欲正其心者，先诚其意；欲诚其意者，先致其知。致知在格物。格物而后知至，知至而后意诚，意诚而后心正，心正而后身修，身修而后家齐，家齐而后国治，国治而后天下平。自天子以至于庶人，壹是皆以修身为本。"教育就在于格物致知，修身养性，达到治国、平天下的目的。把个人的学习同国家兴亡的命运联在一起，这是中国教育的传统。虽然当时是对统治者所言的，但历代知识分子都把它作为教育的最终目的。

这种教育价值观一直影响到今天。读书救国、教育兴国一直是中国人追求的目标。中国人十分重视子女的教育，都希望自己的子女能多读几年书，接受更多的教育。国内升学竞争的激烈，广大群众对教育的关心程度，都充分说明了这一点。许多旅居海外的华人，第一代大约都没有什么文化，但他们赚了钱以后的第一件事就是捐资办学，在当地办华文学校，或回中国办学校。

这种教育价值观中也隐含着消极的一面，即把教育作为改变个人地位的手段。在今天的社会，这种观念本也无可厚非，但由此派生出来的"学而优则仕""读书做官"的观念使学生鄙视劳动，追求虚荣，严重影响了学生的身心健康。同时，这种教育观念严重歪曲了现代社会的人才观，不利于当今社会多元人才结构的培养和素质教育的推行。

以伦理道德为核心的教育价值观

中国古代教育一开始就同社会、国家联系在一起，教育的目的是"修身、齐家、治国、平天下"。以宗法制度为基础的社会，特别重视人伦道德，五帝时就重视"五常"的教育。儒家文化恰恰符合这种要求。儒家从"从政以德"的政治主张出发，突出强调道德和道德教育在治国安民中的作用。因此，儒家教育就成为连接个人、家庭、家族和国家的纽带。汉武帝时董仲舒上书对策"独尊儒学"不是偶然的，它符合了封建大一统的需要。为此，董仲舒改造了原始儒学的思想，把"三纲五常"作为新儒学的核心。自此之后，整个封建时代的教育都呈现出以伦理道德为核心的价值取向。宋明理学更是强调道德教育和自我修养。重伦理轻功利、重人文轻自然的教育价值观构成中国古代教育的传统。虽然有些学派，如墨家、农家主张利民生财，教人耕作，但自汉武帝"罢黜百家"以后，墨农诸家的主张在教育上就没有什么影响了。清代初期实学派也曾主张"经世致用"，除以经学为中心外，也旁及小学、史学、天算、水利、金石等，但未能得到朝廷和社会的普遍认可和重视。因此直至鸦片战争之前，中国古代教育从总体来讲，只教育学生做人，不教育学生做事；只教学生从善，不教学生求真。所谓"善"的德行，是以符合封建伦常为标准的。伦理道德教育达到具有教育本体论意义的程度。贵族子弟上学是为了懂得统治集团的"礼"，以便承接世袭的俸禄；庶民百姓上学是为了学习统治集团规定的一套"礼"，以便跻身上层阶级，服务封建朝廷，治理国家，同时改换门庭，光宗耀祖。

这种教育价值观有积极和消极的双重性。它的积极影响是：中国人历来重视教育，中国教育历来重视道德教育，学习，首先要学会做人，重视自身的道德修养，养成高尚的道德情操。重伦理道德的价值取向也影响到中华民族的国民性格、心理素质、风俗习惯等。中国人历来重义轻利，重集体轻个人。"宽以待人，严于律己""独善其身，洁身自好""国家兴亡，匹夫有责"等格言，成了中国人日常生活的座右铭。但其消极影响也是十分明显的。首先，它把人束缚在家族的伦理关系之中，思想被严重地禁锢。"非礼勿视，非礼勿听，非礼勿言，非礼勿动"，养成一个没有个性人格的人。有的学者说，中国几千年的教育就是两个字——"听话"，这不是没有道理的。其结果是：培养出来的人不敢想，不敢讲，不敢闯，缺乏开拓创新精神，严重阻碍了中国近代社会的进步。其次，不重视科学知识的学习，影响到我国近代科学的发展。研究中国科学史的英国人李约瑟曾经提出这样的疑问：为什么历史上中国的科学技术水平和经济发展水平一直遥遥领先于其他文明，近代科学却非但没有在中国产生，反而近代中国还大大落后了？这个问题的答案是复杂的，有政治制度的原因、经济结构的原因等，但不能不说与中国的传统教育价值观，与只重伦理、不重视科学技术知识的教育观念有千丝万缕的关系。

孟轲（约前372—前289），战国时期思想家、教育家。孟轲首创"性善说"，强调内心的道德修养，也不否认后天环境对人的影响。在教学方法上，孟轲主张深造自得、专心有恒、循序渐进、因材施教、重思有疑等，对后世产生了重大影响。

以"圣人君子"为教育的目标

圣人、贤人都是中国古代推崇的最高理想人格。孔子把尧、舜、禹作为理想的圣人，所以叫作"圣王"。王是外在表象，圣是内在的修养品格，内圣才能成为贤明的君王。因此，儒家把培养"内圣外王"的君子作为教育的最高目标。孟子说："人皆可以为尧舜。"（《孟子·告子下》）也就是说，只要通过教育，修身养性，人人都能达到圣人的境界。何谓圣人？儒家有许多解释。荀子说："圣也者，尽伦者也。"（《荀子·解蔽》）又说："故圣人者，人之所积而致也。"（《荀子·性恶》）董仲舒说："天令之谓命，命非圣人不行。"（《举贤良对策·三》）《白虎通·圣人》更是把圣人神化了，说："圣人者何？圣者，通也，道也，声也。道无所不通，明无所不照，闻声知情，与天地合德，日月合明，四时合序，鬼神合凶吉。"至宋明理学，均以"穷天理，灭人欲"为旨归，以成就圣人为最高的道德境界和人生理想。①说得通俗一点，圣人就是见识高明、德才兼备的君子中最有德

① 顾明远：《教育大辞典（增订合编本）》，1 393页，上海，上海教育出版社，1998。

行、最有威望的人。

君子，在西周、春秋时期是对贵族的通称。《国语·鲁语上》："君子务治，小人务力。"统治者、贵族是君子，从事体力劳动的奴隶是小人。春秋末期，"君子"与"小人"逐渐分别成为"有德者"和"无德者"的称谓。孔子就是把人分为君子和小人两类，君子有德，小人无德。孔子说："君子喻于义，小人喻于利。"（《论语·里仁》）他又说："君子义以为质，礼以行之，孙以出之，信以成之。君子哉！"（《论语·卫灵公》）意思是，君子做事以合宜为原则，以礼节来实行，用谦逊的言语来说它，用诚实的态度来完成它。这才是真正的君子。"君子"这个词是《论语》中出现得最频繁的一个词，达107次。《论语》的第一章第一节就说："人不知而不愠，不亦君子乎？"（《论语·学而》）人不了解你，你却不怨恨，这样的人不就是君子吗？什么人才是君子，孔子还有许多解释，而且因人而异，因材施教。子贡问他，怎样才能成为君子？孔子回答说："君子周而不比，小人比而不周。"（《论语·为政》）君子讲团结，但不勾结；小人勾结，却不团结。司马牛问他，怎样才能成为君子？孔子回答说："君子不忧不惧。"（《论语·颜渊》）君子不忧愁，不恐惧。孔子还说："君子成人之美，不成人之恶。小人反是。"（《论语·颜渊》）孔子讲到君子，总是和小人对立起来。在孔子的眼里，君子要达到他主张的"仁"的境界。关于"仁"的解释，《论语》讲了很多，达104次，有许多解释。孔子把"仁"和"礼"联系在一起，"克己复礼"为"仁"。"仁"是为"礼"服务的，能够恢复到周礼的人就是最有仁德的人。我们这里不专门论述孔子的"仁"的思想。简单地说，君子就是讲礼义诚信的人，是具有最高道德修养、德才兼备的人。

孟子发展了孔子的思想，把培养君子提高到人性的角度认识。他主张"性本善"，说："恻隐之心，人皆有之；羞恶之心，人皆有之；恭敬之心，人皆有之；是非之心，人皆有之。"（《孟子·告子上》）人都有四端："恻隐之心"是仁之端；"羞恶之心"是义之端；"辞让之心"是礼之端；"是非之心"是智之端。人的四端经过教育就成为"仁、义、礼、智"四德。①所以"人皆可以为尧舜"（《孟子·告子下》）。孟子也提倡教人做人，成为有高尚人格的君子。孟子认为，只有讲仁义，才能为圣王，才能得天下。这就把君子和圣王结合起来了，所以有"内圣外王"的说法。

荀子也是孔子思想的继承人，他也主张培养君子。但他与孟子不同，他提出"性恶"论，认为："今人之性，生而有好利焉，顺是，故争夺生而辞让亡焉；生而有疾恶焉，顺是，故残酷生而忠信亡焉；生而有耳目之欲，有好声色焉，顺是，故淫乱生而礼义文理亡焉。"（《荀子·性恶》）他认为，尽管人有这些"恶"行，但经过教育是可以纠正过来的，所谓"化性而起伪"。他赋予教育巨大的作用，说："我欲贱而贵，愚而智，贫而富，可乎？曰：其唯学乎！彼学者，行之，曰士也；敦慕焉，君子也；知之，圣人也。上为圣人，下为士、君子，孰禁我哉？"（《荀子·儒效》）荀子认为，教育可以使人由卑贱变为高贵，由愚笨变为聪明，由贫困变为富贵，由士而君子而圣人。士、君子、圣人是封建社会统治阶级的三个等级，也是他们追求的理想的培养目标。

荀况（约前313—前238），战国末期思想家、教育家。创"性恶说"，著有《荀子》一书。荀况在教育的作用与目的、道德教育、教学内容与方法诸方面均有论述。他认为教育的作用是"化性而起伪"。关于道德修养，他提出参验反省、择善而从、积善成德等主张。在教学方法上，他强调强学力行、虚一而静、学思兼顾、积渐全尽和专一有恒的思想，对后代教育产生了积极作用。

---

① 王炳照、阎国华、徐仲林等：《中国教育思想通史》第1卷，263～264页，长沙，湖南教育出版社，1994。

中国古代教育以培养士大夫、君子、圣人为最高的教育目标，实际上，也就是培养统治阶级的人才。虽然中国古代教育也讲"德才兼备"，但更重视的还是一个人的"德行"，"才"也只是统治之才。这种教育目标完全是为封建统治服务的。它强调封建社会需要的"德行"，却泯灭了人之为人的"人性"，更没有不同人的个性，是一种培养奴性的教育。所以鲁迅把中国的封建传统教育总结为一个词——吃人。

但是儒家这种以理想人格为培养目标的教育传统，强调道德修养应成为每个社会成员自觉的选择和实践，追求人在道德上的完美，在中国历史上也培养了不少忧国忧民的人才。同时，这种教育传统也影响着中国人的民族性格和民族精神。今天如果我们运用历史唯物主义的方法对它加以改造，剔除封建教育的内容和奴性的培养，它还是有一定积极意义的。"教人做人""德才兼备"，追求理想的完美人格，仍然是我们今天应该继承和发扬的。

以"四书五经"为教育的主要内容

中国古代教育的内容是很丰富的。西周国学有礼、乐、射、御、书、数六种科目，合称"六艺"。"礼"是政治伦理课，包括奴隶社会的道德规范和礼节；"乐"是艺术课的总称，包括音乐、诗歌、舞蹈；"射"即射箭，"御"即驾驭战马，都是军事训练课；"书"和"数"就是文化基础课。"书""数"为小艺，是初等教育阶段学习的内容，"礼""乐""射""御"为大艺，是高等教育阶段学习的内容，其中"礼"又是核心。《大戴礼记·保傅》中载："古者年八岁而出就外舍，学小艺焉，履小节焉；束发而就大学，学大艺焉，履大节焉。"可见当时教育内容文武兼备，层级分明，代表了中国奴隶社会全盛时期的教育水平。

但是，大约从西汉时期开始，教育内容变得只以经学为主了。可能与西汉武帝时董仲舒"独尊儒术"有关。"独尊儒术"的文教政策不仅"罢黜百家"（像墨家是很重视生产知识的教育的），结束了百家争鸣的

"四书"（《大学》《中庸》《论语》《孟子》），中国古代的教科书。

"五经"（《诗经》《书经》《易经》《礼记》《春秋》），中国古代的教科书。

局面，而且促成了教育的政治伦理化，教育内容当然也就只需要讲求封建礼法和治人之术的经学了。毛礼锐、沈灌群两位老先生主编的《中国教育通史》中就说："自汉武帝'罢黜百家，独尊儒术'之后，统治者便用经学治世，学校育才、朝廷取士也都以经学为重要标准和基本内容。经学与古代教育结下了'不解之缘'。"[1]特别是科举制度产生以后，考试内容以经学为主，明代更是要求考试从"四书"中出题，以朱熹的《四书章句集注》为标准。考试内容历来是教育内容的指挥棒，中国古代教育内容的单一化也就可想而知了。

中国古代相传使用的教材还是很多的，但内容都以伦理道德教育为主。我们在编纂《教育大辞典》时，收集了教材262篇（本）、教育读物252篇（本）。其从内容上主要可以分为两类。一类是为儿童准备的启蒙课本和读物，其中又可分为：以识字为主，兼有历史、自然、生活、生产等常识的，如常见的《千字文》《百家姓》《三字经》等；以训育为主，教育子女人伦礼节的，如《弟子规》《女儿经》等。另一类是为青年追求功名准备的"四书五经"及各种各样的诠释。自然科学内容的教材极少，只有《算经十书》《九章算术》《神农本草经》《本草纲目》等

---

① 毛礼锐、沈灌群：《中国教育通史》第2卷，54页，济南，山东教育出版社，1986。

寥寥十多本。有些读本也并非作为正式的课本。虽然科举一度设有算科，但时间不长，名额也很少，主要选拔从事历算的人才。

中国古代教育轻视自然科学和应用技术性内容，给我国近代科学的发展带来的严重后果是不可估量的。这种教育导致的结果不仅阻碍了近代科学在中国的发展，而且使学生养成一种脱离实际、崇尚虚荣、不讲科学、妄自尊大的心理，只讲雄辩、不讲实证的思维方式。这些都严重地阻碍了整个社会的进步和发展。

经院主义的教学方法

中国古代的教学方法还是十分多样的。从《论语》一书中可以看出，孔子讲学采用的是启发式、讨论式。他说过："不愤不启，不悱不发。举一隅不以三隅反，则不复也。"（《论语·述而》）《学记》也重视启发，说："君子之教，喻也。""喻"就是晓喻，即启发、诱导的意思。《学记》又说："道而弗牵，强而弗抑，开而弗达。"教师要善于诱导、启发，而不是抑制或把现成的结论灌输给学生。《学记》还要求教师了解学生的实际情况，谓"学者有四失，教者必知之。人之学也，或失则多，或失则寡，或失则易，或失则止。此四者，心之莫同也。知其心，然后能救其失也"。就是说，教师要防止学生学习贪多而不求甚解，学习太少而知识欠缺，把学习看得太容易而不刻苦钻研，缺乏自信而畏难辄止。古代书院也讲究学术讨论。朱熹主持白鹿洞书院并制定《白鹿洞书院揭示》，教学有生徒自己读书，师生质疑问难，以及讲会、文会、诗会等多种组织形式和教学活动。

以上说的都是高等教育和研究机构，把教学和研究结合在一起。至于蒙学和一般以科举功名为目的的教育，主要是死记硬背经书古典及各种诠释。实行"八股取士"以后，学生就是学习如何做八股文，至于内容，也就不求甚解了。鲁迅曾经在短篇小说《五猖会》中描写过他小时候父亲逼他读《鉴略》的情景。他深刻地批判了旧教育的教育方法。他写道："记得那时听人说，读《鉴略》比读《千字文》《百家姓》有用得多，因为可以知道从古到今的大概。知道从古到今的大概，那当然是很好的，然而我一字也不懂。'粤自盘古'就是'粤自盘古'，读下去，记住它，'粤自盘古'呵！'生于太荒'呵！……"[①]我也有这种经历。抗日战争初期，我正上小学，日军把学校破坏了，没有学校可上，就念了一年私塾。读的是《大学》，至今只记得"大学之道，在明明德，在亲民，在止于至善"这几句，那时候根本不懂它是什么意思。初中语文课读《孟子》，也是不解其意，只是死记硬背。民国时期尚且如此，民国以前就可想而知了。

中国传统教育方法还有一个特点，就是只灌输知识的结果，不解释求知的过程，也就是学生只知其然，不知其所以然。熟读"四书五经"，还要背诵各家的诠释。做文章也限于"我注六经，六经注我"，不研究实际问题。陶行知先生批评这种教育是"死"的教育："先生教死书，死教书，教书死；学生是读死书，死读书，读书死。"[②]

这种经院主义教育方法对中国教育影响至为深远，今日的教育也还没有完全摆脱它的影响。当然，关于背诵也有不同的主张。朱熹就曾主张，先把经书熟读，然后慢慢领会理解。现在也还有人主张幼年背诵一点古书有好处。好像杨振宁先生也曾说过，他很得益于年少时候读的《论语》《孟子》。我认为，年幼时，记忆力强，背诵点古诗词、中华美德格言很有好处，不仅能够提高一个人的文化修养，而且能提升人的思想品位。但是，这种背诵应该在理解的基础上，不能把死记硬背作为一种学习方法来提倡。死记硬背的经院主义教育方法只能抑制个性，培养奴性，不可能培养具有创新精神和实践能力的人才。

---

① 《朝花夕拾》，见《鲁迅全集》第2卷，372页，北京，人民文学出版社，1973。
② 董宝良：《陶行知教育论著选》，395页，北京，人民教育出版社，1991。

第二节　科举制度对中国教育的影响

科举制度是中国传统文化的一大特色。科举原本是朝廷取士的一种考试制度，但它和教育联系在一起，深刻地影响了中国教育的传统。

科举，起源于隋代。隋炀帝大业二年（606年）设进士科，此为科举之始。唐代有了进一步发展，逐步形成了一套完整的考试制度。据《新唐书·选举志》记载："唐制，取士之科，多用隋旧，然其大要有三。由学馆者曰生徒，由州县者曰乡贡，皆升于司而进退之……此岁举之常选也。其天子自诏者曰制举，所以待非常之才焉。"考试的办法是，每年的冬天，中央和地方官学通过考试，挑选学业优秀者，送至礼部参加省考，即《新唐书·选举志》中所说的"每岁仲冬，州、县、馆、监举其成者，送之尚书省"。考试的科目繁多，但通常举行的是秀才、明经、进士、明法、明字、明算六科。[①]

宋代因袭唐代的制度，但几经变化。开始的时候科目也很繁多，经过王安石变法，废明经诸科，仅留进士一科，以经义论策取士。司马光当政，又将进士分为经义、诗赋两科。考试增加了殿试，于是考试就分成三级：州试、省试、殿试。省试合格，称进士。殿试合格，分为三甲，赐进士及第、进士出身和同进士出身，直接授官。到了明代，规定考试以"四书"（《大学》《中庸》《论语》《孟子》）出题，并且必须以朱熹的《四书章句集注》为标准，考试更具程式化。明成化以后，考试采用"八股文"。其特点是：①题目一律采用"四书五经"中的原文。②内容诠释必须以程朱理学家的注释为准。③文章结构体裁有一套硬性的格式：由破题、承题、起讲、入手、起股、中股、后股、束股八部分组成，称为"八股文"。直到清光绪三十一年（1905年），清政府才发布

---

① 毛礼锐、沈灌群：《中国教育通史》第2卷，496页，济南，山东教育出版社，1986。

上谕，于次年废除科举考试。科举制度在中国封建社会实行了1 300年之久，它对中国教育的影响是无可估量的。

隋炀帝（569—618），隋朝的第二代皇帝，也是一个亡国之君，当政时极尽残暴、奢侈、淫乐之事，最后招致杀身之祸。值得一提的是，606年，隋炀帝置明经进士科，在全国范围内选拔良才，此举标志着科举制度正式形成。

科举制度作为一种人才选拔制度和文官考试制度，在我国是首创。它的出现不是偶然的，是适应当时封建社会进一步巩固和发展的时代需要而产生的。许多学者认为，英国的文官考试制度就是从中国传过去的。这种制度比起世袭制，当然是很大的进步。它克服了世袭子弟懒散、堕落、腐败的习气，但更重要的是可以削弱贵族的专权，加强皇权，把人事权力集中到中央；同时为中小庶族子弟打开入仕之门，既抑制了豪门贵族的专权，又稳定了统治阶级内部大批中下层庶族地主，调动了他们的积极性。只要他们埋头读书，通过科举考试就可以取得高官厚禄，参与政事，跻身统治者行列。所以，科举制度曾经受到贵族的激烈反对，它的推行也是经过一番斗争的。在历代科举考试中确实出现了一批人才，但是发展到后来，考试营私舞弊，造成许多弊端。特别是明、清推行"八股文"以后，僵化拒变，更使科举制度走向末路。

科举制度对中国社会的最大影响是制造了学历主义的价值观。由于科举是封建社会庶族，亦即中小地主阶级子弟入仕的唯一途径，而且会一举成名天下知，荣华富贵随之而来，所以社会上广泛形成了"读书做官""做官发财"的思想，所谓"万般皆下品，唯有读书高"。宋真宗曾有一首《劝学诗》，诗称：

富家不用买良田，书中自有千钟粟。

安房不用架高梁，书中自有黄金屋。

娶妻莫恨无良媒，书中有女颜如玉。

出门莫恨无随人，书中车马多如簇。

男儿欲遂平生志，六经勤向窗前读。

《儒林外史》中描写的范进中举的场面，从文学的角度生动地表现了封建社会对科举的狂热追求。

这种学历主义价值观一直影响到今天。"读书做官""书中自有黄金屋，书中自有颜如玉"的思想普遍存在。升学的竞争，重视普通

《儒林外史》，长篇小说，清代吴敬梓著。小说通过塑造范进、严贡生等人物形象，批判了封建礼教，鞭挞了科举制度。

教育，轻视职业教育，追求高学历，不是与科举制度的学历主义一脉相承吗？今天的中考、高考与科举考试何其相似！科举考试把知识分子一分为二：考取功名的成为人上人，进入统治阶级；落榜的成为人下人，被人统治。今天的中考、高考也相类似，考上的出人头地，可以谋取较好的职业，没有考上的只能生活在社会的底层。当然，今天社会的工作在人格上是没有高低贵贱之分的，但在物质生活上还是有很大差别的。有人会说，社会上的人总是有差别的，人才总是要选拔的。不错，但人才的选拔和差异应该是在平等竞争的基础上产生的，应该是能力竞争的结果。而今天的升学竞争，一次考试定终身，考试内容和方法并不能完全反映能力和水平。当然，今天的升学竞争也是有缘由的：一方面与我国教育资源稀缺、教育供求的矛盾有关；另一方面也与我国的劳动人事制度有关。我国计划经济时代的劳动人事制度只讲学历，不讲能力，有了高学历就有高职位。在现代社会，学历是应该受到重视，它代表了一个人受教育的程度，但不能唯学历主义，一个人受教育的程度并不代表他的能力。唯学历主义引导人们追求高学历，同时引发了升学的恶性竞

争，也影响了人的素质的提高。

科举制度影响到学校教育。科举考试是封建国家选拔官吏的工具，学校是培养官吏的场所，学校培养出来的学生需经过科举考试的选拔，才能被授予官职，因此，就把学校和科举捆绑在一

中国设科取士始于606年。上为宋代乡试放榜图。

起。学校教育的培养目标、教学内容、教学方法无不受到科举的影响，学校成了科举的预备机构和附庸。上一节中我们提到的"内圣外王"的君子培养目标，"四书五经"的教学内容，加上经院主义的教学方法，无不与科举有关。特别是培养奴性，忽视个性的培养目标，以及只重结果、不重过程、死记硬背、不求甚解的教学方法，一直影响到今天的学校教育。

第三节　书院对中国教育的影响

书院是中国古代特有的一种学校教育组织形式。书院始于唐中叶开元年间，据《新唐书·百官志》记载，开元五年（717年），乾元殿写四部书，置乾元院。六年，乾元院改号丽正修书院。十三年，改丽正修书院为集贤殿书院，[1]遂有书院之名。书院原本是修书、校书、藏书之所，供朝廷读书、顾问应对之用。当时也有隐居读书或聚徒讲学的场所，名为书院或精舍的，如四川的张九宗书院、湖南的李宽中秀才书院，江西的梧桐、皇寮、义门书院等。唐末五代战乱，官学衰败，许多学者避居山林读书，有的选择山林胜地，建立校舍，收徒讲学，并逐渐演化为

---

① 孟宪承、陈学恂等：《中国古代教育史资料》，185页，北京，人民教育出版社，1961。

一种学校教育组织形式。宋初因朝廷鼓励，以讲学为主的书院遂兴盛起来，规章制度也日趋完善。著名的书院有岳麓书院、白鹿洞书院、嵩阳书院、睢阳书院、石鼓书院、茅山书院等。南宋时期，随着理学的发展，书院不仅是读书的场所，而且逐渐成为学派活动的基地。如张栻于岳麓、朱熹于白鹿、吕祖谦于丽正、陆九渊于象山讲学，遂有"南宋四大书院"之称。元代朝廷对书院采取积极创办、鼓励发展的政策。书院不仅数量大增，而且地域分布也有了扩大。南宋时期书院主要集中在江南，元代虽然仍以江南为众，但逐渐开始"南学北移"。元代书院的另一个特点是开始走向官学化。朝廷一方面提倡私人出资、捐田兴建书院；另一方面，各级官府拨资兴建或修复书院。与此同时，官府还加强了对书院的管理和控制，最重要的表现是为书院委派山长，选任主讲。有不少书院的山长、教授直接由各级官府官员兼任。即使是私人延聘的山长或教授，也要由官府认可后授以学官之职，同官学同等对待。[1]明初统治者一度力兴官学，书院沉寂了百余年，明成化年间才开始恢复，并随着陈献章、王守仁、湛若水等学派的崛起而兴盛。书院力主矫正官学流为科举附庸的弊端，发展讲学制度，各标宗旨，问难论辩。东林书院更是提倡讲求实学，开"讽议朝政，裁量人物"之风。顾宪成等曾撰联"风声雨声读书声，声声入耳；家事国事天下事，事事关心"，为

书院是中国古代教育史上的一份珍贵遗产，发轫于唐，兴盛于宋初。图为名列中国古代四大书院之一的岳麓书院，坐落于湖南长沙岳麓山。

---

① 王炳照：《中国古代书院》，141页，北京，商务印书馆，1998。

天下学子所传诵。一时间朝野人士争慕与游，同声相应，但也因此惹怒朝廷，招来杀身之祸。明天启五年（1625年），宦官魏忠贤大兴党狱；天启六年（1626年），诏毁天下书院，东林书院被夷为瓦砾。崇祯元年（1628

白鹿洞书院（坐落于江西庐山）

年），冤案才得以昭雪，建筑稍有恢复。清朝之初，为防止书院广聚生徒反清复明，不许增建。至雍正时，在禁止私人创办书院的同时，开始拨款兴建官办书院，首先在省城兴建和恢复，之后，各府、州、县也纷纷建立书院，至清末已达数千所。清代书院绝大多数属官办，也有各级官员出私产创建的，还有商人出资创办的，但这时的书院已经官学化。书院山长和教授荐聘之权多属于督抚学政，生徒亦多由官方选录考核。绝大多数书院已演变为同官学一样的考课式书院，沦为科举的附庸。直到嘉庆年间，浙江学政阮元于杭州创建诂经精舍，寻求改革，不务浮华，专勉实学，教学内容以经史为主，兼顾小学、天部、地理、算法等。两次鸦片战争后，近代科学开始在某些书院传授。光绪二十七年（1901年）诏改书院为学堂，书院遂随着学制改革而废除。民国以后也有几家书院，如梁漱溟在重庆创办的勉仁书院、马一浮在乐山创办的复性书院等，虽然也继承、发展了古代书院的传统，但已不是原本意义上的书院了。

书院是我国古代在继承私学传统，吸取宗教，特别是禅林精舍讲学的形式和官学经验的基础上发展起来的，是与官学平行的一种特殊教育制度。教育程度一般在蒙学之上，成为本地、本省的最高学府。大多数书院由名师大儒聚徒讲学发展而成，基本上属于高等教育范畴。书院在中国大地上存在了1 000余年，繁荣了学术，培养了人才，不仅在中国教育史上具有不可忽视的地位，而且是世界教育发展史上引人注目的现象。书院的以下一些特点，对中国教育产生了深远的影响。

嵩阳书院遗址（坐落于河南嵩山）

第一，书院基本上属于私学性质，虽然自元代开始逐渐官学化，但大多数是私人创办的，或以私人创办或主持为主，得到朝廷和地方官府的鼓励和资助。资助的形式是或赐银拨款，或划拨田产，有的还赐名、赐书、赐匾，开了我国私办官助、民办公助的办学兴教的先河。它与官学既有互补的关系，又有抗衡的关系。一般来说，官学不兴，书院勃起，弥补了官学数量的不足。一旦官学发展，书院往往便被冷落，历史上出现过多次"官学盛、书院衰，书院兴、官学败"的交替互补局面。总体上说，官私互补，满足了士子读书的要求。书院为中国教育的发展起到了不可磨灭的作用。

第二，书院教学注重讲明义理，躬身力行。大多数书院由名师大儒主讲，这些大师多以醉心学术、潜心修炼心性为目标。多数书院反对科举，反对追名逐利。他们把书院建立在山林胜地，标榜清高脱俗、持志守节，形成一种风尚，影响着历代知识分子。即使在清代，书院大多成为官学，沦为科举制度的附庸，但也有一些书院以研究经史、考订训诂为宗旨。

第三，讲学和学术研究是书院的主要活动内容。教学和研究的紧密结合是书院教育的特点。它不像官学的课程和教学那样冗繁呆板，过于程式化，而是比较简约灵活，以自学、独立研究为主，采用问难辩论，注重启发学生思维，开展师生讨论，体现学术自由。教学活动通常由书院主持者主讲，每讲立一主题，称为明立宗旨，讲授其研究心得和研究成果，生徒边听讲边质疑问难，形成讨论式教学。有时书院延聘不同学派的名师来书院讲学，师生开展辩论。如南宋淳熙八年（1181年），朱熹曾邀请陆九渊到白鹿洞书院讲"君子

东林书院（坐落于江苏无锡）

喻于义，小人喻于利"，为不同学派在同一书院讲学树立了典范。还有一种会讲的形式，如朱熹和张栻在岳麓书院曾有过"朱张会讲"，还有"朱陆鹅湖会讲"等。这种会讲形式后来形成了风气，各书院轮流主办，邀请其他书院师生共同讲论。[①]这有点像我们今天举办的各种论坛和研讨会。

第四，书院讲学实行开放式，不同地区、不同学派的学者都可以来听讲、求教。常常是一位名师讲学，四面八方的学子都前来听讲，听众多至逾千人。这种开放式教学有利于学术交流。书院教学重视互相切磋，师生关系较密切，师生情谊比较深厚，进一步强化和形成了我国尊师爱生的优良传统。

第五，书院本是藏书修书的场所，所以一般书院都重视图书的收集、整理、修订工作。许多书院建设了藏书楼、藏书阁，不少书院还自行刊刻图书，因此，各地书院都成为当地藏书最丰富的地方。

第六，书院有一套严格的规章制度，称为"学规"。书院制定学规是受了佛教禅林制度的影响和启发。第一个系统、完整的书院学规是南宋朱熹制定的《白鹿洞规》，后来成为历代书院共同依据的范本。学规

---

① 王炳照：《中国古代书院》，5～6页，北京，商务印书馆，1998。

重视立志、存心、穷理、察微、克行、接物等，非常重视生徒的品德修养。《白鹿洞规》概括了封建社会教育的基本精神和要求，成为封建社会教育的共同准则，一般官学也经常采用。①

书院是中国传统文化的产物，1 000余年中几经变迁，虽然明清时代大多数书院沦为科举的附庸，但书院制度本身有许多优秀传统，它对传承中华文明起了重要的作用。书院最大的缺点是只传经史，不讲科学，本质上是为封建社会服务的。今天我们来研究书院，要发扬其优点，剔除其糟粕，为教育改革提供有益的借鉴。

第四节　中国传统教育中的宝贵财富

中国传统教育是中国传统文化（古代文化）的产物。它生长、发育在中国的封建社会，无疑带着封建主义的烙印。但它和中国传统文化一样，为中华民族的形成、发展和繁荣做出了巨大的贡献。它蕴含着民族的精神、教育的精华。中国传统教育中的优秀精华是中国教育的宝贵财富，值得我们继承和发扬。中国传统教育的内容十分丰富，从教育思想到教育制度、教育方法，都有浩瀚的文献记载。中国教育史学界已有许多学者做了大量研究。毛礼锐、沈灌群主编的《中国教育通史》，有史有论，全面总结了我国自古到今的教育发展的历史；王炳照、阎国华主编的《中国教育思想通史》，王炳照、李

岳麓书院藏书楼

---

① 陈元晖、尹德新、王炳照：《中国古代的书院制度》，139页，上海，上海教育出版社，1981。

国钧主编的《中国教育制度史》都是以八卷本三四百万字的巨大篇幅论述了我国历代教育思想和制度，总结了我国传统教育的历史经验，充分挖掘了它的精华。但由于受通史的限制，中国传统教育的精华都散见于各个时期或各位教育家的篇章中，缺乏统一的、单独的、总体的论述。本节试图对中国传统教育中值得继承和发扬的精华做一简要介绍，从而可以看出我国今天的教育传统是怎样在继承传统的基础上发展起来的。

"有教无类"的教育思想　"有教无类"的思想是孔子最早提出来的。他说："有教无类。"（《论语·卫灵公》）又说："自行束修以上，吾未尝无诲焉。"（《论语·述而》）[1]怎么理解孔子说的"无类"？东汉马融的解释是："言人所在见教，无有种类。"也就是说，人在于教育，没有种类之分。南北朝时期皇侃的解释是："人乃有贵贱，宜同资教。不可以其种类庶鄙而不教之也。教之则善，本无类也。"人有贵贱之分，但不能因为鄙贱而不教。教了就成为善良之人，无所谓种类之别。朱熹的解释是："人性皆善，而其类有善恶之殊者，气习之染也。故君子有教，人皆可以复于善，而不当复论其类之恶矣。"也就是说，人性本来是善良的，但族类有善恶之分，往往会让人染上不好的习气，接受教育以后，就能复归善良，不该再议论他的族类的恶了。可见古代各人的理解都不同，但总的意思是不分种族，不分贵贱，人人都可以受教育，接受教育以后就会成为善良的人。

毛礼锐、沈灌群先生主编的《中国教育通史》分析：孔子"有教无类"的主张，是"针对当时奴隶主教育的有教有类提出来的，并与之相对立"。当时奴隶主的官学的有教有类表现为两方面：一是称蛮夷诸族为异族非类，不把他们作为接受华夏礼仪教育的对象；二是在华夏诸族中只有居统治地位的氏族才有受教育的机会，被奴役的氏族没有受教育

---

① 转引自毛礼锐、沈灌群：《中国教育通史》第1卷，211页，济南，山东教育出版社，1985。

的权利，所谓"礼不下庶人"（《礼记·曲礼上》）。孔子的"有教无类"冲破了这两个界限，在当时具有重大的意义，对后来的儒家学说的传播和发展也有重大影响。

当然，孔子的"有教无类"仅仅限于当时的统治阶级内部，并不包括挣扎在饥饿线上的劳动大众。但他身处奴隶社会向封建社会转变的时期，提出教育不限于奴隶主贵族，也是具有进步意义的。

后世往往把"有教无类"作为教育平等的代名词。从这个意义上讲，"有教无类"的思想在今天仍然有着重要的意义，但需要根据时代的要求重新解读。首先，我们要加强普及教育的力度，使每个国民都有接受良好教育的机会，提高全民族的文化素质，实现全面小康。其次，要使教育得到均衡发展，使所有国民能基本上享受同样质量的教育，逐步做到教育公平。最后，在学校里教师对学生要一视同仁，切忌人为地把学生分成三六九等，区别对待。教师要相信每一个学生，相信他们人人都可教，人人能成才。

道德为先的教育思想　前面已经提到中国传统教育以伦理道德为最高价值取向，它有积极的一面，就是把道德教育放在首位。教育首先要教会学生做人，做一个人格高尚的人。儒家教育的培养目标就是"君子"。君子就是德才兼备的人。整本《论语》都是讲人伦道德，讲仁、义、礼、信，讲什么样的人是君子，怎样成为君子。孔子曰："君子怀德，小人怀土。"（《论语·里仁》）又曰："君子喻于义，小人喻于利。"（《论语·里仁》）这都是说君子要有道德。

中国传统道德教育有一套方法。首先讲究练习，从小教育儿童洒扫庭院，礼让应对，形成习惯；稍大一点就要读书明礼，通过学习经史子集，学习做人的道理。例如，明代王守仁曾撰《教约》，任南赣巡抚时还颁发给各社学蒙师，具体规定社学每日功课及教学程序："先考德，次背书诵书，次习礼或作课仿，次复诵书讲书，次歌诗。"古代有许多名人都撰写"家训""家规"来教育自己的子女。例如，流传下来的著名的《朱子家训》，是清代朱柏庐所撰。该书从生活起居、为人处世等各方面正反举例，教育子孙勤劳、节俭、正直等，其中有许多名句格言，如"一粥一饭，当思来之不易；半丝半缕，恒念物力维艰""宜未雨而绸缪，毋临渴而掘井"等，至今仍为大家传诵。

中国传统道德教育特别强调自律、自我修养，从心性上陶冶情操。孔子曰："为仁由己。"（《论语·颜渊》）又曰："君子求诸己，小人求诸人。"（《论语·卫灵公》）孔子的学生曾参曰："吾日三省吾身：为人谋而不忠乎？与朋友交而不信乎？传不习乎？"（《论语·学而》）它们讲的都是自我修养，而且认为自我修养是人一生的事，必须持之以恒，坚持不懈。《礼记·大学》曰："诚于中，形于外，故君子必慎其独也。"这讲的是"慎独"，即自重自爱。宋代儒学家朱熹提出"居敬"，也是强调自律，自我教育。

中国传统道德还重视向他人学习，把他人的品行作为镜子来对照自己。孔子曰："三人行，必有我师焉。择其善者而从之，其不善者而改之。"（《论语·述而》）又曰："见贤思齐焉，见不贤而内自省也。"（《论语·里仁》）也就是说，看见了贤人，便应该向他看齐；见到不贤的人，便应该反省自己有没有同样的毛病。孟子继承孔子的思想，也主张"反求诸己"。他说："爱人不亲，反其仁；治人不治，反其智；礼人不答，反其敬。行有不得者，皆反求诸己。其身正而天下归之。"（《孟子·离娄上》）这是说，如果"爱人""治人""礼人"都得不到好的反馈，就应该检查自己，是不是做到了"仁""智""敬"，自己身正了，才能统治天下。这当然是规劝统治者的话，但也说明了孟子对道德修养的认识，强调自我修养，从我做起。

中国传统道德的这些理想追求和修身养性的方法，为历代所继承和发展。中国传统道德虽然是封建社会的产物，许多内容渗透了封建思想，但是其中有许多精华，是处理人际关系的准则，是人类共有的品质，具有普遍的人性。所以，中国传统道德的精华被世界誉为中华美德。同时，传统道德中的许多内容，只要我们运用马克思主义的历史唯物主义态度，汲取其精华，批判其糟粕，改造其内容，抛弃其局限性，赋予新的时代精神，就能够成为今天社会主义精神文明建设的重要内容。

中国传统教育重视道德教育。道德教育中的许多内容和方法都是我国教育的宝贵财富，非常有必要用马克思主义的历史唯物主义方法加以挖掘和研究、批判和继承，成为中国现代教育的重要组成部分。

因材施教的教育原则　中国古代教育是很重视因材施教的，汉代以后，为了维护大一统的封建统治，才开始不断禁锢人们的头脑，抑制个性的发展。但是，因材施教作为传统教育的原则，一直被人们重视。历代进步教育家都重视对不同的学生采取不同的教育方法。

因材施教是孔子最早提出和实行的。宋代程颐说："孔子教人，各因其材，有以政事入者，有以言语入者，有以德行入者。"（《河南程氏遗书·卷一九》）《论语·先进》中有一段对话，说明孔子针对不同的学生采取不同的方法。"子路问：'闻斯行诸？'子曰：'有父兄在，如之何其闻斯行之？'冉有问：'闻斯行诸？'子曰：'闻斯行之。'公西华曰：'由也问闻斯行诸，子曰，有父兄在；求也问闻斯行诸，子曰，闻斯行之。赤也惑，敢问。'子曰：'求也退，故进之；由也兼人，故退之。'"许多学生问孔子，什么叫"仁"，孔子对不同的人在不同的场合做了不同的回答。

孟子虽然相信"性本善"，但认为由于环境不同，人的发展会不同，要根据学生的特点和所处的不同环境，分别给予不同的教育。他说："君子之所以教者五：有如时雨化之者，有成德者，有达财者，有答问者，有私淑艾者。此五者，君子之所以教也。"（《孟子·尽心上》）孟子把学生分为五种类型，有的只要点化一下，有的重在德行修养，有的要发展才智，有的要解问答疑，有的则要采取"私淑弟子"的形式间接教育。

因材施教的教育原则虽然在封建社会受到破坏，但进步的教育家都重视这个原则。它是我国教育思想宝库中的重要遗产，今天仍有重要的意义。它符合人的生长发育规律，符合人的多元智能理论。因材施教，培养各种人才，也符合现代社会人才多元结构的需要。它是与"学历主义"的教育原则相对立的，不是重视一纸文凭，而是根据不同学生的先天素质和不同的环境，充分发展他们的聪明才智，培养各种人才。

学思结合的教育方法　儒家教育重视思考，重视领会事物的精神实质。孔子曰："学而不思则罔，思而不学则殆。"（《论语·为政》）意思是，只学习不加思考则迷乱不明，只思考不学习则空泛而不实。好学和思考就要多问。孔子的学生子夏说："博学而笃志，切问而近思，仁在其中矣。"（《论语·子张》）所以孔子说："不耻下问。"（《论语·公冶长》）孔子还说："三人行，必有我师焉。择其善者而从之，其不善者而改之。"（《论语·述而》）每个人都有优点，应该向他们学习。

与学思结合相联系的还有孔子提倡的启发式教学方法，"不愤不启，不悱不发""温故而知新"等。孔子的这些话都为中国人所熟知，已经成为中国的传统格言，几千年来为广大人民所传诵和运用。

第五节　《学记》是我国传统教育遗产中的一块灿烂的瑰宝

《学记》是我国也是世界上最早的一部系统的教育理论著作，成书于战国后期，普遍认为是思孟学派的作品。它全面、系统地总结了我国先秦时期儒家教育的经验和理论。它比古罗马教育家昆体良的《论演说家的教育》一书要早整整3个世纪。虽然《学记》是我国2 000多年以前的教育论著，但它对中国教育的影响是无可估量的。2 000多年来的中国教育基本上遵循了书中的思想和原则，而且许多思想今天仍然有很现实的意义。虽然它是对先秦教育经验和理论的总结，许多思想理论前面都已涉及，但还是有必要对这部著作单独做一个简要的介绍和分析。

《学记》第一次全面阐述了教育的地位和作用、教育与社会政治的关系、学校制度、教学原则和方法，以及教师、学生和师生关系等。其主要内容有如下几个方面。

论教育的作用　《学记》首先提到教育的作用：对国家而言，教育可以兴国安民；对个人而言，教育可以使人成为有德有才的君子。"君子如欲化民成俗，其必由学乎。"它认为统治者要想感化人民，必须通过教育。所以说："古之王者，建国君民，教学为先。"古代君王建设国家首先是依靠教育。这是从统治者维护统治、建设国家的角度来说的。对于个人，《学记》提出"玉不琢，不成器；人不学，不知道"。一块好的玉石，如果不经过雕琢，不会成为好的器皿或艺术品；人不学习，就不懂得道理（即儒家的仁礼之道）。这对教育的作用做了充分的肯定。

描述古代学校制度　《学记》说："古之教者，家有塾，党有庠，术有序，国有学。"这说明古时候我国已有完整的教育系统。《学记》对不同年龄阶段的学习也做了详细说明："比年入学，中年考校。一年视离经辨志，三年视敬业乐群，五年视博习亲师，七年视论学取友，谓之小成。九年知类通达，强立而不反，谓之大成。"每年按规定的年龄入学，隔一年考查一次。第一年考查对经书析句的能力和学习的兴趣；第三年考查是否学习勤奋和乐于与同学互相切磋；第五年考查是否做到博学多问并与老师讨论；第七年考查能否论说所学的是非和选择朋友。如果都达到了，就叫作"小成"。第九年就要求达到触类旁通，举一反三，叫作"大成"。这里把教育（主要指国学，即大学）分为两个阶段：小成阶段，一般从十五岁到二十一岁；大成阶段，再学习二年。①

论教学规律 《学记》认为，教师首先要懂得教学规律。"君子既知教之所由兴，又知教之所由废，然后可以为人师也。"对学生要诚心，要因材施教，否则就达不到育人的目的。"使人不由其诚，教人不尽其材。其施之也悖，其求之也佛。"教师要了解学生的学习情况，了解他们的优势和劣势，根据不同的情况指导他们学习。"学者有四失，教者必知之。人之学也，或失则多，或失则寡，或失则易，或失则止。"教师必须了解学生，学生学习的时候往往有四种失误：或者贪多，或者不求进取，学得太少，或者把学习看得太容易，或者遇到困难即停止。每

《学记》，《礼记》中的一篇，中国古代最早的教育专著，全篇1 229字，写作年代约在战国至汉初。《学记》论证了教育的作用、教育的目的、学校制度、教学原则、教学方法等问题。图为西安碑林《学记》拓片（宋代）。

---

① 毛礼锐、沈灌群先生主编的1985年版的《中国教育通史》第1卷第409页，把"九年知类通达，强立而不反，谓之大成"理解为"以后九年要求做到'知类通达，强立而不反'"，并说"经过九年的深造，一般已经是三十岁的成年人了"。这种理解恐怕有误。根据《学记》这一段话，九年应指第九年才是。

个学生的心思都不同，只有知道了他们的不同，才能扬其长，避其短，所谓"教也者，长善而救其失者也"。

对于学生来讲，自己也要善于学习。会学习的学生，老师教起来事半功倍；不会学习的学生，老师教起来事倍功半。善学在于思考，产生疑问、善于提问："善问者如攻坚木：先其易者后其节目；及其久也，相说以解。"在教学中，善于提问的学生会像砍硬木那样，先从容易的地方着手，然后再砍节结坚硬的地方，经过长期的努力，就会迎刃而解。教师也要善于回答："善待问者如撞钟：叩之以小则小鸣，叩之以大则大鸣；待其从容，然后尽其声。不善答问者反此。"也就是说，回答学生的问题有如敲钟，轻轻敲一下，钟声就微小，敲得重一点，钟声就洪亮，等待一击一停，抑扬顿挫，就能听到美妙的钟声。譬喻教学，一问一答，然后尽其义理。

学生学习要课内课外结合，随时随地学习。《学记》写道："大学之教也，时教必有正业，退息必有居学。不学操缦，不能安弦；不学博依，不能安诗；不学杂服，不能安礼。不兴其艺，不能乐学。故君子之于学也，藏焉修焉，息焉游焉。"就是说，上学的时候要学习正式的课程，休息的时候也要做非正式的作业。课外不练习好调弦弄曲，课内就不能学好弦琴；课外不学习声律，课内就不能学好诗经；课外不练习洒扫应对，课内就不能掌握礼的要义；课外不开展各种学习活动，就不会乐于学习正式的课程。

《学记》讲到的这些教学规律不是今天也需要遵循的吗？

重视及时施教的原则　教育要及时，错过了时间，即使学习很勤奋，也难有大的成就，即所谓"当其可之谓时""时过然后学，则勤苦而难成"。什么叫及时？就是既不晚也不早。及时施教，又不能操之过急，要循序渐进。"不陵节而施之谓孙"中，陵，解释为超越；节，即程度；孙，指顺序。就是说，不超过学生的接受能力而进行教学，就叫作合乎顺序。《学记》还专门强调教学要循序渐进，不能拔苗助长，所谓"学不躐等"。在教学之初就要考虑好教学的顺序。

及时施教，既不能超越学生的能力，又要有远见，要注意防患于未然。"禁于未发之谓豫"，在学生不良行为发生之前加以预防。

启发式的教学方法　启发式教学是儒家很重视的教育方法，也可以说是教学的原则。这一原则是孔子首先提出来的。《学记》总结了儒家教育的经验，也把启发式教学方法放在重要的位置，并且有很大的发展。《学记》没有直接提到"启发"二字，但在短短一千多字的篇幅中多次提到教学要提高学生的学习兴趣，要诱导，不可强迫。其曰："故君子之教喻也：道而弗牵，强而弗抑，开而弗达。道而弗牵则和，强而弗抑则易，开而弗达则思。和易以思，可谓善喻矣。"这里提出三点要求：一是引导学生选择正确的学习方法和前进的道路，而不是硬拉着学生走，这样就能实现师生和谐；二是严格要求，激发学生学习的积极性，而不是强迫、压制，这样学生就能乐于学习，学得就轻松；三是开启学生心智，启发学生思考，而不是把最终的结论和盘托出，一目了然，这样就能让学生主动思考。能够做到师生和谐，学生乐于学习，善于思考，教师就算得上善于运用"喻"（启发）了。

教学相长的教学原则和师生关系　教学相长，既可以说是一个教学原则，又可以说是一种师生关系。教学是教与学同时进行的活动，是教师和学生共同活动的过程。在这个师生共同活动的过程中，师生要互相切磋，互相讨论。学生固然可以从老师那里获取知识，教师也可以从学生的质疑中提高自己的学识和教学技能。这就是"教学相长"。《学记》在两千多年前就提出了这个原则，写道："学然后知不足，教然后知困。知不足，然后能自反也；知困，然后能自强也。故曰：教学相长也。"这条教学原则充分说明了教与学的辩证关系。关于师生关系，教育理论界争论了几百年的问题——以谁为中心？是以教师为中心，还是以学生为中心？——《学记》中早就有了正确的答案。教学过程不存在谁为中心，教师的职责是"传道、授业、解惑"，学生的使命是学习老师的"道"和"业"。但学习过程中必然会产生疑惑，产生了疑惑就会感到自己的不足，就要去请教老师。老师要向学生答疑解惑，在答疑解惑的过程中就会感到自己学问之不足，就要进一步学习提高。许多优秀教师难道不是这样成长起来的吗？由此不难说明，这个教学原则是符合教学规律的，这种师生关系是民主的、平等的师生关系。教学相长正是今天现代教育要大力提倡的。

《学记》中的教育思想极其丰富，许多中国教育史著作都把它作为专章专节来介绍和评述。本节不是专门研究教育史的，所以只择其要者做简要的介绍，以说明它是我国传统教育的宝贵遗产，是中国教育传统的重要文化基础。

《学记》是我国也是世界上最早的教育理论专著，我国历代教育都把它"奉为法戒"。尽管它的内容自然不免反映当时统治阶级的要求，但它的教育思想、教学方法是符合教育规律的。它是一部不朽的教育著作，在我国教育现代化建设中仍然有着重要的地位和作用。

本章主要论述中国传统文化对中国传统教育的影响。这里还应该说明两点：一是中国传统文化对中国传统教育的影响绝不限于上述这些。中国传统文化博大精深，中国传统的学术思想、艺术创作、科技发明无不对中国教育产生过重大影响；而且中国文化也不限于儒家，还应包括道家、佛教，乃至其他各派思想。但是本书在前面已经声明过，由于工程太大，特别是由于笔者学识浅薄，只能把它局限于一个很狭窄的范围内，即儒家文化的基本精神对中国教育的影响，即使在这个范围内，也是挂一漏万，未能说得全面。二是中国传统教育也是动态的，是发展的，几千年来其内部也有很多变迁。本书介绍的中国传统教育的思想和理论大多是在先秦时期就已形成的，几千年来有很大变化，有发展，也有倒退，但似乎万变不离其宗，直到现代教育制度输入中国，其基本内容没有根本的变化，所以本书并未做历史的考察。总之，写完这一章以后，笔者的感觉是意犹未尽，遗憾多多。

第六章　西学东渐和中国教育近代化

　　中国绵延至今的教育传统中不仅流淌着传统文化的血液，而且是在不断吸收世界各国优秀文化的过程中发展起来的。讲到西方文化对中国教育的影响，不得不说它比中国传统文化对中国教育的影响复杂多了。中国传统文化几千年没有太大变化，它的精神一以贯之，但西方文化是多元的，传入中国经过了曲折的过程，通过不同时期、不同的渠道对中国教育产生影响。第二章中已经讲到，中西方文化的交流是很早的。从印度传入中国的佛教、丝绸之路带回的阿拉伯文明都曾对中国教育产生过重大的影响。但这种影响是通过文化的交融而产生的，是一种间接的影响。对中国教育产生直接影响的莫过于明末清初开始的西学东渐。本章就先来考察一下这个问题。

第一节　西学东渐对中国传统文化的冲击

　　西学东渐的西学，主要是指欧洲的文化、欧洲的自然科学和技术。所谓东渐，是指逐渐地渗透到东方，也即在中国的传播。西学不是直接被搬过来的，而是经过曲折的道路、激烈的文化冲突和斗争才逐渐被中国文化吸纳和融合的。大多数史学家认为，西学东渐始于明末清初，直到"五四运动"，持续三百多年。但这三百多年中，西学东渐的性质、途径都不相同，可以分为几个阶段：第一阶段是明末清初，以西方传教士东来传教为主，通过传教的手段带来了西方的科学技术。这一阶段的性质是以我为主，明、清朝廷是以天朝的姿态来对待西学的。第二阶段是鸦片战争以后，中国沦为半殖民地半封建国家，是在不平等的情况下被迫接受西学的。西方传教士借助着坚船利炮在中国传教，同时通过创办教会学校，西学在中国得以较快传播。第三阶段是"五四运动"前后，是觉悟了的中国知识分子认识到中国封建文化的落后、西方文化的先进，认为要改造中国社会，必须向西方学习，是自觉地学习西学的时期。因此，纵观历史，西学东渐是经过了拒绝学习、被迫学习到自觉学习这样一个过程。当然，这是从总体上讲的，具体到每一个阶段，都充满着斗争、冲突和融合。本章主要考察西学东渐的前两个阶段及其对中国教育的影响。

西学东渐始于明末清初，中国自明朝中叶开始出现资本主义生产关系的萌芽。手工业作坊因商业蓬勃发展而得到较大的发展。纺织业、制瓷业的发展尤为引人注目。大中城市开始出现，非农业人口迅速增加。明朝本来是一个封闭的国家，对外实行海禁，朝贡贸易是对外贸易的唯一合法途径，但民间的走私贸易一直没有停止过。到明朝晚期，私人海外贸易合法化，朝廷开放福建沿海几个港口作为出海口岸，开始有了对外交往。特别是明成祖为了扩大他的影响，派遣郑和出使西洋。当时的"西洋"主要指今日的中南半岛、马来半岛、印度洋和非洲东海岸。郑和七次出使，扩大了中国与外国的交往。

中国人与欧洲人的直接接触始于葡萄牙人。随着航海的发展，欧洲各国在15世纪末开始向海外扩张。最早崛起的殖民国家是西班牙和葡萄牙。葡萄牙是首先到达东方的国家。明正德十二年（1517年），葡萄牙国王派遣使团来华，到达广州，希望与中国建立贸易关系。使团虽然通过贿赂地方官得以进京，但适值武宗病逝，未能面圣，白跑了一趟。但他们并没有死心，转而诉诸武力寻求通商机会。明嘉靖三十二年（1553年），葡萄牙人借口曝晒水浸的货物，进入澳门；1557年又通过贿赂镇守澳门的中国官员，得以在澳门定居。从此，澳门就成了西学东渐的窗口。

西学东渐是从西方天主教传教士开始的。西班牙人方济各·沙勿略（Francisco de Xavier）是最早来华的天主教会传教士，但他未及进入中国大陆就病故了。此后主要是葡萄牙人在澳门传教。明万历十一年（1583年），罗明坚（Michaele Ruggieri）终于获准在广东肇庆居住，并修建了第一座天主教堂。为了在中国传教，他开始学习汉文，并且穿汉服，以便得到中国人的认同。随后，意大利传教士利玛窦来华传教，取得了很大成功。他不但争取到礼部官员瞿景淳的儿子瞿太素成为他在中国的第一个信徒，而且在韶州（今广东韶关）建立了中国第二个天主教堂。万历二十九年（1601年），利玛窦来到北京，获准在北京传教，到万历三十五年（1607年），他已经有信徒800余人，从此开拓了在中国传教的渠道。同时，西学也就在中华大地上传播开来。

西学东渐不是偶然的。从社会生产力发展来看，当时中国出现了资本主义生产的萌芽，客观上需要有促进新的生产力发展的文化，而西方

澳门老照片

传教士带来的西方科学和技术适应了这种需要。从社会文化发展来看，中国传统文化发展到明朝已经开始走向衰落。一方面是文化专制主义空前强化；另一方面，与资本主义萌芽相适应，出现了早期启蒙思想家，他们反对宋明理学，主张经世致用，西学的科学技术正好切合他们的需要。所以西学东渐开始时虽然不被朝廷重视，并且受到顽固派的抵制，但还是被一部分知识分子接受，并成为中国传统文化向近现代文化转变的契机。

西方传教士带来了西方的科学技术

西方传教士都是当时欧洲知识分子中的精英，他们大都掌握了欧洲近代科学的知识。他们到中国来，本意是来传教的，但是并不顺利。西方基督教文化与中国传统文化相去甚远。中国传统文化以家族为本位，讲求忠与孝，在现实世界里为国尽忠，为家尽孝。基督教则信奉上帝，认为人都是有罪的，信奉上帝就是为了赎罪，追求天堂的幸福。因此，基督教很难让中国人接受。来华的传教士为了取得中国人的信任，他们大多学习了汉语，研究了中国的儒学，穿戴中国人的衣帽，尽量迎合中国人的心理习惯，同时以传播自然科学和技术为手段，取得传教的权利。他们首先走上层路线，以西洋的科学技术知识吸引中国上层知识分子的注意。受其直接影响的有明末的徐光启（1562—1633）。徐光启曾任崇祯朝礼部尚书兼东阁大学士、文渊阁大学士。徐光启阅读了利玛窦的《山海舆地图》（又译《万国舆图》）以后，非常兴奋，遂与利玛窦过往甚密，并且成为基督教徒。他向利玛窦等人学习天文、历算等西方近代科学，并在国内传播。他抨击"名理之儒"不通科学与生产。他对数学、天文、历法、农学都很有造诣，认为数学是一切自然科学的基础。他和利玛窦合译了《几何原本》前六卷、《测量法义》等书，最早系统地引入欧洲的数学和测量知识。

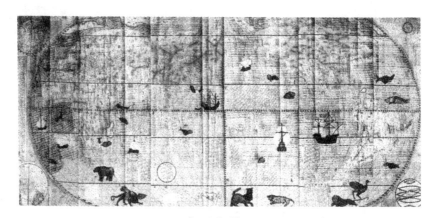

《万国舆图》

与利玛窦同时代相继来华的还有西班牙耶稣会传教士庞迪我、葡萄牙传教士阳玛诺（Emmanuel Diaz Junior，1574—1659）、德国传教士邓玉函、意大利传教士艾儒略和德国传教士汤若望（Johann Adam Schall von Bell，1591—1666）等。他们都是采用利玛窦的方法，学汉语，穿汉服，翻译各种科学知识，为宫廷制造科学仪器，而且在仪器上刻上龙纹等中国图案，以迎合中国统治者的喜好。

到了清朝，罗马教廷辖下的耶稣会派了大量教士到中国，他们有的供职朝廷，任宫廷的画师，或在钦天监任职，有的结交中国士大夫，在传教的同时传入了西方科技知识和文艺复兴以后欧洲的音乐、绘画、雕刻艺术。艾儒略撰写了《西学凡》一书，系统介绍了西方的教育制度，尤其是欧洲大学的文、理、医、法等科的课程、教学和考试等，开西方教育在我国传播之先河。

但是，西方传教士介绍的西方科学技术是有保留的。他们引介到中国的科学技术并非当时16世纪西方文明的全部，而且对与其宗教信仰有冲突的内容采取秘而不宣的态度。[①]例如，"日心说"就没有介绍到中国

---

① 王莉：《中华文明传真》第9卷，144页，上海，上海辞书出版社，香港，商务印书馆，2001。

来，《几何原本》也只翻译了前六卷。

西学对中国传统思想的冲击

西方传教士带来的科学技术不仅打开了中国人的眼界，而且对中国的传统思想冲击很大，特别是在宇宙观和思维方式上。

第一，西学打破了中国中心主义的思想。中国的皇帝历来认为中国是天朝，处在世界的中心，视别的民族为蛮夷。正如传教士利玛窦所描述的："因为他们不知道地球的大小而又夜郎自大，所以中国人认为所有各国中只有中国值得称羡。就国家的伟大、政治制度和学术的名气而论，他们不仅把所有别的民族都看成是野蛮人，而且看成是没有理性的动物。他们看来，世上没有其他地方的国王、朝代或者文化是值得夸耀的。"[1]等到看了利玛窦绘制的《山海舆地图》，才知道世界有五大洲，中国不过是世界的一小块。《山海舆地图》运用西方精确的经纬度制图法，突破了中国传统的"计里画方"的绘图方法，不仅打破了中国人"天圆地方"的观念[2]，同时打破了中国人夜郎自大的心理。

第二，西学开启了中国知识分子的眼界。中国自古只重视伦理，而轻视科学。西学东渐使中国知识分子看到西方科技之精密，使他们耳目一新。西学传入中国以后，虽然使一部分有识之士认识到中国科技落后，有向西方学习的必要，但同时也有不少士大夫仍然对西方文明心存抗拒。明末崇祯年间发生的中西历法之争，就是明显的例子。历朝皇帝都认为天道和人道是一致的，天子就是替天行道，因此天文历法与国家、朝廷的兴衰息息相关，把制定历法作为朝廷的专利，禁止百姓参与。历法中的错误也不能轻易改动，生怕影响国家的命运。崇祯二年（1629年），钦天监预测日食又发生错误，而徐光启根据西方天文学预测

---

① ［意］利玛窦、［比利时］金尼阁：《利玛窦中国札记》上册，何高济等译，181页，北京，中华书局，1983。

② 王莉：《中华文明传真》第9卷，147页，上海，上海辞书出版社，香港，商务印书馆，2001。

的日食却十分准确，但思宗认为修改历法有改朝换代的意思，不愿轻易更改。几经周折，思宗终于允许徐光启会同传教士龙华民（Nicolo Longobardi）、邓玉函、汤若望、罗雅谷（Giacomo Rho）等开办历局。崇祯七年（1634年），《崇祯历法》完成，但是受到守旧派的百般阻挠，直到明朝灭亡仍未颁布。[①]新的历法虽然没有正式颁布，但它的影响是很深远的，西方的科学技术在一部分知识分子心目中有了一定的地位。

第三，西方科学给中国知识分子提供了新的思维方式。中国传统的思维方式是重直观轻理性思辨，重归纳轻演绎，"四书五经"中的道理只讲是什么，不讲为什么。西方传入的《几何原本》重视演绎推理的思维方式与中国的传统思维方式大相径庭。徐光启就认为，西学的精华在于其崭新的思维方式，对事物的认识不仅要知其然，而且要知其所以然。他主张从《几何原本》入手，掌握其先进的思想方法，以弥补中华文化之不足。[②]

第四，西学促进了实学的发展。16世纪末，宋明理学在中国思想界的统一地位已经开始动摇，实学思想开始兴起。西学的东来，促进了这一思想的发展。徐光启及清初的方以智、黄宗羲、顾炎武、王夫之、颜元等一批知识分子积极吸收西方的科学文化，批判空谈心性道德的理学，主张经世致用的实学；反对八股取士的科举制度，主张"试以实事"的考试制度。他们提倡学习自然科学，主张人性解放，批判的矛头直指专制君主，构成了我国最早的启蒙教育思潮。

西学东渐带给中国的不仅是科学技术，更重要的是，它是对中国传统文化的第一次重大的冲击。可惜由于中国封建专制的顽固和中国传统文化的凝重，西学受到顽强的抵制。到了清雍正年间，传教士被逐出国

---

① 王莉：《中华文明传真》第9卷，149页，上海，上海辞书出版社，香港，商务印书馆，2001。

② 白莉民：《西学东渐与明清之际教育思潮》，18页，北京，教育科学出版社，1989。

门，西学东渐几近中断，直到鸦片战争，中国的门户才被迫打开。但无论如何，西学东渐对中国文化教育的影响是巨大而深远的。

第二节　教会学校的出现和近代教育在中国的产生

西学东渐虽然几近中断，但外国人在中国的传教活动始终没有停止过，特别是在中国南方沿海一带。他们为了传教的方便，在当地办起了学校。于是，中国大地上出现了一批教会学校。它们是中国近代教育之肇始。

据史料记载，最早的西式学校是1807年最早来华的英国基督教传教士玛利逊于1818年在马六甲开设的"英华学校"。1835年，玛利逊死后，香港等地教士成立了"玛利逊教育协会"来纪念他。1839年，美国传教士布朗（S.R.Brown）在广州开设了一所小学，但不久就被当地人赶走，迁往澳门开设了一所玛利逊学校。鸦片战争失败，《南京条约》签订后，外国传教士开始大量进入中国，并在中国办学，通过办学传教。最早办的学校有：1844年由英国"东方女子教育协进社"派遣的爱尔德赛（Aldersey）在宁波开设的女子学校；1845年美国长老会在宁波建立的一所学塾（1867年迁往杭州，名为育英书院，后来发展为之江大学）。19世纪下半期，随着美国殖民主义势力的向外扩张，美国教会掀起了一个国外办学的热潮，因而也纷纷到中国来办学。这一时期美国教会创办的学校有：1864年美国长老会传教士狄考文在山东登州开设的文会馆，这可以说是中国大地上出现的第一所中学，此前教会学校都是小学水平；1866年英国浸礼会在青州设立的广德书院，后与文会馆合并为广文书院，设在潍县，到1917年发展为齐鲁大学；1864年美国公理会传教士柏亨利（Henry Blodget）设立育英学堂，1912年改为中学；与此同时，美国圣公会传教士裨治文夫人格兰德开办了贝满女学堂，1895年设中学课程等。教会学校数目急剧增加，根据1877年和1890年在上海举行的两次"在华基督教传教士大会"的报告：1876年，男日校177所，学生2 991人，男寄宿学校31所，学生647人；女日校82所，学生1 307人，女寄宿学校39所，学生794人；传道学校21所，学生236人。学校总数350所，学生总数5 975人。1889年，学生总数达16 836人。[①]十三年间，教会学校学生增加了1.5倍。

徐汇公学

教会学校的出现虽然稍后于明末清初的西学东渐，但它是随着传教士的来华传教而产生的。开始的时候，传教士传教主要是通过家庭、教堂或街头布道，但收效甚微。这是因为基督教文化与中国传统文化截然不同，中国人难以接受。玛利逊1807年入华，到1814年才为第一个中国信徒进行洗礼。[②]于是他们改变策略，把传教的方向转向比较幼稚、单纯的少年儿童，并且通过办学的方式来吸引他们。最初入学的多为贫穷家庭的子女或街头孤儿，后来学校办出成绩，受到社会重视，入学的人数增多，逐渐收取高额学费，成为"贵族"学校。教会学校在中国大地的出现，正如何晓夏、史静寰在《教会学校与中国教育近代化》中所说的"并非中国人的自主选择"，但是给中国带来了近代教育制度，从而对中

---

① 陈景磐：《中国近代教育史》，73～74页，北京，人民教育出版社，1979。
② 何晓夏、史静寰：《教会学校与中国教育近代化》，11页，广州，广东教育出版社，1996。

国传统教育起到了摧枯拉朽的作用。《教会学校与中国教育近代化》一书对教会学校在中国的创建和发展做了详细的介绍和评述。这里借用他们的资料来说明教会学校给中国教育带来了什么新的东西。

第一，教会学校带来了西方的学校制度。中国传统教育只分小学和大学，没有中学。小学大多是在家庭或家塾中进行，学习识字和简单的洒扫应对的知识。到了束冠的年龄，一般是15岁就入大学，正式学习"四书五经"，然后参加科举考试。严格来说，中国没有一个完整的、统一的学校教育体系。教会学校把西方学前教育直至高等教育的一套学校制度都搬了过来。首先开办的是小学，自1839年开办玛利逊小学开始，至1926年，据教育专刊《圣教杂志》第6期统计：全国有教会小学男校2 048所，教内（即信教的）学生57 877人，教外（即不信教的）学生10 356人；女子小学568所，教内学生22 111人，教外学生5 288人。

19世纪40年代，外国传教士办起育婴堂、孤儿院、慈幼院，收养孤儿。这些机构并不属于教育机构，而是慈善事业，但在中国也是一种新的教育形式。至19世纪80年代，外国教会又在中国沿海地区办起学前教育机构，最初办的学前教育机构叫"小孩察物学堂"。传教士林乐知解释说："泰西蒙学，始于幼稚园，亦称察物学堂。小孩未读书之前，先使察物，就其目所能见，手所能抚，耳所能闻之物，皆使记其名字，及其造法、用法。故至读书识字之时，能收驾轻就熟之效也。"[①]这里介绍了学前教育的宗旨和方法。这是我国有学前教育机构之始。

第二次鸦片战争以后，传教士凭借不平等条约的保护向中国内地扩张，他们认为在中国已经站稳了脚跟，开办小学教育已经不能满足他们的需要，故而他们又逐步开办起中学堂。他们办学的目的已经不是单纯

---

① 转引自何晓夏、史静寰：《教会学校与中国教育近代化》，84~85页，广州，广东教育出版社，1996。

地传播福音，培养教徒，而是企图在中国社会培养一批亲西方的知识分子和领袖人物。首任中华教育会会长美国传教士狄考文说："教会学校的建立的真正目的和其作用并不单在传教，使学生受洗入教。他们看得更远，他们要进而给入教的学生以智慧和道德的训练，使学生能成为社会上和教会里有势力的人物，成为一般人民的教师和其他领袖人物。"[①]大多数教会中学是从教会小学戴帽增加班级而成，如登州文会馆前身就是登州蒙学堂。育英学堂、贝满女学堂、潞河书院等都是中国最早的中学。

　　教会学校的兴起，激发了洋务派办学的热情。洋务运动原是西方列强的大炮轰出来的。中国人最初对西学的认识就是鸦片战争中西方列强使用的坚船利炮。随着西方列强对中国侵略的不断深入和中国向西方学习呼声的高涨，清朝廷中一些洋务派官僚提出"中学为体，西学为用"的口号。开展洋务，朝廷需要大批办理洋务的人才，于是清政府开始办起新式学堂。从1862年创办京师同文馆起，洋务派共办洋务学堂22所。这些学堂与中国传统的学校截然不同，采取的是西方近代教育制度。因此，可以说，这一批洋务学堂是中国近代教育的开始。

　　第二，教会学校带来了西方近代学校的全新的课程、教学组织形式和教学方法。早期的教会学校以小学为主，虽然人数极少，但采用新的教学组织形式，实行班级授课制度，与中国传统的学塾中的个别教学完全不同。开设的课程除"四书五经"外，有外文、算术、代数、几何、生理学、地理、历史、化学等。到1900年，教会曾调查华南、华中、华东、华北5所美国教会小学的课程，开设的全部课程有：体操、音乐、地理、生理、天文、物理、化学、动物学、植物学、生物学、人文地

---

① 转引自陈学恂：《中国近代教育史教学参考资料》下册，14页，北京，人民教育出版社，1987。

理、历史—世界史、算术、代数几何三角、英文、国文、道学、卫生。当然不是所有小学都全部开设这些课程。5所小学中有4所小学开设了体操、音乐、生理、天文；有3所小学开设英文、化学、物理。开设最少的课程是代数几何三角、人文地理。[①]这些课程对中国学生来讲都是全新的，是闻所未闻、见所未见的。教学工作强调引起学生的兴趣，"提倡教师教育儿童要温和慈爱，要像父母对待子女那样对待学生，学校要充满家庭的气氛，实行家庭式的教育。要频繁地与学生接触，使师生关系密切，互相关心，互相了解。要欢迎学生发问，要乐于回答学生的问题，对待学生要耐心诚恳而没有怒色，应该鼓励学生发问，这对于增强学生的学识和提高他们的自信心极为重要"[②]。

第三，开女子学校教育之先河。中国传统文化是一种重男轻女的文化，所以中国传统教育不重视女子教育，所谓"女子无才便是德"的封建思想统治了整个民族的头脑。少数官宦家庭也设有家塾，但男女教育有别。女孩主要在家庭闺门中学习识字、女红，以《女儿经》为主要教材，教育她们在家如何孝敬父母，出嫁以后如何孝敬公婆，顺从丈夫。女子没有进入学校的权利。清光绪二十九年（1904年1月）颁布的《奏定蒙养院章程及家庭教育法章程》第十节还对女子教育做了专门规定："三代以来女子亦皆有教，备见经典。所谓教者，教以为女为妇为母之道

中国传统文化提倡女子要"三从四德"，待守闺中，相夫教子，女子基本没有上学的权利。西学东渐，带来了西方男女平等的思想，于是中国开始出现了女子学堂、女子师范学堂等学校机构。图为当时一女子学堂外景。

---

① 朱有瓛、高时良：《中国近代学制史料》第4辑，266页，上海，华东师范大学出版社，1993。
② 何晓夏、史静寰：《教会学校与中国教育近代化》，110～111页，广州，广东教育出版社，1996。

也。惟中国男女之辨甚谨，少年女子断不宜令其结队入学，游行街市，且不宜多读西书，误学外国习俗……故女子只可于家庭教之……令其能识应用之文字，通解家庭应用之书算物理，及妇职应尽之道，女工应为之事，足以持家教子而已。"[①]可见对女子歧视之甚。教会学校却打破了这种歧视，竭力吸收女童入学。最早的教会女校是1844年英国人爱尔德赛在宁波创办的女塾。开始的时候中国人对这种洋人开办的西式学堂疑虑重重，不敢入学。爱尔德赛采取对贫苦家庭施衣施食、施医施药的办法，逐渐改变了中国人的看法，收了第一批贫苦家庭的女孩入学。第二年，学生增加到15人。七年以后，即1851年，学生增加到40人。这便是中国女子学校教育之肇端。

第二次鸦片战争之后，我国的五个口岸被迫通商。教会女子学校在这几个通商口岸有了较大发展，1844年至1860年增加11所。其中有1850年美国美以美会传教士麦利（R.S.Maclay）和夫人斯佩里（Sperry）在福州创办的女塾，1850年美国圣公会传教士裨治文夫人格兰德在上海西门白云观兴建的裨文女塾，1851年美国圣公会传教士琼司女士（Emma Jones）在上海虹口创办的文纪女塾，1854年美国公理会传教士卢公明创办的福州女书院，1864年美国圣公会传教士裨治文夫人格兰德为纪念裨治文在北京创办的贝满女学堂等。到1877年，在教会女校就读的学生已达2 064人。[②]

中国传统女子教育主要学习《女儿经》，学习"三从四德"等封建礼教内容。教会女校则和男校学习的内容基本相似。其课程包括《圣经》、算术、地理、历史、天文等，也学习刺绣、家政等。

20世纪初，随着中国近代高等教育的发展，教会女子高等学校也创办

① 舒新城：《中国近代教育史资料》中册，383～384页，北京，人民教育出版社，1981。
② 何晓夏、史静寰：《教会学校与中国教育近代化》，223～224页，广州，广东教育出版社，1996。

起来，如1904年开办的华北协和女子大学、1908年成立于福州的华南女子文理学院、1915年创办的金陵女子文理学院等。

外国教会传教士创办教会女子学校的目的是传教，是在中国发展教徒，传播基督教文化，是

19世纪末期的中国女学生

一种文化侵略，但是在客观上起到了冲击中国封建文化传统、促进中国教育近代化的作用。特别是女子学校的创建，给中国社会带来巨大的冲击，是一次重大的社会变革。几千年来，中国女子都是被关在闺门中，得不到受教育的权利，更没有参加社会活动的权利。现在女子不仅能进女校学习，不再只学习"三从四德"，而且学习自然科学、社会历史，还有少数女学生出国留学。这对中国妇女来讲是多大的变化！

教会学校在中国大地上出现，虽然不是中国人的自主选择，而是西方列强通过坚船利炮对中国侵略的结果，是文化殖民主义的一种形式，但对中国近代教育的发展，为清末废科举、兴学堂的改革提供了借鉴。

第三节　西学东渐对中国教育近代化的影响

"近代化""现代化"在西方本来就是一个词，英文是modernization，它的含义因不同人的解释而有所不同，但基本的认识是，它是指由农业社会向工业社会发展的一个历史过程，有时也与"工业化"同义。我这里采用"近代化"这个词，一方面，照顾到中国教育史学界的习惯用法，把自鸦片战争以后到"五四运动"之前的一段教育历史称中国近代教育史，把"五四运动"以后的教育史称中国现代教育史；另一方面，我这里讲的中国教育近代化主要是指我国新学制产生的一段教育历史，

把它与教育现代化分一分，有一个明确的时间界限。

中国教育近代化从何时开始？有些学者认为是从"新学制"，即壬寅—癸卯学制开始，有的认为从"五四运动"开始。例如，丁钢认为："尽管有人以壬寅—癸卯学制作为中国新教育的起点而将其称之为'新学制'，并认为它反映了近代教育的基本精神，但是，只要我们仔细分析一下就会发现，这个学制从根本上来说仍然未能摆脱'中体西用'的窠臼，实质上还是传统占据着主导地位，并没有体现出真正的新的时间观和时代精神。"[①]这个意见的精神是对的，"新学制"从基本精神来讲并不新。但是，如果按照中国教育史学界的习惯来说，把近代与现代分开来看，"新学制"是否也能看作中国教育近代化的一个成果？因为它毕竟与科举制度有很大的不同。本节是从这个意义上来讲西学东渐对中国教育近代化的影响的。

中国教育近代化不是自发的，而是外力施加影响的结果。尽管在明朝末年中国已有资本主义的萌芽，但由于中国封建专制的顽固和中国传统文化的凝重，中国未能自发地产生近代化的思想，只是在西学东渐的影响下才开始出现早期的启蒙思想。前面我们已经讲过，西学东渐可以分为几个阶段，在不同的阶段，它的影响是不同的。

最早的阶段，明末清初时期的西学东渐主要是通过西方传教士带来西方先进的科学技术。这个时期西学东渐的特点是：一方面，西方传教士来华的目的是传教，他们想用基督教来拯救东方人的灵魂，科学技术是传教的手段；另一方面，中国统治阶级采取抵制、抗拒的态度，不愿承认西方文化的先进性，仅仅把西方的科学技术看作一种技艺，不屑一顾，西方传教活动终于在清雍正年间被迫停止，西学东渐几近中断。因此，这个时期还不能说西学东渐对中国教育近代化有多大影响，但可以

---

① 丁钢：《历史与现实之间：中国教育传统的理论探索》，36页，北京，教育科学出版社，2002。

说，它给中国传统文化这块平静的湖面上投入了一块石子，不仅打破了湖面的平静，而且激起了一阵波澜，这阵波澜就是启蒙教育思想。西方的传教士们抨击宋明理学，反对科举制度，提倡人性解放，矛头直指封建传统文化。虽然他们还没有提出废除科举、建立新学的主张，但他们的思想不能不说对后来中国近代教育的到来起到了一点催生作用。

鸦片战争以后，西学东渐发生重大的变化。西方传教士随着坚船利炮再次来到中国。这次到中国来已经不是像明末清初那样，乞求中国皇帝的接见，而是以一种征服者的姿态来的。他们堂而皇之地在中国传教，但是他们没有料想到，基督教文化与中国传统文化是截然不同的文化体系，很难让中国人接受。于是他们采取办学的办法来吸引学生信教，因此，办学成了他们传教的手段。

对于办学和传教的关系，教会内部曾经有过激烈的争论。一种意见认为传教士的本职工作就是传教、布道，不是办学校、做教师，传教士从事教育是不务正业，应该予以限制和取缔。另一种意见认为，传教士入华是为了传播福音，使中国基督教化，只要能实现这一目标，传教士可以采取一切有效的方式和手段。办学校已被证明是有效的方式，因此不但不应限制，还应扩大和加强。这种争论在1877年第一次全国基督教传教士大会上达到顶点。以美国长老会传教士、登州文会馆的创办人狄考文为首，他们已经尝到办学的甜头，竭力主张把办学作为传教事业的重要组成部分。狄考文在他发表的著名演说《基督教会与教育的关系》中，详细论述了办学校与传教的关系。他说："虽然教育作为教会一种非常重要的机构，但是它不是最重要的，它不能替代传教，传教无可争辩地乃是教会最重要的工作。"[1]他还说："军队作战的目的不只是要尽量多地杀伤和俘虏敌人，同时它是要战胜敌人的……教会也是这样，它的

---

① 转引自陈景磐：《中国近代教育史》，61页，北京，人民教育出版社，1979。

目的不只是要尽量多地感化个别人使他们信教，同时它还是要使万国归顺基督，摧毁异教的堡垒，破坏各种支持异教的异端邪说，解放异教徒使他们服从救世主。"①为达到这个目的，他把培养牧师和教会学校教师作为教会学校的首要任务。1890年，在中国的基督教传教士在上海举行第二次全国传教士代表大会，会上又讨论了传教与办学的关系问题。上海圣约翰大学校长卜舫济（F.L.Hawks Pott）把教会学校比作美国的西点军校，是教会传教、战胜敌人的非常重要的战略机构。他说："如果教会工作不以我们的教育工作为基础，它就好像把房子盖在沙土上一样，是不牢固的。"②他要通过教会学校培养牧师和教师，以便控制中国的未来。他毫不掩饰地说："在我们学校内，我们训练中国未来的教师和传教士……使他们成为中国未来的领袖和指挥者，给未来中国施加最强有力的影响。"③因此，这个时期的传教形势与明末清初大不相同，传教士们要像军队那样，用基督教文化来征服中国。举办教会学校是他们的重要武器。他们在开办教会学校的同时，也带来了西方的科学和技术。教会和科学本来并不是一回事，历史上是对立的。但科学真理是不可抗拒的，自近代科学在欧洲产生和发展以后，教会也不得不做出妥协，而且企图把科学和宗教融合起来。正如狄考文所说："如果科学不是作为宗教的盟友，它就会成为宗教最危险的敌人。"④

这个时期中国人的心态是：一方面感到中国传统文化道德有沦丧的危机，对西学强烈抵制；另一方面又面临被列强欺侮的残酷的现实，感觉再不改革就没有出路。要改革，就必须引入西学，毕竟大炮舰船比中国的大刀木船要厉害得多。同时，清朝廷统治阶级内部一些官僚在同外

① 转引自陈景磐：《中国近代教育史》，62页，北京，人民教育出版社，1979。
② 转引自陈景磐：《中国近代教育史》，62页，北京，人民教育出版社，1979。
③ 转引自陈景磐：《中国近代教育史》，62页，北京，人民教育出版社，1979。
④ 转引自陈景磐：《中国近代教育史》，62页，北京，人民教育出版社，1979。

国人打交道的过程中逐渐认识到中国的经济、军事、文化、教育都远远落后于西方资本主义列强，于是就出现了一批"洋务派"。他们主张"自强求富"，举办洋务，企图"师夷之长技以制夷"。为了不使中国的传统沦丧，特别是不动摇中国的封建统治，他们提出"中学为体，西学为用"的主张。他们看到的只是西学的物质层面、技术层面的东西，而没有看到西学的实质。洋务派所要举办的洋务主要是两个方面：一是开办洋学堂；二是派遣留学生到西方国家去学习。

洋务派举办的学校有三类：一是外国语学堂，如京师同文馆、上海同文馆、广东同文馆、新疆俄文馆等，主要培养翻译人才；二是军事学堂，如天津水师学堂、天津武备学堂、湖北武备学堂等，培养军事人才；三是船政、机械、电信学堂，即技术学校，如福州船政学堂、上海电报学堂等，培养实用技术人才。这些学校除仍要学习儒家经书外，主要学习西方的语言和科学技术。这些学校可以说是我国近代教育之肇始。虽然其目的是培养洋务人才，为的是巩固清王朝的封建统治，算不上是真正的近代化教育，但毕竟冲破了中国传统教育的体系，为我国教育近代化提供了条件。

留学教育是洋务教育的主要内容。洋务派认为，学习西学光靠在国内兴办学堂是不够的，需要到外国耳闻目睹，实地考察，才能收到集思广益的效果。他们建议选派"志趣远大，品质朴实，不牵于家累，不役于纷华者"的子弟出国留学，为此，拟定了《选派幼童赴美肄业办理章程》，计划每年选送幼童30名到美国各校肄业，4年计120名，15年后，每年回国30名。在上海设立"出洋局"，办理留学事务。第一批留学生于1872年赴美，由陈兰彬、容闳为监督。但是到1881年，由于监督吴子登的顽固思想，以学生沾染洋气为由，学生几乎全数被提前召回，只留下10人左右。这是我国近代史上第一批留学生。虽然他们人数不多，但带回了西方政治思想和学术思想，在中国教育近代化中起了不小的作用。1876年，李鸿章又请求派留学生到欧洲留学。

甲午之役，中国新式水师全军覆灭，日本侵略者的炮火结束了洋务派"自强求富"的幻梦。残酷的现实告诉中国人民，仅仅学习西方的技术，不能使中国独立富强，根本的问题是政治制度问题。于是一部分带有资本主义思想的官吏和上层知识分子提出改革社会的主张，最后发展成为政治运动，这就是维新运动。康有为、梁启超、严复、谭嗣同等人代表了向西方寻找真理的知识分子。他们认为，要救国就要维新，要维新就要向西方学习，抛弃"旧学"，提倡"新学"。于是他们办报纸、立会社、兴学校、倡民权，宣传变法维新。维新运动的领导人很重视教育，认为中国衰弱的根本原因在于教育不良，学术落后。梁启超说："亡而存之，废而举之，愚而智之，弱而强之，条理万端，皆归本于学校。"[①]康有为于1891—1895年在广州设立万木草堂；梁启超、谭嗣同等于1897—1898年在长沙创办时务学堂。维新运动期间，光绪帝采纳维新派的计划，筹办京师大学堂。与此同时，在维新运动的影响下，清政府津海关道盛宣怀于1895年在天津创办中西学堂，1897年在上海创办南洋公学等。维新派领导人从发展资本主义出发，要求改变封建专制政体、学习西方资本主义。他们努力输入西方资产阶级的伦理道德观念，以西方某些民主思想来反对封建专制思想。虽然这次运动很快就失败了，但经过他们的斗争，中国的封建伦理纲常开始动摇，封建主义教育思想受到批

鸦片战争后维新派人士积极创办"洋务学堂"，图为1862年创办的京师同文馆。

① 转引自舒新城：《中国近代教育史资料》下册，932页，北京，人民教育出版社，1981。

判，封建教育制度开始崩溃。

洋务运动和维新运动给中国传统教育带来了重大冲击。这两次运动的背景、目的、内容都不相同：前者是封建统治阶级内部的洋务派提出的"中学为体，西学为用"的教育主张，他们并不要求改变专制政体；后者是资产阶级改良派提出的所谓"新学"主张。两次运动客观上都是对封建主义教育传统的严重冲击。废科举、兴学堂就是这两次运动的结果。借此，西方的教育制度和先进的科学文化教育内容才得以在中国建立和传播。

1902年（光绪二十八年）8月15日清政府颁布壬寅学制，未及施行，又于1904年1月13日（光绪二十九年十一月二十六日）颁布癸卯学制。1905年（光绪三十一年）清政府发表上谕："著即自丙午科为始，所有乡会试一律停止，各省岁科考试亦即停止。"[1]至此，在中国封建社会实行1 300年之久的科举制度正式废止，中国完全采纳了西方的学校教育制度。

图为中国近代留学生。近代史上的留学生实际上是洋务运动的产物。李鸿章、左宗棠、曾国藩等洋务派首领，在开矿山、办企业、以实业救国的过程中，深感中国缺乏西方的科学技术和人才，于是在组织翻译西方经籍著作的同时，于1871年奏请派遣幼童出洋留学，实为中国近代对外教育交流的肇始。

---

① 转引自舒新城：《中国近代教育史资料》上册，65页，北京，人民教育出版社，1981。

第七章　西方教育制度和教育思想
　　　　对中国教育的影响

　　上一章已经讲到，西方的学校教育通过西方传教士在中国办的教会学校，以及洋务派开办的洋务学堂，在19世纪末的中国已经出现，西方教育思想也开始传入。但这还是刚刚开始，是一种局部现象，当时中国整个学校教育制度还没有改变。西方学校教育制度在中国的确立和西方教育理论的大量输入还是在维新运动以后。这一章就着重讨论这个问题。

第一节　中国新学制的诞生

新学制诞生的准备时期

　　西方传教士在中国办学校的目的是传教。洋务派开办洋学堂，目的是培养一批办洋务的人才，并没有想到要建立新式的学校制度。相反，他们害怕西方文明摧毁中国的封建文化，从而动摇封建专制统治，因此提出"中学为体，西学为用"的口号。所谓中学为体，就是建立在中国儒家文化"三纲五常"基础上的政治体制不能变；西学为用，即西方的科学技术可以为我所用，成为洋务派希冀的"自强富国"的手段。他们只看到西方文化中的器物层面，认为中国不如西方，主要是缺少坚船利炮。但是，甲午一役，摧毁了他们的幻梦。一部分觉悟起来的知识分子逐渐认识到，甲午之役的失败主要不是在器物上。当时我国的北洋水师在装备上、在舰船的吨位上都比日本海军要强，但是为什么还吃败仗呢？关键还在于制度上。腐朽的封建专制制度才是失败的真正原因。于是发生了维新运动。

维新运动是由一批具有资产阶级改良主义思想的官吏和知识分子发起的。他们认为仅有西方的科学技术、坚船利炮并不能救中国。维新派的主要领导人梁启超提出"以政学为主义，以艺学为附庸"的主张，"政学"就是西方资产阶级的政治学说。学习西方政治的目的是建立西方资产阶级的民主政体。维新派企图依靠光绪皇帝的力量进行自上而下的政治体制改革，建立资本主义的君主立宪制度。

为了变法的需要，他们对中国传统文化进行了反思和批判，猛力批判维护封建政体的伦理道德，批判封建主义教育。针对宋明理学的"穷天理，灭人欲"的封建主义教育纲领，康有为指出，从来没有什么天理，而人的自然欲望、血气心知倒是天之所赐，这叫作"天欲而人理"[1]。但是，同时他又把一切维新变法的思想归之为孔子"托古改制"思想的继承和发展（见康有为著《孔子改制考》），认为孔子修《春秋》，复周礼，就是改革政体，因此，改革政体，古已有之，今天的改制，不仅不违背古训，反而是遵循圣人遗志，革新图强。

维新派非常重视教育事业，把教育作为推进政治维新、振兴中国的重要手段。康有为认为："欲任天下之事，开中国之新世界，莫亟于教育。"梁启超则指出："变法之本，在育人才；人才之兴，在开学校；学校之立，在变科举。"他们提出了教育改革的主张。1895年，清政府被迫与日本签订了丧权辱国的《马关条约》，彻底暴露了清政府的无能。

---

① 转引自丁钢：《历史与现实之间：中国教育传统的理论探索》，161页，北京，教育科学出版社，2002。

康有为、梁启超等联合在京会试的举人1 300余人上书光绪皇帝，要求变法改革，这便是有名的"公车上书"。书中痛陈八股科举之危害、开办新学之必要，说："功令禁用后世书，则空疏可以成俗，选举皆限之名额，则高才多老名场……题难故少困于搭截，知作法而忘义理；额隘故老逐于科第，求富贵而废学业。"①又说："尝考泰西之所以富强，不在炮械军兵，而在穷理劝学。"②康有为还亲自在广州办起万木学堂，培养维新人才。黄遵宪、谭嗣同等在长沙设立时务学堂，聘请梁启超为总教习。可惜维新运动很快就被顽固派击败。但它对中国传统文化冲击的影响是深远的，它为新式学制的诞生准备了条件。

维新运动虽然失败了，但这个时候的清政府已经穷途末路，外有列强的侵略，国内阶级矛盾也进一步激化，清朝统治集团感到已经不可能按照旧的方式维持自己的统治，于是不得不实行所谓"新政"。"新政"的主要内容有以下几个方面。

第一，废除八股，停止科举制度。科举制度自隋朝建立以来，便成为统治阶级选拔人才的手段、封建教育的核心。学校教育变成了科举的附庸。因此，八股不废，科举不改，新的教育制度难以产生。在维新派的主张下，清光绪二十四年（1898年）发布上谕，废除八股试帖法取士，改试时务策论。光绪三十一年（1905年）八月发布上谕，"谕立停科举以广学校""著即自丙午科为始，所有乡会试一律停止，各省岁科考试亦即停止"。③自此，在中国绵延1 300年的科举制度终于得以废除。

第二，改书院，建学堂。清光绪二十四年（1898年），光绪皇帝发布上谕，将各省府、厅、州、县现有的大小书院一律改为兼习中学、西学之学堂。其中，省会的大书院改为高等学堂，府城的书院改为中等学

---

① 转引自舒新城：《中国近代教育史资料》下册，909页，北京，人民教育出版社，1981。
② 转引自舒新城：《中国近代教育史资料》下册，909页，北京，人民教育出版社，1981。
③ 转引自舒新城：《中国近代教育史资料》上册，65页，北京，人民教育出版社，1981。

堂，州县的书院改为小学堂。地方自行捐办的社学、义学等，也一律兼习中学、西学。另外又筹建各类专门学堂，如设立农务学堂，蚕桑学堂，铁路、矿务、医学、语言等学堂。

新式学堂的创办，为近代中国培养了一批科技人才、军事人才、翻译和外交人才，来自西方的大量的自然科学知识得以在中国广泛传播，同时也为新学制的诞生创造了条件。

我国师范教育也是在这个时候开始的。维新派很重视师范教育，认为办学堂首先要有师资。梁启超在分析洋务派所办学堂成效甚微时指出："其受病之根有三：一曰科举之制不改，就学乏才也；二曰师范学堂不立，教习非人也；三曰专门之业不分，致精无自也。"[1]清光绪二十三年（1897年），大理寺少卿盛宣怀经奏准在上海创办南洋公学，内设师范院，为其他各院培养师资，是为我国师范教育之始。

第三，创办京师大学堂。早在光绪二十二年（1896年），刑部左侍郎李端棻就倡议创办京师大学堂。光绪二十四年（1898年），光绪帝发布上谕，令军机处和总理衙门着手办理，以"广育人才，讲求时务"为宗旨，规定京师大学堂为全国最高学府和最高教育行政机关。"各省学堂皆归大学堂统辖"；教育方针仍为"中学为体，西学为用"，谓"中学体也，西学用也，二者相需，缺一不可"[2]。课程也是"中西并重，观其会通，无得偏废"。学生入学后，先习普通学，卒业后再习专门学。1898年11月开学时，学生不足百人。1900年因义和团运动起，学堂停办。1902年复校，张百熙继任管学大臣，颁布《钦定京师大学堂章程》。先设预备科（分政、艺两科）和速成科（包括仕学、师范两馆）。1903年增设进士馆、译学馆及医学实业馆。1907年又增设博物品实习科。

---

[1] 梁启超：《论师范》，转引自陈学恂：《中国近代教育文选》，143页，北京，人民教育出版社，1980。

[2] 朱有瓛：《中国近代学制史料》第1辑，602页，上海，华东师范大学出版社，1983。

科举制度是我国从隋唐时期开始实行的文武官吏后备选拔制度，历经1 300年。它对中国社会的稳定与发展、对传统文化的传播与发扬，起到了一定的积极作用。但在明以后，科举制度逐渐腐败，特别是明成化始行八股文以后，官、禄诱使读书人专攻八股，其害无比。随着现代社会文明学校的兴起，废除科举成为历史的必然，1905年（光绪三十一年），光绪皇帝颁诏废除科举。图为废除科举的诏书。

1910年分科大学正式开办，陆续开设经、文、法政、格致、农、工、商七科。1912年中华民国成立，京师大学堂改名为北京大学。京师大学堂的成立，为以后新学制的建立打下了基础。

第四，派遣留学生。洋务运动时期派遣留学生主要是赴欧美诸国，人数不多。"新政"时期主要派赴日留学生，而且人数逐年增多。从单一的官费派遣，变成官费、自费等多种形式并举。从1896年清政府派遣第一批13名赴日留学生起，到1902年，留日学生增加到500余人，1903年1 300余人，1905年至1906年，更是增至近万人。[1]留学生所学的内容也越来越广，有学自然科学的，有学社会科学的，还有学军事和师范的。特别是鉴于国内开办学堂的需要，学师范的留学生占了相当大的比重。这批留学生回国以后，其中的很多人从事教育工作，对我国教育近

---

① 钱曼倩、金林祥：《中国近代学制比较研究》，60页，广州，广东教育出版社，1996。

代化起了重要作用。

壬寅—癸卯学制

清廷在实施上述"新政"、开办学堂的基础上，光绪二十八年七月十二日（1902年8月15日）颁布了《钦定学堂章程》，正式推行现代学制，但因种种原因，未及施行。光绪二十九年十一月二十六日（1904年1月13日）又颁布了《奏定学堂章程》。农历称这两年为壬寅年和癸卯年，因而教育史上称这两次颁布的学制为壬寅—癸卯学制。

北京大学（京师大学堂）

壬寅学制颁布以后，受到顽固派的激烈反对，再加上学制自身存在着不足，未能付诸实施。在张之洞主持下，经过修改，癸卯学制于次年颁布了。学制包括《学务纲要》《大学堂章程》《通儒院章程》《高等学堂章程》《中学堂章程》《高等小学堂章程》《初等小学堂章程》《蒙养院家庭教育法章程》《优级师范学堂章程》《初级师范学堂章程》《实业教员讲习所章程》《初等农、工、商实业学堂章程》《中等农、工、商实业学堂章程》《高等农、工、商实业学堂章程》《实业学堂通则》《译学馆章程》《进士馆章程》《各学堂管理通则》《各学堂奖励章程》19项，主要学习日本明治维新以后的新学制。日本学制纵向为直系，分三等六级，自小学至大学为直系；横向分普通学校、实业学校、师范学校和各种专门学校，后三类为旁系。癸卯学制与日本学制基本相同。纵向也是三等六级，横向分普通、师范、实业三类。所不同的是，癸卯学制特别重视经学，从小学到中学毕业，必须读过《孝经》、"四书"、《易》《书》

《诗》《左传》，以及《礼记》《周礼》《仪礼》节本，因而小学学制长达九年，每周学习的课时要比日本小学多得多。

为什么癸卯学制以日本学制为蓝本？这与当时中国的整个形势和舆论有关。周谷平在《近代西方教育理论在中国的传播》中做了五方面的解释，我基本上同意她的观点。结合我自己的理解，现将其原因归纳如下。

京师大学堂是中国近代最早的大学之一，创立于1898年。图为京师大学堂校牌。

第一，日本明治维新之前曾经遭受过与中国同样的命运。1853年，美国海军侵入日本浦贺湾，迫使日本幕府开港，以后日本受到西方列强的侵略。但是他们通过明治维新，推倒幕府，建立了天皇制的资产阶级政权，并大力发展教育，引入西学，开启民智，短短几十年就雄踞东亚，跻身列强。因此，无论是清政府中的新洋务派，还是维新改良派人士，都想效法日本，通过教育培育人才，实行维新变法，以求对内挽救王朝，对外抵御强敌。康有为在《公车上书》中说："日本一小岛夷耳，能变旧法，乃能灭我琉球，侵我大国，前车之辙可以为鉴。"[1]

第二，日本的学制开始也是学习西方的，参照了法国、德国的教育制度，但经过二十多年的不断摸索，已经走上了日本化的独特道路。特别是1890年颁布的天皇的《教育敕语》，以忠君爱国、发扬"大和魂"的民族精神为根本宗旨，培养"和魂洋才"。这种教育宗旨与中国洋务派主张的"中体西用"思想不谋而合。因此，他们认为日本是东方学习西方的榜样。

---

① 转引自钱曼倩、金林祥：《中国近代学制比较研究》，53页，广州，广东教育出版社，1996。

第三，日本教育在经历了西洋化到日本化的历程后，已经对西方教育进行了一番去粗取精，经历了选择、吸收、消化和融合的过程。中国和日本的文化背景相同，过去都是以儒家文化为主体，因此，中国教育向日本学习，可以减少摸索，少走弯路，收到事半功倍的效果。

第四，日本与中国是近邻，文化相近，文字语言也相近，可以节省时间和经费。清政府1898年8月2日的上谕称："出国游学，西洋不如东洋。东洋路近费省，文字相近，易于通晓，且一切西学均经日本择要翻译。"

第五，中国接触西学，最早是通过传教士，到19世纪晚期，则主要通过日本翻译以后传过来，正如上谕中所说，"且一切西学均经日本择要翻译"。所以学习日本的教育，从根本上还是学习西方的教育，日本不过是西方教育的二道贩子罢了。

但是，中国的新学制并没有把日本学制改革的精神学到手。中国和日本在学习西方上走的是完全不同的两条路。日本明治维新学习西方走的是彻底的西方资本主义道路，虽然西学在日本也经过了改造，具有日本的特色，但其发展方向是与西方现代化相一致的。中国则不然。中国之学习西方的宗旨还是"中学为体，西学为用"，是想利用西学的器物来维护清王朝摇摇欲坠的统治。它走的是半殖民地半封建主义的道路。壬寅学制也好，癸卯学制也好，与日本的新学制相比，只能说形式上相似，其指导思想和具体教学内容上有很大差别。

《奏定学堂章程》规定的教育宗旨为："无论何等学堂，均以忠孝为本，以中国经史之学为基，俾学生心术壹归于纯正，而后以西学渝其知识，练其艺能，务期他日成才，各适实用。"[1]此教育宗旨的核心是忠孝思想，并以此为制定教育政策、教育内容的依据。光绪三十一年（1905

---

[1] 教育大辞典编纂委员会：《教育大辞典》第10卷，6页，上海，上海教育出版社，1991。

年），《学部奏请宣示教育宗旨折》中又进一步厘定教育宗旨为"忠君、尊孔、尚公、尚武、尚实"。此宗旨沿用至民国初期。

癸卯学制中虽然没有科举考试，但是科举制度的封建色彩还是十分浓厚。各级学堂毕业生均奖给科举出身，因此，学生读书也还是存在着求资格、求功名的封建心理。

癸卯学制中规定的教育内容，把读经放在极为重要的位置。小学每周读经达12小时，占总课时的1/3以上；中学7小时。从小学到中学毕业，要读完十经。《学务纲要》特别强调读经为立国之本，指出："若学堂不读经，则是尧舜禹汤文武周公孔子之道、所谓三纲五常者尽行废绝，中国必不能立国矣。学失其本而无学，政失其本则无政，其本既失，则爱国爱类之心亦随之改易矣，安富强之望乎？"[①]

第六，癸卯学制中没有女子教育的地位。

以上各点都说明，新学制只是形壳之新，其基本精神和主要内容都是旧的。当然，在课程内容上也设有自然科学知识，但《学务纲要》规定，不得废弃中国文辞，反对袭用外国名词。这就使学习自然科学受到很大限制。

壬子—癸丑学制

1911年10月，武昌起义成功，推翻了统治中国200多年的清王朝，同时结束了2 000多年的封建专制制度。1912年1月，中华民国成立，建立了以孙中山为首的临时政府。壬子—癸丑学制就是民国政府对教育改革的重要举措，是中国第一个具有资产阶级性质的学校教育制度。

1912年1月5日，孙中山临时大总统任命蔡元培为首任教育总长。蔡元培学贯中西，早先出身翰林，旧学根底很深，后又留学德国、法国，学习心理学、美学、哲学等，深受西方资本主义文化教育的影响。他

---

① 转引自陈景磐：《中国近代教育史》，197页，北京，人民教育出版社，1979。

担任教育总长以后，立即着手改革教育制度，发表了《对于教育方针之意见》，召开全国临时教育会议，主持制定壬子—癸丑学制。为什么叫壬子—癸丑学制？因为1912年9月3日公布学校系统，是年为旧历壬子年，故称壬子学制。壬子学制公布后，至1913年8月，教育部又陆续公布《小学校令》《中学校令》《师范教育令》《专门学校令》《大学令》《实业学校令》及各种学校规程等。1913年为旧历癸丑年，故合称壬子—癸丑学制。

此学制与癸卯学制相比，有以下一些变化。

第一，缩短了整个学制的修业年限。癸卯学制从初等小学堂到大学堂需22年。新学制从儿童7岁入学至大学毕业，共18年。新学制设普通教育、师范教育、实业教育三系统。其中，普通教育分三段四级：初等教育7年（初等小学4年，男女同校；高等小学3年，男女分校）；中等教育4年，男女分校；高等教育6～7年（大学预科3年，本科3～4年；专门学校预科1年，本科3年，医科为4年）。大学毕业后可入大学院，肄业期限不定。师范教育分师范学校、高等师范学校两级。实业教育分设乙种、甲种实业学校，均3年毕业，程度分别相当于高等小学、中学，分农、工、商、商船四类。

第二，壬子—癸丑学制改变了清末的教育宗旨。蔡元培发表的《对于教育方针之意见》提出，新的教育方针应是国民教育、实利主义教育、公民道德教育、世界观教育、美感教育，"五育"并举，以取代清末的"忠君、尊孔、尚公、尚武、尚实"的教育宗旨。他明确指出："忠君与民主共和政体不合，尊孔与信教自由相违。"①经过讨论，1912年9月2日，教育部公布的教育宗旨为："注重道德教育，以实利教育、军国民教育辅之，更以美感教育完成其道德。"这个教育宗旨体现了资产阶级教育关于人的德、智、体、美和谐发展的思想。

第三，壬子—癸丑学制中中小学废除读经，大学取消经科，加强实业学科和职业教育，禁止使用清朝学部颁布的教科书等，反映了资产阶级的反封建精神。

第四，壬子—癸丑学制基本上体现了资产阶级的平等思想。首先，废除了教育权利上的女性歧视，规定，初等小学可以男女同校，除大学不设女校、不招收女生外，普通中学、师范学校、高等师范学校和实业学校都可以设立女校，反映了资产阶级男女平等的思想；其次，取消了清政府为贵族设立的贵胄学堂，废除奖给毕业生科举出身的规定，废除封建特权和等级限制。

壬子—癸丑学制基本上反映了资产阶级革命的要求，但是革命很不彻底，还遗留着许多旧学制的痕迹。特别是辛亥革命以后，封建顽固势力与帝国主义相勾结，妄图推翻共和国，复辟封建帝制。反映在教育上，就是复古教育一直没有停息。中国旧的封建主义教育制度在形式上是消灭了，但其思想仍然顽固地存在着。如果没有彻底的革命，难以消除。

壬戌学制

壬子—癸丑学制施行了10年。1922年11月2日，北洋政府又颁布了《学校系统改革案》，是年是旧历壬戌年，故称壬戌学制。为区别民国初年的壬子—癸丑学制，该学制亦称"新学制"。壬戌学制提出改革学制

---

① 转引自舒新城：《中国近代教育史资料》下册，1 026页，北京，人民教育出版社，1981。

的原则："一、适应社会进步之需要；二、发挥平民教育精神；三、谋个性之发展；四、注意国民经济力；五、注意生活教育；六、使教育易于普及；七、多留各地方伸缩余地。"规定：初等教育6年，分初、高两级，初级小学4年，高级小学2年。中等教育6年，分初、高两级，各3年。初中也可兼设职业科。高中设普通、农业、工业、商业、师范、家事等科。旧制中的甲、乙种实业学校改为职业学校和中学职业科。高等教育4～6年。其中，大学本科4～6年，专门学校3年。大学院为研究之所，年限不定。儿童6岁入学，至大学毕业共16～18学年。

这就产生一个问题，为什么民国以后颁布的新学制实行了10年又要改革？总结各界的研究，大致有以下几方面的原因。

第一，第一次世界大战以后，中国民族工业有了较大发展。工商业的发展需要具有一定科学文化知识的工人和受过职业教育的技术人才、经营管理人才。但是壬子—癸丑学制存在着许多缺点，不能适应民族工业发展的新形势。如天津南开学校喻鉴曾著文指出："天津为工商发达之区，实业人才供不应求，今中学分科，或科目太简，或设备不齐，有分科之名，无分科之实者皆是也。南开亦未能脱此弊害……今为多造实业人才计，南开宜采行新制，增设多科者。"[①]顾树森在《对于改革现行学制之意见》中也批评现行学制多正系的学校而少旁系的学校，即都是普通学校，很少职业学校。

第二，学制本身还存在着许多缺陷。例如，学习年限太长，整个学制长达18年，不利于尽快地培养人才；学校阶段之间互不衔接，高小三年级的课程与中学重叠；过分强调中小学的准备性，而丧失其独立性等。早在1915年，就有许多地方学会和学者对现行学制提出尖锐的批

---

① 转引自钱曼倩、金林祥：《中国近代学制比较研究》，219页，广州，广东教育出版社，1996。

评。事实上，壬子—癸丑学制的颁布是在中华民国成立的第二年，由于时间过于仓促，未及广泛讨论，照搬日本学制的痕迹很重。经过几年实践，缺点逐渐暴露，改革势在必行。

第三，"五四"新文化运动促进了这次改革。新文化运动动摇了中国传统文化的根基，也就为教育的现代化开辟了道路。这个问题尚待我们在下一章中详细讨论。

第四，欧美的教育思想大量输入中国，中国的留学生也不再限于日本，因此，参照日本学制的壬子—癸丑学制受到批评，也就不奇怪了。

众所周知，这次学制改革，借鉴、采用的是美国学制，即我们通常所说的"六三三"制：小学6年，初中3年，高中3年。这个学制一直沿用到1951年的学制改革以前。其实从普通教育系统来讲，"六三三"制至今仍有它的影响。我这里说新学制借鉴、采用了美国学制，是想避免"壬戌学制是否抄袭美国学制"的争论。钱曼倩、金林祥主编的《中国近代学制比较研究》一书用了一整节来批判"盲目抄袭美国学制"的观点，详细介绍了从1915年各地就开始讨论学制改革的问题，提出了各种方案。"广东省学制系统研究会还认真考察了德、英、美、法、日五个主要资本主义国家的学制，对每一国家的学制，又分别从组织宗旨、沿革、趋势、社会、科学五个方面进行分析研究，指出其各自的优、缺点。"[1]他们的分析是有一定道理的，说盲目抄袭是不对的，因为当时许多学者都参加了学制改革的讨论，各地提出了许多方案。而且新学制蕴含了我国许多学者的智慧，体现了中国的特点。但是，实事求是地说，我们也不能否认，经过对各国学制的比较，我们采用了美国的学制。因为壬戌学制的学校系统与美国学制的学校系统是基本相同的，而

---

[1] 钱曼倩、金林祥：《中国近代学制比较研究》，230～277页，北京，人民教育出版社，1996。

与德、英、法、日的学校系统大相径庭。其实，20世纪初，美国的学制也正在改革中。因为美国是地方分权制国家，各州的学制都不相同，有"九四"制、"七四"制、"九三"制、"八四"制，多数州为"八四"制，即小学8年、中学4年。1908年，美国教育协会建议小学修业6年，中学修业6年，中学又分初、高中各3年，即"六三三"制。次年，加利福尼亚州的伯克利城首先实行"六三三"制。第一次世界大战后，"六三三"制遂和"八四"制成为美国广泛采用的学制。[1]因此，在20世纪20年代初，我国学制改革借鉴美国的经验，采用他们的学制，也是不奇怪的。

我国的学制建设从模仿日本的学制到借鉴、采用美国的学制，这种转变不是偶然的，而是有着深刻的社会历史背景的。周谷平在她所著的《近代西方教育理论在中国的传播》一书中写道："中国教育直接以美国为师，这一时期大约从1915年持续到1949年，其中尤以20世纪20年代为高潮。"[2]她详细分析了中国教育舍弃日本转向学习美国的原因：第一，中国人对日观念的转变。甲午战争以后，日本军国主义的野心日益暴露，逼迫中国签订种种不平等条约，使中国人对日本产生了防范和仇视的心态。第二，中国人对美国的认识。辛亥革命推翻帝制，建立共和国以后，中国人认为日本的君主立宪制已不再适合中国的国情。而第一次世界大战以后，美国俨然成了世界和平与正义的化身，中国人开始产生崇美的思想。第三，美国对中国的全面扩张。美国除继续利用教会学校对中国教育进行渗透外，还对中国的整个学务表现出更多的关注。尤其有重大意义的是，美国首先部分退还"庚子赔款"，不仅博得了中国知识分子的好感，而且吸引了大量的中国留学生。第四，"五四运动"高举民主、科学两面旗帜，对封建主义的旧思想、旧道德展开了猛烈的抨

---

① 滕大春：《美国教育史》，383页，北京，人民教育出版社，1994。
② 周谷平：《近代西方教育理论在中国的传播》，130页，广州，广东教育出版社，1996。

击，当时美国教育界的实用主义教育理论正是以标榜民主和反传统的面目出现的，并在这个时期传入中国。[1]

壬戌学制的颁布和实施，是中国教育走向现代化的一个转折点。中国从此开始建立起较为符合国情的现代教育制度，中国教育开始面向现代世界教育，并努力跟上世界教育发展的形势。

第二节　西方教育理论在中国的传播

西方教育理论输入到中国可以分为两个阶段、三种理论。两个阶段是指清末民初为第一阶段，主要是从日本输入德国传统教育理论；"五四运动"前后至1949年新中国成立以前为第二阶段，其时有两种不同的理论同时介绍到中国：一是以美国为主的实用主义教育思潮，二是马克思主义教育理论。关于马克思主义教育理论在中国的传播，我们将在下一章专门讨论。这一节主要讨论西方资本主义国家教育理论在中国的传播。

赫尔巴特教育理论的传入及对中国教育的影响

前面我们讲过，我国最初的教育革新学习的是日本，而日本明治维新的教育改革又是向西方学来的。因此，西方教育理论传入中国，最初也是由日本辗转过来的。日本可以说是西方教育理论的二传手。我国从日本输入西方教育理论，主要是通过翻译日本的著作，如当时京师大学堂师范馆，聘请日本服部宇之吉担任教育学教师，由范源濂任翻译；立花铣三郎讲授的《教育学》，由王国维翻译，连载于《教育世界》第9号、第10号、第11号上（1901年），是传入我国的第一本教育学；江口辰太郎在湖南师范学校的讲义《教育学泛论》，翻译后刊登在《新民丛

---

[1] 周谷平：《近代西方教育理论在中国的传播》，130～135页，广州，广东教育出版社，1996。

报》第58号～第60号上（1904年12月～1905年1月）；波多野贞之助的《教育学讲义》，翻译后发表在《直隶教育杂志》第一年第1期～第4期（1905年）。据周谷平根据《中国译日本书综合目录》统计，自1896年至1911年，中国共译日本教育类书76种。[①]

这些译自日本的教育学著作主要介绍了德国赫尔巴特教育学派的理论。出现这种一边倒的现象不是偶然的。19世纪末，赫尔巴特的教育理论正在全世界风行，日本明治维新的教育改革也是以德国为蓝本。日本大批留德学生，回国以后积极宣传赫尔巴特教育理论。影响所及，中国也大量翻译介绍了该学派的教育理论。

除了翻译日本的著作，日本来华教习和中国留日学生也起了一定的作用。日本来华教习讲授的都是赫尔巴特教育理论，最早翻译的教育学也是他们的讲义。中国留日学生有一批是学师范的，回国以后大多在学校或教育部门工作，他们也把在日本学到的赫尔巴特教育理论带回中国。因此，在清末民初，赫尔巴特教育理论在中国形成了巨大旋风，风靡一时。

赫尔巴特教育理论能在中国流行，虽然与该理论正在全世界风行有关，但同时，赫尔巴特教育理论本身容易被当时中国知识界接受也是重要原因。

赫尔巴特教育学以伦理学和心理学为基础，将教育过程分为管理、教学和训育互相联系的三个部分：①管理本身不是教育，而是为了约束儿童自发的"野性"和盲目冲动，使之遵守纪律，为教学和训育提供条件。管理方法包括威胁、监督、作业、权威和爱，以及命令、禁止、惩罚甚至体罚。②教学是实现教育目的的基本手段。赫尔巴特从主智主义心理学出发，提出教育性教学的主张，强调只有在掌握知识的基础上才能形成学生的道德意识和行为，认为教学的首要任务是激发学生的兴

---

① 周谷平：《近代西方教育理论在中国的传播》，17页，广州，广东教育出版社，1996。

趣，在此基础上拟定课程体系。③训育指道德教育。赫尔巴特认为培养"完美德行"是教育的最高目的。训育不同于管理，它应具有陶冶性，注重道德性格的形成。赫尔巴特的这些教育理论与中国传统教育的重德育、重管理是非常合拍的，与清末民初的教育宗旨也相符合，所以很容易被中国教育界接受和推广。

赫尔巴特教育理论以心理学为基础，提出了教学的形式阶段理论，认为教学过程就是形成学生观念体系的过程，并将教学过程分为明了、联想、系统和方法四个阶段，建议采用单纯提示的、分析的和综合的教学方法。后来他的学生齐勒把第一阶段的"明了"分为"分析"和"综合"两个阶段，于是就成了"五段教授法"。齐勒的学生莱因又将这五个阶段重新命名为"预备、提示、联想、总括和应用"。这个形式阶段教学法曾在全世界流行，对各国教育都有影响。

五段教授法是随着课堂教学的组织形式传入我国的。我国的传统教学以个别教学为主，不设班级。新式学制建立以后，组建了年级和班，采用班级授课制。五段教授法就随之流行。师范教育的发展，加强了教授法的研究。师范学校的附属学校成为五段教授法研究和推广的中心。师范学校毕业生分赴各地，就把五段教授法传播到全国各地。

赫尔巴特教育理论对中国教育的影响是巨大而深远的。新中国成立以后学习苏联的教育经验，之所以那样驾轻就熟，就是因为苏联教育理论与赫尔巴特教育理论是一脉相承的。可以说，今天中国的教学仍然没有摆脱赫尔巴特的影响。

杜威实用主义教育理论的传入及其对中国教育的影响

赫尔巴特教育理论传入的时候，西方其他教育家的教育著作也被陆续翻译到中国来。王国维主编的《教育世界》杂志就介绍了许多西方教育名著，如夸美纽斯的《大教学论》、卢梭的《爱弥儿》、裴斯泰洛齐的《贤伉俪》等。但是，赫尔巴特的教育理论占了主要地位。

1915年以后，情况发生了很大变化。中国教育界的眼光逐渐转向欧美各国，特别是美国，原因是美国已被公认为世界上最发达的民主和自由的国家。第一次世界大战以后，美国的国际威望又有提高，特别是美国率先从1909年开始"退还"部分"庚子赔款"，做设立留学预备学校及选派学生赴美留学之用。从1909年起，最初四年，中国每年派遣学生约100名赴美留学，自第五年起，每年至少派50名。1911年清华学堂成立，该校就是作为留美学生的预备学校。蔡元培在1917年参观清华学校（1912年更名），发表演讲时就说"美国以正义为天下倡，特别退还赔款，为教育人才之用，吾人因感其诚而益信人道主义之终可实现"[①]，对美国大加赞赏。从此，留美学生大大增加。以后的历史证明，这些留学生回国后在中国的政治、经济、文化生活中大都扮演了重要角色。

美国杜威实用主义教育理论传入中国的方式与赫尔巴特教育理论的传入大不相同，它不是单靠教育著作的翻译，更不是靠日本人的间接传播，而是由杜威自己直接送上门来的，而且有他的中国弟子陪同。

杜威实用主义教育理论产生于19世纪末20世纪初欧美各国的教育革新运动，在美国称"进步教育运动"。它适应欧美工业发展对人才的需要，反对学校对学生灌输知识，注重学生智力发展和身体健康之间的和谐；反对传统的学校课程，强调课程要考虑现代社会的需要，把学生的兴趣作为教育的出发点，促进学生对民主的认识，以培养他们对社会的责任感；反对固定不变的学校生活和呆板的组织管理形式，强调要适应社会的变化；采用活动教学法，努力使学校为现实生活服务等。

杜威实用主义教育理论集中在以下几点：①教育即生长。主张教育应根据学生的天赋能力，使之成为儿童自身的本能、兴趣、能力的生

---

① 高平叔：《蔡元培教育论著选》，80页，北京，人民教育出版社，1991。

长过程。认为儿童应在实际生活过程中生长，单纯外来的灌输不是真正的教育。②教育即改造。认为教育即经验的持续不断的改造，人在活动中获得新的经验，就会对原有的经验进行改组、改造，增加经验的意义。儿童的生长是通过一系列的活动——经验不断改造的过程而实现的。③学校即社会。认为儿童的生长及经验的改造表现为社会性的活动即生活。教育就是儿童现在生活的过程，而不是生活的预备。④做中学的原则。强调儿童应在自身的活动中进行学习。教学应从学习者现有的经验开始。①

杜威（1859—1952），美国哲学家、社会学家、教育家，实用主义（或称为实验主义、工具主义）哲学创始人。著有《我的教育信条》《学校与社会》《儿童和课程》《杜威五大讲演》等，对中国20世纪二三十年代的教育影响巨大。

杜威的实用主义教育理论和赫尔巴特的教育理论是两种完全不同的理论体系，通常把后者称为传统教育，前者称为现代教育。20世纪的20—30年代，中国教育主要是以杜威的实用主义教育理论为依据。杜威的著作几乎全部被翻译成中文。杜威来华讲学，使中国教育界学习实用主义教育理论达到高潮。

1919年5月1日，杜威应北京大学、江苏教育会等五个学术团体的联合邀请来华讲学，到1921年7月11日离开中国，在中国逗留了两年两个月零十天，其足迹遍及奉天、直隶、山西、江苏、浙江、江西、湖南、福建、广东等11个省。杜威在华期间，做了许多次讲演，宣传他的实用主义哲学和教育思想。这些讲演经过整理，随即在各种杂志上发表，有的汇集成册出版。如著名的《杜威五大讲演》（在北京的讲演）、《杜威三大讲演》（在南京的讲演）、《平民主义与教育》《教育哲学》等。

中国留美的杜威的学生也是传播实用主义教育理论的主力军，如

---

① 顾明远：《教育大辞典（增订合编本）》，1 421页，上海，上海教育出版社，1998。

胡适、陶行知、陈鹤琴都是美国哥伦比亚大学师范学院的毕业生，是杜威的亲传弟子。他们不仅邀请老师来华，而且陪同他到各地讲演，亲自担任翻译。他们还组织社团，创办刊物，宣传实用主义教育理论。如1919年，由江苏教育会、北京

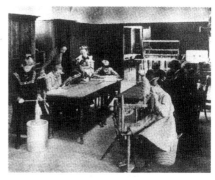

美国著名教育家杜威创办的芝加哥大学实验学校。

大学、南京高等师范学校、中华职业教育社等五个单位共同组成了新教育共进社，出版《新教育》月刊，主编蒋梦麟，也是杜威的学生，胡适、陶行知、郭秉文、姜琦等均为编辑代表；1921年12月，他们又与实际教育调查社合并，组成中华教育改进社，主任干事即为陶行知，杜威列为名誉董事；又如，北京高等师范学校教职员和学生联合组织平民教育社，并出版刊物《平民教育》等，竭力宣传杜威及其实用主义教育理论。①

杜威在中国讲学的同时，其他欧美学者也纷纷来到中国，介绍和宣传他们的教育思想。如英国著名哲学家、教育家罗素（B.Russell）于1920年10月应江苏教育会、中华职业教育社、新教育共进社的邀请来华讲学；1921年9月，美国哥伦比亚大学教育学院教务主任、教育史专家孟禄（P.Monroe）应实际教育调查社之聘，来华调查实际教育等。

杜威实用主义教育理论在中国的传播与前一阶段赫尔巴特教育理论在中国的传播不同。前一阶段中国教育理论界尚不成熟，主要是被动地接受、模仿，很少有自己的创造。而在这一阶段，中国教育界已渐趋成熟，有了自己的教育家，他们不是简单地照搬杜威的理论，而是受到杜威教育理论的启发，结合中国的国情，有所创造。如陶行知倡导的"生

---

① 周谷平：《近代西方教育理论在中国的传播》，149～154页，广州，广东教育出版社，1996。

活教育"、陈鹤琴倡导的"活教育"等。

陶行知把他老师的教育原则倒了过来。杜威提的是:教育即生活,学校即社会,做中学。陶行知则提出:生活即教育,社会即学校,教学做合一。陶行知说:

"教育即生活"是拿教育做生活,好教育固然是好生活,八股的教育也就造成八股的生活。"生活即教育",从根本上可以免除这种毛病。

"生活即教育",教育极其广阔自由,如同一个鸟放在林子里面;"教育即生活",将教育和生活关在学校大门里,如同一只鸟关在笼子里。

"生活即教育",是承认一切非正式的东西都在教育范围以内,这是极有力量的。譬如,与农民做朋友,是极好的教育,平常都被摒弃在课程以外。其他有效力的东西,也是如此。

"生活即教育",是让教育从书本的到人生的,从狭隘的到广阔的,从字面的到手脑相长的,从耳目到身心全顾的。

他在解释"社会即学校"时说:

我们主张"社会即学校",是因为在"学校即社会"的主张下,学校里面的东西太少,不如反过来主张"社会即学校",教育的材料、教育的方法、教育的工具、教育的环境都可以大大增加,学生、先生也可以更多起来。因为在这样的主张下,不论校内还是校外的人,都可以做师生。"学校即社会",一切都减少,校外有经验的农夫,就没有人愿去领教;校内有价值的活动,外人也不得受益。[①]

从陶行知的解释中可以看出,陶行知是从中国国情出发的,不仅关心平民大众的教育,而且以平民大众为师,主张大教育观,在生活中受教育,一反传统的学校教育、本本教育。我们从中也可以看出,陶行知

---

① 华中师范学院教育科学研究所:《陶行知全集》第2卷,199~201页,长沙,湖南教育出版社,1985。

的教育思想吸收了杜威的实用主义教育理论，但又结合中国实际，超越了杜威的理论。

设计教学法和道尔顿制在中国的传播

20世纪20年代前后，以儿童活动为中心的西方的各种教学方法传入中国，如设计教学法、道尔顿制、温内特卡制、葛雷制、德克乐利教学法等。其中，设计教学法和道尔顿制对我国中小学教学影响较大。

设计教学法 设计教学法是美国教育家克伯屈（William Heard Kilpatrick，1871—1965）于1918年创立的一种教学方法，或叫一种教学模式。其特点是重视学生的主动性，使学生与生活相联系。为此，他主张废除班级授课制，打破学科界限，摈弃传统教科书，学生在教师指导下，按照自行设计的活动，获得有关知识和经验。其程序是：确定目的，制订计划，实施完成，检查评价。

中国小学教育家俞子夷早在1913年至1914年考察美国教育时，就参观了设计教学法，回国以后，在他主持的南京高师附小做过尝试。1919年开始正式试验。1921年，全国教育会联合会通过《推行小学校设计教学法案》，此制被江苏等地的一些小学采用。1927年，中华教育改进社邀请克伯屈来华，在南京、上海等地讲演，大力推广介绍，设计教学法在中国风行一时。20世纪30年代以后，采用者逐渐减少。

道尔顿制 道尔顿制亦称"道尔顿实验室计划"，是美国教育家柏克赫斯特（H.Parkhurst）女士于1920年在马萨诸塞州道尔顿中学创立的一种个别教学制度。它废除年级和班级教学，把教室改为实验室（或称"作业室"），按学科陈列各种参考书和实验仪器。学生和老师订立"学习公约"，学生按自己的兴趣和能力，自由支配时间。废除课堂讲授，每个实验室配有各学科教师一人，作为顾问。学生在教师指导下，各自主动地在实验室里根据拟定的"学习公约"，以不同的教材、不同的速度和时间进行学习。进度快的学生可以提早更换公约，甚至提前毕业。

道尔顿制最早传入中国是通过《教育杂志》的介绍，该杂志在1921年第13卷8号、1922年第14卷6号上都有专门的论文对此做详细介绍。中国教育家舒新城在他主持的吴松中学于1922年秋开始试验。1925年7月，柏克赫斯特女士应中华教育改进社之邀来华讲演。受其影响，1925年在上海、北京、南京、开封等地实验的学校达57所；到1929年，此制曾遍及全国8个省；20世纪30年代后，逐渐减少。[①]

这一章主要讨论了西方学校制度和西方教育理论是如何传入中国的，对中国教育产生了什么影响。不难看出，这个时期与维新运动以前不同，中国知识界渴望了解西方文化，从器物层面转到制度层面，并且向思想层面深入。特别是中华民国建立以后，西方文化进入中国已经没有制度上的障碍。但是这一时期，中西文化的冲突仍然是很激烈的。中国的旧文化尚未彻底破除，新文化也还没有建立起来。反映在教育领域，中国旧的教育传统依然存在，新的教育传统尚未建成。中国教育正在中西教育传统的冲突中，向教育现代化的方向蹒跚前进。但总体来讲，封建教育的传统正在消解，民主、科学的教育传统正在生长。直到马克思主义思想传播到中国，中国才找到了符合国情的现代化方向，中国教育也才有了建立新教育传统的方向和基础。这就是我们在下面几章中所要讨论的问题。

[①] 参见顾明远主编的《教育大辞典（增订合编本）》（上海教育出版社1998年版）及周谷平所著的《近代西方教育理论在中国的传播》（广东教育出版社1996年版）。

第八章　马克思主义在中国的传播和马克思主义教育思想在中国的诞生

　　马克思主义从本质上讲也属于西方文化的一部分，它是西方政治、经济发展的必然产物。在西方资本主义生产方式已经形成、无产阶级和资产阶级的斗争日益尖锐化的时期，马克思、恩格斯通过参加革命实践，总结了欧洲工人运动的经验，批判地吸收了德国的古典哲学、英国的古典政治经济学和法国的空想社会主义学说而创立了马克思主义理论和学说。但是，它又不同于一般的西方文化，它代表了人类先进文化的方向，它是属于全世界无产阶级的文化。中国自1919年"五四运动"开始至今八十多年的历史无不与马克思主义有关。中国共产党人接受了马克思主义以后，把它与中国革命的实际相结合，使马克思主义在中国这块土地上落地生根、开花结果。马克思主义指导着我国的新民主主义革命取得了胜利，并且正在指导着我国的社会主义现代化建设。马克思主义传入中国，才真正彻底地摧毁了中国旧文化的基础，为中国新文化的建设创造了条件。这样说，并非全盘否定中国的传统文化，而是说到这个时候，中国的文化变革才真正深入到观念层面上，中国人才找到了一种方法，能够历史地、科学地批判、选择、改造中国传统文化，去其糟粕，取其精华，并把它发扬光大，同时吸收世界上一切先进文化，创造中国的新文化。

第一节 马克思主义在中国的传播和中国新文化的奠基

　　讲马克思主义教育思想在中国的传播，先要简要地说一说马克思主义在中国的传播。早在清末民初，科学社会主义思想已经开始进入中国，主要是从日本辗转过来的。根据史料记载，第一次提到马克思及其学说的，是1899年2月上海广学会主办的《万国公报》上发表的李提摩太节译、蔡尔康笔述的《大同学》，里面多次提到马克思、恩格斯的名字及其对资本的研究。1901年1月，中国留日学生主办的《译书汇编》连载了日人有贺长雄所著的《近世政治史》一书，把马克思与社会主义学说联系起来。而对马克思生平及其学说进行系统介绍的第一部译著，是1902年4月上海广智书局出版，日本社会主义研究会会长村井知至著，罗大维翻译的《社会主义》一书。中国人在自己的论著中最早介绍马克思及其学说的，要数梁启超。他在1902年10月16日的《新民丛报》第18号上发表了《进化论革命者颉德之学说》一文，对马克思做了简要的介绍；1904年2月，他又在《新民丛报》第46号至第48号上发表《中国社会主义》，对马克思的社会主义学说做了简要介绍。[①]以后介绍马克思主义的论著就逐渐多起来。而真正把马克思主义作为中国革命的指导思想介绍到中国并迅速传播，则是在俄国十月革命以后。

马克思（1818—1883），德国思想家、哲学家，马克思主义学说的创始人。

恩格斯（1820—1895），德国思想家、哲学家。马克思的亲密战友与同志，与马克思一起创立了马克思主义。

---

① 以上资料均参见周谷平：《近代西方教育理论在中国的传播》，广州，广东教育出版社，1996。

毛泽东说:"十月革命一声炮响,给我们送来了马克思列宁主义。"[1]中国新文化运动的先驱、"五四运动"的领导人李大钊、陈独秀,以及他们主办的《新青年》杂志,在传播马克思主义方面做出了巨大贡献。1918年7月,李大钊在《新青年》杂志上发表了《庶民的胜利》和《布尔什维主义的胜利》等文章,欢呼十月革命的胜利;1919年5月《新青年》出版了《马克思研究》专号;1919年9月至11月,李大钊又在《新青年》上连载《我的马克思主义观》,对马克思主义做了系统的介绍。陈独秀也于1920年9月在《新青年》上发表《谈政治》一文,表明对马克思主义的态度,阐述无产阶级专政的理论;1922年,他又在《新青年》9卷2号上发表《马克思学说》一文,宣传马克思主义。从"五四运动"到中国共产党成立前夕,在《新青年》上发表的介绍十月革命和宣传马克思主义的文章就有130篇之多。李大钊、陈独秀创办,"五四运动"后不久即被查封的《每周评论》,也发表了大量介绍苏俄宪法、土地法、婚姻法等内容的文章。《共产党宣言》《资本论自叙》《社会主义从空想到科学的发展》等马克思主义的著作,也在"五四运动"后陆续翻译出版。[2]

"五四运动"就是在俄国十月革命影响下发生的。毛泽东说:"五四运动是在当时世界革命号召之下,是在俄国革命号召之下,是在列宁号召之下发生的。"[3]他在阐述中国文化革命的历史特点时说:"在中国文化战线或思想战线上,'五四'以前和'五四'以后,构成了两个不

① 毛泽东:《论人民民主专政》,见《毛泽东选集》第4卷,1 471页,北京,人民出版社,1991。
② 王炳照、阎国华、田正平:《中国教育思想通史》第6卷,365~366页,长沙,湖南教育出版社,1994。
③ 毛泽东:《新民主主义论》,见《毛泽东选集》第2卷,699页,北京,人民出版社,1991。

同的历史时期。"[1]在"五四运动"以前，中国文化战线上的斗争，是资产阶级的新文化和封建阶级的旧文化的斗争。那时的所谓学校、新学、西学，基本上是资产阶级代表们所需要的自然科学和资产阶级的社会政治学说，中间还夹杂了许多中国的封建余毒。"五四运动"以后就不一样了。

"五四运动"是一场彻底的反帝反封建的新文化运动。"五四运动"对整个中国社会，包括教育，都产生了巨大的影响。图为"五四运动"期间学生在街头演讲。

"在'五四'以后，中国产生了完全崭新的文化生力军，这就是中国共产党人所领导的共产主义的文化思想，即共产主义的宇宙观和社会革命论。"[2]我们在第二章中已经讲到，"五四运动"对中国封建文化的批判是比较彻底的，但是由于封建文化在中国存在了几千年，也由于当时的中国还是一个半殖民地半封建国家，因此，封建旧文化的社会基础尚未完全摧毁，中国的新文化还未能建立起来。马克思主义在中国的传播为中国新文化奠定了基础。中国无产阶级的新文化是在"五四运动"以后，在马克思列宁主义的指导下，在中国共产党的领导下才开始逐渐建立起来的。中国的新文化是彻底的反帝反封建的文化，是民族的、科学的、大众的文化。

---

[1] 毛泽东：《新民主主义论》，见《毛泽东选集》第2卷，696页，北京，人民出版社，1991。

[2] 毛泽东：《新民主主义论》，见《毛泽东选集》第2卷，697页，北京，人民出版社，1991。

第二节　马克思主义教育思想在中国的传播

随着马克思主义传入中国，马克思主义教育思想在中国也开始传播。马克思主义教育思想最早也是通过介绍苏俄的教育传过来的。1921年《新青年》8卷2号、4号和5号的"俄罗斯研究"专栏里，刊登了《苏维埃的平民教育》《苏维埃的教育》《俄罗斯的教育状况》《革命的俄罗斯底学校和学生》《俄国底社会教育》等文章，介绍十月革命后俄罗斯的教育改革。这表明，中国早期的马克思主义者从俄国革命看到了新社会的曙光，已经意识到中国革命要走俄国的道路；把苏俄的教育改革作为马克思主义教育思想的实践，中国教育也要走俄国的道路。他们开始运用马克思主义的宇宙观和革命论来分析中国的教育问题。

马克思主义教育理论要解决的一个根本问题就是教育的性质问题。在马克思主义教育理论传入中国之前，人们都不能正确认识教育的本质和作用。中国最早的马克思主义者李大钊、陈独秀第一次正确地揭示了教育与政治、经济的关系，正确地阐述了教育的性质。他们运用历史唯物主义的观点，从经济基础和上层建筑的关系角度阐明教育的本质，指出教育不能脱离政治、经济的发展，教育具有历史性和阶级性的特点。李大钊针对胡适提出的少谈些主义、多研究问题的观点，在《再论问题与主义》一文中指出："依马克思的唯物史观，社会上法律、政治、伦理等精神的构造，都是表面的构造。他的下面，有经济的构造作他们一切的基础。经济组织一有变动，它们都跟着变动。"[①]

陈独秀也是根据历史唯物主义的观点来分析教育性质的。1921年，他与无政府主义者区声白展开了一场关于教育作用的论战。在论战中，

---

① 转引自童富勇、张天乐：《陈独秀李大钊教育思想研究》，88页，沈阳，辽宁教育出版社，1997。

陈独秀指出："在私产制度之下的教育，无论倚靠政府或不倚靠政府，全体，至少也是百分之九十九有意或无意维持资产阶级底势力及习惯，想在这种社会状况之下实现善良教育而且是普遍的，我想无人能够相信。"[1]1923年，陈独秀在《向导》第18期上发表了《教育界能不问政治吗？》，专门批判教育独立、不问政治的主张。

李大钊（1889—1927），中国最早的马克思主义者，中国共产党创始人之一，中国无产阶级教育家。

马克思主义教育理论认为，教育受一定社会的政治、经济制约，同时又反过来作用于一定社会的政治和经济。李大钊从这个基本原理出发，指出："我们主张以人道主义改造人类精神，同时以社会主义改造经济组织。不改造经济组织，单求改造人类精神，必致没有结果。不改造人类精神，单求改造经济组织，也怕不能成功。我们主张物心两面的改造，灵肉一致的改造。""五四运动"以后，他更重视教育，以唤起民众、组织民众，达到推翻反动政府、建立人民政权的目的。

陈独秀（1879—1942），"五四"时期新文化运动的倡导者，中国共产党创始人之一。

李大钊、陈独秀都重视教育在人的身心发展中的作用。1915年，陈独秀在《今日之教育方针》一文中说："盖教育之道无他，乃以发展人间身心之所长而去其短，长与短即适与不适也。"[2]他还说："未受教育的人，好像生材；已

---

①《陈独秀文章选编》（中），145页，北京，生活·读书·新知三联书店，1984。
②《陈独秀文章选编》（上），85页，北京，生活·读书·新知三联书店，1984。

受教育的人，好像做成的器具。人类美点，可由教育完全发展；人类的恶点，也可由教育略为减少。"[1]

中国最早的马克思主义教育理论家是杨贤江、钱亦石等人。

杨贤江（1895—1931），字英父（或英夫），笔名李浩吾。1917年毕业于浙江省立第一师范学校，1919年加入"少年中国学会"，1921年在上海商务印书馆编译所任《学生杂志》编辑，1922年加入中国共产党，先后在上海大学、上海景贤女中、上海大学附中执教，兼任浙江春晖中学教务主任。1923年夏至1925年夏在复旦大学心理系学习。后协助恽代英编辑《中国青年》。1927年大革命失败后流亡日本。1929年回国后，参与发起组织社会科学家联盟和编写"新兴社会科学丛书"。杨贤江在他短暂的一生中，不仅积极参加革命实践，而且潜心研究教育理论，翻译了许多马克思主义教育著作，编写了堪称我国第一部马克思主义教育学著作的《教育史ABC》。

杨贤江在流亡日本时就关注苏联新兴的教育制度和理论。他先后在《教育杂志》上发表了《苏联新兴教育之一般理论》《苏联最近教育制度之改革与批评》《平克维支之教育心理观》，在《妇女杂志》上发表了《苏联对于学龄前儿童的教育》等多篇文章。1930年，他以李浩吾的笔名翻译出版了《苏维埃共和国的新教育》一书；1931年，他又出版了从日文转译、署名祝康的《新兴俄国之教育》的译著。[2]

杨贤江最主要的教育论著是出版于1929年5月的《教育史ABC》和1930年的《新教育大纲》。此二书是我国最早的马克思主义教育著作。它们的出版，不仅在当时反响很大，而且对中国此后的马克思主义教育理论的发展产生了重大影响。

---

① 《陈独秀文章选编》（上），218页，北京，生活·读书·新知三联书店，1984。
② 周谷平：《近代西方教育理论在中国的传播》，291页，广州，广东教育出版社，1996。

《教育史ABC》用通俗的语言介绍了史前氏族时代的教育、古代奴隶社会东西方的教育、中世封建时代的教育、近代资本主义时代的教育，认为不同社会形态的生产方式和统治阶级的利益决定了不同的教育。该书明确指出，教育史的任务，不但要记载以前的教育事实，追溯教育上诸英雄、诸伟人的业绩或记录各种教育思想流派，更要阐明："（甲）教育之意义与目的怎样变迁？（乙）教育思想变迁的真义与教育制度变迁的根据何在？（丙）支配阶级与被支配阶级在教育上之关系如何？"[①]在书的结尾，作者充满信心地指出人类未来"政治上的民主、社会中的博爱、权利的平等和普及的教育"[②]的社会一定会到来。这是我国第一部运用马克思主义唯物史观阐述教育发展历史的著作。

《新教育大纲》分三章十六节。第一章"教育的本质"，用历史唯物主义观点阐述教育的起源、作用、职能及变迁，批判了当时流行的教育神圣说、教育清高说、教育中正说、教育独立说；用阶级理论分析教育的本质，指出："教育是社会上层建筑之一，是观念形态的劳动领域之一，是以社会的经济结构为基础的。"[③]"在社会未有阶级即在原始社会时代，教育是全人类的，也是统一的；等社会分成阶级，即在所谓文明时代，教育就变成阶级的，且是对立的。"[④]他分析了在阶级社会中阶级教育的五种变态：教育与劳动分家；教育权跟着所有权走；专为支配阶

① 中央教育科学研究所、厦门大学：《杨贤江教育文集》，321页，北京，教育科学出版社，1982。
② 中央教育科学研究所、厦门大学：《杨贤江教育文集》，402页，北京，教育科学出版社，1982。
③ 中央教育科学研究所、厦门大学：《杨贤江教育文集》，417页，北京，教育科学出版社，1982。
④ 中央教育科学研究所、厦门大学：《杨贤江教育文集》，419页，北京，教育科学出版社，1982。

级的利益；双重教育权的存在和对抗；男女教育不平等。第二章"教育的进化"，叙述了有史以来教育制度变更的实况与原因。第三章"教育的概观"，分析了教育与经济、教育与政治的关系，指出教育受政治、经济支配，同时也影响政治、经济，轻视或夸大教育的作用都是错误的。该书于1930年2月初版，同年9月即再版，后来被国民党政府禁售。该书在进步青年中影响很大，一些进步学校把它作为教育参考书，中国共产党领导下的革命根据地把它作为师范学校的教科书。

杨贤江的这两部著作所阐明的理论，在今天看来，当然过于简单了一些。但是如果我们运用历史唯物主义的观点来分析，应该说，它们是很了不起的著作，对于马克思主义教育理论在我国的发展做出了重大的贡献。试想，在当时国民党白色恐怖统治的时代，西方各种教育思潮在中国泛滥的时候，世人对马克思主义尚不甚了解，忽然闯出了一匹野马，用唯物史观、阶级观点来分析教育的本质，澄清一些糊涂的观念，给教育界带来的该是多大的震动！它起到了振聋发聩的作用，为革命知识分子指明了方向。书中的理论至今仍然具有重大意义。

早期马克思主义教育理论在中国的传播，对教育理论中的几个主要问题做了较为深入的探讨，为中国革命中如何对待教育问题指明了方向。

第一，对教育本质问题的认识。教育的本质是什么？教育有什么功能和作用？在马克思主义输入中国以前，有形形色色的理论，但都没能说明教育的本质属性，总是企图把教育游离于政治以外，或者夸大教育的作用，认为教育是解决中国贫穷落后的灵丹妙药。马克思主义输入中国之后，李大钊、陈独秀、杨贤江等才从历史唯物主义的观点分析教育的本质，说明教育无非经济结构基础上的观念形态：教育是随着社会的变迁而变迁的，教育具有历史性、阶级性。正如杨贤江所指出的："阶级的和对立的教育，是人类有文明期历史以来的教育的特质；这在教育的本质上言，却是变质。"①要谋求实现教育的本质、教育的统一，就要消灭阶级，消灭阶级社会。他们正确地评价教育的功能和作用：教育受制于经济发展，同时也影响着经济发展。钱亦石在他的《现代教育原理》一书中也强调："教育原理是意识形态之一，它与政治、法律、哲学、宗教等其它各种意识形态一样，由社会存在所决定，随社会经济结构的变动而变动。"②又说，就教育本质而言，教育"是帮助人类经营社会生活的一种工具"③。总之，马克思主义教育理论在中国的传播，澄清了人们对教育本质的认识，教育不能离开政治、经济而独立存在，教育是社会发展的工具，它批判了教育的独立说和万能说。

第二，教育要为改造社会服务。早期马克思主义者都是新文化运动的主将，他们曾经猛烈地批判封建文化、孔孟之道；他们还研究中国的国民性，批判国民性中的劣根性。但那时他们还只是进化论者，思维方式是形而上学的，还不能正确理解国民性产生的根源及改造国民性的出路。"五四运动"以后，他们接受了马克思主义的历史唯物论。他们逐渐认识到，国民性的改造问题实质上是思想革命问题；造成中国国民性落后的根本原因是几千年的封建专制统治；要改造国民性，先要改造社会，教育要为改造社会服务。杨贤江于1923年在《教育杂志》上发表文章指出："向来以清高自鸣的中国教育者，往往抱有不问政治的见解。其实这是大错而特错的。"④他还说："老实说，不管教育最后的目的怎

① 中央教育科学研究所、厦门大学：《杨贤江教育文集》，419页，北京，教育科学出版社，1982。
② 转引自周谷平：《近代西方教育理论在中国的传播》，309页，广州，广东教育出版社，1996。
③ 转引自周谷平：《近代西方教育理论在中国的传播》，310页，广州，广东教育出版社，1996。
④ 中央教育科学研究所、厦门大学：《杨贤江教育文集》，79页，北京，教育科学出版社，1982。

样，但就目前讲，只有革命的教育，才是中国需要的教育；只有革命的教育者，才是中国需要的教育者。做教育者的人不但应当指导学生去革命，还应当指导群众去革命。"①钱亦石也指出："我们在未摆脱半殖民地的命运以前，应该集中力量与帝国主义争斗，与封建势力争斗。反帝国主义，反封建势力，就是新教育原理的两大'基石'。"②"中国现阶段的目的是：养成为民族独立与民主政治而奋斗的公民。"③马克思主义教育理论认为，教育不能脱离现实生活、现实社会而空谈人的发展，必须在改造现实社会的同时，求得人的发展。这一马克思主义教育原理至今仍然闪耀着它的光辉。现在有些人总是想脱离现实社会来谈论抽象的人的发展，如果不是坐在书斋里的空想，那也只能是一种良好的愿望。我们要追求这种良好的愿望的实现，就要消灭如杨贤江所讲的"教育的变质"，恢复"教育的本质"，但也要先改造社会才行。

第三，教育要为工农大众及其子女打开大门，教育要与生产劳动相结合。杨贤江一方面批评阶级社会的教育是教育权随着所有权走，工农及其子女没有受教育的权利；另一方面介绍《共产党宣言》和马克思在《哥达纲领批判》中的教育理论，指出，马克思主义的教育思想"实不外是'教育与劳动的结合''对一切儿童施行公共的和免费的教育''与国民小学一起还有技术专科学校（理论的和实习的）'等的根本问题"④，而且指出，马克思的这些教育思想正在苏联实现。杨贤江同时指

---

① 中央教育科学研究所、厦门大学：《杨贤江教育文集》，79～80页，北京，教育科学出版社，1982。
② 转引自周谷平：《近代西方教育理论在中国的传播》，309～310页，广州，广东教育出版社，1996。
③ 转引自周谷平：《近代西方教育理论在中国的传播》，309～310页，广州，广东教育出版社，1996。
④ 中央教育科学研究所、厦门大学：《杨贤江教育文集》，532页，北京，教育科学出版社，1982。

出，由资本主义到社会主义，不是一朝一夕所能实现的，"势须经过一个过渡时期。这个时期就叫作普罗列塔利亚专政时期"[①]。这个时期的教育也是阶级的，但不同于资本主义社会。"资本主义社会的教育，以养成资本家的忠实的奴仆为目的；在普罗列塔利亚专政下的教育，以养成无产阶级的忠实斗士，且由此以准备将来的无阶级社会为目的。"[②]

从以上各点可以看出，马克思主义教育理论与西方资产阶级的教育理论不同。如果说当年传入中国的赫尔巴特的教育理论和杜威的教育理论都是解决教育中的微观问题，即如何进行教育的问题，那么马克思主义的教育理论主要是解决宏观的教育问题，即教育是什么、为什么的问题。只有先解决好宏观的教育观念问题，才能有效地进行教育，培养人才。

第三节　革命根据地革命教育的实践和形成的传统

马克思主义教育理论传入中国以后，随着中国革命的深入，在革命根据地得以实践。"五四运动"以后，中国革命走向了新民主主义革命的道路。1927年蒋介石背叛革命以后，中国共产党领导了土地革命，在革命根据地建立了崭新的工农政权。革命根据地时期可以分为两个阶段：一是苏区时期，二是抗日民主根据地时期。两个时期因革命性质不同而有所区别。

苏区时期处于土地革命和国内战争的环境中，为了土地革命的成功和反对国民党军事"围剿"的胜利，共产党和苏维埃政府提出了"一切苏维埃工作服从革命战争的要求"，教育工作也不例外。1934年1月，毛

---

① 中央教育科学研究所、厦门大学：《杨贤江教育文集》，532页，北京，教育科学出版社，1982。
② 中央教育科学研究所、厦门大学：《杨贤江教育文集》，532页，北京，教育科学出版社，1982。

泽东在第二次全国苏维埃代表大会上所做的报告中提出，苏维埃文化教育的总方针是："在于以共产主义的精神来教育广大的劳苦民众，在于使文化教育为革命战争与阶级斗争服务，在于使教育与劳动联系起来，在于使广大中国民众成为享受文明幸福的人。"[①]这一方针体现了马克思主义教育理论在中国革命实践中的运用。

　　在当时的战争条件下，革命根据地不可能有系统的学校制度，主要以干部教育为主，培养党、政、军干部。苏区的干部学校主要有：中国工农红军大学，创建于1933年11月；苏维埃大学，创立于1933年8月；中央农业学校，创建于1933年；高尔基戏剧学校，创建于1934年等。苏区的干部教育，除设立干部学校外，还十分重视在职干部的教育，从中央到各省、县、区，都经常举办各种培训班，为革命战争和各项事业建设培养了大批优秀干部。除了干部教育外，苏区也很重视工农教育和儿童教育。为了提高工农的文化水平和阶级觉悟，各地普遍开展了群众性的以扫除文盲为主的文化运动，采取了各种形式，成立了各种学习组织，有夜校、半日学校、露天学校、星期学校、寒暑假学校、识字班、识字组、读报组、俱乐部、列宁室、巡回图书馆、研究会等。苏区的儿童教育实行免费的、义务的和普及的教育。学制规定列宁小学为五年制，分初级小学和高级小学。初级小学三年，高级小学两年。为了适应农村的情况，列宁小学采用半日制和全日制两种办法，将年龄大的能参加生产劳动的儿童编入半日制班。为了使教学活动适应农业季节的需要，规定农忙放假，全年30天。列宁小学的学习与生产劳动紧密结合，劳作实习是教学计划的主要组成部分。

　　1937年卢沟桥事变发生，抗日战争开始。中国共产党深入敌后，在陕甘宁、晋察冀、晋冀鲁豫、华中、东江等地区建立了抗日民主根据地。

---

① 《毛泽东同志论教育工作》，15页，北京，人民教育出版社，1958。

根据地实施"抗战教育"。毛泽东在《为动员一切力量争取抗战胜利而斗争》中指出，"今后的任务是'动员一切力量争取抗战的胜利'"[①]，"改变教育的旧制度、旧课程，实行以抗日救国为目标的新制度、新课程"[②]。因此，教育为长期的抗日战争服务，教育与生产劳动相结合，是中国共产党在抗日战争时期在抗日民主根据地的教育方针。它是中国共产党在新的形势下，根据马克思主义教育理论，结合中国抗日战争的实际情况，继承并发展了1934年苏区文化教育的总方针提出来的。

当时之所以提出要改变教育的旧制度、旧课程，主要是因为它不能适应抗日根据地战时的需要。当时最迫切需要的是群众教育和干部教育，但是也不能忽视儿童基础教育。《陕甘宁边区抗战时期施政纲领》规定：

> 实行普及免费的儿童教育，以民族精神与生活知识教育儿童，造就中华民族的优秀后代。
> 发展民众教育，消灭文盲，提高边区成年人之民族意识与政治文化水平。
> 实行干部教育，培养抗战人才。[③]

抗日民主根据地的干部教育主要是实施高级的专门教育，为抗日战争培养军事、政治、经济和文化等方面的人才。在当时特殊的战争环境下，实行新学制、新课程，以短期训练为主，不允许开办所谓正规大学。当时建立的大学有：中国人民抗日军事政治大学，1936年6月创建

---

① 毛泽东：《为动员一切力量争取抗战胜利而斗争》，见《毛泽东选集》第2卷，353页，北京，人民出版社，1991。
② 毛泽东：《为动员一切力量争取抗战胜利而斗争》，见《毛泽东选集》第2卷，356页，北京，人民出版社，1991。
③ 中央教育科学研究所：《老解放区教育资料（二）》上，7页，北京，教育科学出版社，1986。

于陕北瓦窑堡，并先后在山东、晋察冀、淮北、苏北、苏中、鄂豫皖、太行、太岳等解放区办了12所分校，到1945年，共培养了20余万名干部；陕北公学，1937年7月成立，为各地奔赴延安求学青年而设立的干部学校，1941

中国抗日军政大学

年并入延安大学；鲁迅艺术文学院，1938年4月成立于延安，初设戏剧、音乐、美术3个系，后又设文学系，1943年4月并入延安大学；中国女子大学，1939年7月成立于延安，1941年并入延安大学；华北联合大学，1939年夏由陕北公学、鲁迅艺术文学院、青年训练班、延安工人学校合并而成，初设社会科学、文艺、工人、青年4个部，后改为社会科学、文艺、教育3个学院，1948年8月与北方大学合并为华北大学；延安自然科学院，1940年9月创办，设有物理、化学、生物、地矿4个系，学制三年，是抗日根据地第一所理工科大学，1943年并入延安大学；延安大学，1941年9月由陕北公学、中国女子大学、青年干部学校合并而成，设社会科学院、教育学院、法学院3个院，英文、俄文2个专修科，1943年4月又有鲁迅艺术文学院、延安自然科学院、民族学院和新文学干部学校并入。此外，在延安还有医科大学、军政学院、俄文学院、民族学院等高等学校。

以中国人民抗日军政大学为首的抗日根据地的高等学校师生，一边打仗，一边学习，为抗日战争和解放战争的胜利培养了大批革命干部。毛泽东为中国人民抗日军政大学制定的"坚定正确的政治方向，艰苦朴素的工作作风，灵活机动的战略战术"的教育方针和"团结紧张，严肃活泼"的校训，成为抗日根据地高等教育的传统。

抗日根据地地处西北荒漠之地，原本是文化教育的一块荒地。边区成立以后，大力发展文化教育事业，建立学校，为广大人民群众服务，向农民子女开门，打破了几千年来教育只为有产阶级服务的传统。林伯渠在《陕甘宁边区政府对边区第一届参议会的工作报告》中说："国防教育的实施，虽然因为边区财政困难以及各种物质条件的困难而受到了限制。然而在全国范围内，边区是第一个创造与实行国防教育的，把教育从少数人的专有品解放了出来，把教育和实际生活打成了一片，使教育成为抗战的一个有力的武器。"[①]1938年3月，边区政府公布的《陕甘宁边区小学法》规定小学修业五年，前三年为初小，后两年为高小，合称为完全小学，初小得单独设立。1939年8月公布的《陕甘宁边区小学规程》规定初小课程为国语、算术、常识、美术、劳作、体育、音乐7门；高小中常识改为自然，并增加政治、历史、地理，共10门。社会活动、生产劳动均列为正式课程。

中等教育因边区极需小学教师，因此重点放在发展师范学校上。1937年3月，鲁迅师范学校成立；1938年，为解决国统区和敌占区到延安的知识青年求学问题，边区成立了边区中学。1939年7月，鲁迅师范学校和边区中学合并为陕甘宁边区第一师范学校，次年又在关中、定边分别成立了第二、第三师范学校，主要招收本地高小毕业生，为边区培养小学教师和基层文化干部，学制两年或两年以上。1940年，抗日根据地又在庆阳成立陇东中学，1941年还设有边区医药专门学校，1942年设有边区职业学校等。在开办中学之初，根据当时形势的需要，抗日根据地主要开办各种短期训练班。随着民主政权的巩固，在恢复和发展小学教育时，抗日根据地开始创办师范和中学。但中学的主要任务不是为高校输送毕业生，而是为根据地的建设和抗战的需要培养干部，并培训提

[①] 中央教育科学研究所：《老解放区教育资料（二）》上，4页，北京，教育科学出版社，1986。

高现有的地方干部。

边区的群众业余教育继承和发扬了土地革命时期苏区的传统，为适合抗日战争的环境和边区条件开展了多种多样的业余文化教育活动。其中尤以冬学运动规模最大。冬季在寒冷的北方是农闲季节，利用这个时节开展扫盲学习和其他教育活动，因时间比较集中，效果较好。1937年，边区中央教育部颁发了《关于冬学的通令》，规定：冬学是经常学制之一，是一种成年补习教育，也是普及教育、消灭文盲的重要办法。冬学的目的是利用冬闲，不分男女，给失学的成年、青年以抗战教育。每年11月底开学，次年2月初结束，共80天。课程分军事、政治、文化。教员由党政机关和群众团体工作人员兼任。各抗日根据地都根据这个通令组织冬学运动，由各党政部门和群众团体共同组成冬学运动委员会，聘请小学教师或识字的人任教员。为了适应群众的需要，上课时间分早学、午学和夜学三种，由群众自愿选择参加。参加冬学的有许多一向被封闭在家的农村妇女。有些冬学保留下来成为常年民校。冬学或民校，无论是从参加的人数来说，还是从学习者的性别来说，都可以说是中国教育史上空前的平民教育运动。除了冬学以外，边区还有各种识字班、读报组等活动。①

当时整个革命根据地的教育完全是一种新型的教育。它是以马克思列宁主义、毛泽东思想为指导的，是民族的、科学的、大众的新民主主义教育（关于新民主主义教育，我们将在下一节专门论述）。它的教育方针、教育制度、教育内容和方法都不同于传统的教育。它创造了许多新的经验，形成了许多新的教育传统，影响着新中国成立以后我国教育的发展。这种传统有几点值得在这里提出。

第一，革命根据地建立了教育为现实斗争服务的信念和传统。马克

---

① 毛礼锐、沈灌群：《中国教育通史》第5卷，济南，山东教育出版社，1988。

思主义教育理论认为，教育是不能脱离现实生活而存在的，它总是随着社会的需要而产生和发展的；在阶级社会，统治阶级千方百计利用教育培养统治人才，维护他们的统治，被统治阶级也总是要利用教育培养革命的战士，取得革命的成功。我国革命根据地的教育就是遵循这个原则，无论在土地革命时期的反"围剿"斗争中，还是在抗日战争中，都围绕当时的斗争形势和任务，采取灵活的教育制度、教育内容和方法，为革命斗争的胜利服务。

第二，革命根据地建立起了教育与生产劳动相结合的教育传统。革命根据地受到敌人的封锁，物资十分匮乏，只有靠生产自救，才能取得革命战争的胜利。因此，各级各类学校的师生都参加了生产劳动，边学习边生产，真正把教育和生产劳动紧密结合在一起。

第三，革命根据地建立起了理论联系实际的优良教育传统。革命根据地处于战争状态，不容许学校脱离实际，坐而论道，而是要把学习与应用结合，联系中国革命的实际，研究解决中国革命的问题。特别是1930年毛泽东发表了《反对本本主义》，1941年发表了《改造我们的学习》等文章，并经过延安整风运动，克服了教条主义和脱离实际的倾向，使根据地的教育更加切合实际，并为根据地的建设和抗日战争的胜利提供了更实际的服务。

第四，革命根据地形成了顽强奋斗、艰苦朴实的思想作风，生动活泼、自觉主动的学习风气，团结、民主的管理方法。

第五，革命根据地的高等教育以干部教育为主，对学生实行统包统分制度，享受干部待遇。这种制度对新中国成立以后的高等教育产生了很大影响。新中国成立以后，高等学校的学生也享受着干部的政治待遇，享受助学金，毕业包分配，直到20世纪90年代，这种制度才被打破。

革命根据地的教育经验是很丰富的。它所形成的优良传统，为新中国的教育建设提供了宝贵的经验，并得到继承和发展。

第四节　新民主主义教育思想的形成

新民主主义教育思想是马克思主义教育理论在中国传播，并和中国革命相结合的产物，是中国共产党人经过长期探索，并在革命根据地教育实践中形成的教育理论。它是与中国新民主主义革命性质相符合，并为它服务的教育指导思想。

"五四运动"与中国共产党的诞生，使中国革命的性质发生了根本的变化。毛泽东在《新民主主义论》中指出："中国革命的历史特点是分为民主主义和社会主义两个步骤，而其第一步现在已不是一般的民主主义，而是中国式的、特殊的、新式的民主主义，而是新民主主义。"[①]他在解释这个历史特点的形成时说："因为第一次帝国主义世界大战和第一次胜利的社会主义十月革命，改变了整个世界历史的方向，划分了整个世界历史的时代。"[②]"这种革命，是彻底打击帝国主义的，因此它不为帝国主义所容许，而为帝国主义所反对。但是它却为社会主义所容许，而为社会主义的国家和社会主义的国际无产阶级所援助。"[③]新民主主义教育思想就是在这个历史背景下形成的。1940年3月，中共中央书记处明确提出："应该确定国民教育的基本内容为新民主主义的教育，这即是以马列主义的理论与方法为出发点的关于民族民主革命的教育与科学的教育。"[④]总括起来，新民主主义教育就是民族的、科学的、大众的教育。

---

① 毛泽东：《新民主主义论》，见《毛泽东选集》第2卷，666页，北京，人民出版社，1991。
② 毛泽东：《新民主主义论》，见《毛泽东选集》第2卷，667页，北京，人民出版社，1991。
③ 毛泽东：《新民主主义论》，见《毛泽东选集》第2卷，668页，北京，人民出版社，1991。
④ 中央教育科学研究所：《老解放区教育资料（二）》上，82页，北京，教育科学出版社，1986。

新民主主义教育是民族的，"它是反对帝国主义压迫，主张中华民族的尊严和独立的。它是我们这个民族的，带有我们民族的特性"①。说它是民族的，就是说它反对帝国主义的文化侵略，坚持民族的独立和自强，重视民族自己的文化遗产，弘扬中华优秀文化传统；但是并不排斥外国教育的经验，而是"洋为中用"，吸收世界一切优秀教育成果，把民族的形式和先进的内容结合起来，为新民主主义的革命服务。

新民主主义教育是科学的，"它是反对一切封建思想和迷信思想，主张实事求是，主张客观真理，主张理论和实践一致的"②。它坚持马克思主义唯物辩证法，运用科学的态度审视古今中外的教育经验，用科学的知识教育学生。

新民主主义教育是大众的，"因而即是民主的。它应为全民族中百分之九十以上的工农劳苦民众服务，并逐渐成为他们的文化"③。新民主主义教育为大众所享有，并成为大众革命的有力武器。

新民主主义教育是一种全新的教育传统，与旧的传统教育在性质上完全不同。这是与中国的文化变迁相适应的。中国传统文化在鸦片战争以后就受到猛烈的冲击，但只是在"五四运动"以后和中国共产党成立、中国革命转入新民主主义革命以后，中国传统文化的基础才彻底崩溃。毛泽东在《新民主主义论》一文中精辟地阐述了这种转变。他说：

> 在"五四"以前，中国文化战线上的斗争，是资产阶级的新
> 文化和封建阶级的旧文化的斗争。在"五四"以前，学校与科举

① 毛泽东：《新民主主义论》，见《毛泽东选集》第2卷，706页，北京，人民出版社，1991。
② 毛泽东：《新民主主义论》，见《毛泽东选集》第2卷，707页，北京，人民出版社，1991。
③ 毛泽东：《新民主主义论》，见《毛泽东选集》第2卷，708页，北京，人民出版社，1991。

之争，新学与旧学之争，西学与中学之争，都带有这种性质……在当时，这种所谓新学的思想，有同中国封建思想作斗争的革命作用，是替旧时期的中国资产阶级民主革命服务的。可是，因为中国资产阶级的无力和世界已经进到帝国主义时代，这种资产阶级思想只能上阵打几个回合，就被外国帝国主义的奴化思想和中国封建主义的复古思想的反动同盟所打退了，被这个思想上的反动同盟军稍稍一反攻，所谓新学，就偃旗息鼓，宣告退却，而只剩下它的躯壳了。旧的资产阶级民主主义文化，在帝国主义时代，已经腐化，已经无力了，它的失败是必然的。[①]

新民主主义革命摧毁了中国旧文化的基础，同时也就摧毁了旧教育的基础，新的教育传统开始建立起来。革命根据地的教育为中国新的教育传统的建立起了奠基的作用。1949年9月21日至30日，中国人民政治协商会议第一届全体会议通过的《中国人民政治协商会议共同纲领》第五章"文化教育政策"第四十一条中规定："中华人民共和国的文化教育为新民主主义的，即民族的、科学的、大众的文化教育。"新中国的教育以老解放区的教育为基础，开始建立教育的新传统。说新民主主义教育摧毁了旧教育的基础，并非说中国新教育要完全抛弃中国传统教育，而是说从教育的性质来讲，有了根本的区别。如果说中国传统教育的文化基础是以儒家思想为核心的中国传统文化，那么，新民主主义教育则以马克思主义为基础，对中国传统文化进行了重新梳理，批判其封建的糟粕，吸收具有民族民主精神的优秀精华，也就是在对中国传统教育进行选择、改造的过程中创造了新的教育传统。

[①] 毛泽东：《新民主主义论》，见《毛泽东选集》第2卷，696～697页，北京，人民出版社，1991。

第九章　苏联教育对中国教育的影响

中华人民共和国成立以后，中国教育走过了曲折的道路，从文化思想基础来讲，可以分为三个阶段：向苏联教育学习时期（1949—1958年）、"左"倾思潮时期（1958—1978年）、改革开放时期（1978年至今）。本书的重点不是论述教育发展的历史，因此不系统地讨论新中国成立以来三个教育发展阶段的教育历史，只重点讨论第一、第三两个阶段的教育的文化基础。第一阶段主要是苏联教育的影响；第三阶段是西方教育思潮再一次涌入中国。毫无疑问，这两个阶段的不同教育思想对中国的教育传统都有重大的影响。当然，第二阶段"左"的思潮从文化学的视角来看，也是一种文化现象。这种文化现象的出现不是偶然的，而是与中国传统文化有密切的关系，其造成的后果是严重的，对教育的影响也是巨大的。它不仅贻误了整整一代青年的成长，而且有些思想观念至今仍有影响。

第一节　苏联教育理论在中国的传播

确立全面学习苏联的方针

苏联教育思想传入中国，可以追溯到"五四运动"之前。俄国十月革命的胜利给中国先进知识分子带来了希望。早期马克思主义者在介绍俄国革命时，也把苏俄的教育思想和经验介绍到了中国，但是很快就被美国实用主义教育思想淹没，特别是1919年杜威来华以后，中国教育界就只听到实用主义教育一种声音。苏联教育思想在中国大量传播是在解放战争的后期，在东北新解放区开始的。

1948年秋季，东北和华北大部分地区获得解放，全国解放指日可待。新的形势要求解放区的教育既要考虑到解放战争继续发展中对各种干部的需要，也要考虑到全国解放以后经济恢复和建设所需要的大批干部。东北行政委员会和华北解放区召开各种教育会议，重点讨论中等教育的正规化和东北解放区高等教育改造问题。东北解放区最先开始向苏联学习。

由于历史的原因，辽宁省的旅大（旅顺、大连）地区居住着许多苏联人，他们在那里办起了苏联中学。1948年10月，中国的旅顺中学开始和苏联中学建立了经常的联系，着手学习苏联的教育经验。当时主要从学习苏联的教学方法和五级记分的成绩考核方法入手，改变过去的填鸭式教学法。继而双方合作，旅顺中学学习苏联的教育内容、思想教育、学校管理及教育理论。为此，旅顺中学还专门成立了苏联教育研究小组。

1948年9月，东北行政委员会召开第四次教育会议，明确提出了学习苏联教育经验的口号。1949年12月5日，时任东北人民政府教育部副部长的董纯才在《东北教育》上发表文章：《学习苏联，改造我们的教育》。在董纯才的直接领导下，从1949年到1951年，《东北教育》共组织发表苏联教育经验文章89篇，介绍研究新教材的文章53篇；东北教育社翻译出版了苏联教育理论书籍，包括冈察洛夫的《教育原理》、凯洛夫的《教育学》及《五级分和它的用法》等。东北人民政府教育部还组织力量，以苏联十年制中学的自然科学各科教科书为蓝本，编写中学教科书，从初中一、二年级开始逐级试用。与此同时，政府培养了学习苏联教育经验的先进典型，并组织这些典型到各地传播经验。[①]

中华人民共和国成立以后，确立了"一面倒"向苏联学习的方针。1949年10月5日，刘少奇在中苏友好协会总会成立大会的讲话中指出："我们要建国，同样也必须'以俄为师'，学习苏联人民的建国经验。"[②]"苏联有许多世界上所没有的完全新的科学知识，我们只有从苏联才能学到这些科学知识。例如，经济学、银行学、财政学、商业学、教育学，等等。"[③]1949年12月23日至31日，第一次全国教育工作会议在北京召开。会议提出："建设新教育要以老解放区新教育经验为基础，吸收旧教育某些有用的经验，特别要借助苏联教育建设的先进经验。"[④]从此掀起了学习苏联教育经验的高潮。

为什么新中国教育建设要"以俄为师"？这也是有历史原因的。

第一，中国新民主主义革命是中国无产阶级领导的世界无产阶级革命的一部分，是革命的第一步，将来还要进行社会主义革命。苏联是世界上取得社会主义革命胜利的唯一的国家。中国的新民主主义革命就是在十月革命的影响下展开的，并取得了胜利。走苏联的道路，无疑是中国的选择。同时，两个国家都是以马克思列宁主义思想为指导，意识形态是一致的。教育是社会的上层建筑之一，苏联教育是以马克思主义教育理论为指导，是社会主义性质的教育。新中国的教育是新民主主义教育，从思想体系来讲属于社会主义范畴，它与苏联教育在意识形态和发展方向上是一致的。新中国的教育自然应"以俄为师"。

---

① 中央教育科学研究所：《董纯才纪念集》，170页，北京，教育科学出版社，1992。

② 中央教育科学研究所：《中华人民共和国教育大事记（1949—1982）》，4页，北京，教育科学出版社，1984。

③ 中央教育科学研究所：《中华人民共和国教育大事记（1949—1982）》，4页，北京，教育科学出版社，1984。

④ 中央教育科学研究所：《中华人民共和国教育大事记（1949—1982）》，8页，北京，教育科学出版社，1984。

第二，苏联进行社会主义建设已经有30多年的历史，并取得了巨大的成就，积累了丰富的经验。特别是苏联建国不久就战胜了强大的德国法西斯，取得了伟大的卫国战争的胜利，受到世界的瞩目，也受到中国知识分子的敬仰。苏联所走过的社会主义道路和模式，自然成了中国新民主主义建设的榜样。苏联教育在改造旧教育方面有丰富的经验，在建设社会主义教育方面已有一整套成熟的理论和制度，借鉴苏联教育的经验自然被认为是中国改造旧教育和建设新教育的捷径。

第三，当时美国等西方帝国主义国家不承认中华人民共和国，并实行对中国的封锁，迫使中国只能"一面倒"，在政治上和苏联结成联盟，在经济建设、文化教育建设方面当然也要更多地依靠苏联的帮助。

向苏联教育学习的主要渠道和方式

向苏联教育学习是通过以下几种渠道进行的。

第一，翻译苏联教育的理论著作和教材。前面已经谈到，东北解放区早在新中国成立前夕就已经翻译了苏联的许多教育理论书籍和教科书。新中国成立以后翻译的论著更多。1949年11月14日，《人民日报》发表了节译的凯洛夫的《教育学》（1948年版）的第二十一章"国民教育制度"，继而又连续发表了第十二章"劳动教育"、第一章第五节"教育学是科学"等。接着1950年12月和1951年2月，沈颖、南致善等翻译的凯洛夫的《教育学》（1948年版）上下册由新华书店出版；1951年12月，南致善、陈侠共同修订了此书，并由人民教育出版社再版发行，该书后面还增列了俄汉名词对照表。其发行量之大，是空前的。笔者手头的一部标注为"1953年4月上海十六版"，全国发行量之大，可见一斑。其他被翻译成中文的，比较重要和有影响的教育理论著作还有：

冈察洛夫著，郭从周等译：《教育学原理》，人民出版社，1951年版；

叶希波夫、冈察洛夫编，于卓、王继麟等译：《教育学》，人民教育出版社，1952—1953年版；

斯米尔诺夫著，陈侠、丁酉成译：《教育学初级读本》，人民教育出版社，1953年版；

申比廖夫、奥哥洛德尼柯夫著，陈侠、熊承涤等译：《教育学》，人民教育出版社，1955年版；

凯洛夫总主编，冈查（察）

苏联教育家苏霍姆林斯基倡导教育与生产劳动相结合。图为苏霍姆林斯基带领学生们一起实习。

洛夫、叶希波夫、赞科夫主编，陈侠、朱智贤等译：《教育学》，人民教育出版社，1957年版；

达尼洛夫、叶希波夫编著，北京师范大学外语系1955级学生译：《教学论》，人民教育出版社，1961年版；

马卡连柯著《论共产主义教育》和《父母必读》。

此外，人民教育出版社还办了一份刊物《教育译报》，专门翻译、介绍苏联的教育理论和经验。

第二，邀请苏联专家担任教育部顾问、学校的顾问和讲课。中华人民共和国成立不久，1949年10月，以法捷耶夫为团长的苏联文化艺术科学工作者代表团访问了我国，代表团成员、俄罗斯联邦共和国人民教育部副部长杜伯洛维娜在北京、上海等地向我国教育工作者介绍了苏联教育工作的经验。以后许多大学聘请苏联专家来校讲课。1950年至1952年年末，教育部先后聘请了苏联专家阿尔辛节夫、福民、达拉巴金、顾思明、戈林娜五人担任教育部顾问。另有在北京师范大学的苏联专家二人兼任教育部普通教育与幼儿教育的顾问。专家的主要工作是：参加部务会议、部工作会议和专业会议，介绍情况，提供意见，解答问题；开办各种讲座，给训练班讲课，到各地视察，帮助各级教育干部和学校教师提高业务水平等。[①]全国主要高等学校也聘请苏联专家任教。以北京师范大学为例，该校1950年开始请苏联专家来校长期讲学，至1958年，先后请了十几位苏联专家到各系讲学，其中，教育学、心理学专家就有8位。他们基本上是把苏联的课程搬过来。他们的讲义不仅是学生的教科书，而且是后来老师编写教材的依据。为了把苏联专家讲的课学到手，每位专家都配备了年轻的骨干教师做其助手，教研室的老师都要跟班听课。为了扩大影响，苏联专家讲学期间，我国还办起了大学教师进修班和研究班。我国20世纪五六十年代的一批教育理论工作者，几乎都在这些进修班或研究班学习过。为了学习苏联教育理论和担任苏联专家的翻译，北京师范大学教育系还成立了翻译室，大量翻译苏联教育著作。自1949年至1960年，在中苏关系恶化、苏联专家撤走前，我国教育部门和高等学校先后共聘请了苏联专家861人，担任顾问或从事教学、科研工作。[②]

第三，按照苏联的教育模式建立新型学校。1949年12月16日，政务院第十一次政务会议决定，为了适应国家建设的需要，成立一所新型的大学——中国人民大学。中国人民大学"接受苏联先进的建设经验，并聘请苏联教授，有计划、有步骤地培养新国家的各种建设干部"[③]。该校的教育方针是："教学与实际联系，苏联经验与中国情况相结合。"[④]根据这个决定，中国人民大学以老解放区华北大学为基础筹建，第一任校

---

① 中央教育科学研究所：《中华人民共和国教育大事记（1949—1982）》，71页，北京，教育科学出版社，1984。
② 中央教育科学研究所：《中华人民共和国教育大事记（1949—1982）》，279页，北京，教育科学出版社，1984。
③ 中央教育科学研究所：《中华人民共和国教育大事记（1949—1982）》，7页，教育科学出版社，1984。
④ 中央教育科学研究所：《中华人民共和国教育大事记（1949—1982）》，7页，教育科学出版社，1984。

长是吴玉章。吴玉章校长在开学典礼的讲话中说：中央交给中国人民大学的任务是：第一，为国家培养建设骨干；第二，改革旧的高等教育，树立一个新型大学的典型。学校聘请了36名苏联专家，他们的任务主要是帮助培养教师。先由苏联专家给教师讲课，再由教师向学生授课；培养研究生，给研究生讲课；指导教师编写讲义和教材，自1950年至1957年，由苏联专家直接编写的和在苏联专家指导下编写的讲义、教材共达101种；帮助建立一套高等教育制度和教学方法。[①]

1950年4月29日，教育部按照中华人民共和国副主席刘少奇的指示精神，提出"哈尔滨工业大学改进计划"。该计划提出：哈尔滨工业大学应仿效苏联工业大学的办法，培养重工业部门的工程师和国内大学的理工科师资，以代替派大批学生去苏联留学；每年抽调各大学理工学院讲师、助教和教授150名，入该校参加教学研究班，在苏联教授的帮助下研究深造，以提高国内大学的理工科师资水平。[②]哈尔滨工业大学的前身是中俄工业学校，由中苏两国共管。1950年由中国正式接管。原来规模很小，设备简陋，行政人员和学生基本上是苏侨。1950年，根据中央的"哈尔滨工业大学改进计划"，学校按照苏联多科性工科院校的模式进行了改造，增设了许多专业，先后自苏联26所高等学校聘请了67位专家来校讲学，引进了苏联高等工业学校的教学制度、教学计划、教学大纲和教材，建立了五年制本科专业及二年制研究生部。

中国人民大学和哈尔滨工业大学成为我国最早学习苏联教育经验的样板，从而影响到其他大学的建设。

第四，派遣留学生到苏联学习。1951年8月19日，首批派往苏联的375名留学生启程。他们学习的领域包括理工农医、财经、外交、师范

---

① 郝维谦、龙正中：《高等教育史》，海口，海南出版社，2000。

② 中央教育科学研究所：《中华人民共和国教育大事记（1949—1982）》，16页，教育科学出版社，1984。

等各个方面。首批留学生主要分布在莫斯科、圣彼得堡、基辅等几个大城市中著名的大学和学院。自此，我国每年都选派留学生到苏联学习，每年少则200多人，最多的一年达2 000多人。除留学生外，国内许多企业部门还派遣了大批实习生，到苏联的企业实习学习。这批留学生回国以后都成为中国社会主义建设中的骨干。他们不仅带回了专业知识，而且带回了苏联的某些文化。

20世纪50年代，苏联成为众多中国青年学子理想的留学之地。图为苏联莫斯科大学。

第二节　苏联教育理论的特点及其对中国教育理论界的影响

"向苏联学习"，这是新中国成立初期全国建设的方针，也是教育工作的方针，是自上而下的运动。因此，学习苏联的教育理论和经验就在全国范围内大规模地展开了。这种学习是单向的，只允许老老实实地学，不允许有丝毫的怀疑或批判。开始的时候，有一部分知识分子不理解，对苏联的教育理论有怀疑、有保留，甚至在专家讲课的时候向专家质疑。但这部分知识分子在思想改造运动中都受到批判，做了检查。自此之后，再也没有人敢于提出不同的意见了。学习苏联由不自觉逐渐变成自觉的行动，形成所谓"全心全意向苏联学习"。

苏联教育理论虽然反映在多种著作中，但中国教育界学习的主要是凯洛夫主编的1948年版的《教育学》。中国教育工作者，包括师范院校的学生，几乎人手一册，逐章逐节地进行学习，因而形成了所谓"凯洛夫教育理论体系"。这个理论体系影响了我国教育理论达半个世纪之久，而且至今仍有它的影子，我们有必要对它做一点简要的剖析。

凯洛夫教育理论力图以马克思列宁主义的方法论来分析人类教育的本质和它的功能和作用，其中有几个要点常常被我们引用。

第一，教育是上层建筑，是经济基础的反映，阶级社会的教育具有历史性、阶级性；苏维埃教育要为无产阶级的事业、苏维埃的建设服务。凯洛夫在《教育学》的第一章第一节论述了各个社会形态的教育以后指出："教育总是和政治相联系着的。无产阶级社会主义革命必然要消灭阻碍社会向前发展的资产阶级的阶级教育，而以共产主义教育来代替它。"[1]

第二，强调教育学的"党性"原则。凯洛夫认为，教育学是社会科学，苏维埃教育学是建立在最先进的哲学理论——马克思列宁主义理论的基础上的。他说："苏维埃教育学就是论述共产主义教育的科学。共产主义世界观是马克思列宁主义党底世界观，是现代社会最先进阶级，即工人阶级党底世界观。苏维埃教育学是在实行着这个先进阶级底政策，它的党底政策。"[2]中国教育理论工作者也是坚信不疑地认为教育学要为党的路线和政策服务，发展到后来就是为阶级斗争服务，为无产阶级专政服务。

第三，引进了"教育""教学""教养"这三个概念。按照凯洛夫的《教育学》一书中的解释，"教育"是总的概念，是"包罗万象"的概念。他说：

共产主义教育底范围如左：

（一）用构成将来能担任任何职业之准备基础的知识、技能、

---

[1] ［苏联］凯洛夫：《教育学》，沈颖、南致善等译，10页，北京，人民教育出版社，1953。

[2] ［苏联］凯洛夫：《教育学》，沈颖、南致善等译，29页，北京，人民教育出版社，1953。

熟练技巧来武装儿童；儿童智力底全面发展；观点和信念底养成；建立科学的世界观，使学生操行具有共产主义的道德精神；

（二）学生嗜好、兴趣、才能和禀赋底形成与完善化；培养构成列宁式的未来活动家性格之品质；

（三）养成由于社会主义共同生活之要求和条件所决定的高尚行为底习惯；

（四）关怀学生健康的和强壮的体格，旨在使其成长为健壮的和愉快的人，并成为将来强有力的工作者和自己祖国底坚定不移的、机警的保卫者。[①]

所谓教养，是指掌握知识、技能、熟练技巧底体系而言，并且在这个基础上发展学生底认识能力，形成他们科学的世界观，养成他们在自己的行动中为共产主义社会福利而贡献其知识的崇高情感和志向。[②]

教学，是在学校内有计划实行着的工作，这个工作在于教师有系统地和循序地把知识传达给学生和组织学生的活动，使其自觉地、积极地和坚实地学会一定的知识、技能和熟练技巧，并且在积极的教学工作底基础上，使他们每一个人都养成与共产主义教养任务相适合的品格。[③]

为了分清和学好这三个概念，北京师范大学教育系教育学教研室主任王焕勋教授曾经在《光明日报》上发表过整版的文章，对此进行了详细的解释。

第四，教育主要是在教学的基础上实现的。凯洛夫说："只有在掌

---

① ［苏联］凯洛夫：《教育学》，沈颖、南致善等译，14页，北京，人民教育出版社，1953。
② ［苏联］凯洛夫：《教育学》，沈颖、南致善等译，15页，北京，人民教育出版社，1953。
③ ［苏联］凯洛夫：《教育学》，沈颖、南致善等译，15页，北京，人民教育出版社，1953。

握科学原理底基础上，才可能建立学生底共产主义世界观。只有在教学过程中，才能成为具有共产主义教育的人，同时也才能成为受有高度教养的人。"①又说："教学，是教育底基本途径。"②这一条后来在"文化大革命"中被批判为"智育第一"，成为凯洛夫教育学修正主义的铁证。

第五，强调系统知识的传授。凯洛夫教育学及整个苏联教育，特别强调给学生传授系统的知识。他们批判杜威实用主义教育，认为实用主义教育不能给学生以系统的知识。十月革命以后，苏联在20世纪20年代的教育改革中，一方面强调学校以生产劳动为基础；另一方面盲目学习西方的教育经验，采用综合教学大纲、设计教学法等做法，严重地影响到学生的文化学习。学生不能学到系统的科学文化知识，毕业生不能满足高等学校培养干部的要求。于是20世纪30年代，苏联进行了全面的改革和调整，联共（布）中央做出了一系列决定来纠正20年代的错误。其中最有名的，也是常常被中国教育理论界引用的是：1931年9月5日联共（布）中央《关于小学和中学的决定》、1932年8月25日的《关于中小学教学大纲和作息制度的决定》、1936年7月4日《关于教育人民委员部系统中的儿童学曲解的决定》。第一个文件严厉批评苏联的学校没有给予学生充分的普通教育知识，没有培养学生通晓文字、掌握科学基础的技能，批判了"学校消亡论"和"设计教学法"。第二个文件建议教育人民委员部改订中小学的教学大纲，以保证儿童能真正掌握牢固的、系统的各种学科的基本知识、关于事实的知识，以及正确说话、作文、演算数学习题的技能；同时确定中小学校中教学工作组织的基本形式是分班上课，有严格规定的日程表，教师必须负责地、系统而连贯地讲述他所教的科目。第三个文件批判儿童学的宿命论，即把儿童天赋归结于生理

---

① ［苏联］凯洛夫：《教育学》，沈颖、南致善等译，15页，北京，人民教育出版社，1953。
② ［苏联］凯洛夫：《教育学》，沈颖、南致善等译，56页，北京，人民教育出版社，1953。

和社会（家庭）的因素，从而把大多数工农子女列为"落后的""有缺陷的"一类儿童而被送入特殊学校，使他们受不到正常的教育。以上三个文件从不同的角度强调学生掌握系统知识的重要性。他们的教育实践强调儿童尽早学习分科知识。苏联小学阶段学习年限只有4年，五年级进入初中阶段，就开始分科学习。这种教育思想对我国的教育影响非常深刻。新中国成立以来也一直强调把系统的知识传授给学生，强调学生掌握基础知识和基本技能。

第六，强调教师的主导作用。凯洛夫认为："教师本身是决定教学底培养效果之最重要的、有决定作用的因素。"虽然他也主张"学习是学生自觉地与积极地掌握知识的过程"，但是他又认为，"教学底内容、方法、组织之实施，除了经过教师，别无他法"①，因而确定了教师在教学中的权威性、主导性。这一条被我国教育工作者牢牢地掌握，因为它与中国传统教育中的师道尊严是一致的。

第七，凯洛夫教育学的整个理论体系被中国接受。凯洛夫教育学的结构分四大部分：①总论，说明教育的本质、学校的目的和任务、儿童成长和发展的基本阶段及教育、国民教育体系；②教学论，包括教学过程、教学内容、教学原则、教学方法等；③教育理论，包括德育、体育和美育的任务、内容、方法和组织，儿童集体、课外和校外活动，以及学校与家庭的合作组织问题；④学校行政和领导。我国几十年来编写的大部分《教育学》都没有摆脱这个体系。

总体上讲，以凯洛夫教育学为代表的苏联教育学，力图以马克思主义的唯物辩证法作为教育学的哲学基础，批判地吸收了历史上哲学家、思想家和教育家的各种教育思想，形成了自己的所谓"苏维埃教育学"的理论体系。但从根本上讲，这个体系实际上没有摆脱赫尔巴特理

---

① ［苏联］凯洛夫：《教育学》，沈颖、南致善等译，58～60页，北京，人民教育出版社，1953。

论的影响。它强调的是学科中心、课堂中心、教师中心，与杜威的实用主义教育思想是相对立的。苏维埃教育学的发展也是在20世纪30年代批判实用主义教育思想的过程中建立起来的。在苏联教育学的影响下，我国也开始批判杜威的实用主义教育学。1950年10月《人民教育》第1卷第6期发表了我国教育史学家曹孚的文章《杜威批判引论》（第2卷第1期续完）。文章指出，要批判旧教育思想，首先应该批判杜威。要充分批判杜威，必须批判他的教育思想基础——哲学体系。文章对杜威的生长论、进步论、无定论、智慧论、知识论、经验论等一系列的哲学、教育思想进行了分析批判。1951年，人民教育出版社将文章汇集成册出版。1956年，人民教育出版社又出版了陈元晖的《实用主义教育学批判》一书。后来，我国又发展到对陶行知的"生活教育"、陈鹤琴的"活教育"进行批判。

第三节　苏联教育对我国教育实践的影响

新中国成立以后至改革开放以前，不仅苏联凯洛夫的教育理论统治着我国教育理论界，而且由于苏联专家的实地指导、苏联教育经验的广泛传播，我国的教育实际，包括教育工作者的教育观念、教育制度、教学内容和教学方法等，都按照苏联教育的模式加以改造。这种改造不仅是为了学习苏联，而且是我国当时计划经济集中统一所需要的。我们撷其要者进行分析。

仿效苏联的教育制度

1951年10月1日，政务院公布《关于改革学制的决定》。新学制原定小学为五年一贯制，入学年龄以七周岁为标准。这就是受苏联学制的影响。新中国成立前的小学是六年制，分初小、高小两段，入学年龄为六岁。小学分段，不利于工农子女接受完全的初等教育，所以改为五年一贯制，但因为农村条件不成熟，五年一贯制未能实行。后来随着国家经济、文化建设的发展，小学就实行了六年一贯制。新学制强调工人、农民的干部学校、各种补习学校和训练班在学校系统中的地位。这既继承了老解放区教育的传统，又借鉴了苏联的经验。苏联很重视干部的业余教育，特别是在革命初期，这种干部教育是十分必要的。早在学制改革以前，1950年4月3日，我国第一所工农速成中学就在北京开学，至6月初，全国已开办12所。这种类型的学校就是学习苏联高等学校中附设的工人系、农民系的做法而建成的。这种类型学校的建设，主要是为了培养工农干部。因为新中国成立以前工农没有受教育的机会，在革命根据地的干部忙于革命战争，没有时间学习科学文化知识。新中国成立以后，各条战线都需要工农骨干。为了让工农干部能够到高等学校学习，首先要给他们补习科学文化知识。因此，工农速成中学实际上是高等学校的预备学校，他们要用4年时间学完初中和高中6年的课程。随着新中国成立后中学里工农子女入学人数的增加，1958年，工农速成中学也随之撤销。

高等学校的院系调整是我国高等教育制度的大改革，也是在苏联高等教育体制影响下进行的。当然，院系调整不单是为了学习苏联，更是为了改变高等教育不适应新中国建设需要的状况，但调整的方向和调整的结果是苏联高等教育模式在中国的形成。这次院系调整，自1952年从京津开始，陆续在华东、西南、中南、东北及西北等大行政区展开，到1953年基本结束。这次调整的重点是整顿和加强综合大学，发展专门学院，首先是工业学院和师范学院，调整高等学校地区的布局。高等学校的类型，基本上仿效苏联高等学校的类型，分为综合大学（只设文、理两类学科）及专门学院（按工、农、医、师范、财经、政法、艺术、语言、体育等学科分别设置）。1953年又进行了第二次院系调整，主要以中南行政区为重点。

院系调整的主要目的是改变高等教育不能适应新中国经济建设需要

的状况。调整前我国高等教育的现状是：全国共有高等学校211所，其中综合大学（至少拥有3个学科门类的学院或学系）49所，独立学院91所，专科学校71所。其主要存在三个方面的问题。

第一，学校类型结构不合理，学校内部科类设置不合理，表现为重文轻工，师范院校不多。在211所高校中，高等工业学校和高等工业专科学校共有33所，仅占全国高等学校总数的15%；高等农林学校和高等农林专科学校共有17所，仅占全国高等学校总数的8%；高等师范学校在新中国成立初期只有12所，1952年增加到32所。[1]

第二，学校规模太小，培养的学生数量很少，不能满足经济建设对人才的需求。1951年高等学校在校学生共153 402人，平均每校745人，规模在2 000人以上的学校是极少数，而各系招生规模多则几十人，少则不足十人，既不能适应国家建设对人才的需求，又造成教育资源的浪费。

第三，学校地区结构布局不合理，多数院校分布在沿海地区和大城市，西部地区很少。

经过两次院系调整，全国高等学校减为182所，其中，综合大学14所、高等工业学校39所、高等师范学校31所、高等农林学校29所、高等医药学校29所、高等政治学校4所、高等财经学校6所、高等艺术学校15所、高等语言学校8所、高等体育学校5所、少数民族高等学校2所，但地区分布不合理的状况未能完全解决。

高等学校的领导管理体制也参照苏联的模式进行改革：一是中央高等教育部对全国高等学校（军事学校除外）实行统一的领导。凡中

---

[1] 郝维谦、龙正中：《高等教育史》，海口，海南出版社，2000。但按《中国教育年鉴（1949—1981）》和《中国教育成就：统计资料（1949—1983）》统计，1951年我国高等学校总数为206所，其中，综合大学47所、工业院校36所、农业院校15所、师范院校30所等。

央高等教育部所颁布的有关全国高等教育的建设计划、财务计划、财务制度、教学计划、教学大纲、生产实习规程，以及其他重要法规、指示或命令，全国高等学校均应执行。二是高等学校的直接管理工作，由中央高等教育部和中央有关业务部门分别负责：综合大学、多科性工业学校由中央高等教育部直接管理；单科性高等学校由中央有关业务部门管理；有些学校委托所在地的大区行政委员会或省、市、自治区人民政府管理。①

院系调整和仿效苏联教育模式的改革，使我国很快地改造了旧教育，建立起了全新的教育制度，提高了高等教育的质量，为新中国的社会主义建设培养了大批专业人才。特别是一批专门的高等工业学校的建立，如地质学院、石油学院、矿业学院、钢铁学院、航空学院、邮电学院等的建立，填补了我国高等工业教育的空白，为我国工业化建设培养了大批专家；高等师范院校独立设置，保证了我国基础教育的发展。其历史功绩是不可抹杀的。但是，这次改革也带来许多后遗症，主要如下。

第一，从高等教育的培养目标来说，苏联高等教育注重培养高级专家，强调高等教育是专门教育，我国高等教育仿效苏联的模式，也强调培养专才，因而批判通才教育，把通才教育说成是资产阶级的教育，是理论脱离实际的教育。在高等教育的专业设置上求专求细，使得我国高等学校的毕业生知识面过窄，不能适应新科技形势的发展。

第二，造成高等学校分工过细，理工分家的局面。综合大学变成文理大学，失去了综合的优势；单科学院学科太单一，特别是一些工科院校，缺乏基础理科的支撑，不利于发展新兴学科和交叉学科，更缺乏人文精神的熏陶。这些缺点自20世纪80年代以来暴露得越来越明显。

---

① 郝维谦、龙正中：《高等教育史》，海口，海南出版社，2000。

第三，强调高度的集中统一。人才培养只有一种模式，过于呆板划一。全国实行统一的专业设置、统一的教学计划、统一的教学大纲、统一的教材、统一的教学管理，不照顾地方特点，学校办学没有主动权。这种"大一统"的培养模式使得学术思想僵化，不利于教师发挥自己的专业特长，妨碍了学生的自主性和创造性的发挥，不利于优秀人才的培养。

第四，通过院系调整，拆散了几所知名大学，分散了学术力量和教师队伍，给我国创办世界一流大学造成了困难，耽误了时间。

第五，全国对高等学校没有统一的管理领导。中央高等教育部只管理少数部属院校，大多数学校由中央各行业部委管理，形成了条块分割的局面。这种情况到1999年高等教育体制改革后才得以改变。

采用苏联的教学模式和教学方法

新中国成立初期，我国不仅仿效苏联的教育制度，而且学习和采用他们的教材、教学模式和教学方法。1952年11月12日，教育部发出指示，要求各高等学校制订编译苏联教材的计划。指示要求首先翻译苏联高等学校一、二年级基础课的教材及某些必要并有条件解决的专业课教材，而后再逐步翻译其他各学科课程的教材。为组织全国各高等学校及有关人力有步骤、有计划地进行这一工作，教育部于同年11月27日又发布《关于翻译苏联高等学校教材的暂行规定》，规定了各校的翻译计划。译稿经教材编审委员会审查批准后，以"教育部推荐高等学校教材试用本"的名义出版。[①]可以说，新中国成立初期，我国高等学校使用的教材基本上是苏联的。

高等学校建立教研室，中小学教研组制度也是来自苏联。这是学校

---

① 中央教育科学研究所：《中华人民共和国教育大事记（1949—1982）》，68页，北京，教育科学出版社，1984。

的基层教学单位。高等学校的教研室以专业为单位，所有教师都按照自己的专业被分配到相应的教研室，他们共同备课，编写教材，讨论本专业的学术问题。中小学教研组以学科为单位，教师以所授学科为依据，分别列入相应的教研组，共同备课，互相听课，集体参加学校的各种活动。这种组织有利于发挥教师的集体作用，保证教学质量，特别是能发挥老教师指导、帮助青年教师的作用。但也有一些消极的作用，即助长有些教师的依赖心理，同时有时会抑制教师的创造性。这种教学组织形式至今还在我国各级各类学校采用。

　　课堂教学除教师讲课外，还引进了"习明纳尔"制度。习明纳尔（seminar），又译"课堂讨论"，即小组讨论的方式，其实并非苏联高等学校独有的教学形式，西方大学中早已应用，并至今在西方大学流行，但新中国成立初期，它作为苏联的教学经验被引进我国高等学校。习明纳尔是师生互动、同学交流、共同讨论、互相启发的一种教学形式。西方大学教学非常重视这种形式，例如，在德国的大学，教师的讲课可以不听，但课堂讨论是必须参加的，如果缺课太多，将来就不允许参加考试。笔者曾在法国巴黎第八大学讲学，听过他们很多课，他们每一节课是150分钟，但老师一般只讲半个小时，其余的时间都是讨论。笔者在苏联学习时也是每门课都有习明纳尔。到高年级，最多的一学期每周有6次习明纳尔。学生在课堂讨论之前，要根据老师布置的作业认真阅读参考文献，写好发言提纲。通过阅读原著和其他文献，再进行讨论，能够大大加深对课程内容的理解，而且会从同学的发言中、老师的点拨中学到个人阅读中没有掌握的知识。可惜我国在引进这种教学方式时，未能理解它的实质和优点，也未能坚持下来。我国的学生害怕习明纳尔，每周设置一两次习明纳尔，学生就叫喊负担过重。不久，习明纳尔的教学方式就在中国的高等学校消失了。究其原因，不能不说与我国的传统教育有关。中国的传统教育就是教师"传道、授业、解惑"，教师是中心，教学以教师讲演为主，在教学过程中没有学生的地位，学习就是接受现存的经典、知识，无须讨论。因此，即使是全心全意向苏联学习，但与中国传统教育有抵触的就被排斥，说明传统势力之顽强。

学年制、"三层楼"的课程结构、毕业论文、毕业设计，也是从苏联引进的教学方式。苏联把高等教育定位在只是培养高级专门人才，反对通才教育。因此，高等教育的学制较长，一般都需修业五年，工科院校五年半至六年。课程设置分基础课、专业基础课、专业课三个层次，所以我国俗称它为"三层楼"。基础课中特别强调政治理论课，必须学习联共（布）党史、政治经济学、辩证唯物主义、历史唯物主义这几门课程。所有课程都是必修课，不设选修课，实行学年制。毕业要求也较高，文理科需做毕业论文，工科需完成毕业设计，并通过国家考试合格，方能毕业。平时文理科需写学年论文，工科则做课程设计，教学要求极为严格。本科毕业生不设学位，只有"专业人员"的称谓。这种制度在我国学位制度建立之前，也一直沿用着。

中小学学习苏联的教学经验更为彻底。根据苏联的经验，中小学实行统一的教学计划、统一的教学大纲、统一的教材。这些都作为国家的文件，学校和教师无权更改。这种统一集中的领导不仅抹杀了我国各地教育发展水平的不均衡性，而且使学校建设千人一面，办不出特色，学生的个性也得不到发展。

在教学方法上，我国不仅引进了凯洛夫主编的《教育学》中的五段教学法，而且由苏联专家亲自指导如何上好一堂课。其中最有名的就是所谓"红领巾"教学法。1953年，北京师范大学中文系学生到北京女六中进行教育实习，讲授《红领巾》一课。苏联专家普希金听了这堂课以后进行评议，提出上好一堂课的要求。《人民教育》七月号为此发表短评，认为普希金在评议会上的总结发言"给我们指出了一个改进语文教学的方向"。从此"红领巾"教学法传遍全国，不仅对语文教学，甚至对我国整个中小学教学均产生了深远的影响。这种教学法规范了课堂教学的要求，有利于学生掌握系统的基础知识和基本技能，但也产生了一些消极影响，即把课堂教学程式化、固定化，不利于教师发挥创造性，不利于学生发挥主动性。

第四节　对苏联教育的批判和苏联教育经验的本土化

苏联教育的影响在我国是十分深远的。20世纪50年代末60年代初中苏关系恶化，我国内部就开始批判苏联修正主义，教育界也不例外。1958年，我国对凯洛夫教育学进行内部批判，批判它不要教育与生产劳动相结合，不要教育为无产阶级政治服务，不要党的领导，还批判它是书本中心、课堂中心、教师中心等。1960年3月7日至12日、5月16日至21日，中央文教小组召开各省市委文教书记会议，中共中央宣传部长陆定一在会上提出，要在哲学、社会科学和文艺方面批判修正主义，并在教育战线进行教育革命。于是教育界也展开了对苏联修正主义教育思想的批判，矛头当然首先集中在凯洛夫主编的《教育学》，到20世纪60年代中期，批判开始半公开化。例如，《人民教育》在1964年第6期上发表了《社会主义教育学中的一个重要问题》《资产阶级教育观点必须批判》等文章；1965年第2期上刊登了《冒牌的马克思主义教学论》，第3期上刊登了《"智育第一"思想必须批判》等文章[1]，认为凯洛夫教育学是修正主义的，集中到一点，就是凯洛夫主张"智育第一"，政治思想教育也通过教学来进行。同时把凯洛夫教育学与赫鲁晓夫提出的全民教育全民党联系起来，认为苏联教育否定教育的阶级性，所以苏联教育是彻头

---

[1] 瞿葆奎：《中国教育学百年》，见瞿葆奎：《元教育学研究》，396页，杭州，浙江教育出版社，1999。

彻尾的修正主义教育。当时教育界还批判了人道主义、母爱教育、量力性和系统性等教学原则等。这种批判一直延续到"文化大革命"结束。

冷静下来分析，我们对苏联教育的批判是猛烈的，但并未切中要害，因此也是无力的。苏联教育的基本观念、基本制度、教学模式乃至教学方法已经被我们全盘接受过来，而且有所发展，这些东西并未因对苏联教育的批判而有所改变。相反，我们把全盘接受过来的东西当作自己的传统，完成了苏联教育经验的本土化。这似乎是很矛盾的、奇怪的现象，但是如果仔细分析，这种现象并不奇怪。

第一，两国间的意识形态是一致的。虽然我们认为苏联是修正主义国家，但从意识形态来讲，苏联奉行的也是马克思列宁主义、社会主义。就拿高等学校的政治理论课来讲，不论是中国还是苏联，都把它放在重要的位置。这两个国家都强调党对学校的绝对领导。苏联解体之前，苏联政府提出高等学校中立，所谓"非政治化、非政党化、非意识形态化"，不久苏联的社会主义也就解体了。由于意识形态的一致，苏联的教育经验很容易被我们接受。

第二，两国都是中央集权的国家。国家统一领导教育事业，处处强调集中统一。教育决策都是行政化的，缺乏科学的、民主的咨询机构和决策机构。全国高校设置统一的专业，使用一套教学计划、一套教学大纲、一套教材，被认为是理所当然的事。教研室（组）的组织也符合把教师组织起来、"党支部建在连队"的原则，便于管理和领导。

第三，两国都是计划经济体制。我国教育体制是在长期计划经济体制下学习苏联教育的经验而形成的。20世纪50年代的院系调整，狭窄的专业设置，千校一面、万人一面都是计划经济的产物。所以，我们很快就能接受和适应苏联这套计划经济下的教育体制。

第四，苏联教育理论并非苏联独创的。前面我们已经讲到，凯洛夫教育理论体系实际上是赫尔巴特教育理论的翻版。我们在新中国成立前，自接受西方教育思想以后，一直受到赫尔巴特教育思想的影响。学习苏联教育理论，在刚开始的时候，一部分知识分子尚有抵触，后来一看，和原来的一套也没有什么两样，因此很容易就接受下来。

第五，苏联的教育经验与我们的文化传统有相似之处。例如，我国传统的经典文化和科举制度重视集中统一，重视书本知识，重视基础教育、接受学习，这和苏联教育强调系统知识、基本知识、基本技能极相似。又如，苏联强调的教师主导作用和我国的师道尊严可以说是一脉相承，所以苏联教育经验很容易就融合于我国的教育传统之中。这也正好说明一点，即凡是与我国传统文化相接近的，我们就容易吸收和融合；凡是与我国传统文化差异较大的，就难以吸引，如习明纳尔（课堂讨论）制度，本来是西方大学惯用的，能够启发学生独立思考、师生互相讨论的教学形式，但在我国就是行不通。

因此，今天我国的教育虽然在改革开放以后进行了多次改革，但苏联教育的影子仍然随处可见。可以这样说，中国现在的教育传统，除了继承中国传统文化的内核外，还融入了苏联教育的传统。

第十章 改革开放和教育思想的多元化

改革开放使我国教育发展进入了一个新阶段。在"解放思想，实事求是"的思想路线指引下，教育理论界认真反思新中国成立以来的教育理论建设，同时努力吸纳世界各国教育改革的新理论、新经验，力图创建有中国特色的社会主义教育理论体系，建设中国教育的新传统。自1978年实行改革开放至今，我国教育发展可以分为两个阶段：第一个阶段是20世纪80年代，主要是整个教育战线进行反思和介绍各国第二次世界大战以后各种教育思潮和教育改革的经验，为我国教育的重建和发展提供可资借鉴的经验；第二个阶段是20世纪90年代，在我国经济体制由计划经济向市场经济转变的形势下，我国教育界探索建立新的适应社会主义市场经济的现代教育体制和理论体系。

第一节 教育反思和各国教育思潮的涌入

改革开放，让人犹如一觉醒来，打开窗户，发现外面的世界如此五彩缤纷。我国在经济、科技、教育各个方面都与世界发达国家拉开了距离，迫切需要赶上去，唯一的出路是坚持以经济建设为中心，实现"四个现代化"。1978年3月，邓小平《在全国科学大会开幕式上的讲话》中指出："在二十世纪内，全面实现农业、工业、国防和科学技术的现代化，把我们的国家建设成为社会主义的现代化强国，是我国人民肩负的伟大历史使命。"[①]他又说："四个现代化，关键是科学技术的现代化。"[②]《在全国科学大会开幕式上的讲话》提出和深入地阐述了科学技术是生产力的问题。实现"四个现代化"，科学技术是关键，教育是基础。早在1977年5月24日，邓小平在与中央两位同志谈话时就指出："我们要实现现代化，关键是科学技术要能上去。发展科学技术，不抓教育不行。"于是社会上开始重新重视教育。特别是1977年恢复高考，犹如一阵春风，把"读书无用论"的乌云吹得一干二净。教育要恢复正常秩序，教育更要改革。教育要改革，首先要反思。

教育本质的讨论，教育价值观的转变

1978年，时任中国社会科学院副院长的于光远在一次教育座谈会上提出，教育这种现象中，虽含有上层建筑的东西，但不能说教育就是上层建筑，后来形成文章《重视培养人的研究》，发表于《学术研究》1978年第3期。一石激起千层浪，"教育本质"的讨论在全国教育界迅速展开。这次讨论参加人员之广泛，持续时间之长久，是前所未有的。据瞿葆奎在《中国教育学百年》一书中的统计，讨论以《教育研究》为主论坛，自1978年至1996年，全国各类报刊发表的讨论文章约300篇之多。

名为"教育本质"的讨论，实际上大多数文章谈到的是教育的本质属性问题，并出现了多种观点："生产力说"与"上层建筑说"之辨，"双重属性说"与"多重属性说"之辨，"社会实践活动说"与"特殊范畴说"之辨，"生产实践说"与"精神生产说"之辨，"社会化说"与"个性化说"之辨，"培养人说"与"传递说"之辨，"产业说"与"非产业

---

① 邓小平：《在全国科学大会开幕式上的讲话》，载《人民日报》，1978-03-22。
② 邓小平：《在全国科学大会开幕式上的讲话》，载《人民日报》，1978-03-22。

说"之辨等。①

关于"教育本质"的讨论，实际上是对教育功能的反思。新中国成立以来一直到"文化大革命"结束，中国从领导到普通教师都把教育视为"无产阶级专政的工具"。也就是说，教育的功能主要是为政治服务。现在要搞经济建设，科学技术是生产力，教育是培养人才的基础，那么，教育有没有为经济发展服务的功能？还有没有其他功能？1985年《中共中央关于教育体制改革的决定》明确指出："教育必须为社会主义建设服务，社会主义建设必须依靠教育。"这就使我国教育走上了正确的轨道。这是思想解放的伟大成果，也是教育价值观的巨大转变。

后来的讨论又逐步深入。教育不仅有政治的功能、经济的功能，还有文化的功能。教育要为社会的物质文明服务，还要为社会的精神文明服务。教育是培养人的活动，教育要重视人的发展和超越。只有个体的全面发展才有群体的全面发展，才能促进整个社会的进步和发展。于是科教兴国，成为中国发展的国策。

重建比较教育，介绍国外教改经验

教育要改革，就要吸收世界上一切先进的文化成果。20世纪60年代是世界教育大发展、大改革的年代，是世界教育进入现代化的重要历史时期。可惜这时我们正在闹"文化大革命"，对世界上发生的重大变革一无所知。改革开放以后，我们的眼界才打开，于是积极引进国外先进的教育思想、教育内容和方法。

引进最早的一本书是华东师范大学外国教育研究室翻译的、联合国教科文组织1972年发表的教育报告《学会生存——教育世界的今天和明天》。此书在1976年翻译，但由于思想不解放，直到1979年才由上海译

---

① 瞿葆奎：《中国教育学百年》，见瞿葆奎：《元教育学研究》，401～402页，杭州，浙江教育出版社，1999。

文出版社出版。书中介绍了20世纪60年代产生的最重要的教育思潮——终身教育。该书指出，由于科学技术的迅猛发展而引起社会变革，人类开始进入学习化社会，终身教育成为人们生存的必需。其实，"终身教育"不仅是一种重要的教育思潮，而且是人类教育发展的必然趋势。可惜我们对它认识不足。《学会生存——教育世界的今天和明天》一书出版以后，我国教育界反应很小，只有极少数文章讲到它。终身教育思想一经提出，发达国家立即响应，许多国家在20世纪70年代初就开始为终身教育立法。为什么引入我国后反应那么冷淡？现在想来并不奇怪。这是因为我国在20世纪70年代基本上还处于小农经济的时代，再加上计划经济体制，还没有经历大工业生产的变革，很难理解终身教育在现代化社会中的重要性。直到20世纪90年代中期，我国工业现代化程度有了较大发展，计划经济向社会主义市场经济转变，生产技术不断变革，才使得教育界对终身教育思想开始重视，并写进1995年通过的《中华人民共和国教育法》。

引进国外先进的教育内容方面最值得提的一件大事是，1977年，邓小平指示"要引进外国教材，吸收外国教材中有益东西"。在外汇十分紧缺的情况下，在邓小平同志的指示下，中央挤出10万美元，从美国、英国、德国、法国、日本等国家选购了大批教材，促进了我国课程和教材的现代化改革。[1]

在介绍国外教育经验中，比较教育工作者起到了重要的作用。比较教育原本是高等师范院校的一门老学科，但新中国成立以后因学习苏联，把它作为资产阶级的伪学科，在高等师范院校中取消了。直到20世纪60年代初，我国才开始对除苏联以外的其他国家的教育进行研究。

---

[1] 任才：《永远铭记邓小平对中小学课程教材改革的丰功伟绩》，见课程教材研究所：《课程教材改革之路》，10～14页，北京，人民教育出版社，2000。

1964年5月12日，中共中央国际问题研究指导小组和国务院外事办公室批准了高等教育部《关于高等学校建立外国问题机构的报告》，于是北京师范大学、华东师范大学、东北师范大学分别建立了外国教育研究室。北京师范大学还受中宣部的委托，创办了《外国教育动态》杂志，"文化大革命"期间停办。直到1973年北京师范大学外国教育研究室在"反帝反修"的口号下，重新逐步恢复对外国教育的研究，并不定期地内部出版《外国教育动态》，截至1979年，共出刊22期。1980年，《外国教育动态》被批准正式出版，国内外公开发行，1993年改名为《比较教育研究》。20世纪80年代初，华东师范大学创办了《外国教育资料》，东北师范大学创办了《外国教育研究》，中央教育科学研究所创办了《外国教育》。

1976年以后，学校各学科迫切要求了解外国教育的经验。1977年8月，教育部在北戴河召开理科基础课教材座谈会，同时召开外国教育座谈会。会上讨论了开展外国教育研究的工作，制定了初步的规划。1978年7月5日至15日，第一次全国性的外国教育学术讨论会在北京师范大学召开。参加会议的有北京师范大学、华东师范大学、吉林（东北）师范大学、河北大学、华南师范大学五所学校的外国教育研究机构的研究人员，约40余人。第二次全国外国教育学术讨论会于1979年10月底在上海召开，参加会议的单位增加到十几个，人数达90余人。会上成立了外国教育研究会。

在当时教育部高教司的推动和支持下，我国出版了一批介绍外国教育经验的图书。比较重要的有：人民教育出版社出版的"外国教育丛书"（35册）、《六国教育概况》《二十国教育概况》《今日美国教育》《美国教育学基础》等。

1980年3月至6月，北京师范大学教育系邀请美国哥伦比亚大学比较教育学者胡昌度教授来校讲学，给本科生系统地讲授比较教育课程。与此同时，教育部高教司组织了一个比较教育教师研修班，学员为来自全国10所高等学校的十多名教师。他们跟随本科生听课，同时又请胡昌度教授介绍国外比较教育学科发展的情况和趋势。在此基础上，这十多名教师在老一辈比较教育学者王承绪、朱勃、檀仁梅教授的指导下，编写出了新中国成立以后第一部大学本科生使用的《比较教育》教科书①，初步恢复了比较教育在我国高校中的地位，并开始有计划和更大规模地介绍外国教育的改革和经验。

引入各种教育思潮

我们学习外国教育经验，首先瞄准了发达国家。当时苏联尚未解体，因此选定的发达国家为美国、英国、法国、西德、日本和苏联。除了翻译上述有关外国教育的杂志，介绍这些国家的教育外，各种报刊都辟有外国教育的栏目，一时间热闹非凡。比较有影响的著作，除人民教育出版社出版的"外国教育丛书"、《六国教育概况》外，还有全国哲学社会科学"六五"规划国家重点课题成果"战后国际教育研究丛书"（江西教育出版社于20世纪90年代陆续出版），赞科夫编、杜殿坤等译的《教学与发展》（文化教育出版社1980年出版），苏霍姆林斯基著、周蕖等译的《给教师的一百条建议》（天津人民出版社1981年出版），布鲁纳著、上海师范大学外国教育研究室②翻译的《教育过程》（上海人民出版社1973年出版）等。当时在报刊上介绍最多、影响我国教育实践最大的有以下一些教育思潮。

----

① 《比较教育》，人民教育出版社1982年第一版、1985年第二版、1999年第三版。第一、二版由王承绪、朱勃、顾明远主编；1999年第三版由王承绪和顾明远主编，做了重大修订。

② 1972年，华东师范大学、上海师范学院、上海体育学院、上海半工半读师院和上海教育学院五校合并，名为"上海师范大学"；1978年相继分离；1980年，华东师范大学恢复原名。此处的上海师范大学外国教育研究室实为华东师范大学外国教育研究室。

赞科夫的发展性教学理论　赞科夫（1901—1977），苏联心理学家和教育家，苏联教育科学院院士。1957—1977年，他致力于教育、教学与发展关系问题的实验研究。他在20年的实验过程中，直接引入心理实验研究方法，创立了一套自成体系的发展性教学理论，提出"以尽可能大的教学效果促进学生的一般发展"。赞科夫认为，要培养学生的独立性和创造性，就必须提高学生的一般发展水平，就要在教学理论上打破传统的观念。关于"一般发展"的含义和内容，赞科夫先后从不同的角度进行过论述。他在1963年写的《论小学教学》中说："我们所理解的一般发展，是指儿童个性的发展，他的所有方面的发展。"一般发展区别于儿童的特殊发展。后来在《和教师的谈话》中，他进一步明确解释："一般发展，不仅是指智力发展，而且指学生的情感、意志、品质、性格和集体主义思想的发展。"1975年在《教学与发展》一书中，他再次谈到，"一般发展"包括身体发展和心理发展。

在"一般发展"的主导思想下，赞科夫提出了五条教学原则，即：①以高难度进行教学的原则；②以高速度进行教学的原则；③理论知识起主导作用的原则；④使学生理解教学过程的原则；⑤使全班学生（包括后进生）都得到发展的原则。中国教育界教师在理解这些原则时还联系到苏联早期心理学家维果茨基关于大脑最近发展区的理论，用通俗的语言表述为"跳一跳，摘苹果"的原则，即教学要有一定难度，让儿童经过一定努力而掌握它，才能促进发展。

苏霍姆林斯基的"和谐教育"思想　苏霍姆林斯基（1918—1970）是乌克兰人，苏联著名教育家、乌克兰共和国功勋教师、俄罗斯联邦教育科学院通讯院士。他自1948年起任乌克兰农村帕夫雷什中学校长，直至1970年去世。他长期坚持在教育实践中进行理论探索，培养了大批人才。他以"个性和谐发展"为主课题，研究包罗万象的教育现象，确立并论证学校、家庭、社会综合施教的统一体系；主张对学生实施"和谐教育"，把学生认识世界的活动（学习）与改造世界的自我表现（实践）和谐结合起来，把德、智、体、美、劳和谐结合起来，并强调德育的主导作用；提出要形成学校丰富多彩的精神生活以满足每个学生的内在需要，保证其天赋才能和创造性的充分表现。[①]苏霍姆林斯基强调，要相信每个孩子，培养他的自尊心、自信心和自豪感。

苏霍姆林斯基不仅是一位教育理论家，而且是一位教育实践家，他的教育实践事迹和经验在中国中小学教师中广为流传。中国比较教育界翻译了他的教育全集，包括《帕夫雷什中学》《把整个心灵献给孩子》《给教师的一百条建议》等单行本著作。20世纪90年代，苏霍姆林斯基的女儿，乌克兰教育科学院院士，曾多次被北京师范大学邀请到中国来讲学，再一次宣传苏霍姆林斯基的教育思想。因此，可以说，苏霍姆林斯基是中国中小学教师最崇敬的外国教育学家之一，其影响甚为深远。

布鲁纳的结构主义教育理论和发现法　布鲁纳，美国著名发展心理学家。1958年美国公布《国防教育法》以后，1959年9月，35位科学家、学者和教育家集会于科德角的伍兹霍尔，讨论怎样可以改进美国中小学的自然科学教育问题，历时10天，最后由布鲁纳做总结报告，这就是布鲁纳的著名著作《教育过程》的成因。该书阐述了课程改革的四个中心思想：第一，学习任何学科，主要是使学生掌握该学科的基本结构。所谓基本结构，是指基本原理和基本概念；同时也要掌握研究这一学科的基本态度和方法。第二，任何学科的基础知识都可以用某种形式教给任何年龄的学生。第三，过去在教学中只注意发展学生的分析思维能力，今后要重视发展直觉思维能力。在发现、发明、解决问题的过程中常常由直觉思维"猜测"出正确的答案，然后由分析思维检验、证明它。第

---

① 教育大辞典编纂委员会：《教育大辞典》第12卷，193页，上海，上海教育出版社，1992。

四，学习的最好动机，乃是对所学材料本身发生兴趣，不宜过分重视奖励、竞争之类的外在刺激。[①]

布鲁纳提倡在学习学科基本结构时广泛使用发现法。他认为，发现并不限于那种要求人类探究尚未知晓之事物的行为。正确地说，发现包括用自己的头脑亲自获得知识的一切形式。发现学习的目标就是培养创造性思维能力。其基本程序一般为：选定一个或几个问题→创设发现问题的情境→建立解决问题的假说→对假说进行验证→做出符合科学的结论→转化为能力。

根据布鲁纳的结构主义教育思想，美国在20世纪60年代对中小学课程进行了大规模的改革，各种学科的专业委员会都编写了新教材，所谓"新数学""新物理""新化学""新生物"等，加强了学科的理论知识，加深了难度。但由于指导思想是培养精英人才，教材太深太难，难以被大部分教师和学生接受，因而这些教材未能大面积推广，但它影响到世界各国的课程改革。我国改革开放以后，也引进了这些教材，它们曾对我国20世纪80年代的课程改革有一定影响。他的发现法也由于难以操作而未能广泛应用，但他的培养学生能力的思想为我国教育界所接受。

范例教学理论　范例教学理论又称"范例方式教学"或"范例性教学"，产生于西德，盛行于20世纪五六十年代，被教育理论界视为与赞科夫的"发展性教学"和布鲁纳"结构主义教学理论"并列的战后三大教学流派之一。范例教学理论起始于西德。第二次世界大战以后，随着联邦德国的重建，为了跟上科学技术发展的步伐，教育部门提出了提高教学质量的要求。学校部门企图通过扩大教学内容、增加课时来实现这个要求，结果，课程变得十分庞杂，学生负担过重，学生的主动性得不

---

① ［美］杰罗姆·S.布鲁纳：《教育过程》，上海师范大学外国教育研究室译，"译者说明"1～2页，上海，上海人民出版社，1973。

到发挥，智力活动受到抑制，教学质量反而下降。针对这种情况，1951年9月，联邦德国大学、高等师范学校与完全中学的代表在蒂宾根召开会议。会议代表指出，教育"处于由于教材充塞而抑制智力活动的危险之中"。会议分析了形势，提出了改革的主张，通过了《蒂宾根决议》。在会议上，历史学家H.姆佩尔提出了"范例教学"的设想，受到了与会者的普遍重视。会后，M.瓦根舍因、J.德博拉夫、W.克拉夫基、H.朔伊尔等教育家发表了许多论著，使得"范例教学"逐渐形成一个教学理论流派。

范例教学理论的基本思想是，借助精选教材中的示范性材料，使学生从个别到一般，掌握带规律性的知识和能力。范例教学理论重视主体与客体的统一，问题解决学习与系统学习的统一，掌握知识与培养能力的统一；强调内容上的基本性（该学科的基本要素）、基础性（适合学生水平，并能成为他们进一步发展的基础）和范例性（所精选的示范知识能使学生举一反三）。

范例教学理论在20世纪80年代被介绍到我国，但在我国并没有像赞科夫的发展性教学理论和布鲁纳的发现法那样反响强烈，在教学实践中影响也比较小。

布卢姆的掌握学习理论　传统教育中有一种学习成绩常态分布的理论，认为大约有1/3的学生能很好地掌握学习的知识；有1/3的学生不能很好地掌握知识，成绩是不及格或勉强通过；另有1/3的学生能学会所学的知识，但处于中等水平。布卢姆对这种传统的理论提出尖锐的批评，认为这种"预想"牺牲了大批学生，它压制了教师和学生的创造力，降低了学生的学习热情。他认为，大多数学生（也许是90%以上）能够掌握我们所教授的事物，教学的任务就是要找到使学生掌握所学学科的手段。他提出，要"为掌握而教"和"为掌握而学"。

在布卢姆的教学理论中，教育目标是组织教学、课程编制和教育评价的基础。教育目标分类是掌握学习理论的重要内容。他在《教育目标分类学》一书中，把教育目标分为三个不同的领域：认知领域、情感领域、动作技能领域。每个领域又分为六个类别：知识、领会、运用、分析、综合和评价。

布卢姆还提出掌握学习在教师、教材、教学组织形式、教学方法等方面的策略。

1986年，华东师范大学邀请布卢姆来校讲学，并翻译了他的《教育目标分类学》，于是掌握学习理论为中国教育界所知，并把他的教育目标分类方法运用到我国教学实践中。

20世纪80年代传入我国的还有暗示教学法、合作教育学、教学过程最优化等教育思想，真可谓五彩缤纷，这里就不再一一介绍。在以上涌入我国的这些教育思想中，有一个共同的特点，就是它们不再强调系统地传授知识，而更多地强调发展学生的能力。一时间，"培养能力"成为我国教学改革的口头禅，"基础知识+基本技能"进一步被强化，实际上，基本技能与发展能力并不完全是一回事。基本技能在中小学主要指读、写、算等的能力或活动方式，而"发展能力"的"能力"则是指顺利完成一项任务所必需的综合心理品质，主要指智力。所以，"基础知识+基本技能"不能代替教学发展能力的要求。

这一时期的中国教育理论界出现了一些新的动向，直接影响了中国教育传统的发展。

第一，思想初步得到解放，人们对教育的价值有了新的认识。从"教育本质"的讨论就可以看到，教育界的思想空前活跃，这是新中国成立以来第一次。思想解放比"教育本质"的讨论本身更有意义，因为"教育本质"的讨论只涉及教育理论中的一个问题，当然是极其重要的问题。而思想解放以后，教育界思考的教育理论中的一系列问题，包括教育的价值观问题、教育方针问题、教育体制的改革问题、学制恢复

"六三三"制的问题、课程改革问题等，都是在20世纪80年代中期提出来的。

第二，教育理论界开始重视宏观问题的研究。长期以来，我国教育理论界只研究微观的学校内部的教育教学工作，很少研究宏观的教育与社会发展的关系。改革开放以后，由于对教育的价值和功能有了新的认识，人们开始重视教育与我国现代化建设的关系的研究。20世纪80年代，教育经济学作为一门新兴学科在我国应运而生，同时教育的发展战略、高等教育的理论也受到了应有的重视，逐渐发展成一门重要的学科。

第三，主动地引进、吸纳国外教育思想和教育改革的经验。如果说一百多年来我们向西方学习是从被迫到自觉，那么改革开放以后的学习更是自觉的、开放的、兼收并蓄的。由于20世纪80年代苏联还没有解体，我们仍然把苏联教育作为社会主义教育的经验来学习，当然不像新中国成立初期那样全面照搬，而是有选择地学，用批判的眼光学。但是在这个时期我们仍然介绍了许多苏联教育的经验，与此同时，我们大量介绍了西方发达国家的教育思潮和教育改革的经验。和西方国家的交往开始多起来，出席各种国际会议、人员的互访、留学生的骤然增加，都带回了西方文化和西方的教育传统，教育思想出现了多元化的倾向，从而进一步促进了我国教育界的思想解放，拓宽了研究领域，开始引进一些新兴的交叉学科，中国教育科学呈现出百花齐放的局面。

第二节　教育大改革、大发展和教育观念的大转变

教育的改革和发展

进入20世纪90年代，世界形势发生了急剧的变化。东欧剧变，苏联解体，人类进入冷战后的新世界。随着科学技术的迅猛发展，国际竞争

日益激烈。各国之间的竞争是综合国力的竞争，说到底是人才的竞争。因此，从20世纪80年代开始，各国就酝酿着新的教育改革，到20世纪90年代，教育改革达到了高潮，以迎接21世纪新的挑战。

在我国，经济建设出现了两种转变：一是由计划经济体制向社会主义市场经济体制转变；二是生产方式由劳动密集型向知识密集型转变。这两种转变突出了知识的重要性、人才的重要性，教育越来越成为中国实现社会主义现代化建设的重要基础。

教育要为社会主义现代化建设服务，教育本身必须改革和发展。邓小平于1983年国庆节前夕为北京景山学校的题词"教育要面向现代化，面向世界，面向未来"，为我国的教育改革指明了方向。1985年5月15日至20日，中共中央、国务院在北京召开了改革开放后的第一次全国教育工作会议，并做出了《中共中央关于教育体制改革的决定》，提出要在我国实行九年制义务教育，实行基础教育由地方负责、分级管理的原则，极大地调动了地方办教育的积极性。1993年，中共中央、国务院颁发了《中国教育改革和发展纲要》，响亮地提出："谁掌握了面向21世纪

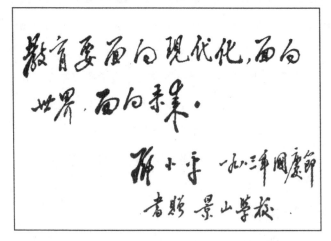

1983年秋邓小平为北京景山学校题词，这一题词为中国教育改革指明了方向。

的教育，谁就能在21世纪的国际竞争中处于战略主动地位。为此，必须高瞻远瞩，及早筹划我国教育事业大计，迎接21世纪的挑战。"1997年中国共产党召开十五次全国代表大会，会议提出了跨世纪社会主义现代化建设的目标和任务，提出了"科教兴国"的发展战略。为了实现党的十五大所确定的目标和任务，落实"科教兴国"战略，推进教育改革和发展，教育部于1998年12月24日制定了《面向21世纪教育振兴行动计划》。中央这一系列决策和举措极大地推动了我国教育的改革和发展。到2000年，我国基本上普及了九年制义务教育，基本上扫除了青壮年文盲；1999年高等教育开始扩大招生规模，至2002年高等教育的毛入学率已经达到15%，初步达到了高等教育大众化的数量指标。

教育大发展是在改革的基础上进行的。普及九年制义务教育能够在短短15年时间基本上实现，是靠地方办学的积极性，乡镇、村都成了办学的主体。现在看来，把基础教育的责任交给地方，应该明确这里的地方是指省、市、县级政府，把责任交给乡镇和村是不恰当的。近几年来，农村费改税以后，乡镇，特别是村，已经没有能力负担基础教育的任务了。基础教育，特别是义务教育，还是应当由国家来负担。

高等教育的大发展也是在高等教育改革的基础上进行的。20世纪90年代末的体制改革彻底解决了我国高等学校领导体制条块分割的状况，实行三级办学二级管理。中央各部委办的学校，除极少数外，一律交给教育部或省、市、自治区政府管理；教育部直属院校也尽可能和地方共建。学校内部也进行了各种改革，扩大了办学的自主权。这些改革调动了地方办学和学校自主办学的积极性，促进了高等教育的大发展。

教育的发展和改革冲击了原有的教育传统，形成了一些新的传统。

全面推进素质教育

20世纪90年代，在教育观念上给人们触动最大的是素质教育的推行。早在1985年全国教育工作会议上，万里就提出"不适应社会主义现代化建设的教育思想、教学方法必须改革"[1]。他说:"教育体制改革的根本目的是提高民族素质,多出人才、出好人才。什么叫'好人才'?一句话,就是新时代需要的人才。"[2]他具体地分析了我国传统教育思想和教学方法,他说:"我国陈腐的传统教育思想和教学方法,可以说是一种封闭型的教育思想和教学方法。教育内容是固定的、僵化的,教育的任务就是灌输这些内容,不能稍加发挥,不能问个为什么,更不能怀疑,考试按固定的内容和格式照答就行,把学生引导到追求高分数上去。这种教育思想和教学方法培养出来的人才,只能是'唯书''唯上',必然缺乏创造性和进取精神。"[3]由于人民群众求学的积极性空前高涨,高等教育提供的学额有限,再加上教育观念的陈旧落后,轻视职业技术教育,高等学校入学考试形成了"千军万马过独木桥"的局面。学校为了追求升学率,忽视学生的思想道德教育,无视学生的身体健康。为此,国家提出了推行"素质教育"的主张。1993年发布的《中国教育改革和发展纲要》明确提出:"中小学要由'应试教育'转向全面提高国民素质的轨道,面向全体学生,全面提高学生的思想道德、文化科学、劳动技能和身体心理素质,促进学生生动活泼地发展。办出各自的特色。"于是"素质教育"就成为教育界最热门的话题。

关于"素质教育",教育界有许多争论。教育理论界有些学者认为,"素质教育"的提法缺乏理论依据。有人说,素质是指人的生理、心理的遗传素质,难以在后天培养;有人说,素质是中性的,有好的素质,有坏的素质,笼统地讲素质教育不好理解;有人问,素质教育与全面发展是什么关系?与教育方针是什么关系?是不是用素质教育代替教育方针?在学校工作的校长和教师更关心的是提倡素质教育,还要不要考

---

① 《教育改革重要文献选编》,42页,北京,人民教育出版社,1986。
② 《教育改革重要文献选编》,42页,北京,人民教育出版社,1986。
③ 《教育改革重要文献选编》,43页,北京,人民教育出版社,1986。

试？考试能力是不是也是一种素质？他们对"转轨"两个字特别反感，提出，难道我们过去的工作都做错了？1999年6月12日，在第三次全国教育工作会议前夕，《中共中央国务院关于深化教育改革，全面推进素质教育的决定》（以下简称《决定》）出台。《决定》对素质教育做了全面的阐述。

> 实施素质教育，就是全面贯彻党的教育方针，以提高国民素质为根本宗旨，以培养学生的创新精神和实践能力为重点，造就"有理想、有道德、有文化、有纪律"的、德智体美等全面发展的社会主义事业的建设者和接班人。
>
> 全面推进素质教育，要面向现代化、面向世界、面向未来，使受教育者坚持学习科学文化与加强思想修养的统一，坚持学习书本知识与投身社会实践的统一，坚持实现自身价值与服务祖国人民的统一，坚持树立远大理想与进行艰苦奋斗的统一。
>
> 全面推进素质教育，要坚持面向全体学生，为学生的全面发展创造相应的条件，依法保障适龄儿童和青少年学习的基本权利，尊重学生身心发展特点和教育规律，使学生生动活泼、积极主动地得到发展。[1]

第三次全国教育工作会议以后，各地都召开了教育工作会议，贯彻落实第三次全国教育工作会议的精神。培养学生的创新精神和实践能力是大家关注的焦点。但是，推进素质教育并非一蹴而就的事，这里涉及

---

[1]《中共中央国务院关于深化教育改革，全面推进素质教育的决定》，载《光明日报》，1999-06-17。

教育制度问题和教育观念问题。

首先，教育资源的不足与教育需求的矛盾制约着素质教育的推行。教育资源的不足既表现在数量上，也表现在质量上。我国有重视教育的传统，每一位父母都希望自己的子女多读一些书，读好学校的书，但我国高中教育尚未普及，高等教育的学额有限，经过几年的大规模扩招，也只达到毛入学率15%的水平，大多数青年没有进入高等学校的机会。为了升学，考试的竞争、择校的竞争就出现了。在这样激烈的竞争下，要推行素质教育是很困难的。

其次，考试制度制约着素质教育的推行。初中升高中需要考试，俗称"中考"；高中升入高等学校需要考试，俗称"高考"。中考、高考决定了青年的命运，应付考试是任何一所学校、任何一个学生都回避不了的，每一个学生从上学开始就陷入紧张的竞争之中。因此，考试制度不改革，素质教育就难以顺利地推行。而考试制度的改革是最困难的，而且它和教育资源的不足是联系在一起的。正是因为教育资源不足，才需要运用考试的方法来选拔优秀人才。

再次，评价制度制约着素质教育的推行。社会上，特别是地方政府评价学校的标准仍然只有一个：升学率。升学率是硬指标，素质教育是软任务。如果一个学校升学率不高，不仅要受到地方行政部门的批评，而且要被社会歧视，遭到家长的唾弃。

最后，陈旧的教育观念制约着素质教育的推行。素质教育涉及教育价值观、人才观、质量观、教学观等一系列观念问题。教育观念不正确，就难以推行素质教育。如人才观、质量观、教学观，是不是考上大学的才是人才？是不是单纯以考试成绩来定质量？是教会学生学习，还是把现存的知识传递给学生？这些教育观念都与我国的传统文化，包括传统教育有关。正如万里在第一次全国教育工作会议上所讲的，我国陈腐的传统教育思想和教学方法培养出来的人才，只能是"唯书""唯上",必然缺乏创造性和进取精神,也就说不上是高素质的人才。

学生主体性教育的讨论

教育观念转变的另一个比较大的讨论是学生在教育中的地位问题,这是教育史上长期争论的问题。但是进入20世纪60年代以后,我们强调教学不仅要向学生传授知识,更重要的是要培养学生的能力,这个命题又被提了出来。在我国,第一次看到把学生称为"教育的主体"的提法,是在李子卓、赵玮等翻译的苏联巴拉诺夫、沃莉科娃、斯拉斯捷宁等编的《教育学》一书中。该书出版于1976年,我国翻译出版于1979年。书中第六章的标题就是"儿童是教育的客体和主体"。笔者和黄济教授在编写中等师范学校用的《教育学》中,采纳了他们的观点,在第四章"教育的对象——儿童"中专门写了一节——"学生是教育的客体,又是教育的主体"。在该书出版之前,为了阐明这个观点,笔者在《江苏教育》1981年第10期上用同样的标题发表了文章,专门阐述了学生在教育中的主体地位,引起了学术界的讨论,赞同者有之,反对者也有之。反对者认为,任何事物只能有一个主体,教师在教育过程中起主导作用,因此,教师才是教育的主体。针对这种意见,我在《论教育的传统与变革》一文中又一次阐述了"学生是教育的主体"的观点,并且说明"教师主导作用"一词是由俄文翻译过来的,意思是先导、引导作用,并无主体的含义。[1]这就引起了更大的争论。于是我在1991年应《华东师范大学学报(教育科学版)》主编瞿葆奎教授之约,又写了《再论教师的主导作用和学生的主体作用的辩证关系》一文。该文没有简单地论述学生是教育的主体,而是从教育过程的三个要素——教师、学生、教材(教育影响)来分析他们之间的关系。[2]20世纪90年代,这个问题的

---

[1] 顾明远:《论教育的传统与变革》,载《中国社会科学》,1987(4)。
[2] 顾明远:《再论教师的主导作用和学生的主体作用的辩证关系》,载《华东师范大学学报(教育科学版)》,1991(2)。

争论似乎平息下来了，基层学校的教师也都接受了"教师主导作用，学生主体作用"的观点。北京师范大学裴娣娜教授还开展了主体教育的实验研究，取得了很好的成绩。

这实际上是一种教育观念的转变问题。我国传统教育历来重视"师道尊严"，教师在教育过程中有绝对的权威，教师的任务就是灌输固定的、僵化的知识，教育方法是经院式的，不注重启发学生思考；学生只是被动地接受知识，不用讨论，更不能怀疑。这种教育只能培养出思想僵化、"唯书""唯上"的人。今天要培养具有创新精神和实践能力的人才，就必须把学生放到教育的主体地位，由学生积极地、主动地、自主地学习。教师的主导作用主要体现在启发、引导、帮助学生自主学习上。

关于教育产业化的讨论

从20世纪90年代起，随着计划经济向社会主义市场经济的转变，把教育推向市场，实行教育产业化的思潮开始兴起，在社会各界引起了很大的争论。参加讨论的除教育界的学者外，还有经济学家、企业家。讨论过程中出现许多不同的观点，归纳起来有以下几种。

第一种观点认为，教育是一种产业，是生产知识、生产科技、生产人才（人力资本）的产业，应该把教育推向市场。特别是非义务教育阶段，包括高等教育，应积极建立教育产业。这样可以解决政府教育投入不足的困难，扩大办学规模，满足广大群众求学的需求。持这种观点的人还提出，现在银行里个人的储蓄很多，人们的第一消费意愿是教育，建立教育市场，可以扩大内需，从而推动我国经济的发展。持这种观点的还有一种理论，认为教育服务作为一种劳务，是提供特殊的使用价值的商品，也可以在市场上进行交换。学生或者家长是消费者，所以上学就要交学费。把教育推向市场，可以引入市场竞争机制，促进教育改革和提高办学效率。

第二种观点则与上述观点针锋相对，认为"教育产业化"的提法是不科学的。教育是培养人才的社会公益事业，不能产业化，更不能市场化。教育的本质是培养人，不仅生产劳动力，还要育人。教育是国家事业，国家要投入资金，而不是把教育放到市场上去调节。他们还提出，教育是有层次的，不同层次、不同类型的教育与经济的关系不尽相同，有些较为直接，有些则只是间接地与经济发生关系。因此，教育适应市场经济方面也要有所区别，不能笼统地提"教育产业化"。另外，我国尚处在社会主义初级阶段，经济还不发达，各地区经济发展极不平衡，居民收入差别很大，大多数居民仅仅处于温饱水平，如果把教育推向市场，势必影响一部分家庭子女的入学，扩大了教育的不公平，而不是促进公平。

第三种观点认为，不能笼统地提"教育产业化"，而要从分析教育的本质属性入手，了解教育与市场的关系。他们认为教育具有某种产业属性，因为它占用了经济资源，存在着一定的投入和产出关系，有一定的就业规模，涉及一定的经济活动；教育服务是一种有报酬的劳务，可以在市场调节下流动。教育属于国民经济发展的"第三产业"，但又与其他第三产业有本质上的区别。主要表现在：第一，严格地说，教育产出的不是"人才"或"人才资源"，而是各种各样的教育服务；第二，教育产品具有"公共品"或"准公共品"属性，因此，教育具有公益性；第三，学校教育教学活动与市场之间没有直接的交换关系；第四，义务教育后教育在投入、产出方面有产业的特性，但从育人方面来讲，更具公益性。应该说，既然教育具有某种产业属性，在有些方面，特别是非义务教育阶段，可以引入市场机制。另外，学校后勤社会化、学校科技成果的转让，更应该进行市场运作。

现在达成的共识是，教育是一种产业，然而与其他产业不同，它是一种特殊的产业。大多人都不赞成提"教育产业化"，因为教育更大的属性是公益事业。但可以采用多种渠道投资，采纳市场的运行机制来扩大教育资源，提高办学的效率。

关于教育现代化的讨论

中国对教育现代化的探索，早在洋务运动时期就开始了。一百多年来，在引进西方教育思想和教育制度的同时，东西方教育思想不断地冲突和融合，中国教育正在逐步走向现代化。但是，在中国实行改革开放以前，中国的文化教育还很落后，中国教育的现代化还只是一种理想，缺乏现实的意义。进入20世纪90年代以后，在沿海发达地区，九年制义务教育已经基本普及，实现教育现代化就被提上了议事日程。江苏首先提出，九年制义务教育普及以后的江苏教育怎么进一步发展？就是要实现教育现代化。于是，关于教育现代化的理论讨论就掀起了一个高潮。1993年，中共中央、国务院发布的《中国教育改革和发展纲要》提出："到本世纪末，我国教育发展的总目标是：全民受教育水平有明显提高；城乡劳动者的职前、职后教育有较大发展；各类专门人才的拥有量基本满足现代化建设的需要；形成具有中国特色的、面向21世纪的社会主义教育体系的基本框架。再经过几十年的努力，建立起比较成熟和完善的社会主义教育体系，实现教育的现代化。"在《中国教育改革和发展纲要》公布以后，江苏、上海、北京、珠江三角洲都先后召开了教育现代化专家咨询会、研讨会，探讨教育现代化的特征、内涵，以及实施的策略和措施。

教育现代化是社会现代化的一部分。现代化首先是从西方开始的，因此人们往往把"现代化"和"西方化"等同起来。20世纪50年代末，西方出现过一种"现代化理论"，企图论证西方社会制度的优越性和合理性，并为战后发展中国家的社会发展提供理论指导和政策依据。20世纪60年代末，这种理论遭到许多学者的批判。这种理论代表西方中心主义的观点，事实上世界文明并非以西方文明为中心，西方文明只是人类众多文明中的一个类型，而且在20世纪60年代，一些发展中国家运用这种理论所提供的"增长第一"的发展战略和政策并未能使它们真正进入现代化。现代化理论遭到怀疑。

中国现代化更不能走西方的道路，而必须根据国情，走自己的道路。邓小平理论指明了道路，那就是，在邓小平理论指导下，把国家建设成有中国特色的富强、民主、文明的社会主义国家。也就是说，中国的现代化，在政治上要完善社会主义民主；在经济上分三步走，在21世纪中叶达到中等发达国家的水平；在文化教育上要普及高中阶段教育；在观念上要树立改革开放的思想。

现代化是一个历史过程，是一个动态的、不断发展的过程。笔者在这场讨论中曾提出"现代化"的新概念，即所谓现代化，是指人类认识自然、利用自然和控制自然（包括人类自身）的能力空前提高的历史过程，由此而引起的政治、经济、文化等社会各领域广泛而深刻的变革，其目标是创造高度的物质文明和精神文明。[1]教育现代化就是为适应社会现代化的需要，充分利用现代科学技术的新成果来改进教育制度、教育内容和方法，促进人的现代化进程。现代社会包含工业社会和信息社会两个阶段。现代教育在这两个阶段也有不同的特征。

工业社会的教育有以下几个特征：第一，受教育的平等性，至少在理论上、法律上是这样；第二，学校教育制度化、体系化，建立起了各级各类教育体系，学校内部也规范化、制度化；第三，教育的生产性，教育与生产劳动相结合是现代教育的普遍规律；第四，教育内容的科学性，科学教育成为学校教育的重要内容。

进入信息社会以后，现代教育除了保留工业社会教育的某些基本特

---

[1] 顾明远、薛理银：《比较教育导论——教育与国家发展》，208页，北京，人民教育出版社，1996。

征外，又增加了许多新的特征。

第一，教育的民主性。工业社会由于大工业机器生产，要求工人具有一定的科学文化知识，普及义务教育的思想得以成为国家的法律和制度。义务教育最重要的意义是使全社会成员不分民族、种族、性别、家庭状况、财产、文化背景、宗教信仰，都有享受教育的权利，从而在一定程度上实现了教育的民主性。但民主性的程度是随着现代社会的发展而逐步扩大的，包括义务教育年限的延长，以及高等教育走向大众化、普及化等。实现教育现代化，首先要建立一个能够满足广大人民群众学习需要的教育体系，尽量实现教育的平等与公平。

第二，教育的生产性。教育与生产劳动相结合是现代教育的普遍规律。现代教育只有走出围墙，为社会发展服务，才能适应现代社会的要求，同时教育本身也才能得到发展。20世纪80年代以后，教育与生产劳动相结合普遍受到各国的重视。1981年联合国教科文组织在日内瓦召开的第38届教育大会，就是以教育与生产劳动相结合为主题。作为教育与生产劳动相结合的形式，教学、科研、生产一体化，合作教育等在各国有了较大发展。

第三，教育的终身性。终身教育的思想在20世纪60年代就开始流行。科学技术的飞速发展带来了社会的激烈变革，社会由工业社会逐渐走向信息社会。信息社会是学习化社会，人们只有不断地学习，才能适应因科学技术的迅猛发展而带来的生产变革和社会变革的需要。教育的终身性要求打破学校的界限，把学校教育、家庭教育、社会教育结合起来，把正规教育与非正规教育、正式教育与非正式教育结合起来，同时，随着社会的进步，学习已经不是为了达到某种目的的手段，而是目的本身，成为人们生活的一部分，那时整个社会就会变为全民学习、终身学习的学习型社会。

第四，教育的个性化。教育的本质就是培养人，让每一个个体都能得到充分的发展。人的发展既有共性又有个性，它们都受到社会各种因素的制约。共性更多地体现社会的要求，个性则较多地体现个体的要求。工业社会比起农业社会来说，虽然人身得到了自由和解放，但仍受社会分工的束缚。而且工业社会强调的是标准化、统一化，个性并不能得到充分的发展。信息社会强调个性化、多样化，网络技术的广泛应用也为个别学习提供了可能，为个性发展提供了条件。个性发展中最重要的是创造性的发展。现代教育要为人的个体发展的需要培养他的开拓精神和创造能力。

第五，教育的多样性。教育的个性化必然要求教育的多样性。教育的多样性表现为教育目标的复杂性和多样性。农业社会的教育目标是很单纯的，只是传授经典，培养统治阶级的官吏。工业社会的学校教育不仅要培养统治人才，而且要培养发展生产的科学技术人才和有文化、懂技术的劳动者。信息社会要求学校成为信息的策源地，高等学校不仅要开展科学研究，创造新的知识和科研成果，而且要创造新的价值观和思维方式。

教育的多样性还表现为教育结构的多样化。学校教育由过去单一的普通教育发展为普通教育、职业教育、技术教育等多种教育的结合；高等教育由单一的长期学术性教育发展为多层次、多类型的教育；同时，教育突破了学校教育的框框，正规教育与非正规教育、正式教育与非正式教育多种形式并存。

教育的多样性还表现为教育内容和教育方法的多样化。教育内容可以因人而异；课堂教学已经不是唯一的教学形式，个别学习、学生广泛参与是现代教学的重要特点。

第六，教育的开放性。现代教育将是一个开放的系统，教育社会化，社会教育化。学校不再是封闭的组织，而是向全社会开放，并和家庭、社会融为一体；社会各种组织都将成为学习型组织，形成一个全民学习、终身学习的学习型社会。

第七，教育的国际性。现代教育本身就是一种国际现象，不同国家教育之间的互相学习、互相交流变得十分重要而迫切。随着科学技术的发展、经济的全球化，交通越来越便捷，信息交流越来越迅速，世界变得越来越小，某一个国家的某一项教育改革会迅速传遍全世界。大量在国外学习的留学生、在异国工作的专家和顾问、在世界各地举办的国际会议、学者间往来的各种信件、资料的交换等，都促进了教育的国际化。

第八，教育的创新性。现代社会的一个基本特征就是不断变革。与之相适应，教育也在不断地创新。近几十年来世界各国频繁的教育改革正反映了现代社会变革的需要。

教育的信息化也是现代教育的重要标志，教育信息化是指将信息技术全面、深入地运用于教育领域，促进教育改革和发展的一个过程。信息技术已经渗透到人类生产、生活的各个领域，对教育也产生了巨大的影响，正在引起一场革命性的变革。下一章我们还要具体讨论。

教育是未来的事业，现代教育要面向未来。传统的教育观念总是向后看，留恋于以往的经验；现代教育观念总是向前看，看到新的情况和发展趋势，研究新问题。传统的教育观念倾向于被动地等待变革；现代教育观念总是主动地适应社会变革，对教育具有超前意识。[1]因此，教育也更具有科学性，即教育行为对教育科学研究具有依赖性。现代教育不是凭经验，而是更多地依赖于科学的决策，教育行为的理性加强了。科学决策的失误往往会影响整个教育的发展，甚至社会经济的发展。大到教育的发展战略，小到课堂教学的改革，都要在调查研究、科学实验的

---

[1] 顾明远：《我的教育探索——顾明远教育论文选》，195～207页，北京，教育科学出版社，1998。

基础上进行。

教育的科学性还包含着教育的法制性。法律不等于科学，但现代社会的法制需要建立在科学的基础上，一旦教育规范经过科学论证，形成了法律，它就具有法律的规定性。现代教育是法制的教育，教育行为都由国家的立法来规范。这种法律化的教育是高度理性化的，是科学的。

现代教育表现在教育思想、教育制度、教育内容、教育方法、教育物质条件各个方面，但更重要的是表现在教育思想观念上。只有观念创新，才能促进教育制度、教育内容和教育方法的创新。而教育思想观念的创新就和我国的文化传统密切相关。20世纪90年代教育领域中的诸多讨论，就是一种新旧文化的冲突、新旧教育观念的冲突和融合。

实践总是丰富的，理论概括总是贫乏的。以上我们只是列举几场影响最大的讨论。实际上这种讨论天天在进行，处处在进行。20世纪八九十年代在我国大地上掀起了教育改革实验的大潮，这种改革实验的本质也是寻求一种新的教育理念和培养人才的新模式。在全国比较有影响的实验有：著名教育家吕型伟教授领导的教育整体改革实验研究，此项实验从"八五"科研规划期间开始，至今还在进行中，时间已长达十多年，跨越十多个省市，参加的学校有几十所，影响之大，遍及全国；由叶澜教授领导的新基础教育实验、由裴娣娜教授领导的主体教育实验，也都是跨越多个省市的，有几十所学校参加。其他还有情境教育实验研究、愉快教育实验研究、成功教育实验研究等，可谓百花齐放，万木争春。这些实验研究都为现代教育新传统的建立创造了基础。

改革开放20多年来的教育科学研究成果更是层出不穷。在改革开放以前，教育科学可以说只是"一枝独秀"，一本《教育学》唱独角戏。虽然《教育学》有多个版本，但大同小异。改革开放以后，思想得以解放，教育科学开始呈现百花齐放的局面，经过四个"五年规划"，涌现出了大批科研成果。教育科学成为一个学科群体，出现了许多新的学科和交叉学科，如教育哲学、教育经济学、教育社会学、教育管理学、教育人类学、教育生态学等。更可喜的是，高等学校培养了几百名教育学博士和几千名教育学硕士，他们的论文有许多新理论、新思想。这一切都为我国新的教育传统建设奠定了理论基础。

第三节　网络文化对传统教育的冲击

信息技术与网络文化

20世纪90年代，随着信息技术的发展，世界进入信息化时代。以国际互联网为标志的信息革命席卷世界各地，深刻地改变着人类社会的生产、生活和思维方式。中国也不例外。当1993年9月美国总统克林顿提出建设"国家信息基础设施"（俗称"信息高速公路"）时，我国学者曾讨论，我国有没有必要和有没有足够的财力建设信息高速公路。但话音未落，信息高速公路已经走到我们面前。其发展速度之快，出人意料。据不完全统计，2000年1月我国有网民890万人，2000年7月就达到1 690万人，2003年7月达6 800万人，而据2003年12月6日中央电视台播报的数字，全国网民已达7 800万人。

信息技术，特别是互联网的迅速发展，引起了人类思维方式的变革，桑新民教授把它称为"人类智慧的'联网'"。他说："以往我们常说，计算机是思维的工具，是人脑的延伸，然而单个计算机的容量和功能毕竟是有限的，无法与蕴藏着巨大潜能的人脑相比，而国际互联网却通过全球计算机的互联，将古今中外全人类的智慧汇聚到覆盖全球的巨型复杂的网络系统之中，这不仅延伸了个体的大脑和思维活动，而且创造了一个外化的、每时每刻都在急剧发展的全人类的大脑！"①

　　信息技术和互联网的发展，对教育产生了深刻的影响，使教育的观念、内容、方法、结构发生了革命性的变化。许多国家都十分重视教育信息化。例如，1993年美国就提出，要把教育广泛构架在互联网上，使信息高速公路通向每一所学校、每一个教室和图书馆，使美国每一个8岁儿童都能够独立阅读网上信息，12岁能借助网络学习。英国、法国、芬兰、日本、韩国、新加坡等都纷纷制定规划，加快发展教育信息化工作。我国开始建设教育信息化工程是在20世纪90年代末。1998年的《面向21世纪教育振兴行动计划》把"实施现代远程教育工程"、形成开放式教育网络、构建终身学习体系作为重要内容。2001年，国家计委《国民经济和社会发展第十个五年计划科技教育发展重点专项规划（教育发展规划）》和教育部《全国教育事业第十个五年计划》，都提出了按国家重点建设项目，建设"教育信息化工程"，于是教育信息化在我国学校迅速发展。经济发达地区都建立了局域网、学校网，实现了校校通；经济欠发达地区的重点学校也都建立了校园网；计算机已经在中小学基本普及。据不完全统计，截至2002年年底，全国中小学拥有计算机584万台，平均每35名学生有1台。

　　网络教育不仅在学校教育普及，而且在青少年的课外生活普及。上网冲浪，上网吧消磨时光，已经成为一部分青少年生活的重要组成部分。据统计，全国6 800万网民中，年龄在18岁以下的占17.1%，18～24岁的占39.1%。两者相加，即学龄阶段青少年占全体网民的56.2%；上网吧的尤以青少年为主。网络，由于它的特殊性，已经形成一种独特的文化形态在我国青少年中流行。网络文化对传统教育是一个重大的冲击，

---

① 桑新民、张倩苇：《步入信息时代的学习理论与实践》，9页，北京，中央广播电视大学出版社，2000。

我们不能不重视对网络文化的研究。

网络文化的特点

虚拟性　网络可以创造一个虚拟世界。网上可以有虚拟学校、虚拟图书馆、虚拟商店、虚拟银行等。在互联网上与别人交流，你不知道对方是男是女，是老是少，所有活动都在虚拟状态中进行。人们可以根据共同的兴趣爱好，共同的信仰和价值观，结合成各种各样的社会集团。但是，虚拟性并非虚幻性，它是现实存在的。人们可以在网上学习、交友、购物；可以在网上交流信息，讨论共同关心的社会问题、学术问题、生活问题。由于网上交往具有虚拟性，活动主体具有隐匿性，一方面，它提供了一个开放、平等、自由交往的平台；另一方面，它为不法之徒提供了机会，容易使人上当受骗。所以，在互联网上活动更需要诚信。

跨文化性　传统文化是在特定的民族、国家、地域的群体中产生和发展的，因此，传统文化总是具有民族性、地域性的特征。传统文化的交往要克服空间的限制，特别是民族之间、国家之间的障碍。而网络文化的交往是在网络空间进行的，网络现在已经覆盖全球，不仅不同民族、不同文化的信息都能在互联网上显示，而且人们可以在网上周游全世界，可以接触到各种民族文化的信息。它突破了空间、地域、国家的限制，缩短了人与人之间的距离。当然，现在网上的信息绝大部分来自西方国家，形成了一种文化霸权。因此，我们在网络交往中要注意吸取世界一切优秀的文化，摈弃一切腐朽的文化，同时要注意弘扬中华民族优秀文化的精神。

开放性　网络文化创造了一个无比广阔、史无前例的开放时空。网上交往是在开放的状态下进行的，不受时间、空间的限制。在网上，网民可以自由进入一个新世界，不会因种族、经济实力、文化背景、宗教信仰而有任何特权，或受到任何歧视。在网上，人们可以自由地表达自己的观点，不会受到压制。但是，正是由于网络文化的这种开放性，容易被一些不负责任的人散布黑色、黄色的信息，蛊惑人心，扰乱社会。因此，网络文化需要网民有更高的责任心和道德品质，同时也需要有更高的警惕性。

交互性 网络最本质的特征是交流和传播。信息技术的高度发展，使得人们在信息交流中能够实时交互。传统媒介（除电话以外）的传播是单向的，网络传播则可以是双向的、多方面、大范围的实时交流。在互联网上，网民既是信息资源的消费者，又是信息资源的生产者和提供者。网民在互联网上浏览新闻，阅读作品，同时也可以发布新闻，发表作品，发表对时事、对别人的作品的评论，与老师、同学、朋友讨论学习或其他问题。

个性化 网络文化为个性发展提供了平台。个人可以根据自己的兴趣爱好选择学习的内容、进程，选择交流的伙伴。互联网有如广阔的海洋，任你在信息海洋中自由游泳，大胆冲浪。但是要注意，有时会遇到大风和恶浪，在汹涌澎湃的信息浪潮中，需要特别注意把握方向，选择正确的路线和策略。

网络文化对传统教育的影响

以多媒体和互联网为代表的信息技术在教育领域中的应用，促进了教育信息化，同时正在引起一场新的教育革命。它不仅极大地提高了教育的效率和质量，而且引发了包括教育观念和教育模式在内的深刻变革。

教育信息化是一项极其复杂的社会系统工程，包括宏观的教育规划、管理的信息化，微观的学习环境、学习模式、评价模式的信息化等。信息化对传统教育的冲击主要表现在教育观念和教育模式上。

第一，互联网为学生提供了全新的学习环境、丰富多彩的学习平台。学生开始从被动的知识接受者转变为主动的知识探究者，从而极大地提高了学生的学习兴趣、能力和效率。

第二，信息化改变了教师的角色地位，从根本上改变了传统的师生关系和交往方式。教师已经不是知识的唯一载体，教师不能只将自己熟悉的知识传授给学生，而是要成为学生学习的伙伴，在与学生共同学习中指导学生自主学习。教师的主导作用在于指导学生选择正确的学习路线和学习策略，使学生在汹涌而来的信息浪潮中不会迷失方向。

第三，信息化促进教育资源的共享。教育信息化可以整合各地各校的优质资源，向缺乏优质资源的地区传送，做到资源共享。远程教育正在发挥这种作用，它不受时间、空间的限制，对于教师的继续教育和各种专业的培训起着重要作用。

第四，信息化拓宽了教育领域，为全体国民的终身学习提供了教育环境。互联网冲破了学校的围墙，摆脱了学校课堂的时间和地域限制，极大地扩大了教育的范围，极大地满足了人们的学习需求，为建设学习型社会创造了条件。

第五，信息技术促使教育模式发生变革，这主要表现在以下几个方面。

（1）信息技术改变了学生在教学过程中认识事物的过程。传统的教学过程是由感知教材、理解教材、巩固知识和运用知识几个环节按顺序连续地组成的。信息技术把感知、理解、巩固、运用融为一体。多媒体和网络教育有形有声，不仅有较强的直观性，而且能够引导学生直接揭开事物的本质和内在的联系。许多肉眼看不到的微观世界和宏观世界，以及一些事物的运动规律，都可以运用信息技术看到，使学生容易理解和掌握事物的本质，有利于学生思维能力的培养和发展。

（2）信息技术改变了某些教学原则。传统的教学过程强调教学要由近及远，由浅入深，由具体到抽象，信息技术改变了这个顺序，它可以把远方的东西放到学生面前，把复杂的东西变得简单，把抽象的事物化为具体。它可以把时间和空间放大，也可以把时间和空间缩小，怎样有利于学生的认识就怎样运用。

（3）信息技术改变了教材内容和教材形式。通过信息技术，教师可以把过去不容易理解的新科技内容增加到教学内容中，使教学内容现代化。由信息技术编制的教学课件，把声音、图像和文字结合起来，增加了教材的艺术感染力。

（4）信息技术改变了评价方法。随着信息社会对人才的要求，从知识型向知识与能力复合型及人格发展的转变，带来了评价技术的一系列演变和发展。典型的表现是，由经典的参照标准测量向以知识、能力为基础的项目反应技术方向发展，适应评价技术、绩效技术将成为一种新的评价方法。

（5）信息技术改变了师生关系。这在前面已经讲到，不再赘述。

为了适应这种变革，人们首先要在教育观念上有所更新，要树立大教育观念。教师、家长的眼光不能局限于学校的围墙内，局限于课堂，要放眼社会。今天，学生接受信息已经远远不限于学校、课堂，家庭、社会都是信息源，互联网是更丰富的信息源。学生从家庭、社会、互联网上获得的信息必然会影响到课堂学习。如果教师、家长的眼光局限于学校、课堂，就不能培养出适应21世纪高科技、高竞争时代所需要的人才。教师要充分利用互联网的特点和优势，把信息技术和课堂教学整合起来，更好地促进学生的发展。

同时，我们应当认识到，任何事物都有两面性，网络文化也不例外。互联网汇聚全人类的知识和智慧，带给人们五彩缤纷的人类文化的精华，但是同时也会带给人们许多文化的糟粕。

第一，网络上一些色情、暴力的渲染，腐朽生活方式的泛滥等，都会对青少年学生的人生观、价值观的形成产生消极影响。近年来青少年犯罪率增加，很多是受网上腐朽文化的影响。

第二，长期沉迷于网络游戏，学生荒废学业，有的甚至误入歧途。近来发生了许多少女因网上聊天，受到男性侵害的案件；有的学生通宵达旦泡在网吧里，健康受到损害。最近一则消息更是触目惊心，有两名学生因泡网吧疲倦过度，竟在回家的路上睡在铁轨上而酿成惨剧。

第三，长期的人—机对话会影响青少年学生的身心健康发展；长期在网上虚拟世界中生活，会影响青少年学生对现实社会的了解和适应，不利于他们的社会化发展。

第四，在学习中长期使用计算机，会降低学生的文字能力和计算能力。现在出现的许多网络语言，严重地冲击了汉语的规范化，影响到中国新文化的建设。

总体来讲，网络文化作为一种新的文化形态，在发展过程中，其主流是积极健康的，但也存在着一股消极的暗流，不能不引起教育工作者的重视。

第十一章　结束语：探索中国教育现代化之路

　　上面各章我们剖析了影响中国教育传统的中外各种文化因素。从这些因素中可以看到，中国教育的文化基础是复杂的、多元的。中国教育最基本的、最核心的文化基础当然是中国的民族文化传统，但是，中国的现代教育制度又是引自西方，因此不能说没有西方文化的烙印。而中西两种文化是异质的文化，特别是西方文化的入侵，对中国来说，开始是被迫的，所以冲突和融合经过了长期的痛苦的过程。陈独秀在《吾人最后之觉悟》一文中说，使中国人生活状态变迁，日趋觉悟的是"欧化之输入"，但因为与中国固有文化的根本性质极端相反，所以数百年中国扰攘不安的现象，十之八九是由于两种文化相触接相冲突。他接着说，凡经一次冲突，中国人就受到一次觉悟。直到他作文的"五四"前夕，已经过六个时期：第一期在明之中叶，"西教西器初入中国"，知之者乃极少数人；第二期在清之初世，"火器历法，见纳于清帝，朝野旧儒，群起非之，是为中国新旧相争之始"；第三期在清之中世，鸦片战争以后，"西洋武力，震惊中土"，于是出现"洋务西学"之名词，当时争论的是"铁路非铁路问题""地圆地动地非圆不动问题"；第四期在清之末季，"甲午之役，军破国削"，遂有戊戌之变，新思想有了拓展，由行政制度问题而转入政治根本问题；第五期在民国初元，"辛亥之役，共和告成";第六期是"今兹之战役也",即指民国初期复辟反复辟的斗争。①他说:"国中贤者,宝爱共和之心,因以勃发;厌弃专制之心,因以明确。"②他怀着疑虑之心说:"然自今以往,共和国体,果能巩固无虞乎?立宪政治,果能施行无阻乎?以予观之,此等政治根本解决问题,犹待吾人最后之觉悟。此谓之第七期,民国宪法实行时代。"③他认为,最后之觉悟,"尚难实现"。为什么?因为当时对共和、对立宪,只有少数人觉悟,多数国民"不见有若何切身利害之感"。他把最后觉悟的希望寄托于青年,并向青年陈述三点:①政治觉悟。要认识到,第一步,"国家为人民公产,人类为政治动物";第二步,"吾国欲图世界的生存,必弃数千年相传之官僚的、专制的个人政治,而易以自由的、自治的国民政治也";第三步,"共和立宪而不出于多数国民之自觉与自动,皆伪共和也,伪立宪也,政治之装饰品也"。②伦理的觉悟。陈独秀认为,儒家的"三纲五常"阶级制与西方的自由、平等、独立是誓不两立的,只有废除纲常阶级制才是伦理的觉悟。他把伦理觉悟看作"吾人最后觉悟之最后觉悟④"。这是陈独秀早期的文章,还不是以马克思主义的历史唯物世界观来分析东西方文化的关系的,而是主张欧化,也即西化,用西方自由、平等、独立的共和政体来取代中国的专制、独裁政体,但他分析中西文化冲突的脉络是很清晰的。中国向西方学习,从态度来讲,经过了从被迫到自觉的过程;从程度来讲,首先是认识西方的物质文化、火器历法,然后认识西方的制度文化、共和立宪,最后才认识到西方的观念文化——自由、平等、独立。按陈独秀的意见,观念文化是最重要的,即所谓"最后觉悟之最后觉悟",但是观念文化的学

---

① 陈独秀:《吾人最后之觉悟》,载《新青年》第1卷6号,1916。
② 陈独秀:《吾人最后之觉悟》,载《新青年》第1卷6号,1916。
③ 陈独秀:《吾人最后之觉悟》,载《新青年》第1卷6号,1916。
④ 陈独秀:《吾人最后之觉悟》,载《新青年》第1卷6号,1916。

习是最艰难的，而且不可能像制度文化那样用一种制度来代替另一种制度，只能是在冲突中融合。所谓融合，就是在本土文化的基础上吸纳新的文化因素，创造出一种具有本土特色的新文化。中国现代新文化走的是这条路，中国现代教育也是走的这条路。

从前面几章的分析中可以看到，我国当前的教育思想、制度、内容和方法，也即中国现代教育传统，不是孤立地产生的，而是在新中国成立以来的政治、经济发展条件下，继承和改造了历史上的教育传统并在吸收外来教育传统的基础上逐步形成的。它大致包含以下一些因素：①几千年中国传统文化，包括传统教育的影响，其中包含着优秀的教育思想和封建、陈腐的教育思想；②"五四运动"以来的科学和民主的优秀教育思想；③老解放区的教育传统，包括教育思想和制度，特别是干部教育的思想和制度，对新中国成立以后的教育有很大影响；④一百多年来，特别是近几十年来西方教育思想、制度和方法的影响；⑤新中国成立以后学习苏联教育的影响。当然不能说这些因素都是孤立的、互不联系的，相反，它们是互相联系、互相影响的，有时是互相冲突的，在冲突中达到融合。这些因素中包含着优秀的教育思想和制度，也包含着陈旧的教育思想和制度。应该说，新中国成立以来，我们以马克思主义、毛泽东思想、邓小平理论为指导，在教育思想的主导方面是先进的、优秀的。但是，毋庸讳言，我们的教育传统中还残存着不少落后的、陈腐的东西。中国现代教育新传统还不能说已经建立起来，要建立科学的、民主的、民族的社会主义现代教育新传统，还需要全体教育工作者不懈努力。

正确对待教育现代化与中国传统文化的关系

中国教育是在中国的文化背景上发展起来的，中国文化是它的核心基础，因此，中国教育在实现现代化的过程中，要正确对待中国传统文化。要继承和发扬中国文化的优秀传统，批判和摒弃陈旧、落后的思想观念。我们反对民族虚无主义，我们不认为中国的文化是落后的，不如西方文化先进。中国传统文化有落后的一面，特别是近代以来，中国是落后了，但中国文化从根本上讲有优秀的一面，它凝聚着生活在这片土地上的中华民族不畏强暴、自强不息、克服天灾人祸、走向胜利的精神。今天，这种民族精神正在鼓舞着13亿人民走向新的时代，走向世界。我们也不赞成民粹主义，我们不认为中国文化是最优秀的，无须向别人学习，不认为一切新鲜事物都是中国"古已有之"，拒绝接受新观念、新经验。一个民族和一个人一样，看不到自己的缺点的时候，落后即将开始。中国近代以来之所以落后于世界，就是因为夜郎自大，闭关自守。这个深刻的教训值得我们时刻铭记在心。

我们在第三章第二节专门论述了中国传统文化的基本精神，在第五章第四节论述了中国传统教育中的宝贵财富。这些优秀的传统都是实现中国教育现代化过程中宝贵的教育资源，应该大力发扬，做到"古今融合"。但是，毋庸讳言，中国传统教育中也有消极的、与现代化不相适应的东西，特别是陈旧的教育价值观、人才观正在阻碍着教育现代化的进程，阻碍着素质教育的推行。人要吐故纳新，文化也要吐故纳新。因此，今天我们要实现教育现代化，就要实行教育创新，首先要在教育观念上创新，扫除一切阻碍教育现代化进程的旧观念。

（一）改变狭隘的教育价值观，树立正确、全面的教育价值观

学校教育为统治阶级服务，培养统治人才，这是古代教育的共同特征。我国封建社会的政治体制和以儒家伦理纲常为核心的思想体系，使教育紧紧依附于它并为它服务，从而形成了狭隘的教育价值观：为等级、专制、集权服务。一句话，为政治服务，或者叫作"学而优则仕"。长期以来，人们把教育简单地视为一种工具。政治家视教育为阶级统治和政治斗争的工具；经济学家视教育为经济增长的工具；广大家长则把教育视作他们的子女谋取优裕职业的敲门砖。所以有的学者说："中国

教育传统（应为'传统教育'）中缺乏民主与人权的价值。"①当然，任何一个社会，任何一个国家，教育都是不能脱离政治的，社会主义教育也不能例外，教育要为巩固社会主义制度服务。但这只是教育的一个社会功能，教育还应该有其他社会职能，例如，教育要为发展社会物质生产服务，为社会精神文明建设服务，即还有经济的功能和文化的功能。教育更重要的本质特征还在于人的自身发展。也就是说，教育的本体性是育人，是提高人的素质。因此，要重视教育的本体性，克服教育的工具性。教育具有工具性，但这种工具性是通过育人来实现的，也即教育的工具性是通过教育的本体性来实现的。只有人的素质提高了，人才能更好地为社会服务。同时，人在为社会服务的过程中，也就是在改造客观世界中，自身得以发展和提高。

（二）改变因循守旧的人才观，树立现代社会的人才观

在封建社会，自然经济占统治地位，这种封闭式的经济活动只要求受教育者恪守传统的知识和技艺，守住祖宗家业，而不重视启迪受教育者去开辟新的知识领域，鼓励他们的创新精神。这种人才观与狭隘的教育价值观是相联系的。几千年来封建社会统治阶级要求培养的是听话的奴仆，要求他对主人的绝对服从，不需要有自己的独立见解；而劳动人民在封建统治和自然经济条件下，也只知道教育自己的子女守家立业，把他们束缚在土地上，而不要求他们去开辟新的天地。

封建社会离我们已经很远了，但这些传统观念的残余远没有消灭，而且时时影响着今天的教育。那种用一种模式培养学生，要求学生把书本上的死的知识奉为经典，把老师的讲解奉为权威，而不培养学生的个性和独立思考能力的做法，就是这种因循守旧的人才观的反映。这种人才观当然与现代社会格格不入。在知识经济到来的今天，科学技术日新月

---

① 丁钢：《历史与现实之间：中国教育传统的理论探索》，17页，北京，教育科学出版社，2002。

异，教育要培养具有开拓精神和创新能力的人才，只有不断创造新知识，开拓新领域，才能使国家繁荣、民族昌盛，才能在国际竞争中战胜对手。

陈旧的人才观的另一种表现是认为能出人头地的人才是人才。这也是受传统观念中"学而优则仕"的影响。但是在今天这个人才结构多样化、职业发展多元化的时代，只要有社会责任心，勤奋努力，为社会做出一定贡献的人就是人才。1985年《中共中央关于教育体制改革的决定》就指出："要造就数以亿计的工业、农业、商业等各行各业有文化、懂技术、业务熟练的劳动者。要造就数以千万计的具有现代科学技术和经营管理知识，具有开拓能力的厂长、经理、工程师、农艺师、经济师、会计师、统计师和其他经济、技术工作人员。还要造就数以千万计的能够适应现代科学文化发展和新技术革命要求的教育工作者、科学工作者、医务工作者、理论工作者、文化工作者、新闻和编辑出版工作者、法律工作者、外事工作者、军事工作者和各方面党政工作者。"这还是一种概括性的分类，如果按照国际劳工组织（ILO）的国际标准分类，则社会职业可分为8大类、83小类、284细类及1 506个职业项目，每个职业项目内还有许多种具体职业，多达上万种。缺了哪一种具体职业，社会都难以运转。当然，每个家长都希望自己的子女有一份好的、收入高的、所谓体面的职业。但是，每个人的天赋、能力都有差异，兴趣、爱好、特长也有差异，成长中的机遇也不同，职业自然就会有差别。任何职业只要勤奋好学，都能做出成绩，都会受到人们的尊敬。而且当今时代是一个变革的时代，一个人已经不可能一辈子固定在一个职业上，也没有哪一个学校能够保证教出适应所有职业的人。学校教育重要的是打好基础，使学生有较高的素质，学生走向社会再不断学习。一个青年只要肯学习，转变职业的机会是很多的。

现代教育的人才观应该有以下一些特点。

（1）人才的广泛性。当教育还处于少数人享受的时代，社会只有少数人才。现代社会，中等教育几近普及，高等教育已经进入大众化、普及化阶段，受过教育、训练的人才日益增多。

（2）人才的多样性。现代社会需要多种多样的人才，因此，要改变用一种模式培养人才的传统做法，重视因材施教，人尽其才。社会需要有一般人才，又需要有一批拔尖人才，现代教育要为不同个性的人创造发展的条件，使他们的个性得到充分自由的发展。

（3）人才的和谐性。现代社会需要在德、智、体、美、劳诸方面和谐发展的人才，他们不仅要有丰富的知识，还要有表达能力、交往能力、组织能力等各种能力，更要有高尚的道德品质和情操，以及健康的体魄。

（4）人才的超前性。一方面，人才培养的周期较长；另一方面，人才为社会服务的年限也很长。这两个长期性需要我们用面向未来的眼光、用发展的眼光来看待人才的培养问题。不能只看到社会在现阶段对人才的需求和规格要求，还要看到社会的未来发展阶段对人才的要求，看到人的潜在能力和他在未来的发展。

（三）克服重学术、轻技术的观念

在我国漫长的封建社会，学校教育制度与人才选拔制度是紧密结合在一起的。学习是为了做官，要做官就要参加科举考试。学生寒窗苦读，不接触社会，不接触生产，鄙视一切技艺性的职业和劳动。这种观念至今还有广泛影响。我国职业技术教育不发达，固然有多种原因，但不能说与这种传统观念没有关系。历来的观念是"学而优则仕"，没有说"学而优则工""学而优则农""学而优则商"，因此，学习好的学生总是追求上普通高中，上名牌大学，不愿意上职业技术学校。这种观念不改变，职业技术教育就很难在人们心目中占有重要地位，职业技术教育就很难得到发展，结果是劳动人民的文化素质和技术素质得不到提高，必然会阻碍我国劳动生产率的提高。

科举考试制度的思想影响绝不能低估。科举考试选拔人才的方法，相对于世袭制是一种进步。但是，学校教育重学术轻技术，教学围绕着考试转成了我国教育的传统，从而导致人才培养模式的僵化，成为教育改革和发展的严重阻力。要改变这种状况，一方面要改革考试制度；另一方面要改变传统的教育观念，把培养人才放到更广阔的视野进行，跳出"学而优则仕"的狭隘圈子。

重学术轻技术、追求高学历、追求名牌大学，恐怕是东方文化的特征。日本、韩国的高等教育入学率已经很高，达到了普及化的标准，但考试竞争仍然很激烈，就是为了追求名牌大学。如果一个有身份的家庭的孩子没有考取名牌大学，父母会觉得很丢面子。西方社会就没有这种观念。孩子将来上什么大学，从事何种工作，这是孩子自己的事，自己的选择，与父母无关，父母至多给予某种忠告，最后的决定在于孩子本人。这就是东西方文化的差异。应该说在这个问题上，西方父母的观念更科学、更民主，也更先进，值得我们借鉴。如果我们的观念不改变，那么，即使教育资源再充足，高等教育再发达，考试的竞争，以及由此而带来的创新精神的匮乏、轻视技术、技术人才的短缺等问题仍然不能解决。

（四）树立正确的教学观和教学质量观

教学过程是师生双边互动的过程，但是因循守旧的传统教育把教学变成老师单方面的活动。"老师滔滔地讲，学生静静地听"，学生处于一种被动的地位。教学过程对学生来讲就是学习过程。学习要靠大脑的积极活动。孔子说："学而不思则罔。"学习如果不动脑筋思考，知识就不易理解，也不易记忆，更不能迁移。启发式教学和注入式教学的根本区别就在于老师能不能促进学生的积极思维。注入式教学只重视教学的结果，把现存的知识教给学生；不重视教学的过程，不要求学生思索，更不喜欢学生自己提出问题。这种教学方式显然不能培养学生的创新精神和实践能力。

要培养学生的能力，就要把学生放到教学过程中的主体地位，在教学中充分调动学生的积极主动性，并给学生留有自主学习的空间。当前我国新一轮的课程改革强调学生学习的主体性，提倡探究性学习。但是，教师的教学观不转变，课程改革也是难以取得成功的。

什么是高的教学质量？是不是知识越多，考试分数越高，教学质量就越高？现代教育更重视培养学生的能力。这种能力包括发现问题、提出问题的能力，分析问题和解决问题的能力，还包括继续学习的能力、表达的能力、与人相处的能力、组织的能力等。早在20世纪60年代，美国教育家布鲁纳就在《教育过程》一书中说过："我们也许可以把培养优异成绩作为教育的最一般的目标；但是，应该弄清楚培养优异成绩这句话指什么意思，它在这里指的，不仅要教育成绩优良的学生，而且也要帮助每个学生获得最好的智力发展。"[①]当今时代，科学技术迅猛发展，知识更新日新月异，学校教育在短短的几年时间里，不可能也没有必要把人类积累的所有知识教给学生，更重要的是教会学生学习。教学质量的高低要根据学生的智力发展水平来衡量。

全面的教育质量观，就是要贯彻教育方针，使学生在德、智、体、美诸方面都得到生动活泼的、主动的发展。全面发展并不要求学生门门功课都优秀。这是不符合学生成长规律的，因为人是有差异的。要求学生门门功课都优秀，就必然会抑制他的特殊的兴趣和才能。用这样的标准要求学生，就不能培养出卓越的人才。

（五）克服封闭的学校教育观，树立终身学习的大教育观

过去我们对教育的理解仅限于学校教育，认为教育是给一定年龄阶段（六七岁至二十四五岁）的人提供学习机会。他们从学校里获得足够的知识，可以终身受用不尽。现代科学技术的迅猛发展，使知识量呈几

---

① ［美］杰罗姆·S.布鲁纳：《教育过程》，上海师范大学外国教育研究室译，6页，上海，上海人民出版社，1973。

何式增加，打破了人们的这种美梦。人只有不断学习，才能跟上时代的步伐。学校教育已经不仅指职业前的教育，而且担负着继续教育、转业教育、闲暇教育的任务。现代教育已经把学校教育纳入终身教育的体系，为所有年龄阶段的人提供学习机会。

从教育活动的范围来讲，教育已经远远超出了学校的范围。过去，受教育必须进学校，现在人们可以通过各种媒体获取知识，特别是互联网，为每个人提供了便捷的信息，教育的空间扩大了。

从教育的任务来讲，教育不仅给人们以职业训练，为社会的物质文明建设创造条件，而且要为提高全民族的科学文化素质和思想道德素质、建设社会主义的精神文明做出贡献。所以，教育事业不只是学校教师的事，还应该是全社会的共同事业。

只有树立这种终身教育、全民学习、全时空教育的新观念，我们才能摆脱小生产的观念，把教育放到社会发展的总系统中去考察，给予教育基础性、全局性的战略地位。

正确对待外国的教育思想和经验

中国现代教育制度是从引进西方教育制度而开始发展起来的，自然渗透着许多西方文化思想。一百多年来，我们接受和吸收了许多西方国家的教育思想流派；近二十多年来，各种教育思潮更是蜂拥而入。如何鉴别、吸纳西方教育思潮，并使之本土化、内化为中国教育的传统，是值得认真对待的问题。我们反对西方中心主义，西方中心主义认为西方的一切都是好的，现代化就是西方化，中国只有全盘西化才有出路。历史证明，这条道路是走不通的。只有结合中国的情况，走自己的路，才能真正实现符合中华民族利益的现代化。教育也是这样，学习国外先进的教育制度和经验，只有和我国的教育传统结合起来，才能有实际效果。同时，我们也不赞成东方主义。在当今时代，西方文化霸权主义的猖獗，引起了一些东方学者极大的反感，于是产生了狭隘的东方主义思潮。实际上，西方中心主义和东方主义都是受殖民文化的影响，东方主义只是对西方殖民文化的消极抵制，是对自我民族文化缺乏自信心的表现。正确的态度应该是：积极吸收人类文明的一切优秀成果，借鉴世界上先进的办学经验和管理经验，并和我国自己的经验相结合，实现教育传统的本土化。

关于国际化与本土化的问题，一直是教育研究，乃至整个人文社会科学研究长期探讨的问题。文化传播和学术交流必然会带来不同文化之间的冲突和交融，这种冲突和交融本是互相影响的，但是因为近二百年来中国的科学技术落后了，列强利用坚船利炮轰开了我们的国门，把先进的科学技术带进来，成了单向的影响。这些西方文化与本土文化有质的不同，于是要不要接受这些文化，怎样接受，就成为中国争论不休的问题。由于这些文化是外国人用大炮送来的，中国人的心里总是不舒服，但又不能拒之门外，总想变个法儿接受它，于是出现了"中学为体，西学为用""师夷之长技以制夷"等论调，或者干脆不承认是西方送来的，而是中国"古已有之"。所以说，东方主义也是受殖民文化影响而产生的。其实，人类自出现以后总是在交往中发展，这种交往包括迁徙、贸易、战争。当然，殖民主义时代的文化交流是单向的，是殖民者用强权推行他们的文化，并企图消灭本土文化的行为，所以受到被殖民国家和民族的抵制。从感情上讲，这是可以理解的，但是从理性上思考，因为怕被殖民化而拒绝一切外来文化，不仅是愚蠢的，而且是有害的。就如鲁迅在《拿来主义》一文中批评的那样。鲁迅主张"拿来主义"。鲁迅的拿来主义有几个特点：一是主动去拿，不是等人送来，它区别于"送来主义"，当然，既然送来了，也就不必客气；二是要有选择地拿，拿对我们有用的东西，不拿腐朽、落后的东西，对送来的东西也一样；三是对拿来的东西要改造，改造成有益的东西。所谓国际化，就是要把别国的东西拿来；所谓本土化，就是拿来以后改造成对我们有用的东西。在当代经济全球化的形势下，文化教育的国际化是不可避免的，只有把国际化、本土化结合起来，才能创造中华民族的新文化。教育也是这样，要加大对外开放的力度，密切关注世界教育发展的大趋势，积极吸收人类文明的一切优秀成果，借鉴世界上先进的办学经验和管理经验，促进我国教育的现代化。

吸收世界各国的教育理论和制度也需要鉴别和改造，也即本土化。近些年来我们引进了许多新理论，如建构主义理论、后现代主义理论、多元智能理论、新制度经济学理论、各种企业管理理论等，有些是直接来自教育领域的，有些则是借鉴别的学科的。这些理论无疑丰富了我国的教育理论宝库，但也有些理论在引入时缺乏分析，有的甚至生造了许多新名词，并不能为广大教师所掌握。任何一种理论，只有为广大教师所理解、所掌握，才能成为一种教育力量，形成中国教育的新传统。

实行制度创新，构建现代国民教育体系

江泽民同志在北京师范大学建校一百周年大会上提出："进行教育创新，关键是通过深化改革不断健全和完善与社会主义现代化建设要求相适应的教育体制。"①这要求我们扫除制约教育发展的体制性障碍，努力提高教育资源的利用效益，优化教育结构，扩大教育资源，充分满足学习化社会人民群众终身学习的需要。

今天有哪些制度阻碍着教育发展？怎样排除这些障碍？如何建立学习型社会的终身教育制度？对这些问题，我们需要认真地调查研究，充分听取实际工作者和专家的意见，提出政策性的建议。我这里只就个人的意见提出几点可供思考的建议。

（一）要在教育投入体制方面有所创新

当前，我国教育事业发展中的主要矛盾是教育资源的不足与教育需

---

① 江泽民：《江泽民在庆祝北京师范大学建校一百周年大会上的讲话》，www.moe.gov.cn/jyb_xxgk/gk_gbgg/moe_0/moe_8/moe_28/tnull_522.html。

求旺盛之间的矛盾。教育资源的不足表现在量上就是高等教育的学额不足，不能满足广大青年求学的需求；表现在质上就是优质教育的严重不足，出现了从小学就开始为争夺优质教育资源竞争的现象，严重干扰了素质教育的推进。

要改变这种状况，首先要强调国家继续加大教育的投入。近些年来，我国政府对教育的投入已经有很大增长，但是还没有达到世界的平均水平，与发达国家相比，更是相差甚远，而且至今仍未达到1993年《中国教育改革和发展纲要》提出的要在20世纪末教育投入达到国民生产总值4%的目标。20世纪90年代初曾出现过认为义务教育未必免费的错误观念，对这种观念要予以克服。综观世界各国，凡宣布实施义务教育的，无一不是免费的。所谓义务教育（有些国家称"强迫义务教育"），就是说家长有义务送子女入学，国家有义务办学，使全体儿童受到法律规定的教育。有些国家为了普及义务教育，还提供免费的校车接送和午餐服务。如果不免费，如何能够强迫家长送子女入学？20世纪90年代初，我国曾经提出"人民教育人民办"的口号，动员了广大群众，特别是农民群众办学的积极性，使我国的义务教育在经济较为发达的地区得到较快的普及。但这是不得已的办法，事实证明这种办法是不能持久的，在不发达地区更是不可取。自从2000年农村实行费改税以后，农村教育就陷入了困境。国家不得不再一次重申，义务教育的投入是国家的责任，同时实行教育经费的转移支付，但是经费投入仍显不足。那么，国家有没有可能再增加教育的投入呢？可能性是存在的。我们可以算一笔账：1996年中央财政支出占GDP的11.69%；教育经费占GDP的2.46%，占中央财政支出的21.06%。2002年中央财政支出占GDP的21.56%；教育经费占GDP的3.41%，占中央财政支出的16.13%。2002年教育经费占GDP的比重有所增加，绝对数字当然也有很大的增长，但是占中央财政支出的比重减少了。当然，中央财政支出不同的年份会有不同的投入重点，但如果把教育放在社会主义现代化建设的战略地位，再加上教育经费尚未达到原定的计划指标，似应增加投入，而且也是有可能的。我们常常讲，我国是穷国办大教育，但在我们进入全面建设小康社会的过程中，似乎不应该再永远顶着这个帽子。

其次要节流开源。节流是指提高办学效益。目前一方面教育资金紧张，另一方面浪费现象也很严重。在同一地区，学校重复建设，资源不能共享；有的中小学建筑追求豪华，不求实用，动辄占几百亩地，如有的中学建有四个网球场，平时基本不用，成了参观的摆设；有的学校建一个校门要花几十万元、上百万元。这不仅造成巨大浪费，而且影响到地区的均衡发展，更严重地讲，这是思想上的一种腐蚀，许多地方政府、学校互相攀比，影响极坏。开源就是多种渠道集资。要解放思想，有突破性的新思路，才能走出供需矛盾的困境。第一，进一步扩大民办教育的规模，特别是在非义务教育阶段，要鼓励民间办学，政府腾出经费把义务教育办好。当前我国民办学校已有一定规模，《中华人民共和国民办教育促进法》公布以后，民办学校的地位已经明确，但政策还未落实，行为不规范，使得民办学校办学十分艰难。有些地方教育行政部门总有一种对民办学校不放心的感觉，生怕民办学校办成"贵族学校"，怕他们的寻利行为。实际上，关键在于监督和管理，规范办学行为。政府要像管理公办学校那样对民办学校加强管理，对那些不顾质量、唯利是图的学校加以整治。有了正确的政策和规范管理，就不至于各校各自为政。第二，对薄弱的公办学校进行改制。一方面，吸纳民间资金参与办学，改善办学条件；另一方面，运用民营机制和现代企业管理理念办学，提高工作效率，杜绝资源浪费。第三，进行学校人事制度改革，实行彻底的聘任制。现在这种教师"学校所有制"，把教师固定在一个学校中的做法，不利于教师流动。应该实行彻底的聘任制，以目标责任聘任教师，鼓励教师流动。

（二）实行办学体制的创新

办学体制在当前教育实践中已有许多创新。除早在20年以前就出现的民办学校外，又出现了公办民助学校、民办公助学校、公办学校、改制学校、股份制学校、利用教育券办校、名校办民校、高等学校二级学院等办学形式。这些办学形式都应该试验研究，并规范管理。但是一些教育行政部门对当前这种形势还缺乏认识。有的人还持一种过于僵化的看法，似乎办学校只应有非公即民、非民即公两种形式。有没有第三种、第四种形式？如亦公亦民，"混合经济"联合办学的模式？我想是可以试验的。特别是在当今教育投入不足的情况下，多种渠道集资办学，就必然形成办学形式的多样化。我国加入世界贸易组织以后，外国教育机构已经进入我国开展联合办学。多样形式、多种体制办学将是不可阻挡的趋势。这种办学体制的变化，必然会对中国教育传统产生重大影响，值得教育界认真研究。

（三）要进一步改变政府管理教育的职能，扩大学校依法自主办学的权力

《中华人民共和国教育法》对各级政府教育管理部门和教育机构的职权都有明确的规定，但不够具体，因此在执行的时候，政府教育管理部门往往管得过细，从而削弱了学校自主办学的权力。从法律上讲，公立学校的举办者是政府，教育行政部门是代表政府对学校进行管理，校长是学校的法定代表人。学校应该有根据社会的需求和自己的能力设置专业、建设课程和聘任教师的权力。但目前除特许的六所大学外，公立高等院校都没有设置专业的自主权。中国如此之大，各地发展极不平衡，全国统一设置专业是不科学的。同时，只有学校有了充分的办学自主权，才能办出特色。在办学自主权方面，还有许多问题可以讨论。

可以建立一些中介机构，利用社会资源帮助行政部门管理学校，例如，建立教育评估机构、民办学校认证机构。教育行政部门就可以腾出手来调查研究，为重要的决策做准备，在宏观上指导学校工作。

（四）建立民主的现代学校管理制度

学校的民主管理是为了调动广大师生的积极性，使其主动、热情地参与学校管理。学校应该在党委统一领导下建立教授会或者教授评议制度；校务委员会中应该有学生代表和家长代表参加。目前在我国的学校中，教育的主体——教师和学生都没有多少发言权。许多学校都建有教职工代表大会制度，但教职工代表大会更多的是关心职工的福利，而对教学、科研最有发言权的应该是教师。学生和家长在某种意义上是教育服务的消费者，他们有权了解教育服务的情况和质量。很多国家的学校建有家长委员会，我国仅极少数学校有这种组织。同时，家长是学校很好的社会资源，它可以帮助学校解决许多难以解决的问题，沟通学校与社会、学校与家庭的联系。

（五）建立全民学习、终身学习的学习型社会

党的十六大提出全面建设小康社会的教育目标之一是形成全民学习、终身学习的学习型社会，促进人的全面发展。学习型社会就是以学习求发展的社会，它是和终身教育联系在一起的。终身教育是现代教育最基本的特征。1972年，联合国教科文组织国际教育发展委员会的报告《学会生存——教育世界的今天和明天》一书，引用20世纪60年代富勒、马厄、贝雷代、赫钦斯等人的文章，对学习化社会做了描述："教育已不再是某些杰出人才的特权或某一种特定年龄的规定活动：教育正在日益向着包括整个社会和个人终身的方向发展。""未来的教育必须成为一个协调的整体，在这个整体内，社会的一切部门都从结构上统一起来。这种教育将是普遍的和继续的。"也就是说，在未来的社会，每个成员都是学习者，每一个社会组织都应该是学习型组织。

在未来社会，终身教育已经不只是为了变换职业或谋生的需要，而是将成为人们生活的一部分，成为人们提高生活质量的重要手段。正如联合国教科文组织21世纪教育委员会于1996年提出的报告《教育——财

富蕴藏其中》所指出的："教育在个人生活中的地位越来越重要，因为它在促进现代社会发展方面的作用越来越大……今后，整个一生都是学习的时间，而每一类知识都能影响和丰富其他知识。"

为了满足终身教育的需要，必须构建学习型社会，也就是将学习社会化，社会学习化，整个教育一体化。在学习型社会，全体公民都是教育对象，同时也都是学习的主体，拥有广泛而平等的受教育机会。要建设学习型社会，就需要做到以下几点。

第一，要做到各级各类学校的沟通和衔接，打破职业学校与普通学校的壁垒，允许学生根据社会需要和个人的爱好转换专业，学校之间互相承认学分等。当然，转换专业或互相承认学分等需要有一定的规则，按照规则办事。要打破学历主义的壁垒，把学历教育与非学历教育、正规教育与非正规教育结合起来，而且更重视非学历教育、非正规教育。现代社会是重视能力的社会，应该根据学生的能力给他提供各种学习的机会，而不是束缚在一类学校或一种专业中。这样才能激发每个人的学习积极性，同时又不至于在高考时挤向普通高校的独木桥。

第二，需要把学校教育和社会教育、家庭教育联合起来，建成社区教育体系。学校教育既是整个社区教育的一部分，又是社区教育的核心。学校要打破围墙，向社会开放办学。学校的资源，特别是智力资源要为社区服务，把学校的影响辐射到社区；同时吸纳社区的各种资源为学校发展服务，做到资源共享，共同发展。

第三，社会各种企事业单位都要办成学习型组织。也就是说，各种社会组织都要把组织成员培训和继续学习纳入组织的发展和管理之中，通过学习促进创新，通过创新促进发展。

学习是人类自我超越的一种手段。学习型社会把教育和社会联系在一起，将为人的全面发展提供更好的条件，人们的素质将达到一个更高的境界。

后 记

　　本书从酝酿到写作花了整整十年的时间，今天总算基本完成。在这期间，我在访学日本和香港大学时都读了一些书，收集了一些资料，但迟迟未能动笔，直到2002年春节才开始写作。但是总因各种会议、研究生工作等事务而坐不下来。其间电脑还与我捣乱，病毒把头几章内容毁于一旦。直到2003年"非典"肆虐期间，才得以安心坐下来完成大部分内容，年底基本完成。写完以后觉得意犹未尽，通篇来看，似乎只是一个纲要，并未展开。本应该继续努力，把它写得更充实一些，但总因各种事务缠身，感到力不从心，如果拖下去，不知哪年哪月才能完成。另外，觉得主要的观点已经阐明，再增加篇幅，无非列举更多的史实，发表更多的议论，于基本论点并无更多的支持。于是决定就此收笔。

　　感谢山西教育出版社，特别是张金柱同志的热情支持和帮助。张金柱同志不仅精心编辑，而且为本书选择了大量图片，为本书增色不少。特此鸣谢！

顾明远

2004年7月16日于北京求是书屋

中国教育路在何方[*]

顾明远教育漫谈

[*]　原由人民教育出版社2016年出版。

上　编

导　言　中国教育怎么啦?

有一次我与朋友吃饭,席间一位女士说,她的孩子原在北京市某稍有名气的小学上学,但是发现学校对孩子管得太多,这也不让做,那也不许干,觉得这样下去孩子无法发展,只好转到一所国际学校去了。

现在为了规避上述管束学生的做法和考试的制度,越来越多、越来越年幼的学生选择出国学习。据统计,留学生人数多年来连续增长,2015年达52.37万人。还有一部分家长不满现行的教育制度,干脆不让孩子上学校,在家里教孩子读书。更有甚者,湖北一些家长联合起来,把孩子带到穷乡僻壤,办起联合家庭学校来。

我们的教育怎么啦?家长对我国教育失去信心了吗?

现在教育竞争已经白热化。社会上补习学校如林,各种培训班如麻。小学生,甚至幼儿园孩子都要送到培训班学习。20世纪90年代,我在日本住了几个月,发现街上挂着许多"塾"的牌子,觉得很奇怪。后来日本教师告诉我,这些"塾"都是补习班。日本70%的中小学生都在周日上"塾"补习功课,以便应付考试,所以日本学者称日本教育为"考试地狱"。谁知道回国以后,我发现我国的教育也成了"考试地狱",也到处是培训班。能不能不让孩子进培训班?不能!家长说:"别人家的孩子都上培训班,我的孩子不上,不就输在起跑线上?!"我遇到一位部领导,他坚持不让他的孙子上培训班、补习班,但到了高二,一摸底考试，不行了，顶不住了，不上补习班，将来考不上大学了，只好赶紧把孩子送去补习。

我们的教育应该怎么办？

我们呼吁减轻学生负担。有人说，这是瞎放空炮，负担怎么减轻得了？教育行政部门硬性规定少留家庭作业，家长不答应，家长增加了学生的作业负担。规定说取消奥林匹克数学竞赛（简称"奥数"）班，结果又来一个数学提高班、兴趣班。名称换了，内容没有变。

大家都说高考是指挥棒，但谁都不敢把这根指挥棒扔掉。我有一次在一所大学演讲，批评"应试教育"，一个大学生站起来说："我们就是靠'应试教育'考上了大学，没有'应试教育'，我们不一定能上得了大学。"高考要改革，也正在不断地改革。但总有人质疑，考试门类减少了，能选拔人才吗？高考文理不分科，怎么照顾学生的差异和爱好啊？学生学业综合评价能公正吗？高校自主招生能公平、透明吗？一大堆疑问困扰着家长、教师和校长。

中国教育路在何方？

新中国成立以来，我国教育有了很大发展，取得了举世瞩目的成绩，这是毫无疑问的，是谁也抹杀不了的，但现在社会上又对现行的教育制度不满意。如何破解这个难题，是大家都在思考的问题。

第一章　就教育论教育能走出教育的困境吗？

2007年11月，我在成都市青羊区参加小学生"减负"座谈会。我说要减轻学生过重的课业负担，首先，教师要把每一节课上好，让每个学生听懂、学会，这样就可以少布置课外作业。其次，学校减轻了学生课业负担，家长切不要再增加学生额外的学业负担，不要买那么多课外辅导书，不要上那么多补习班。我说我最讨厌奥数班，奥数班摧残人才。谁知道我话音刚落，一个小学生举手发言，说："顾爷爷，你说不要上奥数班。但是，不上奥数班就上不了好的初中；上不了好的初中就考不上好的高中；上不了好的高中就考不上好的大学；上不了好的大学，将来毕业就找不到好的工作。我怎么养家糊口啊？"这话出于小学生之口，我听了真是觉得又可笑又可叹。这反映了教育问题的根子并不在教育本身，而是在社会，是社会矛盾在教育上的反映。现在谁不愿意自己的孩子享受更好的教育，将来能够考上名牌大学，毕业以后找到一份既体面又舒适的工作？虽然现在大学毕业生，甚至研究生就业，并不容易，但是总比没有学历的要强得多。父母这种期望是无可非议的，是完全合理的。但是，我国优质教育资源不足以满足所有家庭的需求，所以教育竞争就难以避免。虽然国家明令取消重点学校，也投入大量资金改造薄弱学校，但重点学校已经在社会上生根，在广大家长的心目中生根，家长还是瞄准几所过去的重点学校。于是教育竞争越来越激烈。

教育是社会流动的主要途径，是人们向上流动的最重要的渠道。家长为了子女的前途，再苦也要让子女上优质学校，这样将来才能有向上流动的机会。因此，可以这么说，争夺权力和财富是教育竞争的根源，再加上当前社会分配不公，就加剧了教育竞争。当然还有其他原因，我们在后面要一一分析。但是社会分配不公，就业困难，贫富差距过大，城乡二元结构尚未消除，是教育出现问题的最主要的根源。要说教育的病理，这是最主要的病理。

下面我们来说说其他的病源。

一、"学而优则仕"的文化传统影响着教育

中国文化传统源远流长。中华各族人民勤劳勇敢，不怕困难，不畏强暴，艰苦奋斗，创造了世界上唯一绵延五千多年的中华文明。孔子提倡"学而优则仕"，提倡教育，任用贤才，起到了进步作用。儒家学说把培养"君子"作为教育的主要目标。所谓君子，就是要有"修身、齐家、治国、平天下"的思想和才能。拿今天的话来阐释，就是要培养德才兼备的人才。这种用人制度当然比封建的世袭制前进了一大步，虽然它并不彻底。科举制度在隋朝应运而生。这种制度摒弃了世袭制和用人唯亲的弊端，它激励庶民百姓通过学习进入仕途，促进了社会流动，相对公平，同时又鼓励读书，尊重知识，促进了社会文化建设，是社会的进步。

但是，"学而优则仕"明显存在功利主义思想。由于科举是封建社会庶族，也即中小地主阶级子弟入仕的唯一途径，而且一举成名天下知，荣华富贵随之而来，所以社会上广泛形成了"读书做官""做官发财"的思想，所谓"万般皆下品，唯有读书高"。宋真宗曾有一首《劝

学诗》，诗云：

> 富家不用买良田，书中自有千钟粟。
>
> 安房不用架高梁，书中自有黄金屋。
>
> 娶妻莫恨无良媒，书中有女颜如玉。
>
> 出门莫恨无随人，书中车马多如簇。
>
> 男儿欲遂平生志，六经勤向窗前读。

《儒林外史》中描写的范进中举的场面，生动地表现了封建社会对科举的狂热追求。

科举制度对中国社会的最大影响是制造了学历主义的价值观。这种功利主义、学历主义价值观一直影响到今天。"读书做官""书中自有黄金屋，书中有女颜如玉"的思想普遍存在。升学的竞争，重视普通教育，轻视职业教育，追求高学历，不是与科举制度的学历主义一脉相承吗？今天的中考、高考与科举考试何其相似？科举考试把知识分子一分为二，考取功名的成为人上人，进入统治阶级；落榜的成为人下人，被人统治。鲁迅笔下的孔乙己不就是科举失败者的悲惨下场吗？今天的中考、高考也相类似，考上的出人头地，可以谋取较好的职业，没有考上的只能生活在社会的底层。据媒体报道，某建筑工地上的一名普通工人，高考的分数比工地上的工程师还要高，但由于地区高校录取分数线的差别，考分低的考上大学的，成了白领工程师，考分高的没有考上大学，成了最底层的工人。这种落差深深地印在每一个家长的脑海中。

当然，今天社会的工作在人格上应该是没有高低贵贱之分的，但在人们心目中总有高低之别，尤其在物质生活上，有很大差别。这种差别必然激化教育竞争和考试的竞争。

"学而优则仕"是我国的文化传统，没有人说"学而优则工""学而优则农"。我们的家长认为自己的子女读了书就要当干部，当白领。现在不是出现一种"读大学无用论"的思想吗？它就是"学而优则仕"的思想的另一面，认为读了大学而没有当上公务员或其他白领而是去卖猪肉，读大学还有什么用？

西方社会则没有这种思想观念。比如，德国的孩子在上完四年基础教育后就开始分流了，根据能力和成绩分别升入主要学校、实科学校、文科中学。主要学校即普通初中，学制五年。其学生毕业以后可进入职业基础学校或全日制职业学校，接受三年职业教育。实科学校学制六年。其学生在第八学年开始按学科重点进行分化，毕业后获得"中等阶段证书"，有才能的可在第七学年后转入文科中学，一般再接受一年职业教育后就业。文科中学即完全中学，学制九年。其学生毕业后即有高等学校入学资格。这种分流是完全根据学生的能力而定的，他们的家长并没有因为这种分流而有意见，或者让自己的孩子都上补习班，挤入文科中学。[1]法国的初中学制四年，分三个阶段进行：①适应阶段一年，便于小学与中学衔接；②中间阶段两年，在实施个别化教学过程中，学生可以根据自身的情况选修若干课程；③导向阶段一年，完成初中学业，开始分流。高中阶段分普通高中、技术高中、职业高中三类。普通高中又分为三科：文学、经济与社会科学、自然科学。技术高中分四科：第三产业科技、工业科技、实验室科技、社会医疗科技。普通高中和技术高中毕业会考文凭获得者，可直接进入大学学习。职业高中为短期中学，学制两年，毕业后就业。[2]美国则大多是综合中学，设学术课程和职业课程，由学生自己选择，毕业以后也有不同的出路。

东方国家则不同，追求升学率、追求名校不只在中国很激烈，在日

---

① 王承绪、顾明远：《比较教育》，73～74页，北京，人民教育出版社，2013。
② 王承绪、顾明远：《比较教育》，63～64页，北京，人民教育出版社，2013。

本、韩国等国也很激烈。这是东方国家较普遍的现象，恐怕不能不说与儒家文化圈的思想传统有关。

"学而优则仕""读书做官"的思想为什么在我国持续存在，根深蒂固？我想，这与我国工业化没有完成有关。现代教育是现代生产的产物，工业革命以后才提出普及教育的主张，才需要有文化的技术工人。而我国长期处在小农经济社会，缺乏对技术工人和有文化的农民的需求，过去教育又不普及，能够受到较高教育的人，从学校出来就走入官场，所以人们头脑中总存在"读书做官"的思想。我想，随着我国工业化、现代化的发展，这种观念会逐渐改变。

二、重学术、轻技术的传统思想

重学术、轻技术的思想是与中国传统文化中培养"君子"的教育目标相一致的。君子是具有高深学问的人，是劳心者，而不是劳力者，是不从事体力劳动的。技术掌握在劳动人民的手里，但君子认为这是雕虫小技，不屑一顾。以儒家学说为核心的中国传统文化只重视伦理道德，不重视科学技术。《礼记·王制》说，"凡执技以事上者""不与士齿""作淫声、异服、奇技、奇器以疑众，杀"。孔子就不谈技术，连种田都不谈。毛泽东在《青年运动的方向》一文中曾经批评过孔子不要学生参加劳动。他说："孔子办学校的时候……不喜欢什么生产运动。他的学生向他请教如何耕田，他就说：'不知道，我不如农民。'又问如何种菜，他又说：'不知道，我不如种菜的。'"①语出《论语·子路》，原文是这样说的："樊迟请学稼。子曰：'吾不如老农。'请学为圃。子曰：'吾不

---

① 毛泽东：《青年运动的方向》，见《毛泽东选集》第2卷，568页，北京，人民出版社，1991。

如老圃。'樊迟出，子曰：'小人哉，樊须也！上好礼，则民莫敢不敬；上好义，则民莫敢不服；上好信，则民莫敢不用情。夫如是，则四方之民襁负其子而至矣，焉用稼？'"这和孟子说的"劳心者治人，劳力者治于人"不是一样吗？古代墨家和名家是重视科学技术的，但是在当时就未成为主导思潮，自从汉武帝独尊儒术的政策施行之后，墨家和名家更丧失了应有的地位。少数知识分子也从事过科学探索，例如，东晋道家葛洪曾经研究医学、兵法、天文；明代李时珍潜心研究药学，撰写了《本草纲目》，对我国的中医药学影响很大；明末徐霞客走遍中国山山水水，对地理学做出了很大贡献。但这仅限于少数知识分子，而轻视技术的思想已成为主导思想。

我们常常从出土文物中看到，我国古代已有很高的冶炼技术、制陶瓷的技术，哀叹怎么后来都失传了。我想，原因是：一方面，统治阶级垄断了这些技术，产品只供朝廷享用，不让在民间流传。例如，新中国成立后在江西出土的官窑中发现许多成品都被砸碎掩埋了，就是因为当时的朝廷不让这些专用品流传到民间。制窑的技术当然更不让流传。另一方面，学校教育不传授这些技术，并且蔑视技术。知识分子不去总结这些技术，因而缺乏典籍文献流传下来。一旦掌握技术的工匠过世，他的技术也就终结，不能流传于后世。

李约瑟在编纂《中国科学技术史》时就提出，中国历史上曾经创造出辉煌的技术，为什么近代科学没有在中国产生？这就是我们通常说的"李约瑟难题"。我想，近代科学未能在中国产生，应该说与这种轻视技术的传统思想和传统教育制度有关。

由于重学术、轻技术的思想，再加上我国没有经过资本主义阶段，工业不发达，所以我国职业教育很不发达。在老百姓的思想里，职业教育低于普通教育，职业学校的学生似乎也就低人一等，因而职业院校每年都招不满学生，而普通大学的入学招生都像千军万马过独木桥。

三、攀比文化助长了教育竞争

在朋友圈里常常会遇到一种现象，朋友聚会的时候，总要谈起各自的孩子。有的家长谈到自己的孩子考上了清华大学或北京大学，表现出无比自豪的样子，另一些家长就会流露出羡慕的眼光。

攀比是教育竞争的推手，所谓"不能输在起跑线上"。但是"起跑线"在哪里？每个孩子的"起跑线"是一样的吗？现在许多家长把"起跑线"设到幼儿园，甚至更早。但是儿童成长是有规律的，而且有一定的阶段性。超越儿童发展的阶段性，不仅不能促进儿童的成长，反而会损害他的成长。我国古时候就懂得这个道理，即不能"揠苗助长"。同时，儿童生来是有差异的，用一种模式去塑造他，必然会抑制、扼杀他的特长，所以古代就强调"因材施教"。古代的教育著作《学记》就讲道："使人不由其诚，教人不尽其材，其施之也悖，其求之也佛。"就是说，教师要了解学生的学习情况，了解他们的优势和劣势，根据不同的情况指导他们的学习，否则就不会成功。《学记》又说："学者有四失，教者必知之。人之学也，或失则多，或失则寡，或失则易，或失则止。"就是说，教师要了解学生学习有四种失误：或者贪多，或者不求进取，或者学得太少，把学习看得太容易，或者遇到困难即停止。这都是对教师说的，也是对家长说的。家长要了解孩子的情况，顺其天性，因材施教。

要知道，每个儿童的"起跑线"是不同的。刘翔和姚明的"起跑线"能一样吗？运动员尚且如此，不同专业的"起跑线"更是不同。现在许多父母不顾儿童发展的阶段性，不考虑儿童的差异，从幼儿园开始就让孩子上培训班，盲目地给孩子加重学习负担和压力，不仅不能让孩子健康地成长，反而会抑制他们的特长，滋生孩子的厌学情绪，影响他们的正常发展。《光明日报》曾报道过这样一个案例："小倩原本成绩平平，父母为了让小倩能上重点初中，从小倩四年级就开始着手准备。为了及早'占坑'，孩子休闲活动时间几乎被奥数、英语以及各类补习班占满了。经过了无数次'选拔'，加上爸爸托朋友、找关系，并花了一笔不菲的赞助费，小倩终于进入了某重点中学的实验班。但孩子初中生活的艰难，却让小倩的父母始料未及。进入重点中学实验班的学生大多是各小学的'尖子生'，小倩时时能感受到来自同学的压力。此外，重点中学课程进行得特别快，小倩跟不上课堂节奏，常常听不懂。每月一次的'月考'更是令小倩丢尽了面子，无论小倩自己怎么努力，排名永远处在倒数前几名的位置。初二时，小倩彻底对自己失去了信心。每天一睁眼心情就不好，晚上睡不着，经常做噩梦，最后连学都上不了了。父母实在没办法，想让孩子转学，但小倩又不同意，说'那多没面子，好像是被学校淘汰的'。小倩的父母左右为难，悔之晚矣。"[1]这个例子充分说明，如果不考虑孩子的具体情况，盲目跟风，后果不堪设想。

家长要找准孩子的"起跑线"，就要了解孩子的优势和劣势，扬长避短，不要与别的家庭攀比。其实，这种攀比一般发生在知识分子、富裕家庭中，社会底层的老百姓较少有攀比心理，也没有条件去攀比。我每个月去附近最普通的理发店理发，理发师的孩子要考大学了。我问她："你的孩子准备考什么大学？"她回答："像我们这样的家庭，孩子能考个学校，有学上，将来有个手艺、有个工作就行了。"知识分子是有理性的，在孩子的教育上真应该向普通劳动者学习。

现在不仅家长有严重的攀比心理，学校也在攀比。重点中学已经不是比一般的升学率，而是比升入清华大学、北京大学的升学率，比升入"985"大学的升学率。所以我说，攀比之风不解决，中国只需要办两所大学——清华大学、北京大学就行了。

---

① 林红：《"小升初"，家长孩子都需越道心理"坎儿"》，载《光明日报》，2010-08-30。

四、社会用人制度的学历主义

社会用人制度对于教育有着重要的导向作用。目前,我国劳动就业市场竞争十分激烈,用人单位不是考察应聘者的能力,而是看他的学历。因此,学历、名校往往被用人单位作为衡量个人基本素质和能力的最重要的指标。许多单位有的工作本来很平常,如秘书等行政事务工作的岗位,大学本科生或者高职学校的毕业生就可胜任,但招聘的时候提高学历,要求硕士研究生或博士研究生。更有甚者,不仅要求高学历,而且要"查三代",审查应聘者本科是在哪类学校毕业的。"211"学校、"985"学校的毕业生就占了极大的优势。劳动力市场上的学历歧视、性别歧视、身体歧视比比皆是,这种社会用人制度极大地刺激了升学、升名牌大学的竞争,恶化了教育环境。

链接

"招聘季"强势到来,22日在中山大学南校区再上演本科生专场。招聘会上,某公司在展位前展示薪资标准时,将应届毕业生就读的院校分为普通院校、重点院校、"211"工程院校、"985"工程院校,以及清华、北大、电子科大五个梯度。以本科生为例,普通院校毕业生起薪为5 000元,之后每级别增加1 000元,给清华大学、北京大学的本科生开出9 000元月薪;研究生每一个级别相差2 000元底薪。这被不少大学生吐槽"歧视"太严重。

(摘自《新快报》2014年11月21日)

五、评价考试制度的指挥棒

有专家给教师培训讲课,教师的反映是:你讲的内容都很好,理念很先进,但我们在下面做不到;评价制度不改革,教育改革难以进行。

评价考试制度是评价人才、选拔人才的重要手段。新中国成立后不久，就实行高等学校统一考试招生制度，同时为了便于工农兵上大学，采取了"调干"制度，从工农兵干部中调集一些优秀分子，送到大学学习。这种考试招生制度一直延续到"文化大革命"前。"文化大革命"中取消一切考试，1973年高校恢复教学工作，招生采取"群众推荐、领导批准和学校复审相结合"的办法。于是走后门成风，全社会弥漫着"读书无用论"的思想。"文化大革命"结束后，1977年8月，邓小平提出恢复高等学校入学考试的主张。这一举措把"读书无用论"的乌云一扫而光，从此中国的大地上重新响起了琅琅的读书声。

恢复高考为我国社会发展做出了巨大贡献，但实施三十多年来，它的缺点和弊端也逐渐显现出来。考试作为选拔人才的手段，具有公正性、公开性的特点，但它的缺陷也是明显的。首先，一次考试很难考出学生的真实水平，"一考定终身"使得一些真正有才能的学生可能因为一次失误而遗恨终生；其次，它对教育起着制约作用，容易束缚学生的思想，把他们的学习束缚在应对考试的轨道上；最后，由于我国地区发展差异很大，采取全国统一考试的办法，而各省份录取的分数线又不同，易造成地区间的不公平。随着考试竞争愈演愈烈，"应试教育"应运而生。为了追求升学率，许多学校让学生在两年内学完高中三年的课程，第三学年围绕着高考反复练习做题。有的学校提出，学生拿到考卷要"一看就会，一做就对"；有的学校采取军营式管理，不让学生有自由喘息的时间。更有甚者，某校把"生时何必久睡，死后自然长眠"这种反人道主义的口号贴到教室黑板的上方。这些做法不是培养人才，而是训练考试的机器。

这种考试的竞争实际上也是社会竞争的反映。近几十年来人们对高考招生制度的诟病很多。特别是一线的校长和教师，认为高考不改革，素质教育就无法推行。但大家又认为，高考不能取消，因为这是唯一体现教育公平的举措，只是必须改革。国家关于评价考试制度的改革方案已经出台，方案中有不少亮点，但实施过程中还会出现许多问题，其效果还需实践的检验。

不只是考试制度制约着教育改革，社会的评价也严重影响着学校教育。什么是好学校？什么是好老师？什么是好学生？现在评价只有一个标准，就是升学率，就是考试成绩。一切事情都是用唯分数主义来衡量。

六、升学率成了地方政府的政绩工程

在一次教育座谈会上，一位据称是素质教育示范市的特级教师含着泪水诉说，她那里，去年高考成绩不差，市委书记就宴请教育部门的干部，一面表彰他们的成绩，一面说明年高考还应比今年更好。教育部门的干部和校长如坐针毡，宴会变成了鸿门宴。

各地政府都把升学率作为自己的政绩，不少地方政府把考试成绩、升学率作为评价学校和教师的标准。有的重点学校高考成绩不如往年，校长立马就会调离岗位。当然，政府官员也承受了家长的压力，怕升学率下降，家长不满意，也怕丢乌纱帽。"应试教育"就是这样被逼出来的。

2014年，北京师范大学免费师范生工作两年以后回来读教育硕士专业的研究生，反映在北京师范大学学到的先进教育理念和教学方法在地方上无用武之地。校长不欢迎什么新方法，考试成绩高就好，县市领导更是这样。

另外，大家可以统计一下，全国2 000多个县市，有多少教育局长是教师出身的？当然不是说非教师出身的就不能当教育局长，问题是他热爱不热爱教育，是不是努力学习教育规律，是不是尊重教师。可以说，不少教育局长是在做官，不是在做教育，把当教育局长作为晋升的跳板，有时还对教育瞎指挥。如此，教育领域出现诸多问题就不足为奇了。

七、社会诚信的缺失影响教育改革

有人说，"文化大革命"十年贻误了一代人，少培养了几百万名专门人才。其实何止一代人？从思想品德、心理状态来讲，"文化大革命"的影响，几代人都难以消失。社会诚信的缺失就是"文化大革命"最严重的后遗症。再加上市场经济带来的功利主义，造假、制假成风，社会诚信缺失。这种社会风气严重地影响着教育工作。过去，师生如父子，亲密无间；现在，师生是考试分数的关系，学校和家长是商品交换的关系，信任感比较缺乏。特别是家长对学校的一些改革，缺乏信任，缺乏支持。

教育上一有改革，媒体首先质疑。前几年试行校长实名推荐，媒体马上质疑，会不会暗箱操作？某些学校的腐败更增加了对高校自主招生的质疑。

社会风气的变化使我真正理解"十年树木，百年树人"这句话的意义。种一棵树，十年即能成材，但养成一种良好的社会风尚，需要几代人的努力；一旦良好的社会风尚被破坏，恢复过来也需要几代人的努力。所以，社会诚信缺失的危害之深是难以估量的，再加上中国是一个人情社会，人们讲人情，讲互相照应，使得教育改革，特别是评价考试制度的改革步履艰难。国外高校考试招生制度改革有许多经验值得我们借鉴，但搬到中国就行不通。例如，国外高校入学需要学生自己申请，撰写几百字的申请书介绍自己，中国学生能做到吗？学校规定学生要参加一定课时的义工，我们有些家长不仅不让孩子参加义工，还会拿着纸条请居委会盖章。据报载，这种情况让一位居委会主任很为难：盖章吧，觉得明明是弄虚作假；不盖吧，都是乡里乡亲，磨不开面子。这就是我们的"国情"。

八、教育培训机构与教辅材料的推波助澜

教育的竞争导致校外教育培训机构和教育辅导材料、学习辅导材料乱象丛生。不少不法商贩看准了教育领域内的商机，知道家长不惜为孩子花钱，办起各种培训班、辅导班。据说奥数班就是一条生产链，有办班的老板，有辅导的教师，有编教材的专家，有出版商出书、出练习册。有人估计，就北京市来说，就有20亿元的资金链。而我们的家长也趋之若鹜，辅导材料买得越多越好，越全越好，恨不得把天下所有习题都让孩子做一遍，生怕遗漏了什么。结果苦了孩子，整天埋头于作业之中。有关调研表明：小学生请家教的占24%，上补习班的占71%，有的学生参加多达五六个补习班；高三和初三毕业班学生暑假大半时间在学校或补习班上课。这种学习导致中小学生长期睡眠不足，许多学生早上五点多起床，晚上十点多才能睡觉，于是身体搞坏了，生活能力缺乏了，人格被扭曲了。

说起奥数班，我还是始作俑者。国际奥林匹克数学竞赛在20世纪70年代就开始了，但我国一直没有参加。直到1988年，我国决定参加，于是当时国家教委要求清华大学附属中学、北京大学附属中学、北京师范大学实验中学分别举办物理、化学、数学的奥赛集训班，从各省份的高中挑选学习优秀的学生到北京三所中学来集训。当时我任北京师范大学副校长，负责北京师范大学实验中学的工作，于是就让我们的实验中学办奥林匹克数学竞赛集训班，一年后参加国际奥林匹克竞赛。竞赛结果是，我国学生在三科中都拿到了多块金牌，数学就拿到了团体总分金

牌和两块个人金牌。这些孩子回国后，就被清华大学、北京大学作为保送生录取了。从那时候开始，许多重点中学都办起了奥林匹克竞赛培训班。重点大学也把奥林匹克竞赛培训班的成绩作为保送的条件。于是奥数成为中考、"小升初"的条件，结果变成了小学办奥数班，人人学奥数，贻误一代青少年，这是我们始料不及的。当初我们几位搞集训班的老师在一起，为现在这个局面惊叹不已。

九、教育社会生态环境不利于教育改革

社会赋予学校的责任太重，责难太多，而权力又很小。一位校长给我讲了一个故事：学校组织运动会，让家长也参加。在比赛之前，父子俩做三脚跑练习，不慎跌倒了，结果父亲骨折。这位父亲就要求学校赔偿。法院判学校没有责任，但要补偿8万元。学校觉得无奈。他说，小学生在学校走路跌倒了，磕了门牙，学校要赔5 000元。所以学校不愿意组织学生活动，风险太大。现在学校没有人事权，没有财务权，却担负着无限责任，使得学校缩手缩脚，不敢改革创新。再加上社会媒体总是报道学校的负面消息，虽然只是个案，但对学校的影响很大。许多学校为了不出安全事故，连春游远足也不敢组织，不敢开展体育活动。国家应该立学校法，规定学校该负什么责任，不该负什么责任。

另外，家长的意见、态度对学校教育的影响也很大。过去学校是最受家长尊重的地方，现在家校关系和谐的是少数，家长对学校缺少信任感。有些家长把孩子送到学校就不管了，特别是把孩子送到民办学校的家长认为："我出了钱，你就得按我的意见办。"有些家长常常给学校提出一些不合理的要求，对学校的干扰很大。有人说，我们现在的教育不是按照教育规律办，而是由媒体牵着走，被家长"绑架"着走。教育上稍有改革，有些家长就反对，媒体就质疑，弄得学校不敢动，只能因循

守旧。让学生死读书，什么问题也不会发生，但苦了学生，贻误了学生的发展，有损于人才的培养。

另外，有些家长对孩子灌输一些不正确的观念。有的家长溺爱孩子，养成孩子的自我中心主义，如只顾自己，不关心他人；有的家长当着孩子的面与老师争吵；有的家长为孩子争取当"三好生"、班干部，给老师送礼、施压；等等。我越来越觉得家庭教育很重要。没有良好的家庭教育，光靠学校是很难培养出高素质人才的。

其他一些社会环境，如媒体上的不健康节目、社会上的不文明风气、学校周边的环境都在影响着学校教育。

可见，教育的病理不在教育，教育的病源也不在教育本体。教育的病是社会病的征候，"应试教育"是社会逼出来的。教育的生态环境过于恶劣，教育难以作为。现在教师觉得无奈，家长也觉得无奈，大家对教育是又爱又恨，都在责怪教育。但病源不在教育，就像一棵树，在肥沃的泥土里会长得很茂盛，但如果水土不服，树枯死了，你能怪树种不好吗？20世纪80年代，我到广州，看到那里种的米兰又茂又香，非常喜欢，买了两株带回北京，但两株米兰没过几天就枯死了，因为南方潮湿，北方干燥，水土不服。你能怪米兰本身不好吗？

现在大家诟病教育，是教育本身不好吗？是广大教育工作者不努力吗？要改善中国的教育，就要给教育提供良好的生长土壤、优越的生态环境。为此，我不由得想起九十多年前鲁迅在北京师范大学附属中学的讲演《未有天才之前》。鲁迅说："天才并不是自生自长在深林荒野里的怪物，是由可以使天才生长的民众产生的，长育出来的，所以没有这种民众，就没有天才。"他认为，要有天才，必须有"培养天才的泥土"。我们今天的教育就需要有优良的泥土和泥土精神，社会应该给予它良好的生态环境。

我还想说，教育中出现教育公平问题，人们对教育有意见，这是社会进步的表现，是教育发展中的问题。大家想想，当教育还是精英教育阶段，只有少数孩子能上学的时候，大众对教育哪有那么多意见？正是教育普及以后，大家都想让孩子上好的学校，得到更好的发展，才出现教育公平问题、质量问题，才对教育提出了许多意见。正是这些意见，促使我们反思，促使我们改革。

第二章　教育本身没有责任吗？

前面我们分析了影响教育的各种社会、思想根源。那么，教育本身就没有问题吗？教育本身就没有责任吗？当然不是。教育本身的问题在于屈从于社会的各种压力，教育被扭曲了，被异化了，没有自己的"人格"了。《国家中长期教育改革和发展规划纲要（2010—2020年）》（以下简称《教育规划纲要》）指出："我国教育还不完全适应国家经济社会发展和人民群众接受良好教育的要求。教育观念相对落后，内容方法比较陈旧，中小学生课业负担过重，素质教育推进困难；学生适应社会和就业创业能力不强，创新型、实用型、复合型人才紧缺；教育体制机制不完善，学校办学活力不足；教育结构和布局不尽合理，城乡、区域教育发展不平衡，贫困地区、民族地区教育发展滞后；教育投入不足，教育优先发展的战略地位尚未得到完全落实。接受良好教育成为人民群众强烈期盼，深化教育改革成为全社会共同心声。"可见教育本身也存在许多问题，需要改革创新。正如《教育规划纲要》所指出的，改革创新是教育发展的动力。教育必须改革，还原自己的本真。下面我们列数一下教育的弊端和失误，以便对症下药，使改革取得成效。

一、长期以来缺乏对教育本质的认识

教育的本质是什么？长期以来，人们认为教育是阶级斗争的工具，是无产阶级专政的武器。"文化大革命"中，教育甚至沦为政治斗争的工具。"文化大革命"结束以后，大家进行反思。1978年，时任中国社会科学院副院长的于光远首先对教育是上层建筑的提法提出疑问。他在一次教育座谈会上说，教育这种现象中，虽含有上层建筑的东西，但不能说教育就是上层建筑。他的有关讲话后来形成文章《重视培养人的研究》，发表于《学术研究》1978年第3期。由此，"教育本质"的讨论就在全国教育界迅速展开。这次讨论延续了十多年。据瞿葆奎在《中国教育学百年》一书中载，讨论以《教育研究》杂志为主论坛，自1978年至1996年，全国各类报刊发表讨论的文章约300篇之多。

名为"教育本质"的讨论，实际上大多数文章谈到的是教育的本质属性问题。有多种观点："生产力说"与"上层建筑说"之辩，"双重属性说"与"多重属性说"之辩，"社会实践活动说"与"特殊范畴说"之辩，"生产实践说"与"精神生产说"之辩，"社会化说"与"个性化说"之辩，"培养人说"与"传递说"之辩，"产业说"与"非产业说"之辩，等等。[①]但这些观点几乎都没有脱离教育工具论的藩篱。关于"教育本质"的讨论，实际上是对教育价值和功能的反思。新中国成立以来一直到"文化大革命"结束，教育一直被视为上层建筑、"无产阶级专政的工具"。也就是说，教育的功能主要是为政治服务。十一届三中全会上，中央决定摒弃"阶级斗争为纲"的提法，提出以经济建设为中心，实现"四个现代化"。要搞经济建设，科学技术是生产力，教育是培养人才的基础，那么，教育

---

① 瞿葆奎：《中国教育学百年》，见瞿葆奎：《元教育学研究》，401～402页，杭州，浙江教育出版社，1999。

有没有为经济发展服务的功能？还有没有其他功能？必然会有人提出这样的问题。1979年4月，中国教育学会成立时，我担任北京师范大学大教育系主任兼外国教育研究所所长，我们在会上提交了一篇文章《工业化国家经济发展与教育》。文章是我执笔的，分析了第二次世界大战以后教育与经济发展的关系。文章最后有一段话："第一，关于教育的性质和职能问题。教育作为社会现象，无疑是受一定社会的政治和经济所决定的。但是过去我们把它的性质和职能看得过于狭窄，以为教育主要是培养统治阶级的接班人或者是他们所需要的奴仆，因而把教育单纯地看作上层建筑。教育理论工作者只研究教育作为阶级斗争的工具这一个方面，而对教育和国民经济的关系、教育与生产劳动的关系漠不关心。"[1]文章又说："今天我们看一看工业化国家经济和教育发展的情况，会给我们教育理论工作者打开眼界。教育范畴里有一部分是属于上层建筑的东西，但它不完全是上层建筑，它与生产在许多方面有着直接的联系。在现代科学发展的时代里，劳动力的再生产要依靠教育，把科学技术成果转移到生产过程中去要依靠教育。教育已经作为潜在的生产力在起作用。"[2]1980年，我在北京市高等学校干部暑期学习班上又提出："现代教育是现代生产的产物，教育与生产劳动相结合是现代教育的普遍规律。"其后，我于1991年在《高等教育学报》第1期上发表了《论在社会主义条件下教育同生产劳动相结合的必要性和可能性》一文，但这篇文章受到严厉的批评。批评者在文章中尖锐地指出："西方一些资产阶级学者，正是利用两种制度都注重教育与生产劳动相结合这一表面现象，得出21世纪将是'教育的世纪''学习化的社会'的结论。"又说："这不仅阉割马克思主义教育与生产劳动相结合的实质，而且成为资产阶级'和平演变'社会主义的烟幕，对此，我

---

① 顾明远：《思考教育·顾明远自选集》，10～11页，北京，首都师范大学出版社，2008。
② 顾明远：《思考教育·顾明远自选集》，10～11页，北京，首都师范大学出版社，2008。

们必须以阶级与阶级分析的态度相对待。"你看，帽子扣得多大！恕我这里不注明是什么杂志、什么人写的了。因为这不重要，这是那个时代的烙印，我想他们现在也已经转变了观念，会有另一种认识。

其实，1985年《中共中央关于教育体制改革的决定》已明确提出"教育必须为社会主义建设服务，社会主义建设必须依靠教育"，使得我国教育事业发展明确了方向，重新走上了正常的轨道。这是思想解放的伟大成果，也是教育价值观的巨大转变。

但是这种对教育的认识仍然强调教育的社会功能，是从"工具理性"出发来理解教育的，忽视人的发展的功能，忽视了教育是人的基本权利。教育有上层建筑的属性，但教育为政治服务也好，为经济建设服务也好，都要通过人的个体的发展。教育界"以人为本""人的发展"的思想一直受到批判，直到党的十六大以后，"以人为本"的思想才逐渐被官方引用，为教育界所公认。

教育是什么？教育是传承文化、创造知识、培养人才的活动，是人类得以繁衍、发展的基础。人类要生存，就要向自然界索取物质资料，满足衣食住行的需要；人类要延续，就要生儿育女，让种族延续；人类要发展，就要传播先辈的生存经验、社会经验，帮助年青一代发展，这就是教育。人类进入文明社会以后，教育当然要为整个社会的发展服务，社会发展了，个体才能发展。但是反过来，也只有作为社会成员的个体得到发展，才能为社会服务，社会才能发展。马克思、毛泽东、瓦特、爱因斯坦、乔布斯，不正是他们这样的伟大人物改变了世界吗？因此，个体发展是第一位的，是每个人生存发展的权利，是社会发展的基础。

教育是每个人的权利，更是儿童发展的权利。1989年11月20日，联合国第44届大会通过第25号决议《儿童权利公约》。《儿童权利公约》明确提出，儿童（至18岁）具有生存权、受保护权、发展权、参与权。发展权指充分发展儿童全部体能和智能的权利，儿童有权接受正规和非正规教育，以及有权享有促进其身体、心理、道德和社会发展的生活条件。《儿童权利公约》宣布，"应以儿童的最大利益为一种首要考虑"，从而确立了"儿童第一"的原则。

但是，长期以来教育界没有这种"儿童第一"的思想。我们的教育很少考虑儿童的需要，而是把成人的意愿强加于他们，忘记了促进儿童自我发展这个最根本的目的。学校为了自己的荣誉，片面追求升学率，很少考虑学生体能和智能的发展；家长为了孩子能够考上名牌大学，只顾孩子的知识学习、考试成绩，不考虑培养孩子的健全人格；政府官员只考虑自己的政绩而不顾学生的成长；一些社会教育机构为了赚家长口袋里的钱，只顾拿没有用的知识去充塞孩子的头脑。可以说大家只看到了眼前的利益，谁也不认真思考一下儿童将来的前途。儿童处于被教育、被学习的状态，这不能不说是教育本身的病症。

2015年11月，联合国教科文组织发布了其建立70年以来的第三份教育报告：《反思教育：向"全球共同利益"的理念转变？》。[1]该报告说，要重新定义教育、知识、学习，并提出"将知识和教育视为共同利益。这意味着，知识的创造及其获取、认证和使用是所有人的事，是社会集体努力的一部分"[2]。因此"重新界定教育和知识的概念，将其作为全球共同利益"[3]。该报告在摘要中说，本文件受到人文主义教育观和发展观的启发，"以尊重生命和人类尊严、权利平等、社会正义、文化多样性、国际团结和为创造可持续的未来承担共同责任为基础"[4]。这些新的理念无疑使我们对教育的本质有了新的认识。

---

① 前两份报告为1972年发布的《学会生存——教育世界的今天和明天》（又称《富尔报告》）和1996年发布的《教育——财富蕴藏其中》（又称《德洛尔报告》）。
② 联合国教科文组织：《反思教育：向"全球共同利益"的理念转变？》，2015。
③ 联合国教科文组织：《反思教育：向"全球共同利益"的理念转变？》，2015。
④ 联合国教科文组织：《反思教育：向"全球共同利益"的理念转变？》，2015。

二、人才观、质量观、学生观的误区

教育是促进儿童发展的主要途径。儿童发展是有规律的，教育活动也是有规律的。儿童本身的天赋素质有区别。一般儿童的智商是100，超常儿童的智商可达120～130，智障儿童的智商只能达到70～80。当然，智商测量是否科学，也有疑义，不一定说明问题，但大家都承认人的天赋是有差异的。按照心理学家加德纳的多元智能理论，人人都有8种或者9种智能，但是智能的结构是不同的。就拿人的思维品质来说，有的人逻辑思维比较强，有的人形象思维比较好；有的人思维敏捷，有的人思维迟缓；有的人思维开阔，有的人喜欢钻牛角尖；等等。如果用一种模式、一种标准去培养学生，就很难取得圆满的效果。从教育学的角度来说，教育要遵循儿童的身心发展规律，根据不同儿童的特点、特长、爱好因材施教，才能获得成功。

从儿童生活的环境来说，差别也很大。生活在农村的儿童与生活在城市的儿童所处的环境大不相同，生活在东部沿海地区与生活在边远地区的儿童的环境有天壤之别。教育必须考虑到这种不同的因素，因地制宜，提供不同的条件，才能促进儿童的健康发展。

我有个同事的孩子在中学时表现不好，被老师认为是"后进生"，在国内考上大学根本没有希望。后来他跟着父母出国了，现在发展得很好。换了一个环境，不是用一个标准去要求他，他就能得到自由的发展。所以前些年，为了逃避国内的高考，不少成绩落后的有钱人家的孩子被送到国外去学习。

人的天赋不同，生活环境不同，因此评价人才的标准也不能一样。什么叫人才？人们往往把人才和天才混淆起来，尤其许多家长，总认为自己的孩子是天才。我认为，热爱祖国、诚信做人、勤奋工作，为社会做出一定贡献的就是人才。天才是人才中的杰出者，有重大发明创造，为社会做出突出贡献，少数人才能达到。因此，要树立正确的人才观，树立人人都能成才、培养多样化人才的人才观。一所好学校要关心每个学生的成长，不是只关心少数天赋好的学生。党的十八大提出，"立德树人，是教育的根本任务"。立德树人，就是把学生培养成德才兼备的人，培养有品德的合格公民。一所学校如果能把每个学生培养成有品德的公民，就是一所好学校。但是，我们许多学校只盯着所谓杰出校友。许多学校校庆印制宣传纪念册子，头几页总是领导的照片、题词，然后是所谓杰出校友，普通劳动者没有位置。杰出校友固然值得学校骄傲，但普通校友是学校的主要成果，难道不值得学校重视吗？前面讲到，人是有差异的，但是我国的教育长期以来高度统一，即全国一套教育计划、一套教学大纲、一套教材。虽然新的课程改革在统一性的基础上有了灵活性，有了地方课程、校本课程开发的空间，但评价考试是统一的。统一的培养目标难以培养出有个性的人才。我们家长都期望自己的孩子成为天才，于是从小强迫孩子学习，"不要输在起跑线上"，造成人为的、无序的教育竞争，最后受伤害的是儿童，是我们民族的未来。

什么是教育质量？教育方针说，要使学生在德、智、体、美诸方面得到全面发展，但现在从地方政府领导到学校教师、家长都认为升学率就是质量，考试成绩就是质量，与教育方针的要求背道而驰。人们的质量观不改变，我国的教育就难有起色。说穿了，这种质量观其实是功利主义的产物，以本身的利益为标准，不是以人为本、以学生为本。这是教育本身的病源，当然也有其社会基础。

什么叫好学生？有一次我到某小学参观，一进校门就看到学校的宣传板上贴着十佳少年的照片，其中9名是女生，只有1名男生。他们是用什么标准评选出来的？我想无非是学习成绩优秀，恐怕最大的成分还是"听话"。男生比较顽皮；女生比较听话，容易受到老师的青睐。这对男生来讲极不公平，也不利于男生的发展。这使我想起1986年，我到哈尔滨参加黑龙江比较教育研究会成立大会时碰到的一件事。会议期间，黑龙江大学的一位教授就批评当时的教育，他说："现在的教育埋没男孩子的天分。男孩子发育比女孩子晚，又调皮，功课不如女孩子，等到他到初中觉悟过来，已经没有可能上好学校了。"几十年后的今天，中国青少年研究中心的孙云晓等不是写了一本《拯救男孩》的书吗？这就涉及教师的学生观。什么是好学生？不是按教育方针来要求，不是按创新人才来要求，而是按考试成绩、听话不听话、教师个人的好恶来要求。这种学生观埋没了大批有胆识、有创新精神的人才。

更有甚者，把学生分成三六九等，学生争当干部，有的家长也用各种手段帮着孩子当"三好学生"、学生干部，给学生灌输一种优越感、高人一等的思想。这种思想很不利于学生的成长。

链接

当了三年班长，四年级时"官帽子"没了，蝉联了三年的"三好生"荣誉也没了，这曾让江苏省镇江市润州区实验小学四年级学生谭晓东郁闷了好一阵子。

"不是我犯错了，是学校取消班干部了。"他向爸爸妈妈解释说，"我现在和大家一样，都是志愿者。"

做了一年的志愿者后，谭晓东的郁闷情绪早就"一扫而光"，甚至还感到十分自豪："以前我当班长是管人，现在是帮助别人，我和同学的关系比以前好多了。"

自去年初开始，镇江市润州区教育局开始在辖区内中小学开展德育领域综合改革，改革班主任制度、班干部制度、"三好生"制度，对"好学生"重新定义。

（摘自《中国青年报》2014年4月13日）

上面链接中这样的改革才能培养出将来为人民服务的公务员，而不是以权力为中心的贪官污吏，值得提倡、推广。

学生在教育过程中处于什么地位，是学生怎样成长的关键。我国传统教育常常把学生放在被动接受教育的地位，学生缺乏学习的主动性，更没有学习的选择权。这样的学生观必然会影响到人才的培养。我曾经写了一篇文章《学生既是教育的客体，又是教育的主体》，发表在《江苏教育》1981年第10期上，没想到它引起了学术界的一场争论。主张传统教育的人认为，教师要起主导作用，学生怎么能是教育的主体？他们认为，学生只能接受教育，不能站在主体地位。这场争论持续了十几年。1991年，我再次撰文《再论教师的主导作用和学生的主体作用的辩证关系》，发表在《华东师范大学学报（教育科学版）》1991年第2期上。在该文中，我说明强调学生的主体性并不否定教师的主导作用，教师的主导作用恰恰在于要启发学生的主体性。争论了十几年，这一观点现在似乎被广大教师在理论上接受了，但在教育实践中还未能真正做到。

这些陈旧的人才观、质量观、学生观，不能不说是教育本身的病根。

三、轻视职业教育的制度设计

我国教育制度设计上一个很大的缺陷是轻视职业教育。新中国成立初期的新学制是比较重视职业教育的。当时我们学习苏联的教育，专门建立了职业教育的体系。1951年8月10日，政务院第97次政务会议讨论通过了《关于改革学制的决定》，颁布了中华人民共和国新学制（见图2-1）。新学制中职业教育包括培养熟练工人的技工学校、培养初级技术人员的中等专业学校、培养高级技师的高等专科学校，以及培养工程师的高等专门学院和大学。这些职业学校培养了大批熟练工人和技术人员，为新中国成立之初的建设做出了巨大贡献。在"文化大革命"中期

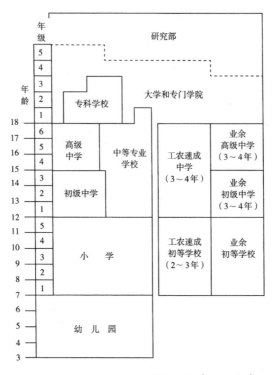

图2-1　中华人民共和国学校系统（1951年）

的1970年，北京师范大学全体师生被下放到北京房山燕山脚下去建"东方红炼油厂"。我在劳动中遇到几位中专毕业的技术员，很佩服他们的技术和智慧。20世纪60年代初期，我国在农村还创建了一批农业中学，为普及农村教育起到了重要作用。

但是"文化大革命"把农业中学、技工学校和中等专业学校说成是教育不平等，是对工农阶级的歧视，将其一律都砍掉，只留下普通中学，而且缩短学制至四年。这是对我国职业技术教育毁灭性的破坏。"文化大革命"结束以后，虽然教育秩序逐渐恢复，但职业技术教育一直都没有被重视。20世纪80年代，我国建立了一批职业中学，是为一批考不上普通中学的学生准备的，且专门技术的含量极低，大多是为旅店服务业和餐饮业培养员工。因此，在人们心目中，职业中学低人一等，整个职业教育的名声也被毁坏。特别是1999年高等学校扩招以后，我国提出要重点发展普通高中，职业高中再一次萎缩。直到21世纪初，"技工荒"影响到我国制造业的发展，我们才感到职业技术教育的缺失。2005年国务院召开全国职业教育大会，做出了大力发展职业技术教育的决定。经过这几年努力，我国才使高中阶段职业教育与普通教育的结构比例逐渐优化，才扭转了职业技术教育衰退的局面。

特别是最近几年，在《教育规划纲要》公布以后，政府加大发展职业技术教育的力度，采取免收职业学校学生的学杂费、给其提供生活补贴、职业高中毕业生可以报考高等学校等一系列措施，吸引青少年接受职业技术教育。但是，人们对职业学校的歧视已经根深蒂固，阻碍着我国职业教育的发展。职业技术教育在老百姓心目中的地位仍然不高，广大家长还是愿意把孩子送到普通大学，特别是名牌大学读书。因此，千军万马挤向高考独木桥的局面并未改变。我国长期以来缺乏对职业技术教育的统筹设计和优惠政策，再加上传统文化重学术轻技术和"学而优则仕"思想的影响，使得教育的恶性竞争依然是顽症。

四、学校发展不均衡

当前大家诟病最多的是重点学校的建立。长期以来，各地政府投入大量资金建设重点小学、重点中学，造成学校发展的不均衡。教育激烈竞争的原因是人们追求重点学校，以便孩子能顺利地考上大学。因此，取消重点学校的呼声由来已久。

设立重点学校是有历史原因的，需要历史地分析。新中国成立以后，我国教育虽然有了很大发展，但仍然处于不发达的行列，特别是经过"文化大革命"的破坏，人力资源极度缺乏。"文化大革命"结束以后，百废待兴，党的十一届三中全会确定以经济建设为中心，实现"四个现代化"，其关键是科学技术的现代化，基础是教育，需要培养掌握科学技术的人才。邓小平一再强调要尊重知识，尊重人才。我们从他在1977—1978年的多次讲话中可以看到，他对人才如饥似渴、心急如焚。为了快出人才，出好人才，他在提出恢复高考的同时，提出要办好一批重点学校。正是这一举措，培养了一批人才，为我国改革开放、社会主义现代化建设做出了巨大贡献。

应该说，20世纪我国教育还处于精英教育阶段，在这个发展阶段，必然要有一批精英学校。这是我国建设社会主义现代化的必然选择，也是所有国家教育发展的规律。其实，这不是教育本身的问题，而是社会经济发展水平带来的教育发展的问题。今天，在普及教育以后，高等教育进入大众化阶段，教育的公平就提到议事日程上来，大家开始质疑重点学校。这是实现教育公平、公正的必然要求。

三十多年来，政府对重点学校投入大量资金，使地区教育发展不均衡，造成了家长择校问题。20世纪80年代和90年代初，小学升初中要经过考试。这造成了考试竞争，增加了学生的学业负担。为了减轻学生的课业负担，推进素质教育，教育部曾明令取消小学升初中的考试，采用电脑派位方式。但是重点学校仍然以各种竞赛成绩作为选拔学生的标准，于是奥数班、英语班、艺术特长班等应运而生，使得考试竞争愈演愈烈，学生学业负担越来越重。

另外，一些机关和企事业单位与重点学校的共建，加重了学校发展的不均衡。重点学校的资源越来越丰裕，设备越来越先进，教师待遇也较优厚，与普通学校拉大了距离。对这种现象，老百姓是极有意见的。一些机关和企事业单位利用公共资源为本单位的子女谋福利，实际上也是一种腐败，不仅会败坏社会风气，还会在学生心理、品德上产生不良的影响。

链接

北京师范大学实验小学是北京师范大学教育系师生于1958年共同亲
手建立起来的，当初我们都参加了建校义务劳动。实验小学开始就实行
五年制。教育系派出20多位教师和毕业生任教，自己编写教材，培养了
大批优秀毕业生。但是，20世纪80年代初，北京市小学升初中要全市统
考，学校必须用北京市的教材。这一下子增加了学生的负担，家长有意
见。当时我任北京师范大学副校长，主管几所附属学校。实验小学校长
尤素湘到我的办公室，满含眼泪地告诉我，学校只能改为六年制了。学
校行政会议也只好同意。一所五年制小学经过30年的风雨就此结束。

《教育规划纲要》已明令禁止设重点学校和重点班，但重点学校是
长期形成的，在老百姓的心目中难以消失。这就是教育竞争的根源。现
在各地政府也都加强对薄弱学校的改造。浙江省杭州市在21世纪初就开
始组建教育集团，由重点学校与普通学校结成集团，或者由重点学校举
办分校组建教育集团，扩大优质资源，来缓解择校的竞争。近几年来
北京市也在采取优质学校办分校的办法来扩大优质资源，取得了比较好
的效果。但是办分校要有实质性的措施，特别是师资的保证，不能只挂
一块牌子了事，有名无实。名校不能办很多分校，否则优质教育也会稀
释，分校也徒有虚名。

党的十八届三中全会提出教育领域的综合改革，教育部提出建立学
区制、实行九年一贯制，使小学生能直接升入初中，但又出现所谓"学
区房"这样新的问题。据报道，优质学校区域内的住房价格比普通学校
学区内的房价要高出数倍之多，这会造成新的不公平，其实，主要是家
长的盲目担心。据北京市划片"小升初"的政策，在学区里仍要电脑
派位，住在学区内并不一定就能上优质中学；同时学区片里既有普通初
中，也有优质初中，资源可以共享。总之，一个矛盾解决了，又会产生

新的矛盾，最终只有促进学校的均衡发展，才能缓解由于教育竞争带来的种种问题。

五、正确的评价制度的缺失

评价制度是教育工作的指挥棒。一提到教育改革，人们首先提出的是高考、中考制度的改革。校长、教师最关心的也是高考改革，认为考试制度不改革，素质教育难以推行。

我们对学生的评价标准太单一，只以考试成绩作为唯一的评价标准。虽然教育部一再强调要全面评价，但除考试成绩之外，学生的思想品德、身体素质等都没有刚性指标，于是大家追求的只有考试成绩。新的评价考试方案已经出台，提出小学升初中一律不考试，中学要实施学业水平考试和综合素质评价，作为升学的重要依据。但如何实施，恐怕还需认真细致研究，做到公平、公正。

我国的考试制度长期存在"一考定终身"的弊端。这种制度甚至不如科举考试，科举还可以多次考试，我们现在应届毕业生一次考不上高校就变成社会青年了，再考就更难了。

高校招生缺乏自主权，学生报考缺乏选择权。前几年，美国一个华裔中学毕业生巩昂[1]寄给我一部他的书稿，介绍他在美国读书和报考大学的经历，我觉得很有意思。我把他报考大学的经历归纳为如下几个步骤。

第一步是在高中阶段参加SAT（Scholastic Aptitude Test，学业能力测验）或ACT（American College Test，美国大学考试），成绩作为大学

---

[1] 巩昂，美国华裔学生，2005年还是高中学生，暑假回中国时和他的父亲一起来看我，并带来他的书稿《我在美国上中学》。我为他的书稿写了序言，由中国盲文出版社2005年出版。这里冒昧摘用他书稿的内容。

入学的参考。

第二步是参加课外活动，这是备考的必然要素。大学会考察他在中学参加课外活动的情况。该生参加了学校网球队、数学俱乐部、多元化俱乐部和国家优秀学生协会。

第三步是在十二年级前的夏天思考报考什么学校。了解历届毕业生考入大学的信息，从网上了解大学招生的信息，听取父母和教师的建议。之后，他决定选择10所大学为报考对象。

第四步是向10所大学提交大约500字的申请书，介绍自己在中学的学习情况、参加的课外活动、个人的爱好和抱负等。申请书很重要，大学往往根据申请书来初步录取。

第五步是到大学实地考察。他接到9所大学的初步录取通知书，于是他选择了3所他最想去的大学进行实地考察，最后选定哈佛大学。

第六步是由当地一位哈佛大学的校友对他面试。面试就是在校友办公室里，一面喝咖啡，一面聊天。校友比较满意，推荐大学正式录取他。

美国大学这样的一个录取过程，既体现了大学招生的自主权，又体现了学生的选择权。但这种办法在我国行得通吗？首先，我国高校招生只凭一纸成绩，无须别的要求；其次，我国中学生没有养成自主选择的能力；最后，我国是一个人情社会，诚信制度尚未建立，学生参加课外活动情况、申请书的撰写、校友的面试都可能弄虚作假，不能令人相信。现在我国新的评价考试改革方案已经出台，正在上海和浙江两地试点，而全国实施还需时日。

六、传统陈旧的人才培养模式

正如《教育规划纲要》所说，我国教育还存在观念落后、方法陈旧的问题。前面讲到的陈旧的人才观、质量观，必然会导致教学方法的陈旧、人才培养模式的僵化。这与我国的传统教育有关。

我国现代教育是一百多年前从西方搬过来的，首先是学习日本。清朝末年壬寅学制、癸卯学制都是源自日本，而日本又是从德国搬过来的。因此，我国的现代教育一开始就打上了传统教育学派的烙印。虽然1922年改用美国的学制，而且美国著名教育家、现代教育学派的鼻祖杜威自1919年到1921年在中国讲学两年有余，竭力宣传他以儿童为中心的现代教育主张，但没有动摇我国传统教育的传统。因为传统教育比较适合长期处于封建时代并具有科举文化的中国。

新中国成立到"文化大革命"开始以前，对我国教育影响最大的是苏联教育。早在1948年秋，我国的旅顺中学就开始和苏联一所中学建立联系，着手学习苏联的教育经验。1949年以后，我国确立了"一边倒"向苏联学习的方针。一方面，翻译出版大量苏联教育理论著作，最著名的是凯洛夫主编的《教育学》，几乎达到教师人手一册。另一方面，聘请苏联专家来教育部、高等学校当顾问和讲学，传播教育经验。以北京师范大学为例，该校1950年就开始请苏联专家来校长期讲学，至1958年，先后请了十几位苏联专家到各系讲学，其中教育学、心理学专家就有8位。他们基本上把苏联的课程搬了过来。他们的讲义不仅是学生的教科书，而且是后来教师编写教材的依据。苏联教育学强调以下几点：①教学是教育的基础。②系统知识的传授。因而在中国批判杜威的实用主义教育思想及陶行知的生活教育思想、陈鹤琴的活教育思想；③教师的主导作用。凯洛夫认为"教师本身是决定教学底培养效果之最重要的、有决定作用的因素""教学底内容、方法、组织之实施，除了经过教师，别无他法"[①]，因而确定了教师在教学中的权威性、主导

---

① ［苏联］凯洛夫：《教育学》，沈颖、南致善等译，58～60页，北京，人民教育出版社，1953。

性。以上几点几乎都符合中国传统教育，所以被我国教育工作者牢牢地掌握。

对我国中小学教育影响最大的莫过于所谓"红领巾"教学法。1953年，北京师范大学中文系学生到北京女六中进行教育实习，讲授"红领巾"一课。苏联专家普希金听了这堂课以后进行评议，提出上好一堂课的要求，推荐了苏联课堂教学的"五段教学法"①。《人民教育》七月号为此发表短评，认为普希金在评议会上的总结发言"给我们指出了一个改进语文教学的方向"。从此"红领巾"教学法传遍全国，对我国中小学语文教学，乃至整个中小学教学产生了深远的影响。这种教学法规范了课堂教学的要求，有利于学生掌握系统的基础知识和基本技能。但它也产生了一些消极影响，即把课堂教学程式化、僵化，不利于教师发挥创造性、学生发挥主动性，学生始终处于被动接受知识的地位。

凯洛夫教育学的体系实际上没有摆脱赫尔巴特传统教育理论的影响，它强调的是学科中心、课堂中心、教师中心。这种人才培养模式一直影响到今天。虽然1958年以后我国对凯洛夫教育学就开始批判，但并未涉及他的教育思想体系，只是从宏观上给它扣上"智育第一""修正主义教育思想"等帽子，并未触及他的教学体系。客观地说，凯洛夫教育学还是企图运用马克思主义观点来分析教育现象的，它强调学生要掌握系统的科学文化知识，重视基础知识和基本技能的掌握，在那个时代也是正确的。但其教学过程过于僵化，忽视学生的主体性和发展，人才培养模式缺乏创造性、批判性。凯洛夫教育学在20世纪60年代的苏联也受到批评，赞科夫的"教学与发展"理论实际上就是对凯洛夫教育思想的一种反叛。

---

① 所谓五段教学法，即每堂课设五个基本环节：组织教学、复习旧课、讲授新课、练习巩固、布置作业。

特别值得一提的是，1951年我到苏联学习教育专业，当时我们用的教材并非凯洛夫主编的《教育学》。1956年回国以后，我发现国内学界对凯洛夫主编的《教育学》研究得十分精细，教材也完全照搬它的体系。这使我感到非常惊讶。

西方有学者调侃说，一个15世纪的人今天醒过来，发现世界什么都变了，唯有教堂和学校没有变，他还认识。这说明学校的变革很慢，培养人才的方法依旧。

改革开放以后，我国引进了许多西方教育思想和经验，重新重视杜威的以儿童为中心、做中学等思想，特别是新一轮课程改革强调以学生为主体，采用探究式教学、参与式教学方法。但大部分教师还是习惯用传统的灌输式教学方法，不重视培养学生的思维方式。特别是"应试教育"仍然干扰着教育改革，学生始终处于"被教育""被学习"的状态，学生没有兴趣，没有爱好，没有选择权。这种模式很难培养出具有创新精神和实践能力的人才。

第三章　为素质教育正名

一、素质教育的提出和争论

素质教育最早提出于20世纪80年代中期。1985年5月，中共中央、国务院召开全国教育工作会议。5月19日，邓小平在会议上做报告，指出："我们国家，国力的强弱，经济发展后劲的大小，越来越取决于劳动者的素质，取决于知识分子的数量和质量。"[①]5月27日发布的《中共中央关于教育体制改革的决定》明确指出："在整个教育体制改革的过程中，必须牢牢记住改革的根本目的是提高民族素质，多出人才，出好人才。"1986年颁布的《中华人民共和国义务教育法》第三条规定："义务教育必须贯彻国家的教育方针，努力提高教育质量，使儿童、少年在品德、智力、体质等方面全面发展，为提高全民族的素质，培养有理想、有道德、有文化、有纪律的社会主义建设人才奠定基础。"[②]此后，"素质"一词就不断见于国家许多文件和媒体报道中。

1987年，国家教委副主任柳斌在《努力提高基础教育的质量》一文中，正式使用"素质教育"一词。关于"素质教育"的讨论就此开

---

① 中共中央文献研究室：《邓小平论教育》，166页，北京，人民教育出版社，2004。
② 本条在2006年《中华人民共和国义务教育法》修订时有变动。

展起来。

"素质教育"这个概念一提出，就引起教育界的争论。学术界从生理学、心理学的角度提出，人的素质是指人的遗传素质，后天怎么能改变？有的学者提出，素质是中性的，有好的素质、坏的素质，素质怎么教育？教育实际工作者，特别是第一线的校长和教师提出，素质教育与教育方针之间是什么关系？素质教育是不是要取代教育方针？特别是1993年中共中央、国务院发布了《中国教育改革和发展纲要》，提出："中小学要由'应试教育'转向全面提高国民素质的轨道，面向全体学生，全面提高学生的思想道德、文化科学、劳动技能和身体心理素质，促进学生生动活泼地发展。办出各自的特色。"第一线的校长和教师更感到困惑，他们说："难道我们过去的工作都错了，现在要转轨了？不能理解。"有些教师认为，应试能力也是一种素质，有考试就有应试，不能一概否定"应试教育"。

对此，我当时也很困惑。我和研究生讨论时，他们提出了许多问题，认为"素质教育"的提法不科学。我当时的理解是，中央多个文件都提到"提高国民素质"，"素质"一词需要另行界定。这个问题下面再谈。至于素质教育，我认为当时是针对"应试教育"而提出来的，可以从教育的目的论来理解，即以应付考试为目的的就是"应试教育"，以提高国民素质为目的的就是"素质教育"。提倡素质教育也并非不要考试，但考试只是一种手段，而非目的。

二、素质教育提出的背景

毋庸讳言，素质教育是针对"应试教育"而提出的。"应试教育"又与片面追求升学率有关。这个说来话长，可以追溯到我国的历史文化传统。

我国是一个十分重视教育的国家，在历史传统上，不论是达官显贵，还是庶民百姓，只要有条件，就会千方百计让自己的孩子求学读书。新中国成立以后，随着我国生产力的解放、经济的恢复与发展，人民群众求学的积极性尤为高涨。在20世纪50年代初期，为了尽快培养经济建设干部，高等教育发展很快，高中毕业生人数一度达不到高等学校的招生人数，还要动员在职青年报考。但是到50年代中期，情况发生了逆转，随着高中教育的发展、高等学校学额的限制，开始出现高中毕业生不能全部升学的问题，小学、初中毕业生也有一部分不能升学，他们需要直接参加工农业生产劳动。但是学生、家长、教师的思想准备都不足，认为中学生毕业后就应该升入大学，进一步深造，去参加工农业生产是大材小用，浪费人才。为此，1957年2月27日，毛泽东在扩大的最高国务会议上的《关于正确处理人民内部矛盾的问题》讲话中提出："我们的教育方针，应该使受教育者在德育、智育、体育几方面都得到发展，成为有社会主义觉悟的有文化的劳动者。"同年3月24日，周恩来在杭州群众大会上讲话，他对中学生说："你们当中有人升入大学做大学生，做高级知识分子，当干部，但是就我们国家的现在条件来说，绝大多数人毕业后要直接参加工农业生产劳动。无论干什么，都是为了建设社会主义。这是你们学习的目的，也是我们办教育的目的。"同年4月8日，《人民日报》根据刘少奇的多次讲话，整理发表了《关于中小学毕业生参加农业生产问题》的社论。这些讲话和文章都是鼓励知识青年成为普通劳动者。[1]但是老百姓总希望自己的孩子中学毕业以后能够升入高等学校，于是在20世纪60年代就出现了追求升学率的现象，而且愈演愈烈。当时教育界曾经对"单纯追求升学率"倾向

---

[1] 中央教育科学研究所:《中华人民共和国教育大事记（1949—1982）》，194页，北京，教育科学出版社，1984。

进行过批判。说这一段历史，为的是说明片面追求升学率的问题早已有之。

"文化大革命"十年间，我国教育遭受毁灭性的破坏。"文化大革命"结束以后，随着国家对知识、对人才的重视，我国教育得以迅速恢复和发展，青年求学的热情更加高涨。1977年恢复高考，当年招生27.3万人，但报考的青年达570万人。当然，这是由于积聚了10年未能得到上学机会的青年所爆发出来的求学热情。但是随后几年，一直存在着升学的激烈竞争。从表3-1中，我们可以看到当时高中毕业生进入高校之难。

表3-1　1980—1985年高中毕业生数、高校招生数及升学率[①]

年份	高中毕业生数/万人	高校招生数/万人	升学率/%
1980	616.2	28.1	4.56
1981	486.1	27.9	5.73
1982	310.6	31.5	10.14
1983	235.1	39.1	16.63
1984	189.8	47.5	25.02
1985	196.6	61.9	31.48

尽管20世纪80年代初高中经过调整，毕业生大幅度减少，高等学校招生逐步扩大，但是高中毕业生能够考上高等学校的比例仍然很低，

---

① 教育部计划财务司：《中国教育成就：统计资料（1980—1985）》，65页，北京，人民教育出版社，1986。20世纪80年代初，高中毕业生逐年减少是因为对普通高中进行了调整。"文化大革命"期间，我国在"左"的思想指导下，片面地缩短学制，中小学实行九年制、十年制，即小学五年，中学四年或五年，严重地影响到中小学教育质量。自1980年开始，我国逐渐延长中学的学制，恢复初、高中分段教育，对高中阶段进行调整，因此，这个时期高中毕业生数大幅下降。

这造成中小学的激烈竞争。有些学校不顾学生的健康，轻视道德教育，加班加点，应付考试；有的学校为了提高升学率，押题猜题，忘记培养学生成才的教育本质。1981年11月26日，《人民日报》刊发了著名教育家叶圣陶的文章《我呼吁》。在该文中，他呼吁社会各界关注中学生在高考重压下负担过重的问题，批判了当时中学和一部分小学片面追求升学率的错误做法。他称这种现象有如"千军万马过独木桥"，令人担忧。

1983年12月31日，教育部颁发了《关于全日制普通中学全面贯彻党的教育方针，纠正片面追求升学率倾向的十项规定（试行草案）》。文件要求学校不能：只抓升学，忽视对劳动后备军的培养；只抓考分，忽视德育和体育，忽视基础知识和能力的培养；只抓少数，忽视多数；只抓毕业班，忽视非毕业班；只抓高中，忽视初中。但文件发出以后，效果甚微。

《教育研究》杂志从1986年第4期至1987年第4期，还专门开辟了"端正教育思想，明确培养目标"的专栏讨论，其涉及的问题就是批判"升学教育"，树立正确的人才观和提高民族素质的问题。

1989年4月，时任全国人大常委会教科文卫委员会副主任、中国教育学会会长张承先和时任国家教委副主任王明达建议成立"克服片面追求升学率的对策小组"，研究克服中小学片面追求升学率的弊端，端正教育发展的航线。我也是小组成员之一。第一次会议在国家教委会议室召开，会议决定成立一个调查和写作班子，设在国家高级教育行政学院，研究三个问题并发表有力的文章。这三个问题是：①调查分析片面追求升学率产生的原因；②调查片面追求升学率对青少年的危害；③提出克服片面追求升学率的对策。后来因为发生了政治风波，写作小组只在5月底写了一篇文章，发表在《中国教育报》上，即匆匆收兵，未有结果。但是关于批判片面追求升学率、端正教育思想的讨论，在20世纪80年代末至90年代初一直没有停止过。

1993年中共中央、国务院发布了《中国教育改革和发展纲要》。其中提出："中小学要由'应试教育'转向全面提高国民素质的轨道。"

1994年，时任国务院副总理的李岚清在全国教育工作会议的总结讲话中又明确指出："基础教育必须从'应试教育'转到素质教育的轨道上来，全面贯彻教育方针，全面提高教育质量。"

1994年8月，《中共中央关于进一步加强和改进学校德育工作的若干意见》又明确提出："增强适应时代发展、社会进步，以及建立社会主义市场经济体制的新要求和迫切需要的素质教育。"这是首次在中央文件中使用"素质教育"的概念。

1996年4月12日，李岚清为纪念《中华人民共和国义务教育法》颁布10周年，在《人民日报》上发表《基础教育是提高国民素质和培养跨世纪人才的奠基工程》一文。文章指出："素质教育与'应试教育'反映了两种不同的教育思想。'应试教育'以升学考试为目的，围绕应试开展教育教学活动，是一种片面的淘汰式的教育。它的危害：一是教育对象主要面向少数学生；二是教育内容主要偏重智育，轻视德、体、美、劳诸方面，忽视实践和动手能力，影响青少年的健康成长；三是违背教育教学规律和青少年成长发育规律。"

自1995年起，时任国家教委主管基础教育的副主任柳斌连续撰文，五论"关于素质教育的思考"，把素质教育的讨论推向新的高潮。

为了贯彻中央推进素质教育的精神，1996年2月，《人民教育》《湖南教育》联合推出长篇报道，报道了湖南汨罗大面积推行素质教育的经验。同时，国家教委还在湖南汨罗举行了全国素质教育现场会。1997年9月，国家教委又在山东烟台召开了全国中小学素质教育经验交流会。同年10月，国家教委颁发了《关于当前积极推进中小学实施素质教育的若干意见》，进一步将全面推进素质教育确定为基础教育的重要任务。

链接

素质教育的探索
——汨罗市中小学教育改革12年写真

普通高中教育：巩固率96%，合格率99.5%。1995年上大学人数超过全市总人口的万分之十八，高出全省水平一倍以上，在全国农村县市还未发现这么高的比例。

中等职业教育：职高与普高在校生比例已达6：4，学生巩固率为97%，合格率为100%。

这些数据，以及未列举的许许多多的数据，构成了汨罗教育多彩迷人的光环……

汨罗还有大量没有外化为名次和荣誉的"现象"——

比如，在汨罗，加班加点给学生补课的现象已不多见，甚至有些高中教师很少给学生布置课外作业。

比如，在汨罗，教改蔚然成风。1990—1995年，湖南省共进行了三届教改成果评奖，在14个地市州、125个县市区中，仅推出一等奖29个，其中汨罗占了3个，一届1个，在全省绝无仅有。

比如，在汨罗，德育始终有声有色，12年来在校中小学生犯罪率一直为0。

比如，在汨罗，音乐、体育、美术、劳技4门课的开出率早已稳居100%。

"汨罗教育现象"，不就是一种"全面发展现象"，一种"素质教育现象"吗？

（摘自《湖南教育》1996年第7期）

从以上素质教育提出的背景来看，素质教育主要是针对中小学片面追求升学率所产生的不利于学生素质提高的弊端而提出来的。

三、怎么理解"素质"这个概念？

许多文件和领导讲话中都提到"素质"这个概念，同时，人们口头上也常常讲"那个人素质真低"。"素质"一词已成为人们的口头禅，因此，我们就不能把它束缚在生理学、心理学原来的界定之中，需要有一个比较科学的界定。

2005年6月，教育部原部长何东昌给时任中共中央总书记胡锦涛写了一封信。他在信中反映"应试教育"造成学生思想品德滑坡，身体素质下降，十分为年青一代的教育担忧。胡锦涛批示中央各部门调查研究。为此，教育部会同中宣部、人事部、社科院、团中央等部门根据中央领导的指示精神，组织了一支队伍，对素质教育做了一年多的系统调查，并于2006年9月提交了一份《素质教育系统调研总报告》及13份分报告。总报告说，调研组在一年多的时间里，"召开了各种形式的座谈会、研讨会、征求意见会，走访了有关专家，听取了各方面的意见，分别就教育系统实施素质教育、舆论环境对素质教育的影响、社会用人制度改革、人的全面发展理论及成才规律、青少年健康成长及社会环境等方面开展了较为深入的调研"[1]。可谓集思广益，发挥了各部门的集体智慧。

总报告对"素质"的概念做出了一个新的界定："一般说来，素质即人所具有的维持生存、促进发展的基本要素。它是以人的先天禀赋为

---

[1] 素质教育调研组：《共同的关注——素质教育系统调研》，1页，北京，教育科学出版社，2006。

基础，在后天环境和教育的影响下形成并发展起来的内在的、相对稳定的身心组织结构及其质量水平，主要包括身体素质、心理素质和社会文化素质等。"①这就突破了心理学的解释。我觉得这个界定是科学的，符合我国现在通行的术语用法。语言本身是发展的，科学概念也是发展的。过去我们把生理心理遗传要素称为素质，后天获得的叫素养。现在把它们合而为一，把在天赋遗传的基础上，经过后天环境和教育影响而获得的品质叫素质，我想也是科学的。更何况广大群众把"素质"作为口头禅，广泛应用，已经约定俗成。现在没有必要再重新去争论它，造成新的混乱。

四、适应时代进步的要求，提高国民素质

素质教育的提出还有第二个历史背景和重要缘由，就是从提高教育质量、提高国民素质出发提出素质教育。20世纪80年代以前，虽然"素质教育"一词未见于正式文件，但提高教育质量、提高国民素质是中央领导和各级教育部门经常关注的问题。1985年5月27日发布的《中共中央关于教育体制改革的决定》明确指出："在整个教育体制改革的过程中，必须牢牢记住改革的根本目的是提高民族素质，多出人才，出好人才。"

在我国发达地区实现普及九年义务教育以后，基础教育如何进一步提高教育质量的问题就提到议事日程上来。1990年，江苏省发布了《江苏省教育委员会关于当前小学教育改革的意见（试行）》，提出："实施以提高素质为核心的教育，关键是转变教育思想，树立国民素质教育的

---

① 素质教育调研组：《共同的关注——素质教育系统调研（续）》，24页，北京，教育科学出版社，2006。

观念。各级教育行政部门要组织学校和教师学习教育科学理论，开展素质教育的研究和讨论，并开展到家庭和社会，唤起为中华民族的未来而全面提高学生素质的公众教育意识，形成强大的舆论力量和良好的改革环境，推进小学素质教育的全面实施。"这是首次以政府文件的方式明确提出素质教育。1991年，江苏省又率先召开了素质教育研讨会。[①]

从江苏省提出素质教育的背景来看，它主要不是针对片面追求升学率而提出的。当然，这与当时小学生课业负担过重也不无关系。20世纪90年代初期，珠江三角洲、长江三角洲都先后提出实现教育现代化问题，教育现代化的主要内容就是提高国民素质。

从20世纪80年代中期开始，中国大地掀起了一股教育改革浪潮。特别是邓小平的"教育要面向现代化，面向世界，面向未来"的题词发表以后，许多学校都以此为指南针，进行教育改革。因此，各种教育改革实验如雨后春笋般发展起来。在全国比较有影响的有北京第一师范学校附属小学等七所学校开展的愉快教育实验，上海闸北八中开展的成功教育实验，南通师范附小李吉林的情境教育实验，武汉江岸区的和谐教育实验等。这些教育改革实验都是寻求提高学生素质、探索学生生动活泼地发展的最佳教育模式。

因此，素质教育是在普及九年义务教育以后，教育界思考教育如何进一步提高和发展而提出的。

提出素质教育的历史背景，有克服"应试教育"的弊端的要求，但总体上是为了提高教育质量，目的都是提高中小学生的整体素质，培养高素质人才。

素质教育的提出，与国际教育发展的形势也有关。20世纪80年代以

---

① 蔡克勇：《90年代中国教育改革大潮丛书（综合卷）》，18页，北京，北京师范大学出版社，2002。

来，提高教育质量的呼声很高。1983年，美国高质量教育委员会发表了《国家处在危险之中：教育改革势在必行》的报告，不仅震惊了美国，也震惊了世界。各国在20世纪八九十年代都出台了各种教育改革方案，目的都是提高教育质量。

五、素质教育的本质和内涵

素质教育经过三十年的激烈争论和研讨，尽管在某些方面还没有达成完全一致的认识，但大体上取得了某些共识。

什么是素质教育？素质教育与教育方针是什么关系？其实，素质教育就是要全面贯彻党的教育方针。正是因为我国的教育实际偏离了教育方针指引的方向，所以才提出素质教育。

大家都承认长期以来我国教育存在着片面追求升学率的严重困扰，为了追求升学率，一些学校和教师逼迫青少年埋头于死读书。读死书和繁重的课业负担削弱了青少年的思想品德教育，损害了他们的身心健康，而且近年来愈演愈烈。全社会都为我们的年青一代的成长担忧。从1981年叶圣陶的呼吁到2005年何东昌给胡锦涛写信，都表现出大家的忧虑。这种情况必须改变。

素质教育与教育方针是一致的。素质教育就是为了更好地贯彻教育方针，两者是不矛盾的。为了解除大家对素质教育的误解，20世纪90年代后期的政府文件中不再提"应试教育"向素质教育转轨。我前面已经提到，以提高国民素质为目的的教育就是素质教育。素质教育并不排斥考试。考试是一种教育手段，是评价、检查学习效果的一种方法，也是选拔人才的方法，运用得法，可以促进、激励学生学习。但是如果把考试这种手段当作目的，以应付考试为目的，或者把它作为教育评价的唯一手段，则其消极作用是非常大的。"应试教育"就是颠倒了这种方法与目的的关系。

1999年6月，中共中央、国务院召开改革开放以来的第三次全国教育工作会议，并发布《中共中央国务院关于深化教育改革，全面推进素质教育的决定》（以下简称《决定》）。《决定》明确指出："实施素质教育，就是全面贯彻党的教育方针，以提高国民素质为根本宗旨，以培养学生创新精神和实践能力为重点，造就'有理想、有道德、有文化、有纪律'的、德智体美等全面发展的社会主义事业建设者和接班人。"中央文件为素质教育下了明确的定义，为素质教育的讨论做了科学的总结。

素质教育不是解决当前教育困境的处方，也不是一种教育模式，而是一种理念、一种方针。实施素质教育首先需要转变教育观念，树立正确的教育观、人才观、学生观、质量观。有了正确的观念，实施素质教育就会创造出许多方法，当前轰轰烈烈的教育改革实践说明了这一点。

《教育规划纲要》又把素质教育提到教育改革和发展的战略主题的高度，因此，我们对素质教育要有一个新的认识，明确它对我国教育的发展、对我国人才的培养具有重要的战略意义。

《教育规划纲要》对素质教育的本质和内涵做了如下解释："坚持以人为本、全面实施素质教育是教育改革发展的战略主题，是贯彻党的教育方针的时代要求，其核心是解决好培养什么人、怎样培养人的重大问题，重点是面向全体学生、促进学生全面发展，着力提高学生服务国家服务人民的社会责任感、勇于探索的创新精神和善于解决问题的实践能力。"这就是素质教育的本质和目的。对于素质教育的内涵，《教育规划纲要》提出三个要点：一是坚持德育为先，把立德树人作为教育的根本任务；二是坚持能力为重，着力提高学生的学习能力、实践能力和创新能力；三是坚持全面发展，坚持文化知识学习与思想品德修养的统一、理论学习与社会实践的统一、全面发展与个性发展的统一。

素质教育不仅是基础教育的重要任务，各级各类教育也都要加强素质教育。素质教育要贯穿幼儿教育、中小学教育、职业教育、成人教育、高等教育各个阶段。

2008年为制定《教育规划纲要》开展调研工作，国家教改领导小组成立了11个战略专题组。我与张民生同志负责素质教育组，开始进行调查研究。我们素质教育组又从素质教育的本质内涵和各国基础教育的调研、德育工作、课程改革、评价考试制改革、用人制度等几个方面分成多个小组，由40多位专家组成团队，开展了半年多的调查研究。通过调研，我们发现影响素质教育的因素很多、很复杂。在调研的基础上，我撰写了《素质教育十大原则》，全文如下。

素质教育十大原则

（1）素质教育是我国在改革开放新时期，为适应社会主义现代化建设，全面提高国民素质的要求，针对现有教育的弊端提出来的，核心是解决"培养什么人，怎样培养人"的教育根本问题。

素质教育的内涵是：全面贯彻党的教育方针，以提高国民素质为根本宗旨，以培养学生的社会责任感、创新精神和实践能力为重点，造就具有国际视野、德智体美全面发展的社会主义国民。

（2）人的素质，是人所具有的维持生存、促进发展的基本要素，是以人的先天禀赋为基础，在后天环境和教育的影响下形成并发展起来的、相对稳定的身心组织结构及其质量水平。[1]它包括人的身体素质、心理素质、文化科学素质、思想品德素质。

人的先天的身体素质、心理素质是有差异的，因此，素质教

---

[1] 素质教育调研组：《共同的关注——素质教育系统调研（续）》，24页，北京，教育科学出版社，2006。

育不要求每个人都达到同等水平。全面发展是指每个人都能取长补短，潜在能力得到充分发展。全面发展与个性发展结合起来。

（3）素质教育要达到以下目的，使每一个学生都具有：

• 健全的体魄。身体是一个人生存和活动的基础，学生时期是长身体的时期，要把学生的健康放在第一位。

• 高尚的思想品德。把社会主义核心价值观贯穿教育全过程，使学生能够做到：正确对待自然、正确对待社会、正确对待他人、正确对待自己。

正确对待自然：保护自然，节约资源。

正确对待社会：热爱祖国，敬业尽责。

正确对待他人：尊重他人，和谐相处。

正确对待自己：知己则明，荣辱不惊。

• 强烈的学习愿望和较高的文化科学素养。要在掌握基本知识的基础上，着重培养学生的思维方式、学习能力、创新精神和实践能力，培养学生正确认识和运用信息技术的能力。

• 较高的审美能力和高尚的情操。

• 开朗的心态、丰富的生活、幸福的童年（按联合国《儿童权利公约》界定，0~18岁的人为儿童）。

（4）学校课程是实施素质教育的主渠道。严格执行国家课程标准，开足开好规定课程，使每个学生都能掌握课程规定的基础知识、基本技能、正确的价值观和态度。上好每一节课，教好每一个学生。减轻课业负担，使学生有时间思考、有时间参加社会实践、有时间参加自己喜爱的文化科学和文体活动，做到学思结合、知行统一。

（5）把学生放在主动发展的主体地位，把学习选择权交给学生。学校开展多种多样的课内、课外活动，为学生选择学习提供各种条件，让他们在活动中锻炼成长。

（6）建立科学的评价制度。重视评价的综合性、经常性、全面性和发展性。不给学校和学生按考试成绩排名。改革考试招生制度，在各级学校录取新生时，除少数民族和弱势群体给予政策上的照顾外，取消一切附加条件，不得以各种竞赛成绩为录取依据。

（7）教师是实施素质教育的关键人物，有了好的教师才有好的教育。教师要提高本身的素质。教师要有敬业爱生的精神、高尚的职业道德；热爱教育，热爱学生，面向全体学生，相信人人均能成才；努力钻研业务，不断提高教书育人的能力；尊重每个学生，善于与学生沟通交流，指引学生掌握正确的学习策略和方法，帮助学生规划生涯。

（8）加强学校文化建设，使学校拥有浓厚的文化气息、生动活泼的生活节奏、舒适自由的校园环境，学生随时随地能受到传统文化和现代文化的熏陶。

（9）学校应做好家长工作。家长的教育观念、教育方法时时影响着学生，只有学校与家庭、教师与家长在观念和方法上取得一致，才能收到应有的教育效果。学校应向家长开放，与家长沟通。建立家长委员会，吸引家长参与学校的活动是与家长沟通的有效途径。

（10）全社会都来关心学生素质的提高，在观念和制度上创新。政府首长要树立素质教育政绩观，不以升学率评价学校和教师；学校教育制度要创新，建立普通教育与职业教育的立交桥；用人单位要改变重学历、轻能力的倾向，以综合素质作为选用人才的唯一标准；把推进素质教育与建立终身教育体系和学习型社会结合起来。

六、素质教育实施的主要进展

虽然开头讲到社会上对我国教育多有诟病，但如果不带偏见的话，不能不承认我国教育在这三十多年发展中所取得的巨大成绩。大家只要到基层走一走，就能看到巨大的变化。特别是农村教育，自从贯彻《教育规划纲要》以来，国家增加了投入，农村学校的危房问题逐步得到解决，各地新的校舍拔地而起，学校面貌大有改观。当然，还有几千万名留守儿童，由于缺乏父母的关爱，他们的成长受到影响。但这不是教育本身的问题。许多农村学校教师像对待自己的孩子一样爱护留守儿童，许多优秀事迹令人感动。我们可以从媒体上寻找到最美的乡村教师，了解他们可歌可泣的故事。说实话，对教育意见最多的还是城市白领阶层。他们面临的教育竞争最为激烈，对教育中的一些弊端看得较深。

素质教育推行多年来，虽然遇到各种阻力，可谓步履维艰，但许多学校都厉行改革，探索前行，创造出丰富的经验，涌现出一大批先进典型；广大教育工作者努力转变教育观念，深化教育教学改革，付出了不懈努力。

我觉得有如下几个方面的变化。

（一）素质教育观念已经深入人心，全国各地教育行政部门和学校都在努力探索推行素质教育的新举措

上海市全面推进素质教育，在推进改革试点项目"创新区域教育内涵机制"的过程中，着力打造"新优质学校"，提出建好"家门口"的学校，努力实现"减负增效"，率先推出中小学生学业质量综合评价"绿色指标"体系，改变了过去用单一的考试成绩评价学校、评价学生的做法；甘肃省开展阳光体育试点，每所学校都保证上好体育课，保证每天一小时的体育锻炼；南京市开展了小班化教学改革，教育质量明显提高；南京市高淳区实行普教和职教联通制，学生可以互相选课；某民办学校实行班主任团队制度，每个教师都到一个班上做班主任。我觉得这些经验都可以推广。许多地方努力贯彻《教育规划纲要》精神，加强了学生的思想道德教育，建立了许多爱国主义教育基地，开展了多种活动。我这两年参观了多个县市的学生校外活动基地，很有感触。如无锡市在宜兴建了一个"无锡未成年人社会实践基地"。基地占地200亩，建筑面积3.36万平方米，教职员工77人，可供1 500名学生住宿。基地开发"洞""竹""茶""陶""社会考察""素质拓展""文化游学""国防教育""人防教育""法制教育"10大类60多门课程。各校各年级学生可以自选课程，每学年去基地一周，全部住宿，由此形成了一个集社会实践、素质拓展、专题教育、文化娱乐，融实践性、思想性、教育性、娱乐性于一体的未成年人活动场所。张家港市的学生活动基地占地面积和建筑面积更大，设备更先进。学生在那里活动5天，住宿4个晚上。我们参观时正值学生下课，学生反映对这里的活动都非常感兴趣。北京市成立了少年科学研究院，开展"雏鹰计划""翱翔计划"，着力培养学生的创新能力和实践能力。

（二）许多地方政府明令禁止小学升初中的考试、各种不必要的测验和假期补课等，想方设法减轻学生的课业负担

例如，山东省委、省政府高度重视，先后出台多项政策措施强化素质教育的实施。2007年年初，山东省印发了《关于深入贯彻〈中华人民共和国义务教育法〉大力推进素质教育的意见》，通过构建全面育人的工作机制，加强课程改革和管理，深化考试评价制度的改革，推进基础教育均衡发展，建设高质量教师队伍。特别是素质教育专项督导评估，取得了丰富的经验和巨大的成绩。

成都市青羊区于2007年10月连续发布了四道教育局长令，明文规定小学生的书包重量不能超过自身体重的1/10，一、二年级不布置家庭作业，每天保证一小时体育锻炼等措施。[①]

链接

成都市青羊区教育局关于"减负"工作"一号令"

为贯彻落实党的十七大精神，减轻中小学生课业负担，提高学生综合素质，经教育专家、医学专家、教师、家长、学生和社区代表多方论证，区教育局研究决定，从即日起，全区小学、初中学生书包质量限制在学生体重的10%以内。现将有关事项通知如下。

第一，各学校要发布告家长书，明确书包的限重标准，使家长明白减轻书包质量的重要性和必要性。引导家长正确选择书包文具，并请家长协助学校培养学生每天按课表收拾书包的良好习惯，督促学生不把与学习无关的玩具等装进书包，并监督学校的减重行为。

第二，学校要利用朝会、班会、团队会时间教育学生书包过重的危害性，引起学生自身对书包减重问题的重视。

第三，学校要积极创造条件，使用带抽屉的课桌或在教室里设置储物柜，便于学生存放学习用品和水杯等，并保障学生物品的安全。

第四，学校要设置开水点并保障安全卫生，满足学生饮水的需要，学生只需准备喝水的杯子，不需带水到校。

第五，学校要合理、科学地安排课程表，并且严格执行课程表安排，减少课程表变更。遇有调课，必须提前一天告知学生，避免学生每天都带齐各科教材。

第六，严禁学校和教师集体购买或推荐购买教辅资料。

我局将成立七个学区督查小组，会同新闻媒体，定期或不定期监测

---

① 顾明远、刘复兴：《改革开放30年中国教育纪实》，117页，北京，人民出版社，2008。

小学、初中学生书包质量，并公布检测结果。对超重严重的学校，将追究校长的责任。

（三）广大教师实施素质教育的积极性及其能力与水平有了较大的提高

20世纪80年代后期开展的愉快教育、情境教育、成功教育、和谐教育实验有了扩展和深入；新的实验研究，如新基础教育实验研究、主体教育实验研究、新教育实验研究等更加蓬勃地开展起来。许多地方和学校成立了教

师发展学校，通过学习和研究不断提高教师的思想和业务水平，涌现出了一大批先进典型。李吉林老师创造的情境教育思想体系，不断地有所创新，每年召开情境教育思想研讨会，影响全国。

（四）基础教育新课程改革在全国普遍推行

课程是实施素质教育的核心。新课程改革的精神是吸收世界教育的新经验，传承中华民族精神，重视人的发展，提高人的素质。在课程目标上，新课程改革重视掌握知识、发展能力的同时，强调培养学生对事物的情感、态度和价值观。自2001年颁布《基础教育课程改革纲要（试行）》以来，经过几年实验，到2005年秋季，全国所有小学、初中起始年级都已经开始实施新课程；2006年10个省份进入了普通高中新课程实验。新课程改革以学生的发展为本，注重发挥学生的主体性，突出培养学生的创新精神和实践能力，使学生生动活泼地发展。虽然基层教师对新的课程标准还有一些意见，有些学校和教师，特别是农村的学校和教师，还不太适应，但基础教育课程改革有力地推动了素质教育的进展，

使教师的教学方式和学生的学习方式发生了积极、深刻的变化。

（五）招生考试制度是大家公认的推行素质教育的最大障碍

许多教师反映，考试制度不改革，素质教育就难以推行。近些年来，考试改革也在逐步开展。特别是党的十八届三中全会决定，对招生考试制度进行综合改革，提出："探索招生与考试相分离、学生考试多次选择、学校依法自主招生、专业机构组织实施、政府宏观管理、社会参与监督的运行机制，从根本上解决一考定终身的弊端。"并且具体规定："义务教育免试就近入学，试行学区制和九年一贯对口招生。推行初高中学业水平考试和综合素质评价。加快推进职业院校分类招考或注册入学。逐步推行普通高校基于统一高考和高中学业水平考试成绩的综合评价多元录取机制。探索全国统考减少科目、不分文理科、外语等科目社会化考试一年多考。试行普通高校、职业院校、成人高校之间学分转换，拓宽终身学习通道。"根据十八届三中全会决定的精神，新的考试招生制度方案已经公布。其中规定：2014年启动考试招生制度改革，2017年全面推进，到2020年，基本建立中国特色现代教育考试招生制度，形成分类考试、综合评价、多元录取的考试招生模式，健全促进公平、科学选才、监督有力的体制机制，构建衔接、沟通各级各类教育和认可多种学习成果的终身学习"立交桥"。具体措施是：①完善义务教育免试入学，试行学区制和九年一贯对口招生，改进高中阶段学校考试招生方式，破解择校难题。②完善高中学业水平考试，把它作为检验学生学习程度、毕业和升学的重要依据。③把综合素质评价作为学生毕业和升学的重要参考。④推进高职院校分类考试，实行"文化素质+职业技能"的评价方式。⑤改革高考内容和方法，不分文理科，考生总成绩由统一高考的语文、数学、外语三个科目成绩和高中学业水平考试三个科目成绩组成。其他还规定减少和规范考试加分、各种竞赛成绩不作为升学录取的依据等。我想，这些改革措施必将有利于素质教育的推进。

第一，改进了评价制度。高中实行学业水平考试和综合素质评价。高中学业水平考试，学完一门考一门，不再实行百分制，而以合格和等级来评价学生的学业水平。这是一项重大的改革，体现了把立德树人、促进学生的全面发展和个性发展作为教育的根本任务。学校要重视学生综合素质的培养，努力提高教育教学的水平。结合当前高中课程改革，评价制度的改革有利于学生根据自己的兴趣和优势，选学与将来高考专业有关的科目，有利于人才的成长。综合素质评价是考查学生平时的品德表现、身心健康状况、实践能力、自我管理能力等。学业水平考试和综合素质评价都将成为高等学校录取的依据，改变一考定终身的弊端。

第二，改革高考的方式和内容。减少了考试科目，只考语文、数学、外语三门，考试不分文理，外语还可以进行两次考试，将最好的成绩计入高考总分。另外，学生自愿选择三个科目的学业水平考试成绩，供高校录取时采用。这就减轻了学生在统考时的负担，重视平时的学习。它将指挥高中课程改革，高中不再分文理科，避免了偏科的现象，促进学生全面发展。有人可能会质疑，不分文理科，怎么体现因材施教，照顾学生的差异？其实，当前高中课程改革的方向是多样性，减少必修课，增加选修课，学生可以根据自己的兴趣和志向，选学不同的科目，充分发展自己的潜能，同时把学业水平考试最好的科目作为高校录取的条件，学生和高校双向选择，这样才真正做到因材施教，照顾到不同学生的差异，有利于学生的全面发展与个性发展的统一，变过去"以考定学"为"以学定考"。

第三，实行分类考试。高等职业院校只凭高中学业水平考试成绩和必要的相关技能考核结果即可录取学生。这就使一部分学生解脱统一高考的束缚，有利于发挥他们的特长。同时根据终身教育的理念，顶层设计了构建衔接、沟通各级各类教育和认可多种学习成果的终身学习"立交桥"。任何一名学生，只要他有意愿和能力，都能获得更高层次学习的机会。这项改革可以改变千军万马挤向普通高校独木桥的局面，减轻了一部分动手能力强、理论学习较差的学生的心理压力和考试的负担，也有利于高中阶段的教育改革。当然，目前由于受长期世俗偏见的影响，不少家长不认可高职教育。但随着改革的深入、社会的发展，教育观念会转变，高职教育会有更大的发展。

第四，规范和减少考试加分。减少各种不科学、不规范的加分，不仅杜绝了违规造假的行为，维护了教育公平，而且减轻了学生的学业负担（以后学生就不用再去上什么补习班、参加各种竞赛，只需要一心一意把学校设计的课程学好，同时有时间参加自己喜爱的科学、文化、体育活动），改变被迫学习、被动学习的局面，使学生在生动、活泼、主动的学习环境中成长。

考试招生制度改革方案中还有许多举措，如提高中西部地区和人口大省高考录取率、增加农村学生进入重点高校人数、完善中小学招生办法、破解择校难题等，这些都将影响基础教育的深入改革。

考试招生制度改革的方向已经明确，改革的举措具有完整性、科学性、时代性、可行性，符合国情和广大人民群众的愿望。方案经过从下到上、从上到下的反复研究，直到中共中央政治局审议通过，成为国家的基本教育制度，可以说是领导和群众集体智慧的结晶。在实施过程中，可能还会遇到这样或那样的问题，但只要大家向一个方向努力，就可以在实践中不断改进和完善。

第四章 改革人才培养模式（上）

除了前面讲到的教育的外部生态环境因素外，教育内部改革的空间还很大。《教育规划纲要》指出改革创新是教育发展的动力，并且提出了六大改革：人才培养体制改革、考试招生制度改革、建设现代学校制度、办学体制改革、管理体制改革、扩大教育开放。之所以把人才培养体制改革摆在第一位，是因为一切改革，归根结底都要落实到人才培养上。

一、树立正确的人才观

首先，人才培养体制改革要以正确的观念为指导。《教育规划纲要》提出："深化教育改革，关键是要更新教育观念，核心是改革人才培养体制，目的是提高人才培养水平。"要树立人人成才、多样化人才的观念。

什么叫人才？什么样的人叫人才？这使我想起1979年在纪念新中国成立30周年座谈会上，于光远、吴明瑜、童大林、张健、敢峰、王通讯等和我谈起建立人才学的问题，当时对人才的看法就有不同的意见。我于1980年曾经在《人民教育》杂志上发表过一篇文章《人才学和教育学》。当时我是这么写的："教育的任务是培养人才，学校是培养人才的地方。但是，学校培养出来的人不一定都能成为人才。也就是说，学校的毕业生在将来的工作中，能够很好地发挥作用，就是一个合格的毕业生，但他不一定有创造性的见解和能力，不一定成为人才。"①当时人们把人才和天才混淆了。现在我要补上一句：人才是多样的，只要热爱祖国，有社会责任心，勤奋工作，为社会做出一定贡献的人就是人才。人人都能成才，

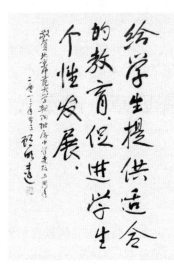

每个学生都能成才，是每个教师的第一信念。我们只有相信每个学生都能成才，才会努力、尽心地教育他。因此，每个教师都要树立人人都能成才的教育信念。

其次，要树立人才多样化的观念。人是有差异的，因此人的发展是不一样的，不能用一把尺子去衡量和要求每个学生。要因材施教，给每个学生提供适合的教育才是最好的教育，才是最公平的教育。这个问题，我在前面已经谈了很多，这里就不再赘述。

这里想补充的是，要平等、公正地对待每个儿童，他们将来都能成才，我们不能偏爱某个儿童。同时儿童的发展不是线性的，而是有曲折的，任何时候对每个儿童都应一视同仁。所以我反对评选"三好学生"。这种在成人社会中评先进的办法不能搬到儿童教育中，因为不符合儿童成长的规律，会造成对非"三好学生"的心理伤害。自尊心是一个人的基本品质，丧失了自尊心，也就丧失了人格。自尊心是要通过教师和家长对孩子从小尊重而培养起来的。自尊心又是和自信心联系在一起的。

---

① 顾明远：《人才学和教育学》，载《人民教育》，1980（4）。

有了自尊心就会建立起自信心；反过来，有了自信心就会促进自尊心的确立。因此，对于中小学生来说，自尊心和自信心是一种巨大的教育力量，有了它，学生就能够自己教育自己。每个教师都要重视它，从小培养学生的自尊心和自信心。赞成评"三好学生"的人总以"要树立榜样"为借口，但树立榜样的办法很多，做了好事可以表扬，学习有进步可以表扬，热爱体育活动可以表扬，不一定把一小部分学生定格在"三好学生"上。

把成人评先进的办法运用于少年儿童，恐怕是中国文化的特色，西方国家就没有这种观念。我前几年看到《报刊文摘》刊登了一篇短文，大意是讲在美国盐湖城召开冬奥会期间，我国奥委会代表团参观一所学校时，带去了两个熊猫玩具。团长对该校校长说："一个送给你们学校最优秀的男生，另一个送给你们学校最优秀的女生。"这一下难为了校长。校长说："我们学校的学生个个都是优秀的，没有最优秀的。有的学生学习优秀，有的学生运动优秀，有的学生做义工优秀。"最后校长只好把两个熊猫玩具陈列在学校的展览柜里，写上"送给最优秀的学生们"，供所有学生欣赏。这就是东西方文化的差距。儿童就是儿童，不能用成人评劳模的办法来评选儿童。

评选"三好学生"，一小部分学生受到鼓励，但会伤害大多数学生。当然，也会有一部分学生受到刺激，以"三好学生"为榜样，争取也能当上"三好学生"。但"三好学生"的名额是极少的，因此对大多数学生来说，可望而不可即，其实是起不到激励作用的。相反，这对培养他们的自信心和自尊心是不利的。

我国的教育方针是使每个学生在德、智、体、美等方面都得到发展，成为社会主义事业的建设者和接班人。那么，为什么只有极少数学生是"三好学生"呢？因此，评选"三好学生"显然与教育方针相悖。的确，评选"三好学生"曾经激励过一部分优秀学生，恐怕当前各条战线的骨干都曾经是"三好学生"。但是，从教育工作者的角度来讲，我们最重要的信条是相信每个学生都能成才，我们面对的是每一个学生，而不是一部分学生。

二、没有爱就没有教育

我国著名教育家霍懋征提出："没有爱就没有教育。"（最早说出这句话的是夏丏尊，他翻译了《爱的教育》。）这也是我的教育信条，同时也是我在教育实践中得出的经验。那还是1958年，全国"大跃进"的年代，我在北京师范大学附属中学工作。秋天，全国轰轰烈烈大炼钢铁，学校也不例外。我校操场上小平炉林立，师生们彻夜奋战。一天清晨，我忽然发现会议室里睡着一个女学生。第一天没有在意，以为炼钢炼得太晚了，无法回家，可是一连几天这个女孩子都没有回家。这引起了我的注意，我问她为什么不回家，她回答说不愿意回家。经再三劝说、教育，她都不愿意回家。

经过了解，我才知道，她是一位领导同志的孩子，生于革命战争的艰苦年代，出生后就被寄养在老百姓家里，新中国成立后才被接回家，与父母在思想感情上有一些距离。再加上母亲要求过严，据说姥姥还有点重男轻女的思想，对待她与对待她的哥哥不一样，孩子觉得缺乏家庭温暖，因此拒绝回家。再三做工作都无效，我只好把她安排在宿舍里。之后我曾经多次和她的母亲联系，劝她多给孩子一些温暖，我强调"没有爱就没有教育"。但她的母亲认为学校对她要求不严，甚至认为学校的态度是没有阶级观点的"母爱"的表现，差一点在批评"母爱"时把我也捎进去，但是我一直没有放弃这个信念。

怎样才算真正的爱？可能许多家长和老师受到传统教育思想的影响，存在许多误区。

误区之一是溺爱，满足孩子的一切要求，结果造成孩子以自我为中心，忘乎所以。近年来某些"官二代""富二代"表现出来的劣迹，无不与父母的溺爱和放任不管有关。这种溺爱不仅害了孩子，也危害了社会。

误区之二是强制，用父母的权势逼迫孩子，有的甚至暴力对待孩子，总认为"棍棒底下出孝子"。殊不知，那是封建时代培养奴才的办法，现在是民主时代，我们培养的是人才，不是奴才。前一阵子热闹一时的"虎妈""狼爸"，都是这一类父母。表面上看，他们的孩子都在学习上取得成功，但他们的人格心理如何，他们将来的人生道路如何，尚待历史的考验。

早在八十多年以前，鲁迅在《上海的儿童》一文中就严厉批评当时的家庭教育和对儿童不正确的认识。他说中国的中流家庭教育有两种极端的教育方法：一种自由放任，一点不管，任其跋扈，在家里是暴主，但到了外面就没有能力了；另一种终日冷遇或呵斥，甚至打骂，使孩子畏葸退缩，仿佛一个奴才，父母还以为"听话"，待到了外面，像"暂出樊笼的小禽，他决不会飞鸣，也不会跳跃"[1]。八十多年后的今天，这两种方法依然存在，可见传统习惯之顽固。

误区之三是每天逼着孩子学习，以便他将来能考上好的大学，找到一份舒适的工作，过上幸福的生活，认为这是对孩子的爱。可是孩子不理解，他需要的是现在生活的幸福，需要学习，也需要玩耍、尊重、自由、交往等。有的教师给学生布置很多的作业，说是"为你好，将来能

---

[1] 鲁迅：《南腔北调集·上海的儿童》，见《鲁迅全集》第5卷，160～161页，北京，人民文学出版社，1973。

考上好的学校"。有的教师因为学生没有完成作业就动手打学生，受到批评还觉得很委屈，认为"我是为学生好"。可是学生不领这个情，反而对学习没有兴趣了，厌学了。就算学生在父母、教师强迫下学习进步了，成绩上去了，但身体垮了，性格扭曲了，脾气变怪了，将来能幸福吗？恐怕未必。

因此，什么叫真正的爱？真正的爱是要让自己的孩子、自己的学生能够在德、智、体、美诸方面都得到发展，潜能得到充分的发挥，有健全的人格、开朗的性格，这样才能有幸福的人生。

那么，怎样才能做到真正的爱？首先要相信学生。相信每个学生都要求进步，都能成才；尊重每个学生，做到互相信任。怎么才能做到互相信任？这就要求教师善于和学生沟通，能够平等地对待每个学生，了解学生的思想、学习和生活，了解学生的需要。一个人有多种需要。美国社会学家马斯洛分析研究了人的需要，认为每个人都有五种层次需要：第一是最基本的生理上的需要，要吃要喝；第二是安全的需要，避免伤害；第三是社会需要，即与人交往、交朋友的需要；第四是尊重的需要，人格能得到别人的尊重；第五是自我实现的需要，实现自身的价值。学生也有这五种需要。家长和老师要了解学生的需要。家长和教师往往只关注孩子生理、学习上的需要，不关心别的需要。有的教师体罚或用语言伤害孩子，就是不重视孩子尊重的需要，这是最伤害学生的。我曾经问学生："你们最不喜欢的是什么样的老师？"他们回答说："最不喜欢说话损人的老师。"所谓损人，就是不尊重人。十多年前，浙江金华有一名学生把自己的母亲杀了，社会为之震惊。后来有人到监狱去采访他，他对杀害自己的母亲很漠然，认为自己的什么需要都得不到满足，母亲只逼着他念书，生活没有乐趣。采访者哀叹，实际上他的母亲已经在精神上把自己的孩子扼杀了。可见，我们爱孩子，要了解孩子的需要，合理的需要要给予满足，不合理的需要要加以引导，特别不能伤害孩子的自尊心。

怎样才能理解孩子？要善于与孩子沟通。要与孩子沟通，就要平等地对待孩子。常常有家长问："为什么孩子到五六年级的时候就不大愿意和父母说话了？"我就问这位家长："你是不是能倾听你孩子的讲话，能不能把孩子的话听完，然后与孩子交流？"有许多父母往往不等孩子讲完，就唠唠叨叨地说孩子这也不对，那也不是。长此以往，孩子当然就不愿意与父母交流了。教师对待学生也是这样，要善于倾听学生的声音，平等地与学生交流。为什么学生喜欢与同伴交流，与网友交流？因为孩子与同伴、网友是平等的。而父母、教师自认为自己是大人、是权威，永远是对的，总是会教训人。因此，父母也好，教师也好，要想与孩子沟通，就要放下架子，平等地对待孩子，不要摆出大人的权威，要与孩子交朋友，倾听孩子的心声。如果孩子能把心里话讲给家长听，教育就成功了一大半。

三、没有兴趣就没有学习

这也是我在现实教育实践中体会到的道理。我在北京师范大学附属中学工作时发现学生对感兴趣的课程学习得比较认真，比较刻苦，对不喜欢的课程就马虎敷衍。北京师范大学附属中学有许多优秀教师，课讲得好，学生很喜欢。其中有三位数学老师，因为课讲得好而在北京教育界很有名。一位名申介人，教高一三角，号称"申三角"；一位名韩满庐，教高二代数，号称"韩代数"；一位名曹振山，教高三几何，号称"曹几何"。还有教化学的尚兴久老师、教生物的陈婉芙老师、教语文的时雁行老师，都因为课教得好，受到学生的欢迎。学生上他们的课就兴致盎然，效果也好。也有一些教师的课上得一般或者较差，学生就没有兴趣，学习也就提不起劲头来。

师生关系会影响到学生的学习兴趣和学习积极性。师生关系好的，学生愿意学习他教的课程；师生关系不好的，学生就不愿意上他教的课程。

当然，决定学生学习兴趣的是他的学习动机，即人的一种内驱力，是人的活动的内在动机。从心理学角度讲，人的行为总是有一种动机在驱动，学生的学习也有动机在驱动。动机有外部动机和内部动机之分。父母、教师的奖励和惩罚，迫使学生学习，这是一种外部动力。这种动机是短暂的，父母或教师的奖惩过去了，这种动机就会消失。比如，父母允诺，考试成绩好，奖励一部手机。结果考好了，手机得到了，再学习的动机可能就消失了；或者因为没有考好，没有得到奖励，学习的积极性也就没有了。可见，外部动机是容易消失的。只有内部动机才是持久的。内部动机是什么？就是人对学习本身的兴趣。当一个人对某一学科、某种知识感兴趣，就有一种深入探究的冲动，促使他去努力追求。当然，外部动机可以转化为内部动机，多次奖励和引导可以使学生对学习本身逐步感兴趣。但这种奖励应该是精神的，物质奖励容易引起负面效应。正如美国著名心理学家布鲁纳所言："学习的最好刺激，乃是对所学材料的兴趣。"[①]

学习兴趣对学校教学很重要，对一个人的学习和成长也非常重要。对教师来说，培养学生学习兴趣是人才培养的重要一环。苏联教育家苏霍姆林斯基曾经说过：一个孩子到十二三岁还没有自己的兴趣和爱好，做教师的要为他担忧，担心他长大以后对什么都漠不关心，成为一个平平庸庸的人。

学生如果对学习缺乏兴趣，学习就不会刻苦，考试成绩即使上去

---

① ［美］布鲁纳：《布鲁纳教育论著选》，邵瑞珍等译，29页，北京，人民教育出版社，1989。

了，将来也很难有什么成就。综观历史上的大科学家、大学问家，小时候并非我们现在认为的好学生，他们往往功课都不算好，但总有自己的兴趣和爱好。牛顿小时候父亲早亡，家境贫寒，在学校学习成绩很差，但迷恋于机械，爱做各种实验，经过努力，他发现三大定律，成为伟大的科学家。德国化学家李比希生长在一个药剂师家庭，从小喜欢化学，上课时也想着化学，老师问他问题，他答不出来，老师很生气，但他说："我长大了要当化学家！"有一次他把炸药带到教室里表演给同学看，发生了爆炸，结果被学校开除了。父亲送他到朋友家当学徒，结果因为在阁楼上做雷酸的实验，把朋友家的屋顶掀掉了。后来父亲把他送到波恩上学，经过努力，他在化学上有多种发明，成为一名伟大的化学家。[①]

兴趣是学习最大的动力。所以《教育规划纲要》提出："激发学生的好奇心，培养学生的兴趣爱好，营造独立思考、自由探索、勇于创新的良好环境。"

但是我们现在的学校中许多学生缺乏学习的兴趣，为了完成父母、教师的任务而学习，处于一种"被教育""被学习"的状态；到高中毕业的时候，还不知道选学什么专业。报考大学不是以自己的兴趣和志愿为依据，而是以考试的分数为依据。摸底考试分数高，就报考重点大学；摸底考试分数不高，就报一般院校。这样的情况怎么能培养出创新人才呢？前面我提到的美国华裔中学生巩昂，他上高中就有自己的目标。他喜欢数学，在学习指导教师的帮助下修学高难的课程，并学习明尼苏达大学的数学先修课程。到高中二年级就开始根据自己的爱好在网上选择将来要报考的学校及其各种信息，最终他选择了10所大学。我国现在的中学生很少有这样的意识和能力。

---

① 李辉、钱伟刚等：《兴趣是最好的老师》，45页，北京，商务印书馆，2009。

所以，在人才培养方式的改革中，要重视学生兴趣的培养。兴趣往往从好奇心发展而来。好奇心是人之天性，孩子长大到三四岁，对周围的事物很好奇，会向大人问这问那，这就是好奇心。父母和幼儿园的教师要保护儿童的好奇心，尽量回答儿童的问题，不要对儿童的提问不耐烦。有的父母会厌烦孩子的提问，或者搪塞他的问题，这就会抑制他的好奇心，他长大了就会对事物缺乏兴趣和爱好。在小学教育中要鼓励学生大胆地思考，勇敢地提问。只有会思考、敢提问的学生才能对学习产生兴趣。

兴趣是可以培养的。苏霍姆林斯基常常用阅读来引发学生的兴趣。他说，有一个学生不爱学习，他就陪这个学生读书，读到有趣的地方，就说"我有事，你自己读吧"。学生自己读下去，慢慢对学习产生了兴趣。学生活动是最容易培养学生对学习的兴趣的。20世纪80年代，我听过北京市一位刘老师讲作文教学的经验。她说，小学生往往不爱写作文，她就把他们带到大自然里，让他们去观察，把观察的事物写下来就是作文。有一名学生最不爱写作文，但一次放风筝后，他写了放风筝的故事，写到开始风筝老放不上去，后来在风筝下面加上两条纸带，风筝就放得很高。老师觉得他描写得很真实细致，给他这篇作文评了满分。学生很高兴，并从此对作文感兴趣了，越写越好。李吉林老师创造的情境教学，就是把情感活动与认知活动创造性地结合在一起，极大地调动了学生学习的积极性和兴趣，大幅度地提高了教学质量。

四、以学生为本，把学生放在教育的主体地位

前不久，教育部一位精通外语的老同志告诉我，我国文件中常用的"受教育者"这个词，国外早已不用了，通常是用"学习者"这个词。这反映了两国对教育的理解和观念。现代教育是以学生为主体的，不是

教师把知识灌输给学生，而是学习者自己学习、自己体悟，内化为自己的知识和信念。

前面我们在讨论学生观时就谈到学生主体的问题。其实，前面讨论的"没有爱就没有教育"也好，"没有兴趣就没有学习"也好，都围绕着是否把学生放在教育主体地位的问题。传统教育学派与现代教育学派的区别也在于此，当代东西方教育的差距也在于此。我国本着师道尊严的传统，总是过多地强调教师在教育中的作用，强调教师的主导作用，或者错误地理解教师的主导作用，把它理解为一切由教师来决定。其实，教师的主导作用恰恰在于启发学生的主体性。

2006年，我参加温家宝总理召开的教育座谈会时，曾介绍中西方教学方式的差异。我举了美国中学教学的三个例子，现在我把它们重复一遍。

我对总理讲，我今天带来了两本书，是一位在美国读书的十六七岁的华裔学生写的《我在美国上中学》，一本是初中卷，一本是高中卷，可以看看人家的教育理念和教育方法。

第一个例子是初中一年级的艺术课。老师说："这个学期学习传统的和现代的绘画艺术。我不会讲著名艺术家的知识，而是让你们自己去调查研究这些艺术家，找出他们的代表作品，找出他们的艺术风格和艺术特色，然后给全班同学做一个报告，并向全班同学布置一个作业，让大家按照报告的那种艺术作品形式来完成作业。"学生对老师的布置都拍手叫好。下课后学生就选自己喜欢的艺术家。第一位学生汤姆选的是达·芬奇。他介绍了达·芬奇的生平、代表作品、风格，然后向同学布置任务——用达·芬奇现实主义的方法画旁边的同学。于是大家就画起来。

第二个例子是生物课。老师布置的作业是采集树叶。书上列出20多种树叶，老师说："我不会给你们树叶检定表，要你们自己去找到树叶的图片。你们可以查参考书、上网或者找植物学家咨询。采集树叶后要查出每一种树叶的正式名称、结构、附属物、排列、形状、边缘和脉型。"然后老师教学生如何画树叶。这个作业两星期内完成。课后学生到处找树叶、找资料，并将找来的树叶对照，完成作业。

第三个例子是高中一年级，也就是十年级的历史课。这一学期讲1845—1945年的世界史。布置的作业是"历史文化组合：1845—1945年"，包含十项内容：历史事件表、历史人物专访、对历史人物的讣告、对历史人物的颂文、历史电影评论、一本书的书评、史评、一幅历史画的画评、假如历史可以假设、献辞。作业的封面设计有两个要求：一是采用对美国历史的艺术表达形式；二是镶嵌历史名人的名言。这个作业两个月内完成。那位华裔学生说，他选择的历史事件是第二次世界大战中的东方战场，访问的历史人物是陈纳德，写的颂文和讣告是宋庆龄。

2013年，我参加了在北京中关村第三小学举办的中美教育教学展示会，听了美国老师上的英语课和数学课，发现老师讲得很少，只是不断地提问，启发学生的思考。这所小学的一名毕业生在美国读初中，在会上展示她的作业，也像上面讲到的，是一本自己设计制作的作业本，图文并茂，非常漂亮。

我国的教育要在学生主体地位这个问题上来一个根本转变。我们往往低估了学生的能力，总是用灌输的方式让学生接受。其实，学生的潜在能力是很强的，他们自己能解决很多问题。

2012年5月14日，美国著名教育家、《第五项修炼——学习型组织的艺术与实践》的作者彼得·圣吉在北京海嘉国际学校主持一次跨文化教育论坛，他批评传统教育低估了学生的能力。他说，凡是教学上难以解决的问题，交给学生，他们就能解决。话说得绝对一些，但确实有道理。我国山东杜郎口中学的教学改革就是一个很好的例子。该校崔校长告诉我一个故事。他说他上中学时，有一天老师要到县里开会，课就让他来上。当时他很忐忑，但认真准备后就去上了。结果同学很欢迎，说比老师讲得还好。他当校长以后，发现教师水平较低，有些课没讲透。他就想起自己的经历，于是提出教学改革，教师少讲，让学生自己学习，自己来讲，结果极大地调动了学生的学习积极性。

现在许多地方在推行有效课堂，其核心理念也是以学生为主体，充分发挥学生的主动性和积极性。我在广西玉林听过几堂用有效课堂模式设计的课，发现学生的积极性、教师的积极性都很高。学生分小组自己梳理知识点，编制知识树，然后互相交流、互相补充。学生个个敢于提出不同意见，学习气氛很热烈。这样的学习让学生对课文理解得深，知识记得牢，而且培养了学生的分析批判能力。

链接

在北京十一学校，没有所谓好学生和坏学生，每个人都只是他自己。校长李希贵说："我们的路径很清晰，发现每一个学生的不同，唤醒每一个学生的潜能，启动每一个学生的内动力，让每一个学生成为自我发展的承担者。只有解放了学生，让他们拥有相信自己的力量，他们才能去实现心中的梦想。"

（摘自《报刊文摘》2014年2月26日）

第五章 改革人才培养模式（下）

一、把学习选择权还给学生

2013年秋天，我忽然接到《辽宁日报》一位记者打来的电话，说沈阳市一名文科高考状元被香港大学录取了，并且有丰厚的奖学金，但去了一个月退学回来了，复读以后准备明年再考北京大学，问我有什么看法。我说："我没有什么看法。"记者又说，在沈阳，人们为此事议论纷纷，说："这个孩子怎么那么傻，考了高分，被名牌大学录取了，还有奖学金，怎么就放弃了？"大家觉得不可思议。问我怎么看。我说："这是她自己的选择，有什么好议论的？她一定有自己的想法才做出这样的选择，我们应该尊重她的选择。"人们总是用考试成绩来判断事物，这是一种考试思维定式、一种分数主义，所以对这件事大惊小怪。如果用学生是主体、学生有自主选择权的思维来看这个事件，这就不足为怪了。

以学生为主体，培养学生的兴趣和爱好，改变"被教育""被学习"的现状，就要把学习的选择权还给学生。前面我们讲到因材施教，正确的理解是给不同的学生提供适合的教育。学校和教师的责任是为每个学生营造一个良好的学习环境。

我们要改变全国用一套教学计划的办法，提倡多样化。新的课程改革把教学计划改为课程标准是有道理的。过去教学计划作为国家规定的课程教学的法定文件，内容、课时规定得很死板。课程标准强调的是标准而不是计划，执行标准应该有灵活性。且不说个体的因材施教，从全国范围来讲，我国地域辽阔，经济社会发展差距很大，教育发展水平不同，执行课程标准要结合当地的情况，不能一律要求。现在各地反映课程标准的要求太死，安排的课时完不成，我认为，应该允许各地灵活执行，达到国家要求的标准即可。

学习本来是学生自己的事，是学生的权利，我们应该把学习的选择权还给学生。当然，把学习选择权还给学生，并不是放任不管，教师有责任加以指导。特别是低年级的儿童，他们还没有能力选择，更需要教师和家长的指导。

国外许多优质学校都设有学习指导老师，了解学生的兴趣爱好和过去的学习成绩，帮助学生选修课程，设计学习方案。

特别是高中阶段，应该培养他们自主学习、规划生涯的能力。《教育规划纲要》提出："高中阶段教育是学生个性形成、自主发展的关键时期，对提高国民素质和培养创新人才具有特殊意义。注重培养学生自主学习、自强自立和适应社会的能力，克服应试教育倾向。"

为了使学生有选择的机会，课程多样化、选课制是必备的条件。特别是高中，要减少必修课，加强选修课。高中设立选修课与高中不分科的方案有没有矛盾？在《教育规划纲要》制定过程中，我们曾对高中分不分文理科问题进行了一场大讨论。许多家长和学生都赞成文理分科，只有少数专家认为，高中不应该分科。许多教师和家长认为高中不分文理科，是否与因材施教有悖？其实，高中阶段不分科，学生并非都学一样的课程，而是要学好国家课程标准规定的课程，打好基础，并在此基础上选学符合自己爱好和能力的课程，充分发挥自己的特长。现在高中的文理分科是高考指挥棒逼出来的，许多文科班的学生并非真正喜爱文科，往往是理科没有学好，将来报考理科风险太大，所以选择文科。今后高考不分文理科，这种顾虑就打消了，学生可以把文理各科基础学习好，再选择自己真正喜爱的学科，满足自己的发展需要。这样才有利于拔尖创新人才脱颖而出。

浙江省从2011年就推出了《浙江省深化普通高中课程改革方案》，根据"调结构、减总量、优方法、改评价、创条件"的总体思路，对高中课程进行了调整，把必修课由116学分减到96学分，选修课由28学分增加到48学分，选修课程占总学分的比例由原来的19.4%提高到33.3%。这为学生的选择提供了条件。

北京十一学校开展了更大胆的实验，从初中一年级开始就实行选课制和走班制。例如，数学分成数学Ⅰ、数学Ⅱ、数学Ⅲ，学生根据自己的爱好和能力进行选择。最近《中国教育报》详细报道了该校的走班经验及为每个学生定制的课程。全校4 400多名学生，就有4 400多份课表。我一个朋友的孩子，2012年进入该校初中一年级，就学会了在网上选课。我问他对学校的印象，他说："自由。"2014年年初，他已上初中二年级，我问他现在还自由不自由，他回答："已经不自由了，压力很大，因为喜爱数学，选了数学Ⅲ，最高难的班，觉得不努力会跟不上，降到数学Ⅱ，多没面子。"2013年，我们访问该校，参观了它的科技实验室，学生饶有兴趣地在那里做各种实验。这样的改革有利于人才的培养。北京十一学校还成立了科学实验班，这些班都不是一般意义上的文理分科，而是为培养科学人才和文科人才而专门设计的，招收的学生都要经过严格考验，确认有这方面的天赋、爱好和能力。这样一些实验班已经走出不少有所造诣的人才。我想，这就是课程改革的方向。

二、改善教学方法

现在大家都在讨论如何破解"钱学森之问"。当然,杰出人才不是中小学课堂里培养出来的,还需要各种条件,但中小学的课堂教育具有基础性的作用。钱学森本人也认为对他一生有影响的是两段时间:一段是在北京师范大学附属中学学习的6年,另一段是在加州理工大学读研究生的时期。可见中学时代的教育对一个人的影响很大。因此,改进培养方式,改善教学方法,是当前教育改革的重头戏。

《教育规划纲要》要求:"创新人才培养模式。适应国家和社会发展需要,遵循教育规律和人才成长规律,深化教育教学改革,创新教育教学方法,探索多种培养方式,形成各类人才辈出、拔尖创新人才不断涌现的局面。"这一段话就是要求学校的教学工作进行深入改革,主要是教学方式的改革。

教育活动、人才培养在学校最终要落实到教学方式上。传统的教学方式是灌输式教学,是教师滔滔地讲、学生静静地听的被动接受式。这种方式不能培养学生的思维能力。课堂教学改革就是要把灌输式教学转变为启发式、参与式教学,组织学生开展探究性学习。我国新一轮的课程改革也竭力提倡探究性学习。

什么是探究性学习?探究性学习要求教师鼓励学生自己提出问题、讨论问题,自己提出答案。[①]1960年,布鲁纳提倡发现法,他从心理学的角度提出学生学习过程的许多心理学问题。发现法要求教师不是把现存的结论告诉学生,而是由学生提出问题、设定假设、收集资料进行论证,自己得出结论,目的是"不仅要教育成绩优良的学生,而且也要帮

---

① 顾明远:《教育大辞典(增订合编本)》,1 520页,上海,上海教育出版社,1998。

助每个学生获得最好的智力发展"[1]。实施探究性学习，就应以学生为主体，充分发挥学生的潜能。上面介绍的美国中学的几节课可视为探究性学习的案例，进

一步还可以让学生自己提出课题，自己开始探索。这需要时间。许多教师往往觉得哪来这么多时间让学生探索。其实时间是有的，教师可以少讲一些，少布置一些练习性的作业，把时间腾出来让学生思考问题。

2012年，我们在宁波参观一所小学，学校开展"家庭实验室"活动。一些小学生在家里建立"小小实验室"，开展小实验。他们向我们展示了自己的实验。实验有设计方案，方案中列举了研究目的、研究方法、研究过程、研究结果，真是像模像样的科学研究。这种研究不限于课本内容，可以培养他们的科学精神和探究的能力。

探究性学习是每个孩子都能做到的，只要有意识地启发和引导，学生自己会找出许多课题。

链接

研究目的：

探索莲草直胸跳甲的食性特征，了解其生态学特性，为大力繁殖莲草直胸跳甲、科学防治空心莲子草等农业害草提供科学依据。

---

① ［美］布鲁纳：《布鲁纳教育论著选》，邵瑞珍等译，26页，北京，人民教育出版社，1989。1957年，苏联第一颗人造地球卫星发射成功，美国朝野震惊，普遍认为美国的教育出了问题。1958年，美国国会通过了《国防教育法》。1959年9月，35位科学家、学者和教育家集会于科德角的伍兹霍尔，讨论如何改进中小学的自然科学教育问题。《教育过程》就是布鲁纳对该次会议的总结报告。

实验名称：

实验一：莲草直胸跳甲是否真的能够消灭空心莲子草？

实验二：在不同的环境中，莲草直胸跳甲消灭空心莲子草的能力一样吗？

实验三：莲草直胸跳甲会不会吃掉其他农作物？

实验四：能否让莲草直胸跳甲吃掉其他杂草与害草？

实验结论：

结论一：莲草直胸跳甲是一种单食性昆虫，喜欢在河道、水沟、潮湿或者低洼农田埂上繁殖，能够把水生型空心莲子草成片吃掉，控制作用明显，但是对于生活在地势较高的旱地空心莲子草的控制效果不明显。

结论二：用莲草直胸跳甲防治空心莲子草，是一种针对性强、安全性高的方法，不会伤害别的作物，而且对环境没有危害。

结论三：别的植物上洒上空心莲子草的汁液，莲草直胸跳甲也会喜欢吃，这个实验结果可以用来研究莲草直胸跳甲消除别的农业害草的问题。

创新点：

利用空心莲子草的汁液消除其他有害植物，不仅节约了资源，而且可以消灭有害的植物，真是一举两得呀！

三、充分、合理地运用信息技术

信息技术的发展及其在教学中的运用，正在引起一场教学革命。它正在改变教学环境、教学形态及师生关系，为个别化教学、个性化学习、远程学习提供了有益的平台。教育信息化的主要特征是开放性、个性化、网络化、国际化。

众所周知，传统的教学是以课堂为主、以教师为主、以课本为主。虽然以杜威为代表的现代教育派批判传统教育，提出以儿童为中心、以儿童兴趣为主、以儿童的活动为主的主张，但是在当时的技术条件下，教学仍然离不开课堂，离不开教师，离不开课本。在信息化时代，情况就大不相同了。信息无处不在，学生可以通过各种媒体获得大量信息。现在两岁的幼儿就会摆弄平板电脑，从游戏中获取各种知识。互联网把信息传播到世界每一个角落。

　　信息化改变了教师的角色。在信息化社会，教师已经不是唯一的知识载体，也不再是知识的权威。学生可以通过各种媒体获得知识。那么，教师的作用何在？教师要用信息技术为每个学生设计适合于他的个性化学习环境；教师要指导学生在信息海洋中采取正确的策略和方法，收集和处理有益的信息，而不至于迷失方向；教师要帮助学生克服学习中的困难。因此，教师应当成为学生学习的设计者、指导者、帮助者。

　　教学要以学生为主体。在信息化时代，教学正在由以教师为主导的教学转变为基于学生学习的教学。信息化的最大特点是个性化和网络化。教师要抓住这个特点，为学生个性化学习设计良好的环境，通过互联网与学生沟通、与家长沟通。同时利用大数据的方法，收集学生学习的信息，了解学生学习的情况和困难，及时帮助解决。

　　当前许多教师把使用电脑编制课件作为运用信息技术改进教学的方法，实际上，制作课件只是信息技术最初步的运用，远远没有发挥信息化的真正功能。学校应该建立互联网的服务站，做到班班通、家家通，为全校师生、家长互相沟通、互相了解、互相支持创造条件。

　　教师上课使用课件要适当。课件固然有它的优势，它能够把事物生动地展示给学生；可以把宏观的东西缩小，把微观的事物放大，把抽象的符号变为具体的事物，让学生直观地感知；可以通过图像、视频引起学生的兴趣。但是，如果运用不当，就会成为"讲义搬家"，仍然会陷入教师的独家表演。学生与课件是一种人与机的关系，只有教师参与其中，才体现出人与人的交流。课件往往有以下局限性：第一，它会束缚教师的思维。课堂教学常常千变万化，学生学习过程中会出现不可预见的情况。而课件一旦制作完成，往往具有固定性，遇到课堂中的变化难以即时调整，缺乏灵活性。第二，它缺乏人情交流。例如，课件里有一个圆，学生的感知就是一个圆。如果教师在黑板上一笔画出一个漂亮的圆，学生会感到惊奇，会有一种与教师情感上的交流。第三，它压缩了学生思考的时间。一个概念出现在课件上，学生的感知往往一带而过。如果教师在黑板上把一个概念慢慢地写出来，学生会一面感知一面思考。因此，我认为，教师使用课件要适当，要根据信息技术的特点，选择教师无法表达或者能够帮助教师更有效表达的内容。教师虽然已经不是唯一的知识载体，但毕竟闻道在先，应该在课堂上显示自己的知识魅力和人格魅力。

今天，平板电脑已经逐渐走向课堂。据报道，荷兰已经有11所学校运用平板电脑上课，不再使用纸质教材，并认为这是将来发展的趋势。我国也有一些学校开始试用电子书包。我观看了几堂运用平板电脑的课，发现学生对使用平板电脑学习有极大的兴趣，教师可以与学生互动，及时了解学生学习的情况。但是同时我又感到，这些课还缺乏个性化的学习，学生只是在平板电脑上选择教师设计好的答案，无法反映学生的个性思维。运用平板电脑上课，如何发挥信息化所具有的个性化、网络化的特点，还需要在技术上有所突破。现在国外出现一种翻转教学。什么叫翻转教学？传统的教学是学生在课堂听课，回家做作业，翻转教学是倒转过来，在网上听课，到学校教室里讨论、做作业，教师给予辅导和帮助。这种教学模式有利于个性化学习。传统教学中，教师讲课的进度往往只按照中等水平的学生执行，这就会使一部分聪慧的学生觉得教师讲得太慢，感到"吃不饱"，而另一部分学习吃力的学生又会觉得教师讲得太快，跟不上。如果把课放在网上，学习好的学生可以很快地学完应学的课程，学习吃力的学生可以反复播放网上的课程，多次理解。当然，网上的课件要制作得好，不仅符合学生认知的规律，而且生动活泼，具有趣味性，能够引起学生的学习兴趣。我认为可以把翻转教学与传统教学结合起来。教师把课件挂到网上，学生在传统课堂上听课，有必要的话，回家后还可以在网上再听课。这就要求教师把课件做得精当。

教育信息化运用在远程教育上非常有效。现在教育部正在研究把优质教育资源挂到网上，让农村地区、边远地区的学生在网上也能听到优秀教师讲的课。现在网上出现了"慕课"（MOOC）①，即网上在线课程，主要在大学开展。基础教育也可以开展网上课程。美国的"可汗学院"的课程就是中小学的课程。

北京市通过云计算已经把10 000节优秀教师的课挂在网上，让学生选学。这是使用信息化很好的实例，可以把优质教学资源通过网络传播到各个学校，是扩大优质资源、促进教育公平、提高教育质量的很好方式。

近年来学术界又在议论大数据时代。大数据的精髓在于我们分析信息时思维方式的转变。大数据的特点是具有普遍性、预测性，人们可以根据大量的信息来判断事件发生和未来的发展趋势。大数据在商业、流行病防治、气象预报上的运用已很普遍。在教育领域如何运用？我开始觉得只可以运用到教育管理上，如通过大量信息了解学生的学习状态、生活情况等，但前不久北京师范大学项华老师在北京市少年科学研究院的实验打破了我的思维局限性。他带领小学生运用大数据方法开展科学实验，取得了很大成功。我观看了四项实验，它们都非常有意义。其中

---

① "慕课"的英文名为massive open online course，2008年开始出现。

一项是一名小学生关于北京北五环来广营一段路的拥堵问题的研究。她利用上下学的时间拍摄了该地段的大量照片，又从交通网上收集该地段车流量的信息，分析得出结论，指出该路段车辆拥堵的原因和解决的建议。另一个小学生做的是张力的实验。他观察到镍币浮在水面，水面有一个凹度，这个凹度是水的张力。之后，他又在水和酒精的混合液体中加入香油，模拟王亚平在太空实验室做出的失重下的水泡，说明水有张力。据项华老师讲，这种张力实验在大学二年级的物理课才讲到，但一名六年级的小学生做到了。看了这几个孩子的实验后，我豁然开朗，大数据不仅可以运用在教育管理上，而且可以运用在教学上，它将促进我们思维方式和教学方式的转变。

我认为，信息技术在教学中的运用，应该正确处理好"器""技""气"三者的关系。"器"指的是工具，是硬件，即电脑硬件。这是信息技术的基础，它正在日新月异地发展。这是信息技术开发研究的任务。"技"指使用信息技术的技能，包括制作软件和使用软件的能力。对一般教师来讲，主要是掌握使用已有软件的能力。"气"指的是内容及其包含的人文精神，即神气。（中国传统文化很看重"气"字，如"气魄""气概""浩然正气"，就是讲一种精神，我这里为了与"器"和"技"同一个声韵，所以借用这个"气"字。）教师在运用信息技术时就要着重研究这个"气"字，选择合适的内容，使它与教师的活动配合起来，把教育的人文精神贯穿其中，真正起到教育的作用。

有些学者认为，随着信息技术在教学中的运用，教师的作用将逐渐消退。这是不正确的。在信息化时代，教师的作用不是消退了，而是加强了。电脑要靠教师去使用。教师既要能够运用信息技术为每个学生设计个性化学习平台，又要能够指导学生正确采集有益的信息和处理信息，把信息转化为知识和智慧。要知道，信息不等于知识，有益的信息才是知识；知识不等于智慧，需要把知识内化为自己的理念并学会应用知识去解决实际问题，才能成为智慧。培养学生的思维能力和社会能力，光靠"器"和"技"是解决不了的。尤其教师的人格魅力，是任何机器代替不了的。

2012年3月，经济合作与发展组织发表了《为21世纪培育教师　提高学校领导力：来自世界的经验》报告。报告介绍了"21世纪技能评估与教学项目组"汇集的来自世界各地60多个研究机构的250多名研究者的意见，指出21世纪学生必须掌握以下四方面的技能。

思维方式：创造性，批判性思维，问题解决，决策和学习能力。

工作方式：沟通和合作能力。

工作工具：信息技术和信息处理能力。

生活技能：公民、生活和职业，以及个人和社会责任。

此外，报告还说明："这些变化对教师的能力要求有深远的影响，教师必须将21世纪的生存技能更有效地教给学生……使他们成为终身学习者，掌握无定式的复杂思维方式和工作方式，这些能力都是计算机无法轻易替代的。"[①]

可见，机器是永远替代不了教师的作用的。教师的作用就在于遵循教育规律和儿童认知规律，灵活地、巧妙地运用现代化信息技术，使学生获得学习的成功。

四、学生成长在活动中

这两年，一位美国教师在中国走红，他的名字叫雷夫·艾斯奎斯。他一直在美国洛杉矶市霍巴特小学担任教师，2012年、2013年两次受邀

---

① OECD, "Preparing Teachers and Developing School Leaders for the 21st Century: Lessons from around the World", http://www.oecd-library.org/education/preparing-teachers-ancl-developing-school-leaders-for-the-21st-century_9789264174559-en,2012-12-16.

来华讲学，在北京、上海、深圳、济南等城市演讲，和我们的教师、校长对话，听众往往达千人。我虽然没有亲自听他的讲演，也没有和他对话，但我读了他的《第56号教室的奇迹——让孩子变成爱学习的天使》和他在中国的讲演录。我觉得他的经验无非两条。一是信任。他相信每个孩子都能成才，因此尽力帮助每个孩子。而且每个孩子也信任他，觉得在他身边有安全感。有了这种相互信任的关系，教育就变得容易了。二是活动。他组织孩子活动，让孩子在活动中体验生活，养成良好的品质。他在书中讲，孩子一进入他的班级，他首先组织孩子排演莎士比亚的戏剧，每个孩子担任一个角色。他说，孩子都有表现的欲望，都想把角色演好，从而就培养了孩子的责任心、和同伴合作的精神等品质，培养了孩子学习的兴趣和爱好。他还组织其他种类的活动。他从来不惩罚孩子，而是培养孩子对自己的行为负责。他举例说，有一个孩子在球队里不能与同伴合作，他就让这个孩子退出球队，并不处罚这个孩子，也不与这个孩子谈话。一个月以后，这个孩子说："我想回球队。"雷夫只对他说："如果你能和同伴合作，你就回去。"他把道德自觉作为教育的最高境界，即有自己的行为准则并奉行不悖，不需要别人监督或奖惩。雷夫从教20多年，曾获美国"总统国家艺术奖""全美最佳教师奖"和英国女王颁发的"不列颠帝国勋章"等。为什么他能获得这么多奖？因为他教书的学校处在一个很落后的社区内。社区居民有酗酒的、吸毒的、打架斗殴的，孩子受到很不好的影响，但是这所学校的孩子经过他的教育，个个都获得了成功。他写了《第56号教室的奇迹——让孩子变成爱学习的天使》，我很喜欢这本书的副标题。

实践活动是最好的老师，在活动中学生能够学会遵守规则、克服困难、对自己的行为负责等。我们的品德教育往往停留在书本上、口头上。我在中学工作时就有过许多教训。学生犯了错误，我就把学生叫到办公室谈话。开始的时候我还心平气和，但学生往往不听我这一套，和我顶牛。谈话越来越僵，我的火气越来越大，结果不欢而散。我渐渐感到书面教育和口头教育都不是办法。当然，道理还是要讲的，但要真正让学生理解和付诸行动，还必须让学生在活动中体现。因此，我说："学生的成长在活动中，我提倡活动教育。"

我国人民教育家陶行知提倡"生活教育"，强调学生要以社会和生活为学习对象，并在生活中学习。陈鹤琴则提出"活教育"，批判旧教育为死教育，脱离儿童实际，主张儿童到大自然、到大社会去获取知识。他们都主张儿童要在生活中、在实践中学习。我提倡的"活动教育"与他们稍有不同。他们都把生活作为学习的对象。我提倡的活动教育是指儿童成长的过程，主张儿童的成长是在他自己的活动中。活动既指学校课堂上的活动，也指在家庭中的活动、课外活动。总之，活动是指儿童参与的一切活动。儿童成长在活动中，是指儿童依靠自己的活动成长，外在的一切教育影响只是儿童成长的条件，而成长的决定因素是儿童自己的活动、自己的体悟。

在课堂上要让学生参与教学活动，参与并不限于一定的讨论、提问、发言，更重要的是让学生的思维动起来。学生的活动并非指学生的肢体动作，更重要的是学生的思维活动。有些课堂搞得很热闹，学生讨论得热烈，甚至又唱又跳，但据我观察，总有少数学生没有积极参与，似乎是旁观者。不要以为讲解课就没有学生的活动，如果教师的精辟讲解能够启发学生的积极思维，讲解课就是一堂好课。学习是一种思维活动，学生只有在积极的思维活动中才能获取知识和能力，才能把知

识内化为智慧。为什么大家批判"应试教育"？就是因为"应试教育"让学生做大量的练习，机械地做题，学生似乎也是在活动，但缺乏积极的思维活动，因而阻碍着学生的发展，抑制了学生的自由成长。

课外活动很重要，让学生接触大自然，接触社会。课外要组织学生喜爱的活动，甚至让学生自己去组织，培养他们的组织能力、交往能力。

学生在活动中不仅激发了学习兴趣，而且培养了各种品德。当他们在活动中遇到问题时，就会主动探究，寻求答案。

我们现在的学校怕组织学生活动，最怕安全问题，但这样不利于我们的孩子成长。

链接

小书房走向大世界

江阴市山观实验小学从1993年开始创建"红领巾小书房"，推动儿童读书，后来又引导每个家庭都建立"红领巾小书房"，改变了整个社区的文化。2004年我去参观，有所感而写下"读书、思考、实践，从小书房走向大世界"几个字。经全校教师讨论，这几个字成为他们学校文化建设的核心。

五、怎么看待减轻学生的课业负担

2014年，教育部公布"减负十条"。社会上议论纷纷，认为是瞎折腾。学校教师说："课程内容那么多，考试压力那么重，学生课业负担怎么减得下来？"家长说："学业负担减下来以后，学生干什么？""升学压力那么大，竞争那样激烈，谁敢把学生学业负担减下来？"于是，学校在减少作业，家庭在增加作业，各种课外补习班红红火火，越来越兴旺。大家对减负没有信心。

学生学业负担重不重？显然很重，教师、家长都能感觉到。前两年我们到各地调查，学生学业负担之重，难以想象。中小学生的课业负担主要表现在文化课上，特别是"应试"科目的学习上。智育被窄化为书本知识的掌握和记忆，不重视最重要的思维训练和培养；教学内容任意补充，教学辅导用书随意增加，超课程标准现象十分普遍；作业量大，题海战术，教学时间任意延长，课外作业几乎占尽了学生的全部时间。中小学生课业负担过重集中表现为以下三个方面。

一是早起晚睡，睡眠时间少于国家规定时间。据有关调研表明，中小学生长期睡眠不足，许多学生早上五点半起床，晚上十点才能睡觉。天津市中小学生睡眠状况调查报告显示，中小学生平时睡眠超六成不达标。[①]

二是上课时间长，考试次数多，自由时间少。有关调研表明：中学生平均每天上11节课，其中高中生平均每天上12节课；小学生平均每天上6～7节课；初中生平均每周考试4次，高中生平均每周考试3次。中学生课后在校基本上没有自由活动时间。

三是家庭作业多，补课多，上校外补习班多。有关调研表明，中学生平均用2～3小时做家庭作业；小学请家教的占24%，上补习班的占71%，有的学生参加五六个补习班。大部分学生不做任何家务劳动，没有任何体育活动。小学生每天做家庭作业的时间超过100分钟，中学生周末到校上课时间超过6小时。高三和初三毕业班学生暑假多半时间在学校上课。许多学生春节也只能休息两三天，因而缺乏体育锻炼，体质下降。北京市中小学生体质健康状况调研报告显示：近一半小学生、超

---

① 关颖：《中小学生平时睡眠超六成不达标——天津市中小学生睡眠状况调查》，载《中国教育报》，2014-03-21。

八成中学生视力不良；中小学生中"小胖墩"占两成，其中近半数有脂肪肝。[1]

我国中小学生课业负担过重的问题由来已久，党和国家历届领导人都高度重视解决这一问题。新中国成立初期，1950年6月19日，毛泽东就给教育部部长马叙伦写信："要各校注意健康第一，学习第二。"1965年7月3日，毛泽东又给中宣部部长陆定一写信："学生负担太重，影响健康，学了也无用。建议从一切活动总量中，砍掉三分之一。"周恩来也明确提出要"重点减轻课程负担"。改革开放以来，国务院又多次发布过学生课业负担问题的意见和指示。国家教育行政部门接连多次发布减负的文件，采取一系列措施减轻学生过重的课业负担。据说，教育部发的减负文件不下40个。由此可见，我国减负工作已进行了六十多年的时间。60多年来，虽然在一些地方、学校出现了减轻中小学生课业负担的好做法，收到了一些成效，但时至今日，从总体上看，中小学生课业负担问题没有得到根本解决，并且愈演愈烈。

学生的学业负担之所以减不下来，其根源就在于我们前面所说的社会种种矛盾。同时，教师和家长总是不放心，认为学习负担减下来，学习质量就会下降。但是过重的课业负担摧残了学生的身体健康，并使学生产生了诸多心理疾患：厌学、焦虑感强、归属感差，个别严重的会出现人格扭曲，导致异常的反社会行为倾向。更为严重的是，它扼杀了学生的学习兴趣、好奇心、创新精神和实践能力，长此以往，将对民族未来和国家发展产生极其严重的危害。

有一种误解，认为减轻学业负担，学生学习时间少了，教育质量就会下降。其实，减轻学业负担，并非减少学生的学习要求，而是让学生

---

[1] 孙颖：《北京市中小学生体质健康状况调研报告发布　北京近一半小学生超八成中学生视力不良》，bj.people.com.cn/n/2014/0318/c82840-20803640.html，2014-03-18。

用另一种方式学习。对儿童来说，玩是学习。

减轻学业负担，可以让学生有时间思考，把学思结合起来。学习得更主动，有兴趣地学习，学习效果会更好。

减轻学业负担，有利于学生参加自己喜爱的文化、科技、体育活动，有利于学生特长的发展。

链接

令人深思的"家长求补课"

据报道，近日有40多名高三学生家长来到陕西榆林中学，要求学校恢复寒假补课。学校向家长出示了教育局禁止补课的规定，并以此为由，拒绝了家长们的要求。

家长要求学校补课看似无理无知，其实是在"唯分数论"的"应试教育"体制逼迫之下的无奈之举。都知道孩子补课辛苦，但是别人的孩子都补课了，自己的孩子不补，恐怕睡觉都不踏实。为了孩子的前途，哪个家长敢大意？

虽然我们常说"榜上无名，脚下有路"，但是，绝大多数孩子和家长都将上大学、上名校作为唯一目标。从一些孩子身上可以看出，高考确实承担了过多的功能。即便是有孩子认为自己不适合上大学，可其他的路在哪里呢？

要让家长真正理解和支持"禁补令"，还孩子一个真正的假期，必须让孩子和家长看得见脚下的路。更重要的是，社会要为孩子提供更多的出路和发展空间，家长需要理解孩子，孩子本人也要理性选择。只有如此，才能真正做到"让每个孩子赢得人生出彩的机会"。

（摘自《中国教育报》2014年2月10日）

第六章　教师是关键

一、教育大计，教师为本

有一位校长告诉我，家长"择校"以后还要"择"教师，指定要到某某教师的班上。可见，人人都知道教师对孩子教育的重要性。但奇怪的是，很少有家长愿意把孩子送去读师范、当教师。这是一种悖论，其原因来自两方面。一方面是教师社会地位不高，待遇较低。虽然从中央领导到媒体不断呼吁尊师重教，一到教师节也搞得气氛轰轰烈烈，但教师的职业仍然没有吸引力。另一方面是教师的思想品德、专业水平也亟待提高。媒体不时暴露教师队伍中的问题，更影响到教师的形象。因此，加强教师队伍建设刻不容缓。

《教育规划纲要》第四部分"保障措施"的第一章（即全文第十七章）就是"加强教师队伍建设"。其实，教师队伍建设不只是教育改革和发展的保障措施，更是教育改革和发展的根本。没有教师就没有教育，虽然自信息技术发达以后学校消亡论、教师消亡论就不绝于耳，但至今没有一个国家不重视教师队伍的建设。影响学生成长的教师的知识魅力和人格魅力是任何机器代替不了的。正如《教育规划纲要》指出的："有好的教师，才有好的教育。"

中国有尊师重教的传统。古代荀子就说："国将兴，必贵师而重傅；

贵师而重傅，则法度存。国将衰，必贱师而轻傅；贱师而轻傅，则人有快，人有快则法度坏。"（《荀子·大略》）这说明是否尊师重教关系到国家兴衰。802年，韩愈作《师说》，认为"古之学者必有师"，批评师道之不传已久，指出这种"耻于相师"的现象是愚昧的表现，也是造成愚昧的原因。1897年，盛宣怀在上海创办南洋公学，首设师范院。他认为："师道立则善人多，故西国学堂，必探源于师范。"当时有的老学究反对办师范，鲁迅于1918年在《随感录二十五》中写道："前清末年，某省初开师范学堂的时候，有一位老先生听了，很为诧异，便发愤说：'师何以还须受教，如此看来，还该有父范学堂了！'这位老先生，便以为父的资格，只要能生。能生这件事，自然便会，何须受教呢？却不知中国现在，正须父范学堂；这位先生便须编入初等第一年级。"[1]可惜鲁迅批评的人至今还存在，至今还有不少人认为只要有知识，人人都可以当教师，何须学什么教育学、心理学的理论？更奇怪的是，有些办师范的反而看不起师范教育，要师范大学向综合大学看齐，把我国的师范教育弄得四不像。此话后面再谈。

二、我国师范教育制度的建立

我国师范教育制度与教师制度是同时向西方学来的。第一所师范学校是1897年盛宣怀建立南洋公学时首设的师范院。1902年，京师大学堂成立师范馆，即现在的北京师范大学前身，是中国高等师范教育之肇始。

我国整个学制开始以日本为蓝本，"师范"二字也源于日语。1902

---

[1] 转引自鲁迅：《鲁迅作品里的教育》，顾明远解读，51页，福州，福建教育出版社，2013。

年的壬寅学制中《钦定高等学堂章程》第一章第七节规定："高等学堂应附设师范学堂一所，以造就各处中学堂教员，即照《京师大学堂师范馆章程》办理。"1904年1月颁布的癸卯学制（《奏定学堂章程》）把师范教育单列系统，专门制定了两级师范学堂章程，详细规定了办学宗旨、学科分类、课程设置、入学要求、毕业效力义务、附属学堂等。京师优级师范学堂首先照章办理，并根据当时的实际情况编制了课程，引进了国外现代教育课程，如教育学、心理学及各种自然科学，编撰了各种教材，包括一部分中学教材，初步奠定了我国师范教育的基础。

辛亥革命后，1912年教育部颁布《师范教育令》，将两级师范改为高等师范学校和师范学校。全国按6大区设立6所国立高等师范学校，以省为原则，设立师范学校。到20世纪20年代，北京高等师范学校（简称"北京高师"）开始了一系列的改造：延长修业年限，扩充学科专业，建立研究所，延聘优秀教师。1923年，北京师范大学正式成立，1931年又与女子师范大学（简称"女师大"，前身为北京女子高等师范学校）合并，成为全国实力最强的师范大学。

20世纪20—30年代，我国师范教育经历了一番曲折。社会上出现了一股否定师范教育风。除北京高师外，其他5所高师或与普通大学合并，或停办。北京高师坚持师范教育方向，积极探讨高等师范教育发展的道路，充分论述了师范教育的专业价值，为北京高师升格为北京师范大学做好了准备。但是到1927年，北洋政府竟然借口经费困难，将北京9所大学合并为国立京师大学校。1928年，南京国民政府实行大学区制，又将北京9所国立大学及河北大学、天津法政专门学校、北洋大学等合并而成北平大学。北师大与女师大师生开展了声势浩大的护校运动，他们从教育发展的要求、师范教育的专业价值、我国师资匮乏的现实，提出师范大学单独设立的必要性。经过艰苦的斗争，师范大学终于在1929年恢复独立。但至1949年新中国成立前夕，我国高等师范院校只有12所，学生10 078人。[①]

中华人民共和国成立以后，党和政府十分重视师范教育。1949年年底，教育部召开第一次全国教育工作会议，会上讨论了改革北京师范大学的方案。1950年5月19日，《北京师范大学暂行规程》正式颁布，这是新中国成立后高等教育方面颁发的第一个法令性文件。《北京师范大学暂行规程》全面规定了北京师范大学的办学宗旨、教学原则、学生、教学组织、行政组织等问题，是全面改革高等师范教育的重要文件。1951年8月27日至9月11日，教育部又召开了第一次全国师范教育会议。大会确定：每一大行政区至少建立一所健全的师范学院，由大行政区教育部直接领导；现有的师范学院要加以整顿和巩固；现在大学中的师范学院或教育学院以独立设置为原则。会议讨论通过了《高等师范学校的规定（草案）》，并于1952年7月16日公布试行。紧接着从1952年起，在全国范围内进行了较大规模的院系调整。在这次院系调整中，高等师范教育在总体上得到了加强，辅仁大学并入北京师范大学，北京大学教育系和中国人民大学教育学教研室与北京师范大学教育系合并。但北京师范大学也遭受了不小的损失，不少系科被调出单独设院，如音乐系成为中国音乐学院的基础，体育系成为中央体育学院的前身，美工系扩建为艺术师范学校，英语专业归并入北京大学，还有不少著名的教师被调到中国科学院及其他高等院校。[②]

与此同时，我们开始学习苏联的师范教育体系：幼儿师范学校培养幼儿园教师，中等师范学校培养小学教师，高等师范专科学校培养初中教师，师范学院和师范大学培养高中教师。为了提高在职教师的水平，按照苏联的模式，我国在县级单位成立教师进修学校，在省市级单位成

---

① 教育部计划财务司：《中国教育成就：统计资料（1949—1983）》，51、57页，北京，人民教育出版社，1984。
② 毛礼锐、沈灌群：《中国教育通史》第5卷，济南，山东教育出版社，1988。

立教师进修学院（"文化大革命"后改为教育学院）。至此，我们职前职后的师范教育体系基本完成。

"文化大革命"中师范教育受到严重破坏，大多数师范院校被迫撤销或停办。据统计，1977年普通中学教师中民办教师占39.94%，小学教师中民办教师占65.8%；全国小学教师中具有中等师范及以上学历的只占28%，初中教师中具有高等专科学校毕业或肄业及以上学历的只占14.3%，高中教师中具有高等学校本科以上学历的只占33.2%。[①]"文化大革命"后，师范院校才得以恢复和重建。经过多年的努力，至1989年，高等师范学校已达256所，在校学生492 057人；中等师范学校1 044所，在校学生684 627人。[②]通过十多年的建设，这些学校培养了大批合格教师。

20世纪末21世纪初，我国师范教育经历了一场大的变革。1999年6月，《中共中央国务院关于深化教育改革，全面推进素质教育的决定》提出："鼓励综合性高等学校和非师范类高等学校参与培养、培训中小学教师的工作，探索在有条件的综合性高等学校中试办师范学院。"目的是通过综合性大学和非师范类高等学校的参与来提高教师队伍的建设和质量。这种变化就是师范教育由封闭型向开放型的转变。

同时，随着教师专业化的提出，几位留学日本的学者根据日本的经验，认为"师范教育"的概念和体系已经落后，它只重视教师的职前培养，不包括在职培训，应该使用"教师教育"的概念和体系，把职前培养和在职培训结合起来。同时学界认为，我国教师的学历要求太低，特别是中等师范学校（简称"中师"）毕业的教师，其文化科学知识还不及普通高中毕业生，要求提高教师学历的呼声很高。于是师范教育的一

---

① 金长泽、张贵新：《师范教育史》，152、156页，海口，海南出版社，2002。
② 中华人民共和国国家教育委员会计划建设司：《中国教育统计年鉴（1989）》，20、22、24页，北京，人民教育出版社，1990。

场变革就开始了。变革的内容如下。

一是名称的变化：由师范教育变为教师教育。

二是师范教育由自成体系的封闭型向所有高等学校都能培养教师的开放型转变。

三是相应学历的要求，师范院校由三级师范（中师、师专、师院师大）变为二级师范，取消中师。小学教师由师专或师院师大培养。

四是把职前培养与在职培训结合起来，实行职前职后教育一体化。

这种变革使我国1 000多所中师消亡，有的升格为师专，绝大部分改为普通高中；教师进修学校消亡，教育学院有的改为师范学院，有的与师范学院合并，有的转型为其他高等学校。

三、师范教育改革的得与失

21世纪初，师范教育的转型在理论和科学决策上都缺乏必要准备，因而出现了许多问题。转型的话题是由教师专业化引起的。我在2001年华东师范大学举办的教育政策论坛上曾经讲过："教师教育的转型的实质不是培养形式的变化，而是水平的提高。"[①]但是教师需要什么样的水平，教师专业化的内容是什么，转型的意义及内涵是什么，并未讨论清楚；由封闭型转向开放型需要什么条件，由三级师范转变为二级师范、职前培养和在职培养的结合会出现什么问题，都没有经过充分的调查研究和认真讨论。由于在理论上准备得不充分，在实际上又没有调查得很清楚，对改革缺乏科学的论证，我国教师教育的改革走了一段弯路。

近几年来师范教育的机构改革进行得非常快，而教师专业化水平并未有多大提高。师范教育的机构改革表现在以下几方面。

---

① 顾明远：《论教师教育的开放性》，载《高等师范教育研究》，2001（4）。

一是为了提高小学教师和幼儿教师的学历，一大批中师被撤销。中等师范学校由1 000多所削减到现在的100多所。一部分中师升格为师专，一部分中师改为普通中学，中师资源几乎流失殆尽。

二是为了体现师范教育的开放性，不再强调师范教育的单独体系。许多师专、师院纷纷扩展为综合学校，极大地削弱了师范教育。

三是为了体现教师教育职前职后一体化，许多地方教育学院合并到师专或师范学院，教师的职后培训并未得到加强。

这些改革的后果是什么呢？说得极端一些、激进一些，是削弱了师范教育体系，降低了教师专业化水平，其中损失最大的是小学教师。这不是危言耸听，而是有事实为据。过去中师毕业的小学教师虽然接受普通文化教育的程度不高，但他们都是各地优秀的初中毕业生，在中师通过严格的师范教育训练，掌握了较好的教育小学儿童的知识和技能。现在一线的许多小学特级教师和优秀校长都是那个时代培养出来的。我在成都访问了许多小学，发现他们的校长个个既能干又漂亮。我曾对教育局局长开玩笑说："你们成都的小学校长个个都是美女！"他回答说，20世纪中师学生都是一个一个挑选出来的。

但是，现在培养小学教师的师专生、本科生是高考队伍中较差的一部分，他们只达到所谓三本或专科的录取分数线，到高校后，专业较窄，学习的课程缺乏小学教育应有的科目。小学教师需要的是宽广而不是专深的知识，而且他们最好在体育、艺术方面有专长，会唱善跳，能适应儿童活泼的天性。但是师专、师院的学生都是高中毕业生，可塑性就不如中师生，艺术素养和技能都不如中师生。再加上高等学校那种专业的导向作用，不利于培养小学教师。例如，在许多专科学校和本科院校，强大的导向是报考研究生，在这种导向下，师范教育的质量是难以保证的。许多小学校长反映，现在的专科或本科毕业生反而不如中师毕业生那样适应小学教育。今天来反思，如果当初不是"一刀切"地取消中师，而是渐进式的，保留中师的建制，延长中师的学习年限，可能会比现在这种状况好得多。（法国中师的升格就是这样渐进式的。法国20世纪80年代还有中师，90年代延长学制，成为师专，后又延长至大学本科水平。）我国师范教育建立100多年来，各地建立了一批中等师范学校，如长沙一师、南通师范、保定师范等，都有上百年的历史，培养了大批革命工作者和教师。今天，这些学校原有的师范教育模式毁于一旦，实在可惜。

高师的情况也不容乐观。本来国家提倡开放型师资培养，目的也是提高教师的质量，让一些高水平的综合大学也来培养师资。但是事实上综合大学尚没有做好准备，它们都想奔向世界一流，没有培养师资的要求，而师范院校却已经纷纷改为综合大学。从国外师范教育发展的历史来看，师范学院转为综合大学是历史的必然。但是，我曾经论述过，这必须具备以下三个条件：一是科学技术的迅速发展，要求教师水平的提高，师范学院历来学术水平较低，已经不适应培养高水平教师的需要；二是教师在数量上已经基本得到满足，不需要设立专门的师范学院来培养；三是教师职业在社会上已有一定的吸引力，优秀青年愿意当教师，不需要采取专门的机构，用免缴学费等优厚条件来吸引生源。[1]应该说，这三个条件在我国初步具备，但还不充分。特别是教师职业吸引力不强，我们在这方面估计不足。我们总以为现在不包分配，就业困难，教师职业比较稳定，报考师范专业的学生会多起来。但事实并非如此。许多青年不到万不得已不愿当教师。这与我国教师地位不高、工资待遇偏低不无关系。教师是一种崇高的职业，需要对教育事业有认识、对学生有热情、有点奉献精神。那种勉强为之的人怎么能成为高水平的教师？

师范院校综合化的目的是提高师范专业的学术水平，但是目前的事

---

① 顾明远：《师范院校的出路何在》，载《高等师范教育研究》，2000（6）。

实是许多转型的院校并没有把力量加强在师范专业上，而是都热衷于扩大非师范专业，忙于升格，企图挤入名牌高校，因而有不少学校不是借用综合学科的优势来加强师范专业，而是抽调师范专业的教师去充实其他新建立的学科。这反而削弱了师范专业，与改革的宗旨背道而驰。

至于普通高校参与教师培养，除少数综合大学举办教育硕士、博士学位研究生班外，没有哪所高校举办师范专业。它们既没有条件，也不感兴趣。

师范院校转为综合大学，本应该按照综合大学办师范的模式，先在一般学院修完基础学科课程，再到教育学院接受教师职业培训，可是我国师范院校的学校类型转变了，师范教育的培养模式并无变化。只有极少数师范大学试行"4+2"的模式，但也还存在着教学计划、课程设置、师资等诸多问题。

从上面的分析可以看出，我国师范教育转型的目的不明确，科学论证不够，条件准备不足，与提高师资质量的要求背道而驰。

应该说，我也是教师教育转型的鼓吹者。现在看来，我对这个问题研究得不深入，考虑我国的国情不够。我曾经主张，根据我国的情况，师范院校在一个较长的历史时期还应该成为教师教育的主体，但是没有预料到中国师范院校转型的积极性那么高，转变得那么快。问题还不在于转变得快慢，根本问题是没有在转型过程中真正转变教师教育的培养模式，没有在专业设置、课程安排、教学方式等方面进行相应的调整，没有真正地利用综合学科的资源来加强教师教育。

教师教育职前职后一体化方面的工作似乎也不尽如人意。许多地方教育学院与师专等合并了，但并未加强职后的培训。许多师专热衷于改制，并不重视教师的职后培训，而且本来与地方基础教育联系较密切的优势也丧失殆尽。

以上一些现实值得我们今天反思，思考今后改革的方向。这里丝毫没有追究谁的责任的意思。如果说追究责任，我有很大的责任。我虽然不是决策者，但我作为一名专家，而且是长期从事师范教育的专家，就曾经倡导过教师教育的转型，写过不少文章，应该说影响了决策。今天来反思，觉得有许多意见是值得重新审视的，至少是过于理想，脱离了中国的实际。

今后的出路何在？只能根据中国的国情和师范教育的传统，办好一批师范院校，同时通过国家教师资格考试来吸收非师范类高等学校的毕业生。

师范教育本身要改革。我认为，幼儿园、小学教师还应该以师专培养为主，招收初中毕业生，实行提前招生。这样可以招收到优秀的初中毕业生，同时他们年龄小，可塑性大，可以培养掌握艺术技能的、适合幼儿和小学儿童教育的教师。初中教师由师范院校本科培养。高中教师由师范大学和综合大学用"4+1"或"4+2"模式培养，即学习欧美的模式，先在各系科学习学科专业课程，然后到教育学院接受1～2年的教育专业教育和实习，经过考试取得教师资格证书。

培养的模式可以多种多样，但要制定各级教师的培养规格和课程方案，在提高整体质量的同时加强教育专业教育，加强师范生与教育实际的联系。

四、师范教育学术性与师范性之争

1956年，高等师范教育中出现了两个口号的论争：一个口号是"面向中学"，另一个口号是"向综合大学看齐"。这是由当时北京师范大学教务长董渭川提出"师范大学要面向中学"后引起的，主要是针对当时师范教育脱离中学实际的弊端提出来的。但一些人片面理解这一口号，认为面向中学会降低师范院校专业学科知识的水平，对其进行了激烈的批评。于是有人提出了"向综合大学看齐"的口号，有人甚至主张取消师范院校。这两个口号的论争反映在两次重要的会议上。

一次是1960年的师范教育改革座谈会。这次会议就1953年以来师范教育中存在的问题及其改革方向、原则交流了情况和意见，提出了高等师范教育应"相当于综合大学水平"。在这个思想的指导下，北京师范大学从1960年开始将学制改为五年，接着华东师范大学也于1961年将学制改为五年。另一次是1961年的全国师范教育会议。这次会议就高等师范教育办学中的几个原则性问题进行了交流，并取得基本一致意见。大家认为，高等师范不是办不办的问题，而是如何办好的问题。教师是培养社会主义新人的人，是培养新的一代人的人，教师在社会主义国家具有重要性。高师毕业生应注意为人师表，在政治思想水平和共产主义道德品质修养方面，要求应高一些、严格一些；在文化科学知识方面，基础知识应宽一些、厚一些、博一些，并相当于综合大学同科的水平；此外，还应掌握专门的教育理论知识和技能技巧。当时周荣鑫副部长在总结时说，两个口号不要再提了，从而使这个论争告一段落。①

但是这个论争实际上并未结束，20世纪80年代又再一次提出来。在这次论争中，许多专家强调师范性和学术性的一致性。两个口号的论争实质是对师范教育本质的认识问题。通过讨论，大家达成了许多共识：师范教育必须提高水平，因此需要彻底改革，改变过去封闭的状态；高等师范院校应该与其他高等学校一样面向社会，拓宽专业，提高水平，办出活力。

但是，由于高等师范院校的学习年限与普通高校一致，都是四年，而师范生还要学习教师教育专业课程，还要参加教育实习，所以在学科

---

① 中央教育科学研究所：《中华人民共和国教育大事记（1949—1982）》，299页，北京，教育科学出版社，1984。

专业水平上很难向综合大学看齐。因此，各校都大量削减教师教育课程和教育实习的时间，结果是大大削弱了教师培养的质量，师范教育变得四不像。当前出现的师德问题不是偶然的，虽然与整个社会风气有关，但不能不说与师范教育的缺失有密切的关联。

其实，两个口号之争的背后还隐藏着极大的利益关系。在我国，虽然国家一直重视师范教育（新中国成立第二年就召开全国师范教育会议，在新学制中把师范教育放在重要的位置），但是在人们，包括领导心目中，总认为教师不需要高深的学问。过去曾经有一位师范大学的校长到科技部门申请项目，科技部门的同志居然说，师范大学要搞什么科研？有些综合大学的校长也有这种偏见，认为师范大学培养中学教师，能教书就行，搞什么科研。所以长期以来，师范院校在低水平上运转。据20世纪80年代初教育部高等教育司师范处的一位干部的调查统计，那时几十所师范大学和师范学院的设备加起来不及一所地方综合大学，无怪乎师范大学要"向综合大学看齐"。高等学校的评价体系也促使师范院校向综合大学看齐。

五、教师专业化问题

在教育发展史上，随着专门培养教师的教育机构的出现，教师也就成为一种专门的职业，但是教师并不像医生、律师一样具有高度专业性。长期以来，凡有知识，愿意当教师的都能成为教师。真正提出教师专业化问题，还是20世纪60年代的事。1966年，国际劳工组织和联合国教科文组织在《关于教师地位的建议》中提出："应把教学工作视为专门的职业，这种职业要求教师经过严格的、持续的学习，获得并保持专门的知识和特别的技术，它是一种公共的业务。另外，对于在其负责下的学生的教育和福利，要求教师具有个人和集体的责任感。"教育专业化才真正被提到议事日程。由于教育的普及和科学技术发展的需要，教师专业化问题被提出。我国也是在普及九年义务教育以后，经济社会发展需要提高教育质量，才提出教师专业化问题，比国际劳工组织和联合国教科文组织提出的建议晚了30多年。

其实，早在1989年5月，我就写过一篇小文章，刊登在《瞭望》杂志上，题目叫《必须使教师职业具有不可替代性》。我说："一项职业，工资待遇比较优厚，自然具有吸引力而为社会上的人所羡慕。也就是说，有了经济地位才可能有社会地位。但是，这只是问题的一个方面。任何一项职业，越具有很强的不可替代的职业性，它的社会地位才越高。可以认为，一项人人都可以干的职业，是不会受到社会的重视和尊重的。"[①]我这是有感而发。1980年，我们为新恢复的中师编写教育学教材，到各地调研。到武汉时，我们住在湖北省委招待所，同屋住有一个劳动人事部的干部。一天晚上闲来无事，聊起"文化大革命"中把知识分子都打成"臭老九"，至今知识分子还没有翻身，收入体脑倒挂。我说："尤其是小学教师，待遇很低。"没想到那个干部说："小学教师算什么知识分子？"我听后吃了一惊，问："小学教师是有知识的，是把知识教给学生的，怎么就不是知识分子？"他说："你看，农村不是有半文盲也在教书吗？"他这句话使我受到很大刺激，所以在20世纪80年代大家都在高喊尊重教师的时候，我提出了教师职业要具有不可替代性，也即要专业化。

教师专业化的标准是什么呢？国际劳工组织和联合国教科文组织在《关于教师地位的建议》中提到以下三点：一是把教学工作视为专门的职业；二是要经过严格的、持续的学习，获得并保持专门的知识和特别的技术；三是要对学生负责。

---

① 顾明远：《必须使教师职业具有不可替代性》，载《瞭望》，1989（22～23）。

2012年教育部公布了《幼儿园教师专业标准（试行）》《小学教师专业标准（试行）》《中学教师专业标准（试行）》。我参加了这三个标准制定的全过程。三个标准提出"师德为先、学生为本、能力为重、终身学习"十六字的指导思想和专业理念，以及师德、专业知识、专业能力三个维度，大约有60条具体要求（各级教师要求不同），具有可操作性。三个标准的颁布，使得我国教师专业化有了法规的要求。

总体来说，教师专业需要达到下列要求。

（1）必须具备高水平的专业知识和技术体系。教师必须掌握所教学科的系统的专业知识和技术体系，这就是我们过去通常讲的学术性问题。教师教育的学术性要加强。这是因为当今科学文化知识发展迅猛，教师如果没有较高的专业知识，很难培养学生掌握最先进的知识和创新能力。因此，国际上教师教育的发展趋势也是强调加强师范生的专业知识的掌握。

（2）需要长期的专业培养和训练。成熟的专门职业如医生、律师，从业人员的培养都不是短期的，除了学习理论知识外，还很重视临床实习，在实践中掌握解决问题的能力。成熟的教师也需要长期的培养和训练，除了学习和掌握教育理论和技能外，还要经过较长时间的实际操练。一名成熟的教师要经过三个时期：一是职前学习时期，主要是学习学科知识和教育原理；二是初入职时期，需要3～5年，在学校中经过老教师的指导和实际锻炼，逐渐融入教师的角色；三是成熟阶段，需要5～10年，通过自己的教育实践，不断反思，逐渐熟练地掌握教育教学的技能和艺术，成为一名成熟的优秀教师。

（3）要有较高的职业道德。任何职业都有职业道德，教师的职业道德尤其重要。因为教师是培养人的职业，是学生心目中的榜样。教师的职业道德就是敬业爱生，严谨笃学，对学生倾注无限的爱心，对教育事业具有奉献精神。前几年全国都在学习孟二冬教授对教育事业无限忠诚、对学生无比热爱的精神。2008年汶川大地震中涌现出的英雄教师群体、佳木斯十九中张丽丽老师、河南周口市的张伟校长，都是师德的榜样。师德教育要放在教师教育的首位。

（4）要有不断增强自身专业的能力。在科学技术迅猛发展的今天，不继续学习就不能适应专业发展的需要，专业人员就会变成非专业人员。教师要有不断学习、终身学习的意识和能力，不断提高自己的专业水平。

（5）专门职业具有高度的自主权，也即专业人员在职业活动中对于专业事宜的判断和行为具有独立性。教师要能独立地设计教育活动，不断反思，成为研究型的教师。

（6）专门的职业需要有自己的行业组织，实行行业自律。①

为了提升教师的专业化水平和为教师进一步学习进修提供机会，20世纪90年代，我在担任国务院学位委员会教育学科评议组召集人的时候，曾竭力为中小学教师争取设立教育硕士专业学位，终于在1996年国务院学位委员会第14次会议上获得通过。1997年开始由19所师范大学招生，但由于研究生招生计划的限制，这一年只招了177名教育硕士研究生。这对于我国1 200万名中小学教师来说，真是连杯水车薪都说不上。第二年，我们改为计划外在职招生的办法，但只有学位，没有学历。这一年招了4 000名教育硕士研究生，第三年招了8 000名教育硕士研究生。至今中小学教师获得教育硕士学位的已突破10万名。2010年，国务院学位委员会又批准设立教育博士专业学位。这两级研究生学位的设立可以说在我国教育史上具有里程碑意义。

附带说一下，我国人事制度中有一个奇怪的现象，只承认学历不承认学位。为此，许多攻读教育硕士学位的教师很有意见。其实，学位比学历更有价值，学历只表示一个人受教育的经历，学位才表示他的学术

---

① 宋吉缮：《中韩两国教师专业化比较研究》，博士学位论文，北京师范大学，2002。

水平。将来我们制定学位法的时候，恐怕要解决好这个问题。

六、严格实行国家教师资格考试和证书注册制度

为保持教师教育的开放性，我们应该制定非师范类院校进入教师教育领域的办法。非师范类院校开展教师教育，需要有严格的审核制度，审查其是否具有培养教师的资质，包括培养方案、课程设置、教师队伍、实习基地等条件。

必须严格地实行国家教师资格考试和证书注册制度。坚持教师教育开放性，并不是说任何人都能当教师。即使是师范院校毕业生，也应该经过严格的考核才能取得教师资格证书。法国、德国、日本、韩国等许多国家都实行教师资格证书制度。其中要数德国对教师资格的要求最严格。为了提高教师的专业化水平和教师教育的质量，德国在21世纪初相继出台了《教师教育标准：教育科学》（2004年）和《各州通用的对教师教育的学科专业和学科教学法的内容要求》（2008年）。这两个文件描述了师范生在毕业时需要掌握的知识、能力、态度，全面覆盖了教育科学、学科专业和学科教学法三个教师教育学科领域。

我国现有的教师资格制度虽然设计了从小学到大学、从普通教育到职业技术教育的各级各类教师资格，但在各级各类教师内部缺乏更为细致的划分。而韩国1978年颁布的《教师资格审定法》就规定中小学教师从资格等级上分为预备教师（准教师）、2级正教师、1级正教师，从资格内容上分为中小学各科目教师、图书管理员、技术教师、保健教师、营养教师。如此细致的专业等级划分，一方面有利于保证教师的专业质量，另一方面也为教师的专业发展提供阶梯。当然，这涉及中小学教师岗位设置的问题。我国的中小学教师岗位设置应更为多元化，分别设置从学科教学到图书管理、心理咨询、营养保健等多方面的岗位，以确保

获得以上教师资格证的优秀教师有岗可聘，有志可为。

我国的教师资格考试是"一次性"考试，虽然分为笔试和面试两部分，但笔试通过后即可参加面试，中间无相关实践经历的要求。而许多发达国家将教师资格考试设为多个环节。如德国分两次，学生学习结束时（相当于硕士毕业）参加第一次国家考试，通过后进入见习期。见习期结束后还需参加第二次国家考试，通过第二次国家考试方可获得教师资格证书。澳大利亚的师范生也必须经过教师准备、临时注册和完全注册（通常为两年的专业能力评价）三个阶段的考核，才能获得正式教师资格。[①]因此，我国也应建立严格的教师资格考试制度和资格证书制度，考试合格者取得教师准入资格，再经两年的教育教学实践，经过第二次考试合格者，方能取得教师资格证书，聘任为正式教师。这有利于提升教师行业的门槛及专业性，保障教师队伍的整体质量和标准。

现在我国的教师资格证书为"终身制"，一旦通过便可终身从教，而各发达国家的教师资格证都有定期更新的制度。如2009年，日本开始实施教师资格证书更新制，教师必须参加资格更新讲座的学习（课时要在30学时以上）后，方有资格更新证书。[②]2011年1月1日，俄罗斯也开始实施新的《国立和市立教育机构的教育工作者考核条例》。根据新的考核条例，俄罗斯将对中小学教师进行每五年一次的素质考核，在此之前所获得的教师资质证明一律失效。[③]澳大利亚的中小学教师在获得正式教师资格后，也需要参加教师注册，每五年考核一次，完成教师资格的重新注册。因此，我国有必要建立教师资格更新和退出机制，以保证教师

---

① "The Teachers Registration Board's Function"，http：//www.trb.sa.edu.au/about_us.php，2015-08-11。

② 陈君、李克军：《日本教师教育改革的新进展及启示》，载《国家教育行政学院学报》，2012（3）。

③ 冯相如：《俄将对中小学教师实行5年一次的资质考核》，载《基础教育参考》，2011（2）。

的可持续发展。

我最担心的是教师资格注册制度走过场。我国20世纪80年代曾经实行教师资格证书制度，现在许多教师都持有这个证书，但结果是走了过场。这次如果再走过场，我国教师队伍建设就没有希望了，基础教育质量必然会受到极大损害。

七、实施免费师范生的历史意义

2007年3月，温家宝总理在十届全国人大五次会议的《政府工作报告》中，正式提出在教育部直属六所师范大学实行师范生免费教育。温总理在报告中详细地说明了此项举措的重大意义。他说："这个具有示范性的举措，就是要进一步形成尊师重教的浓厚氛围，让教育成为全社会最受尊重的事业；就是要培养大批优秀教师；就是要提倡教育家办学，鼓励更多的优秀青年终身做教育工作者。"这是落实教育优先发展战略、促进教育质量提高的重大举措，具有深远的意义。

2006年8月，温家宝在基础教育座谈会上就说要实施师范生免费教育，消息传出来以后，社会上议论纷纷。当时还误传是我在座谈会上提出的建议。其实在我提出建议以前，温总理就想好了。当我提议给师范生免费或者贷款由政府偿还时，他立即说："不，就是要免费，先在六所部属师范大学试点。"2007年，全国人大会议果然宣布了这个决定。议论中，赞成者有之，反对者有之。反对的第一种意见认为，师范生免费教育是计划经济时代的产物，现在实行市场经济，学校也要按照市场规律来办，师范生免费教育是一种倒退。第二种意见质问，师范生毕业以后能不能真正去当教师，特别是能不能到最需要的中西部去当教师？也就是说，对免费教育能不能达到预期的效果表示怀疑。第三种意见认为，在市场经济体制下，免费教育并不能真正吸引优秀的青年来报考师范。总之，一些人对这项重大举措还心存疑虑。这几个问题是非常实际的，需要认真回答。

我认为，首先需要站在国家发展全局的高度来认识这项举措对我国教育发展，甚至对国家发展的重大和深远的意义；其次要在制度上精心设计，使这项重大的举措取得预期的效果。

当今世界，科学技术日新月异，国际竞争日益激烈。这种竞争说到底是人才的竞争，是民族创新能力的竞争。教育是培养人才和增强民族创新能力的基础，因此必须把教育放在社会主义现代化建设优先发展的战略地位。要优先发展就要有举措。加大教育投入，实行农村地区义务教育免费政策、扩大高中阶段的教育、大力加强职业教育、提高高等教育的质量、实施高等教育"211"工程和"985"工程等都是重要的举措。就基础教育而言，实行教育公平、推行素质教育、提高教育质量是最重要的任务，其关键在教师。如果没有一支高质量的教师队伍，教育投入再多，也只能打水漂。校舍建得再好，如果没有优秀教师，学校也不会成为优质学校。因此，在国家增加教育投入的同时要抓教师队伍的建设，尽快提高教师的质量。

师范生免费教育就是在这样的背景下提出来的。正如温家宝所讲的，师范生免费教育这项重大的政策举措，其意义在于它的示范性。它向全社会表明：政府高度重视教育，真正把发展教育放在社会主义现代化建设优先发展的战略地位，全社会都应该树立尊师重教的风尚。它向全社会表明：国家重视师范教育，把培养优秀教师作为发展教育的根本，由经过师范教育训练、懂得教育规律和掌握教育艺术的教育家来办教育。它向全社会表明：政府要用政策来吸引优秀青年上师范院校、当教师，终身从事教育工作。

至于有人说市场经济不应该再用计划经济的办法吸引优秀青年上师范，我认为这项举措与市场经济或计划经济没有必然的联系。这是政府的一项政策举措，是政府对教育的导向。任何国家在必要的时候都会用政府的权力来引导教育的发展。例如，市场经济最发达的美国，1958年为了与苏联竞争，通过了著名的《国防教育法》，由联邦政府拨款设立大量奖学金名额，鼓励优秀青年上大学；2007年，哈佛大学为贫困学生设立奖学金，家庭收入不满4万美元的学生可以全额免除学费。发达的资本主义市场经济国家尚且有如此政策举措，为什么我们社会主义市场经济的国家就不能有这种政策呢？特别是我国还有许多贫困学生，由于家庭贫困而难以就学。虽然建立了贷学金制度，但毕竟给贫困家庭增加了经济压力。如果实施免费教育，我想会有不少贫困家庭的优秀青年报考师范院校的。历史上许多事实说明了这项政策的有效性。这几年的招生情况也证明了这一点。

免费师范生政策实施几年来，经过政策调整，总的情况是好的，充实了中西部地区基层学校的教师队伍，但同时也出现了一些问题。

问题之一是几所部属师范大学不适应，特别是北京师范大学和华东师范大学这两所重点大学不适应。因为它们都在打造一流综合性大学，师范教育专业比重已很小，而且为了培养更高层次、更高水平的教师，正用"4+2"的模式培养具有硕士学位的教师。现在要培养四年制本科的免费师范生，打乱了它们的计划。

问题之二是免费师范生的服务年限太长。许多免费师范生反映，服务10年太长，这10年刚好是他们要成家立业的时候，在农村连对象都找不到。由于服务年限太长，一些优秀青年被吓退了。服务年限以3～5年为宜，服务3～5年后，对教育有了感情，留下来的才能成为真正优秀的教师。最近政策有所调整，免费师范生服务2年后可以攻读教育硕士专业学位研究生，这个矛盾有所缓解。但现在仍有一部分免费师范生不愿意当教师。因此，有学者怀疑免费师范生的政策，认为要真正吸引青年来当教师，唯一的办法是提高教师的待遇。

问题之三是地方对实施免费师范生政策不积极。如果说国家在部属师范大学实施免费师范生教育政策"具有示范性意义"，那么各地方本应积极响应，因为在本地招收免费师范生，更能留得住。但是各地方可能限于经费投入有困难，几乎没有响应的。因此，我认为，不如把拨给部属师范大学的钱拨给中西部地区师范大学，让它们来培养，可能效果会更好。有的地方甚至不积极安排免费师范生的工作。所以，本来是很好的政策，但由于没有认真调查研究实际情况，实施中会遇到种种困难。

顺便说一句，教师实行绩效工资，本来也是一个很好的政策，可以提高教师的工资待遇，但执行中没有考虑到城乡的差别，特别是把工资分成三七开，抽出教师工资的30%作为绩效工资，教师意见很大。这说明任何政策的出台都需要认真调查研究，听取第一线教师的意见，了解国情和社情，符合基层的实际情况，才能取得预期的效果。

八、师德——教师之魂

大约七八年前，我出差时在飞机上偶然看到一份《山西日报》，上面一篇文章吸引了我，题目叫《谁毁了我的一生》。文章的大意是，一名高中女生，初中在一所普通中学学习，中考考上了重点中学。一次英语课上，老师让她朗读，她读得不太熟练。读完以后，老师就说："你是哪个学校考来的？像你这样的学生怎么能上我们这样的重点中学？"学生觉得十分羞愧。几周以后，英语老师又

让她朗读，因为紧张，她读得又不太好。老师再一次羞辱了她。从此，她一蹶不振，其他功课也一落千丈。我看了这篇文章后非常震惊。

2005年《中国教育报》刊出了一张照片（略），照片下面的说明是：

> 图中一些孩子在享用着鸡腿和红酒的午餐，另一些孩子站在一旁"伺候"着他们就餐。这是去年某省一所学校举行的"体验人生百态，把握自我命运"暑假夏令营中的一个场景。
>
> 在暑假夏令营活动中，校方采取了一种特殊的"奖惩"措施，对参加夏令营活动的70名小学生，根据其表现打分，将学生分为"上士、中士、下士"三个级别。"上士"在中午吃饭时可以享受三菜一汤和一杯象征身份的红酒，并由"下士""伺候"就餐。"中士"午餐是两菜一汤。"下士"要等"上士""酒足饭饱"离开后，把"上士"餐具洗刷干净后，才能坐下吃饭菜相对差一些的午餐。

照片和说明让谁看了都会感到震撼。它反映校方采取所谓奖惩的措施是多么可怕和残酷，用一种污辱人格的办法来"教育"学生。我称之为"反教育行为"。这就是我们通常说的师德问题。最近暴露的一些教师体罚学生的反教育行为，虽然在我们上千万教师中比例极小，但绝非个例，不仅伤害了学生，而且毁坏了教师的形象。因此，加强师德教育刻不容缓。当前我国教师的学历是提高了，但他们的文化素质是否也提高了？这值得师范院校思考。我现在担心的不是教师的知识水平，而是教师职业道德的缺失。

教师出现失德行为，有的是对教育事业缺乏热情；有的是对教师的神圣职业缺乏认识；有的是缺乏教书育人的能力，观念陈旧、方法落后；有的是名利驱动，知法不依。关于师德教育，社会呼声很高，但不应停留在口头呼吁上，而要在制度建设上下功夫。

首先，要把好教师入职关，师德缺失者不能当教师。国家教师资格考试首要考察的是考生对教育工作的认识，在教育实习期考察他的师德。

其次，要让每个教师认识到教师职业的特殊性和重要性。教师不是一般谋生的职业，是培养人的心灵的职业，是关系到儿童的成长、家庭的幸福、民族的未来的事业。教师责任重大，对儿童个体来讲，关系到他的一生；对家庭来讲，一个孩子的成功，关系到一个家庭的幸福；对中华民族来讲，只有我们年青一代茁壮成长，才能实现中华民族伟大复兴的梦想。因此，传承文化，培养人才，使我们下一代健康成长，是教师的天职。教师要有奉献的精神，要用高尚的品德、博学的知识去感染学生。学生总是把老师看作最高尚的人、最可信赖的人，是自己学习的榜样。因此，教师是用自己的知识魅力和人格魅力影响学生，师德是教师的灵魂。

再次，要改进教师教育，把师德教育纳入师范院校的教师教育课程中，树立师范生的远大职业理想；加强师德宣传，营造尊师重教的社会氛围。20世纪50年代的师范生一入学就要进行师范专业思想教育，让他们观看苏联电影《乡村女教师》，许多学生看了为之感动。我国有许多这样的农村教师，如"天梯之上"的李桂林夫妇，他们的事迹非常感人，应该作为师范生的学习内容。

最后，要严格师德考核，促进教师自觉加强师德修养；强化师德监督，有效防止失德行为；突出师德激励，促进形成重德的良好风气；规范师德惩处，坚决遏制失德行为蔓延；等等。从师德教育入手，建立师德考核、奖励、惩戒制度。

九、教书育人在细微处

一天，我的学生告诉我一个故事。她第一天送女儿上幼儿园，一进幼儿园的门，就看见一群孩子围着一位年长一点的老师，有的孩子拉着老师的手，有的孩子抱着老师的腿，有的揪着老师的衣服，和老师特别亲热。她的孩子也想去和老师亲热，但挤不进去。这时一位年轻老师走过来，她的孩子就扑过去，但这位老师没有理会就走过去了。她的孩子伤心得不得了，回家说："我再也不去幼儿园了！"这个故事说明孩子的感情是很敏感的，也是很脆弱的。那位老师可能是无意的，没有理解当时孩子的行为，随便走过去了，没有想到这无意的行为却伤了孩子的心。因此，我说，教师，特别是幼儿园、小学教师，在教育孩子时要注意细枝末节。

儿童有如嫩芽，碰伤了就不易生长。父母也好，教师也好，要注意呵护他，要了解儿童的想法。做父母的常常有这样的经历，休息日带孩子到公园去玩。在家时父母就与孩子说好了，出门要自己走，不能让爸爸妈妈抱，但一出门孩子就吵着让大人抱。大人开始不明白，怎么说好了不算数呢？后来才明白，两三岁的孩子，身高不到一米，大人不抱他，他能看见什么？只能看见大人的腿。他要大人抱，不是走不动，不是不愿走，而是看不到有趣的东西，抱起来，视野开阔，可以看到许多风景。做父母的要理解他。

教师的行为具有示范性和长效性。所谓示范性，就是学生以教师为榜样，向教师学习。教师的一言一行都在学生眼里，被学生模仿。我过去在中学里负责班主任工作，发现许多班风很像班主任的作风。有的班主任做事有条不紊，干脆利落，这个班就很有秩序；有的班主任做事拖拖拉拉，要求不严，这个班就松松垮垮。所谓长效性，就是教师的教育在学生身上的影响是长远的。有时教师不经意的、无心的一句话，恰好说到学生的心坎上，他就会记住一辈子。鼓励的话会记住一辈子，批评的话也会记住一辈子。所以，教师的言行要慎之又慎。

教育工作是一项非常细致的工作。学生不是一潭静止的水，他的内心有时平静，有时激动。教师对学生要察言观色，发现学生细微的变化，要善于和学生沟通，了解学生的思想动态，才能有的放矢地引导学生。如果你问毕业生成才以后还记得教师是怎么教育他的，他回答的往往不是教师教给他什么知识，怎么上课，而是某个细节，或者在他遇到困难时教师帮助了他，或者在他犯错误时教师教育了他。因此，我想对教师说：教书育人在细微处。

十、终身学习

现在常常听到教师讲"职业倦怠"这个词，过去我不太理解什么叫"职业倦怠"，后来听有些校长解释，原来有这样两种情况：一般年轻教师经过几年的教学，觉得上课已经得心应手，不是什么难事，就觉得工作平平淡淡，不知道怎么更上一层楼；有些特级教师，评上了特级，认为到顶了，缺乏进一步提高的动力，出现一种"高原现象"。

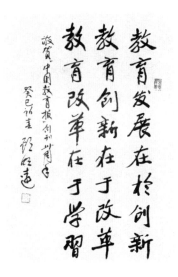

我想解决这个问题的办法就是学习、学习、再学习。首先要提高对教育事业的认识，提高对教育事业的热情。有了高度的认识和热情，就会不断去钻研、反思自己的教育教学行为，不断改进，不断提高，成为一名成熟的、优秀的教师。著名教育家吕型伟说过："教育是事业，其意义在于奉献；教育是科学，其价值在于求真；教育是艺术，其生命在于创新。"教师要成为一名教育家，就要有奉献的精神，有求真的精神，有创新的精神。要创新，就要学习。我曾经说过："教育发展在于创新，教育创新在于改革，教育改革在于学习。"

教师要不断学习、终身学习，要成为建设学习型社会的典范。教师不仅要学习教育专业知识，还要学习相关专业的知识，甚至与教师职业无关的知识。教理科的教师不妨学点文学艺术，教文科的教师不妨读点科普作品，以便提高自己的文化修养。文化修养提高了，不仅自己的生活品位提高了，而且能高屋建瓴地理解教育的真谛。

第七章　我国学校制度需要改革

"学制"是"学校教育制度"的简称，也称"学校系统"，是一个国家各级各类学校的体系。它规定各级各类学校的性质、任务、入学条件、学习年限，以及它们之间的衔接和关系。学制的制定对国家教育发展具有重要意义。

一、我国学制的沿革

我国现行学校制度是1951年制定的，但从中小学校制度来讲，基本上沿用1922年的旧学制，至今已有90多年的历史，1951年颁布的学制至今也已过了60多年。虽然中间经过几次变动，但基本上没有什么变化。

新中国成立之初，我国的学校制度实际上存在两个系统：一个是老解放区的学校系统，另一个是新解放区经过初步改造的旧学校系统。随着国民经济的恢复发展和一系列重大社会改革运动的进行，旧的教育制度和学校系统越来越不适应。为了适应新形势的要求，中央人民政府政务院于1951年10月1日颁布了《关于改革学制的决定》。该决定指出：我国原有学制有许多缺点，其中最重要的是工人、农民的干部学校、各种补习学校和训练班在学校系统中没有应有的地位；初等学校修业六年并分为初、高两级的办法，使广大劳动人民子女难以受到完全的初等教育；技术学校没有一定的制度，不能适应培养国家建设人才的要求。①

新学制分两个系统：一个是正规学校系统，另一个是成人业余学校系统。正规学校系统分为幼儿教育（幼儿园招收3～7岁儿童）、初等教育（修业年限5年，实行一贯制，招收7岁儿童）、中等教育［包括中学（修业6年，分初、高两级）、工农速成中学、中等专业学校］、高等教育（包括大学、专门学院和研究部）。成人业余学校系统分为青年和成人初等学校、业余中学。另有各种政治学校和政治训练班。

新学制反映了当时的教育方针，有以下一些特点。

第一，新学制明确和充分地保障了全国人民，首先是工农劳动人民和工农干部受教育的机会，体现了教育为工农服务的方针。为了弥补工农干部在革命战争时期缺少受教育的机会，新学制还特别为工农干部设立了工农速成中学。

第二，新学制为适应国家建设人才的需要，确定了各类技术学校和专门学校在学制中的地位，并重视培养高级专门人才。

第三，新学制规定设政治学校和政治训练班，在高等学校附设专修科、先修班和补习班，保证青年知识分子和干部有再受教育的机会。

第四，小学实行五年一贯制，不再"四二"分段，使广大工农子女能够接受完整的初等教育。但在实行过程中发现，要在全国范围内施行小学五年一贯制还有困难，因而小学仍保持六年学制，按初、高级分段。后来随着各地经济的好转和教育的普及，小学六年也就不再分段了，小学恢复了六年制。工农速成中学也随着工农入学机会的增长而在1958年前后停办。因此，中小学实际上沿用了1922年的旧学制。

1958年，我国就曾尝试学制改革。当时北京师范大学新建附属实验

---

① 中央教育科学研究所：《中华人民共和国教育大事记（1949—1982）》，49页，北京，教育科学出版社，1984。

小学，实行五年一贯制，并自编教材。我在北京师范大学附属中学工作时就曾经做过半工半读学制的试验。1960年，我国掀起了批判资产阶级教育思想的浪潮，批判教学量力性原则是"少慢差费"，把学生当作容器。中宣部为此办起了北京景山学校，试行从小学到高中十年一贯制。"文化大革命"期间，更是把中小学学制缩短为八年，即小学四年，中学四年，后延长到九年，即小学五年，中学（包括高中）四年。

"文化大革命"结束以后，大家都认为中小学学制过短，不能完成基础教育的任务，所以，又逐渐回到"六三三"学制。但许多地区因为师资缺乏，仍然实行小学五年制。直到新课程改革，大多数地区的小学才逐步改为六年。有些地区认为小学五年制、初中四年更为合理，就一直保持小学五年，例如，上海市就采用"五四"学制至今。本来当时对恢复学制的意见有两种：一种意见是回到原来的"六三三"学制，另一种意见是实行"五四三"学制。时任教育部副部长董纯才就主张"五四三"学制。北京恢复小学六年制后，一次在教育部开中国教育学会常务委员会，董纯才就问时任北京市教育局局长韩作犁："为什么北京市把小学改为六年？"韩作犁回答："北京市主要领导听说自己读小学的孙子学业负担太重，所以主张小学改为六年。"北京带了头，许多省份纷纷改为小学六年。北京师范大学的学者一直坚持"五四三"学制，除北京师范大学实验小学仍然保持五年制外，他们还在全国开展"五四"学制的实验。我担任北京师范大学副校长期间，专门组织了一个班子编辑"五四"学制教材。这套教材就是20世纪90年代国家实行"一纲多本"以后，经过当时国家教委审定的八套半教材中的一套，在国内有一定的影响。使用这套教材的有山东、湖北、黑龙江等省的多个地区，使用人数最多的时候达到上百万人，后因新课改而停止。

"文化大革命"中，职业学校受到极大的破坏，技术学校、中等专业学校被取消。"文化大革命"结束后，我国虽然竭力恢复职业技术教育，但直到最近几年才重新建立起职业教育体系。

今天的高等教育也已经完全改变了1951年学制规定的状况。随着我国教育的发展，高等教育已经由精英教育阶段进入大众教育阶段，同时发展高层次的研究生教育。高等教育的结构，无论在层次结构还是在专业结构上，都有了新的构成。

二、我国亟须研究制定新的学制

1951年政务院公布的学制已经过去60多年，不符合现在学制的状况，我们有必要认真研究，制定和颁布新的学制。

第一，一国的学制反映了这个国家的经济社会发展水平和教育方针政策、教育结构、人才培养模式等。1951年的新学制反映了新中国成立初期我国经济社会发展的状况和新民主主义的教育方针，已经不适合今天我国社会主义现代化建设的现状与教育发展战略和方针。

第二，学制需要符合儿童发展的规律和特点。今天的儿童已经大不同于20世纪50年代的儿童。许多研究表明，今天的儿童比半个世纪前的儿童发育要早，智力更发达。在社会信息化环境下，他们吸收知识的渠道丰富多样，各年龄阶段的特征有所变化，3岁的儿童已经会玩平板电脑。这就需要对旧的学制进行调整。例如，入学年龄已从20世纪80年代规定的7岁调整到6岁，各学段也需要有所调整。

第三，新中国成立初期文盲众多，连初等教育都尚未普及，当时的教育还属于精英教育时代，只有一小部分人能接受中等教育和高等教育；同时为了使工农干部接受教育，又专门设置了成人业余教育系统，对他们进行补偿教育。今天我国已经普及了九年义务教育，即将普及高中阶段教育，高等教育实现了跨越式发展，我国教育已经进入了大众教育时代，业余教育从补偿教育转变为终身教育的一部分，这些特征应该在学制中得到反映。

第四，当今时代已经进入信息化、数字化时代，新的学制应该反映终身教育的新理念。

第五，《教育规划纲要》指出，改革创新是教育发展的强大动力。改革创新也需要在学制上创新。制定新的学制，可以从制度上保证我国教育发展战略和教育方针政策的贯彻执行，保证素质教育的推进和创新人才的培养，达到进入人力资源强国行列的战略目标。

三、制定新学制需要研究的几个问题

制定新的学制需要认真研究，从理论和实际两个方面论证清楚。既要遵循儿童青少年发展的规律，又要适应我国经济社会发展水平；既要参照国际上的先进经验，又要符合我国的实际情况，特别要考虑我国的特点。我国人口众多，幅员广阔，各地区发展极不平衡，是世界上最大的发展中国家，正处在社会主义初级阶段。这就决定着我国学制应具有时代性、发展性、多样性、灵活性、终身性的特点。

要认真总结新中国成立60多年来教育发展的经验和教训。60多年来学制几经变动，有失败的教训，也有成功的经验。无论是经验还是教训，都是教育改革和发展的财富，我们只有认真总结，才能沿着正确的方向前进。

（一）关于中小学学制

学界对中小学学制有不同的意见。新中国成立以来，许多地方和学校做过学制改革的尝试。许多专家主张实行义务教育"五四"学制。如前面讲到的教育部原副部长、中国教育学会会长董纯才曾竭力主张实行"五四"学制，并亲自指导一些地方的实验。记得当时教育部部长何东昌也认为，全国不做统一规定，由各地自己决定。所以新课改以前，国家推荐的八套半教材中就有两套是"五四"学制教材（人教社版和北师大版）。

我赞成义务教育九年一贯制，"五四"分段，最好不分段，把课程打通。我认为小学生的潜能是很大的，尤其是今天的儿童。只要教学得法，小学的课程完全可以在五年内完成。相反，初中课程较多，现行三年时间过短，因而学生分化较严重。延长初中学习年限，可以提高初中生的质量。

上面讲到北京师范大学实验小学从1958年建校起就实行五年制，并自编教材。直到1988年为了应对当时"小升初"的全市统考，学校不得已停止了五年制的实验。长达30年的实验表明，五年制的学生在学业水平上一直与六年制的相当，能进入初中继续学习。这说明五年制的质量是能够保证的。

北京景山学校在1960年建校之初实行的是"十年一贯制"，"文化大革命"结束后实行小学、初中九年一贯制至今。小学也进行了自编教材的实验。景山学校至今仍是一所全国知名、敢于改革创新的实验学校。

上海的小学至今仍是五年制，实行"五四"学制。上海的教育水平一直名列前茅，上海的经验值得认真总结。

今天，九年义务教育已经在全国范围内普及，高中教育也将在今后几年内普及，因此有必要对我国的中小学学制重新研究和设置。九年义务教育就不需要再分段了。当然，在目前中小学分设的情况下，完全改成九年一贯制学校，可能在校舍、设备、师资等方面难以做到，但可以尝试一校一贯制或异校一贯制等多种形式。今后在扩建、改建、合并过程中逐步建设九年一贯制的学校。

有学者主张初、高中"二四"分段。我认为，在初、高中合办的学校，并且初中毕业不参加中考而直升高中的学校可以实验，但不宜在学制中规定。因为，第一，我国实行的是九年义务教育，如果初中两年就毕业，就达不到九年义务教育；第二，初中三年本来时间就很紧张，缩短为两年，学生的负担会加重；第三，高中阶段要通过中考分流，"二四"制无法分流。总之，试点可以，但不能固定为法定学制。

另外，中小学不宜建得过大。现在的学校规模过大，动辄几千人，这么大的学校不便管理，占地面积太大。国外的普通小学很少有超过千人的。学校要做到精细管理，最好不要超过千人，以平行四个班为宜，而且班额要小。这样才能真正因材施教，校长才能真正了解每个学生。小学最好就近入学，除农村、边远山区外，最好不设寄宿制。

（二）关于分流

各国学制都考虑学生何时分流的问题。如德国，大部分州实行九年义务教育，分基础学校和初级中学。基础学校与中学之间有一个为期两年的过渡阶段，称定向阶段或观察阶段。法国也是实行九年义务教育，小学五年，初中四年。初中前两年称观察阶段；后两年称方向指导阶段，设有选修课，少部分学生进入带有职业技术教育倾向的"技术班"，以便进入技术高中。美国中小学不分流，是典型的单轨制，但学制分"六三三"制和"八四"制，大部分州实行的是"八四"制。我国基于教育平等的观念，一直反对双轨制，赞成美国式的单轨制。但实际上我们实行的是双轨制，在初中以后分流。"文化大革命"前，初中以上的学制就分普通高中、技工学校、中等专业学校。后两者一般不能升入高等学校。也就是说，长期以来，我国初中以后实行的是双轨制。现在的学制是初中以后分为普通高中和职业高中，虽然职业高中的毕业生可以报考高等学校，但只能升入高等职业学校，还做不到普职贯通。

究竟什么时候分流合适，值得研究。根据世界教育发展的趋势，分流的时间正在后移。20世纪60—70年代曾经有过普通教育职业化、职业教育普通化的倾向，但随着教育的普及、高等教育的大众化，普通教育与职业教育的分流逐渐后移，而且两者互相沟通。因我国还是一个发展中国家，发展很不均衡，所以我国学制不能照搬西方发达国家。我国学制应遵循因材施教的原则，考虑更多的多样性和灵活性，在初中后分流是合适的。这里我讲一个故事。前几年中国教育学会与中国陶行知研究会在黑龙江省乌兰县联合召开农村教育现场会。清华大学美术学院二年级的一位学生发言，说他在初中二年级时因为功课不好，父亲让他辍学回家种地，但学校有位老师去做他父亲的工作，说："这娃喜欢画画，还是让他上学吧，将来没准会有出息。"父亲答应了。他初中毕业考上了艺术职业高中，毕业后在广告公司工作了几年，后来考上了清华大学美术学院。这充分说明因材施教、适时分流的意义。这当然与课程设置也有关系，但在学制上也应该有所反映。

随着我国城镇化的发展和高中阶段的普及，县城一级的高中最好以综合高中为主，开设普通课程和职业课程，由学生自由选择，把两种课程打通，而且可以根据学生的意愿和学习成绩互相转换。

（三）关于职业技术教育

职业技术教育对国家的建设十分重要，发达国家都把职业技术教育放在重要的地位。前面已经讲到，我国由于受传统观念的影响，职业技术教育长期得不到重视。2005年全国职业教育工作会议召开以后，国家出台了许多政策，鼓励职业教育的发展。近几年来我国职业教育有了转好的发展势头，但要在学校制度上加以巩固和发展。

要研究职业技术教育体系问题。我国现行学制中，实施职业技术教育的机构是职业高中、技工学校、高等职业技术学院。高等职业技术学院相当于高等专科的水平，没有达到大学本科的水平。这既不符合当今知识经济时代的需要，也不符合我国建设现代化的需要，而且不适应职业技术学校学生进一步学习的需要。应该建立从初级到中级、高级的职业技术教育体系，互相衔接，互相沟通。同时要建立沟通职业技术教育和普通教育的"立交桥"，使学生有更多的选择，体现终身教育的精神。

这样也可以改变一次高考定终身的局面，使有志青年随时可以得到学习的机会，同时也减轻了高考竞争的压力。

职业技术教育在学习年限及招生录取制度上也要体现多样性、灵活性。有些专业是否可以把中等职业教育与高等职业教育联系起来？例如，学前专业、小学教育专业，一方面需要有高学历水平，另一方面需要有技艺性才能，如果等到高中毕业再学音乐、舞蹈之类的技能课程就晚了。因此，这些专业能否招收初中毕业生，并与高等学校贯通起来？另外，职业高中的年限应有一定的弹性，有些专业在职业高中三年内难以完成，可否设置四年制的职业高中？

（四）关于高等教育

我国高等教育已进入大众化阶段，与30年以前的精英教育不同，因而要体现多样化、多层化的特点。目前我国高等教育的结构头重脚轻，不尽合理，需要在学制上加以解决。高等教育的学制既要反映高等教育大众化的要求，又要有利于培养杰出创新人才。高等教育的层次结构、专业结构都应该在学制中有所反映。根据我国经济社会发展的现状，有必要在新的学制中突出应用型高级专门人才培养的地位。高等学校应有层次之分，但不应有等级之别。

（五）关于终身教育

现代教育的基本特征就是终身教育，整个学校制度应该纳入终身教育体系。除了正规的学校教育是终身教育的主体以外，各种形式的继续教育，包括正规的与非正规的、面授的与远程的、长期的与短期的教育，都应该在新的学制中有一定的位置。

学制改革要与用人制度、劳动工资制度改革结合起来。用人制度要改变重学历、轻能力的倾向，劳动工资制度也要以能力作为定级的标准。我国学制僵化，与劳动工资制度重学历有关。"文化大革命"开始前，大学有五年的、六年的，如清华大学培养工程师有五年制、六年制，北京师范大学、华东师范大学培养高中教师都是五年制，但"文化大革命"结束后，因为工资制度以学习年限来定位，五年制就无法恢复，这就降低了培养质量。前几年教育部发文，高等专科学校只能两年制，把专科与本科分得那么清，实际上不利于人才培养，也行不通。这都是学历主义作祟的结果。因此，学制改革一定要克服学历主义，实事求是，从实际出发，从国情出发，借鉴国际教育的经验，建构一个有中国特色的社会主义现代学校教育系统。

我国人事制度还有一种怪现象，只重学历不重学位。其实，学历只说明经过什么程度的教育，并不代表学习的水平，学位才代表获得学位者的水平。《教育规划纲要》指出："把改革创新作为教育发展的强大动力。"制定新学制就是一次重大的制度创新。

结　语

上面讲了许多问题和个人的看法。总的来说，教育发展的出路在于改革，而改革需要全社会的支持。全社会，包括学校教师、家长、政府官员、用人单位、媒体，都要有正确的教育观、人才观、质量观，用实际行动支持教育改革。只有这样，我们才能走出教育的困境。《道德经》中有一句话："不言之教，无为之益，天下希及之。"我觉得这句话对于我们今天的教育来说，很有借鉴意义。叶圣陶先生说"教是为了不教"，这与老子的说法基本一致。现代教育的一个特点，就是要从教转到学。教育不是教师施教于受教育者，而是学习者自己学习、亲身体悟。这也是《道德经》一贯主张的自然哲学思想的一种教育观点。《道德经》认为，一切事物发生、发展都有规律，这个规律就是"道"，所谓"人法地，地法天，天法道，道法自然"。

人们通常认为道家是无为之学。"道常无为而无不为。"老子认为无为才有所为，为君者无为，老百姓才有所为。所以《道德经》又说："我无为而民自化，我好静而民自正，我无事而民自富，我无欲而民自朴。"这里讲的是为政之道，引申到教育上，又何尝不是这样？《道德经》说的无为而治也可以用到教育管理上。教育应遵循教育规律和儿童成长的规律（即道），让基层的教师、让学生有所为。教育行政部门不为，下面的学校就能有所为，有所创造，办出特色；教育局长应该放权给学校，局长的无为让校长有所为；校长要放手让教师改革创新，校长的无为酝酿出教师的新鲜经验。家庭教育也是这样。父母事事都包办代替，孩子的能力就难以发展。教师的无为并不是说不为，而是为了让学生有所为。教师表面上无为，其实是为了放开手让学生有所为。如果教师事事都管着学生，学生是难以有为的，也难以成长。

2014年，芬兰教育与科技部部长克丽斯塔·基乌鲁在答《中国教育报》记者问时说："在芬兰教育中，所有事情都建立在信任的基础上。优质的教育，就应该给教育者充分的信任和自由。如果一个工作设定了各种条条框框并加以限制，就打击了人们工作的积极性，工作者们的创造和探索激情也就随之受挫。高度的教育自主权使教师在芬兰成为一个有魅力、受尊教、受欢迎的职业，每年吸引着全国最优秀的人才投身教育事业。"[1]据说在芬兰，教师的工资并不高，但因为教师受到社会的信任和尊重，有充分的自主权，吸引了许多优秀人才当教师，并使芬兰教育成为世界一流教育。

我们现在的教育，一级一级管得太死了，所以要提倡老子的"不言之教"，学习芬兰的经验，遵循自然之规律，自由发展人的自然本性。最后我再次申明：

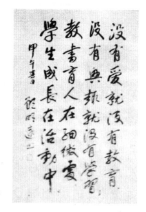

> 没有爱就没有教育，
> 没有兴趣就没有学习；
> 教书育人在细微处，
> 学生成长在活动中。

这就是我的教育信条。

① 张东：《芬兰教育与科技部部长克丽斯塔·基乌鲁——信任成就世界一流教育》，载《中国教育报》，2014-01-03。

下 编

对教育本质的新认识[*]

前不久，联合国教科文组织发布了一份新的研究报告《反思教育：向"全球共同利益"的理念转变？》。这是联合国教科文组织成立70年以来，继1972年发布的《学会生存——教育世界的今天和明天》（又称《富尔报告》）和1996年发布的《教育——财富蕴藏其中》（又称《德洛尔报告》）以后的第三份重要的报告。这份报告必定像前两份报告那样，对世界教育发展产生重大影响。

一、教育要以人文主义为基础，尊重生命和人类尊严

《反思教育：向"全球共同利益"的理念转变？》（以下简称《报告》）面对世界新的挑战，提出教育应负的责任和教育的变革，提出要重新定义知识、学习和教育。总的精神如《报告》摘要中所说的：教育应该以人文主义为基础，以尊重生命和人类尊严、权利平等、社会正义、文化多样性、国际团结和为创造可持续的未来承担共同责任。在教育和学习方面，要超越狭隘的功利主义和经济主义，将人类生存的多个方面融合起来，采取开放的、灵活的、全方位的学习方法，为所有人提

---

[*] 原载《光明日报》，2016年1月5日，发表时有删节，此为完整版。

供发挥自身潜能的机会，以实现可持续的未来，过上有尊严的生活。

《报告》提出未来教育要以人文主义为基础。《报告》强调经济发展必须遵从环境管理的指导，必须服从人们对和平、包容与社会正义的关注。《报告》认为，人文主义方法可以让教育辩论超越经济发展中的功利主义作用，应对全球学习格局的变化。

教育和学习要超越功利主义和经济主义，将人类生存的多个方面融合起来。要将通常受到歧视的那些人包容进来，包括妇女和女童、土著人、残疾人、移民、老年人，以及受冲突影响国家的民众。这将要求采用开放的、灵活的、全方位的终身学习方法。由此，《报告》提出，教育是全球共同利益的理念。

二、教育是全球共同利益

关于教育是全球共同利益的理解，《报告》在最后一章做了详细的解释。我认为有这么几层意思。

一是教育的人文主义精神。《报告》强调教育是人的生存和发展的权利，教育要尊重生命，尊重公正、平等，使人们过上有尊严和幸福的生活。《报告》提出，"根据当前形势重新审视教育权""国际发展讨论常常会将教育作为一项人权和一项公益事业。教育是一项基本人权，并且有助于实现其他各项人权"。这意味着国家要确保尊重、落实和保护受教育权，除了提供教育之外，还必须成为受教育权的担保人。《报告》批判了功利主义和经济主义。《报告》认为，要重新审视教育的目的。《报告》说："教育的经济功能无疑是重要的，但我们必须超越单纯的功利主义观点，以及众多国际发展讨论体现出的人力资本理念。教育不仅关系到学习技能，还涉及尊重生命和人格尊严的价值观，而这在多样化世界中是实现社会和谐的必要条件。""维护和增强个人在其他人和自然面前的尊严、能力和福祉，应是21世纪教育的根本宗旨。"

二是强调教育的共同利益。《报告》认为，"共同利益"可以定义为："人类在本质上共享并且互相交流的各种善意，例如，价值观、公民美德和正义感。"《报告》认为，"共同利益"的概念超越了个人主义的社会经济理论。共同利益不是个人受益，而是一项社会集体努力的事业。在界定什么是共同利益时，《报告》强调参与过程，认为知识必然成为人类共同遗产的一部分。《报告》指出："要在相互依存日益加深的世界实现可持续发展，就应将教育和知识视为全球共同利益。"这意味着知识的创造、控制、获取、习得和运用向所有人开放，是一项社会集体努力。《报告》批评了教育私有化，并为知识的私有化趋势担忧。《报告》说："教育是社会平等链条上的第一环，不应将教育出让给市场。"教育作为一项公益事业，国家要确保教育权的落实。

三是强调多样性、多元化。《报告》认为，共同利益的含义必须根据环境的多样性，以及关于幸福和共同生活的多种概念来界定。共同利益有多种文化的解读。因此，在尊重基本权利的同时要承认并培养关于环境、世界观和知识体系的多样性。教育作为共同利益，应该具有包容性。因此，必须探索主流知识模式之外的其他各种知识体系，承认并妥善安置其他知识体系，而不是将其放在劣势地位。这里指的是各种社会、民族，特别是弱势群族的文化知识体系。

这是对教育本质的深刻认识。过去人们总是用工具理论来解释教育。教育要不就是作为阶级斗争、政治斗争的工具，要不就是作为经济增长的工具，人们缺乏对教育作为人的生存和发展的权利、对人的本体发展的重要性的认识。教育的确离不开政治和经济，并要为它们服务，但教育更是人的权利，同时只有个体得到发展，才能为政治、经济服务。

三、全方位的终身学习方式

《报告》认为，面临当前的社会挑战，学习方式需要改变，要重新定义"学习"的概念。学习可以理解为获得信息、认识、技能、价值观和态度。学习既是过程，也是这个过程的结果；既是手段，也是目的；既是个人行为，也是集体努力。学习是由环境决定的多方面的现实存在。《报告》批评当前国际教育讨论张口闭口谈学习，但"主要关注的是教育过程的结果，而往往忽视了学习的过程。关注结果，主要是指学习成绩"，而忽视了"对于个人和社会发展具有重要意义的知识、技能、价值观和态度"。面对当前社会和经济的变革，教育要帮助人们改变思维方式和世界观。同时，《报告》认为，教育作为全球共同利益，需要采用开放的、灵活的、全方位的终身学习方式。

过去，人们把教育理解为有计划、有意识、有目的和有组织的学习。正规教育和非正规教育都是制度化的，但是人的许多学习是非正式的。"我们在生活中学习到的许多知识并非有意为之。这种非正式学习是所有社会化经验的必然体验。"所以要重视非正式学习。

《报告》提出要"反思课程编排"，强调人文主义课程和多元化课程，反对一切文化"霸权"、定型观念和偏见，应把课程建立在跨文化的基础上。

当今世界进入了互联网时代，互联网改变了人们获取消息和知识的途径、交流方式。《报告》认为，数字技术为表达自由创造了更多机会，但同时也引发了人们关心的重大问题：个人信息涉及隐私和安全等重要问题。需要用法律和其他保障措施来防止数字技术的误用。"在这个新的网络世界里，教育工作者需要帮助新一代'数字国民'做好更加充分的准备，应对现有数字技术乃至今后更新技术的伦理和社会问题。"

四、学校教育和教师不会消亡

在数字化、互联网时代，学校和教师起什么作用，会不会消亡？《报告》的回答是否定的。《报告》指出，现在有些人认为，由于电子学习、移动学习和其他数字技术提供了大量学习机会，学校教育没有前途。但是《报告》认为，正如《富尔报告》和《德洛尔报告》中所说的，虽然知识的来源改变了，人们与知识之间的交流互动方式也改变了，但正规教育系统变化缓慢。因此，《报告》认为："学校教育的重要性并没有削弱。学校教育是制度化学习和在家庭之外实现社会化的第一步，是社会学习（学会做人和学会生存）的重要组成部分。学习不应只是个人的事情，作为一种社会经验，需要与他人共同学习，以及通过与同伴和老师进行讨论及辩论的方式来学习。"这一段话既说明学校教育的不可替代性，又说明当代学习方式的变化。学习不是个人埋头读书，而是需要与同伴和教师共同学习。

当然，数字化、互联网大大拓宽了学习空间，给以课堂为中心的学习带来挑战。《报告》介绍了慕课和移动学习的方式和特点，但目前的发展趋势是从传统教育机构转向混合、多样化和复杂的学习格局，实现正规学习、非正规学习和非正式学习，让学校教育和正规教育机构与其他非正规教育经验开展更加密切的互动，而且这种互动要从幼儿阶段开始，延续终生。

《报告》指出，某些人起初预测教师职业会消亡，数字技术将逐步取代教师。但《报告》认为，"这种预测已不再令人信服"，教师应当成为"向导，引导学习者（从幼儿时期开始，贯穿整个学习轨迹）通过不断扩大知识库来实现发展与进步"。因此，"所有国家必须仍将有效的教学职业视为本国教育政策的优先事项"。

《报告》提出，我们必须反思师范教育和培训的内容与目标。我们应该为教师提供更具吸引力、更能激发他们的积极性，以及更加稳定的生活和工作条件，包括薪资和职业前景。"教师需要接受培训，学会促进学习、理解多样性、做到包容、培养与他人共存的能力，以及保护和改善环境的能力。教师必须促进尊重他人和安全的课堂环境，鼓励自尊和自主，并且运用多种多样的教学和辅导策略。教师必须与家长和社区进行有效的沟通。教师应与其他教师开展团队合作，维护学校的整体利益。"总之，教师要不断提高专业化水平。

以上这些见解都具有时代性、针对性，很有现实意义。

五、三个时代，三份报告

《富尔报告》发表于1972年，是在20世纪五六十年代科学技术迅猛发展的背景下提出来的，充满了科学主义和经济主义的精神。该报告认为：20世纪科学技术的发展改变了世界，科学技术革命把人类带入了学习化社会。人们只有不断学习，才能适应科学技术革命所带来的生产和社会的变革。而"教育是随着经济的进展而进展的，从而也是随着生产技术的演进而演进的"，因此，科学技术革命使得知识与训练，也就是教育有了全新的意义。该报告提出了"终身教育"的概念，并特别强调"学习化社会"和"终身教育"两个基本观念。这两个观念影响了世界教育的发展。

《德洛尔报告》发表于1996年，是在世界经济经过七八十年高速发展的黄金时代逐步走向衰退的时候，也是在世纪之交的时候。人们期望21世纪经济能有更好的发展，社会矛盾能有所缓解，环境得到有效的改善。该报告充满了乐观主义和理想主义色彩，并对教育充满了希望；在教育上提出"四大支柱"，即学会认知、学会做事、学会与人相处、学会发展。

但是，21世纪初的社会发展并没有像《德洛尔报告》所说的那么乐观。2001年的"9·11"恐怖袭击事件打破了世界的平静，2008年的经济危机至今让世界经济尚未复苏，暴力冲击、青年失业、男女不平等、环境污染等种种矛盾，以及教育与就业之间日益扩大的鸿沟，使青年的挫败感加深。《报告》认为要重新定义知识、学习和教育，提出以人文主义为基础，教育要尊重生命和人类尊严、权利平等、社会正义、文化多样、国际团结和为创造可持续的未来承担责任；强调知识是人类共同财富，知识应该人类共享；个人的发展也不是孤立的，而是在人类社会共同发展进程中发展的，从而提出"教育是全球利益"的新概念。

　　《报告》虽然一再声称，它是继承《富尔报告》和《德洛尔报告》的精神，并且重新强调"终身教育"，重新解释了学习的"四大支柱"，但与前两个报告不同，《报告》反映了当今时代的要求，充满了人文主义精神。教育不仅要重视知识和技能的培养，而且要重视价值观和态度的培养。教育要立足世界，培养无论是在道德品质上还是在知识和技能上能够创造可持续发展的未来的人。这种新的教育理念必将影响世界各国教育的改革和发展。

教育领域里的悖论*

　　教育对一个国家、民族来讲，关系到国家的兴衰、民族的未来；对一个家庭来讲，关系到一家的幸福；对学生个人来讲，关系到一生的前途。尽管大家都希望教育越办越好，但教育领域还存在许多悖论。

　　悖论之一是，近年来教育形势大好，促进教育公平、提高教育质量工作均有较大进展，但一些有条件的家庭仍然愿意把孩子送到国外去学习，特别是高级知识分子家庭，每年以两位数的比例增长，而且出国孩子年龄越来越小。过去是怕考不上大学而送孩子出国学习，现在是优秀的孩子选择出国学习。许多家长反映，中国的中小学教育对孩子要求过多，限制过死，束缚孩子潜在能力的发展。因为怕影响孩子的发展，所以要早一点把孩子送到国外去学习。

　　什么是真正的教育质量？许多校长、老师口头上说提高教育质量，但把教育质量停留在考试分数上，实际上做着违背提高质量的事，增加学生负担，进行机械的训练，极大地妨碍了学生综合素质的提高。

　　悖论之二是，某些地方干部一方面高喊"素质教育"，另一方面给学校、教师施加压力，把升学率作为自己的政绩。要知道，升学率是一个常数，每年全国升学率都有一个定数。甲学校提高了，乙学校就会降

---

*　原载《中国教育报》，2016年1月26日。

低，不可能每所学校都年年提高。追求升学率就像盲目追求国内生产总值（GDP）一样，污染了环境，将来治理要付出成倍的代价。

悖论之三是，一方面，规定要减轻学生的课业负担，小学低年级不留作业；另一方面，教师又布置了许多家庭活动，甚至需要学生和家长共同完成，许多家长觉得苦不堪言。一方面，学校减少了学生的家庭作业；另一方面，家长又送孩子上各种补习班，学生负担日益加重。总之，教师和家长一起，不让学生有空闲的时间，不让孩子有自由的游玩活动，不相信孩子需要在玩耍中成长。

悖论之四是，教育部门一方面规定减少学生的考试，另一方面又布置各种测评，虽说是抽样的，但学校班班要准备，结果反而增加了学生负担。教育质量的监测是需要的，但要不要用考试的方法来测评？用这种方法监测还是一种分数思维，依然是以考试分数为标准。国家明文规定不要以分数排队，但有些地区仍然半公开地按分数对学校排队，学校也按分数对学生排队。学校、老师和学生因而感到有很大的压力。

悖论之五是，大家都说要培养创新人才，从小要打好基础，但我们的人才培养模式又处处限制学生的思维。许多小学限制学生的自由活动，这也不许干，那也不能做。许多家长反映，孩子得不到自由发展。一方面要培养学生创新精神；另一方面又不重视学生批判性思维能力的培养，事事都设标准答案。

悖论之六是，天天说要把爱心献给学生，要热爱每个学生，却常常把学生分成三六九等，继续评选所谓"三好学生"。要知道这样只能鼓励一部分学生，却伤害了大部分学生。学生正在成长中，发展不是线性的，有时是会犯错的，人的一生就是在犯错中不断成长。我们天天在讲宽容，但对孩子的犯错不宽容。学生是需要激励的，是需要榜样的，但不能把学生定格在谁是好学生、谁是后进学生上。

悖论之七是，大家都认为"教育大计，教师为本"，要尊师重教，但教师群体得不到社会应有的信任和尊重。许多家长对学校抱有"托管"思维，把孩子交给学校，学校就要负全部责任，导致家庭教育缺失，"校闹"事件时有发生。一方面，家长希望孩子有好老师，因此不仅要择校，还要择老师；另一方面，很少有家长愿意把孩子送去师范专业学习。这说明在我国，教师职业缺乏足够的吸引力，尊师重教在某种程度上还停留在口头上。

悖论之八是，家长一方面希望孩子过上幸福的生活；另一方面又在压抑孩子，让孩子埋在作业堆里，"两耳不闻窗外事，一心只做练习题"，使孩子养成孤僻、以自我为中心的性格，还美其名曰"为了将来的幸福，只好牺牲童年的幸福"。事实上，没有童年的幸福，没有养成良好的习惯，没有形成完善的人格，孩子将来也不可能幸福。

教育领域类似的悖论还有不少。笔者认为，这些悖论破解了，我国教育必能更健康地发展。

教育领域综合改革的宏观视野[*]

党的十八届三中全会通过的《中共中央关于全面深化改革若干重大问题的决定》（以下简称《决定》），对全面深化改革的重要领域和关键问题做出了重要部署，提出要"深化教育领域综合改革"，明确了教育改革的攻坚方向和重点举措。2014年3月5日，李克强总理在《政府工作报告》中再次强调要"促进教育事业优先发展、公平发展……要为下一代提供良好的教育，努力使每一个孩子有公平的发展机会"。很多其他领域的改革都与教育息息相关。中国的教育改革已进入深水区，必须进行通盘、全面的综合改革。

一、中国社会改革的总体精神

我们为什么要全面深化改革？因为改革开放是党在新的时代条件下带领全国各族人民进行的新的伟大革命，是决定当代中国命运的关键抉择，是党和人民事业大踏步赶上时代的重要法宝，其最主要成果是开创和发展了中国特色社会主义。实践发展永无止境，解放思想永无止境，改革开放永无止境。《决定》指出全面深化改革的总目标是：完善和发

---

[*] 原载《教育研究》，2014年第6期。

展中国特色社会主义制度，推进国家治理体系和治理能力现代化。加快发展社会主义市场经济、民主政治、先进文化、和谐社会和生态文明，让一切创造社会财富的源泉充分涌流，让发展成果更多、更公平地惠及全体人民。《政府工作报告》也提出今年的工作重心是"以深化改革为强大动力，以调整结构为主攻方向，以改善民生为根本目的，统筹兼顾，突出重点，务求实效"。

《决定》指出：全面改革要以经济建设为中心，发挥经济体制改革的牵引作用，推动生产关系同生产力、上层建筑同经济基础相适应，推动经济社会持续健康发展。改革的核心是处理好政府与市场的关系，使市场在资源配置中起决定性作用和更好地发挥政府的作用。市场决定资源配置是市场经济的一般规律，是健全社会主义市场经济体制必须遵循的规律。事实上，我们党对这条规律有一个认识深化的过程：党的十四大、十五大都提出，要使市场经济在国家宏观调控下对资源配置起基础性作用；十六大提出，在更大程度上发挥市场在资源配置中的基础性作用；十七大提出，从制度上更好地发挥市场在资源配置中的基础性作用；十八大提出，更大程度、更广范围发挥市场在资源配置中的基础性作用；十八届三中全会则把"基础性作用"修改为"决定性作用"，这体现了要进一步处理好政府与市场的关系，目的正如习近平总书记在关于《决定》的说明中指出的，以尽可能少的资源投入生产尽可能多的产品，获得尽可能大的效益。这一变化过程反映了我国对市场在经济发展中的作用认识的深化。这种变化必将影响我国经济社会改革的方方面面，教育领域莫能除外。

《决定》第60条，也就是最后一条指出："人民是改革的主体，要坚持党的群众路线，建立社会参与机制，充分发挥人民群众积极性、主动性、创造性。"习近平总书记在关于《决定》的说明中又提出，在改革过程中要注意以下几个问题：第一，增强推进改革的信心和勇气；第二，坚持解放思想，实事求是；第三，坚持从大局出发考虑问题。这也是教育改革需要注意的问题。

二、社会领域改革与教育改革

教育改革离不开整个国家改革的形势，社会领域的各项改革都会影响教育改革。因此，教育领域的综合改革必须密切关注各项社会改革，并与之相配合和相适应。

第一，市场在资源配置中起决定性作用的改革，体现了政府与市场的关系。虽然教育是公益事业，但市场在资源配置中起决定性作用必然会影响教育投入的多元化、政府购买教育服务等问题。《决定》明确提出，鼓励社会力量兴办教育。除义务教育阶段全部免费外，非义务教育阶段的成本分担如何更加合理，值得认真探讨。2014年，已有几个省份提出提高大学的学费，社会反响强烈，需要认真研究、慎重对待。

第二，《决定》提出，加快转变政府职能。《决定》第15条提出，加快事业单位分类改革，加大政府购买公共服务力度，推动公办事业单位与主管部门理顺关系和去行政化，创造条件，逐步取消学校、科研院所、医院等单位的行政级别。这些规定与教育改革都有直接关系。什么叫去行政化？怎么去行政化？并非只是取消学校领导的行政职级那样简单，而是要树立"教育大计，教师为本"的思想，中小学要依靠教师办学，大学要依靠教授治学，建立权威的学术委员会来决定学校的学术发展和教学工作中的重大问题。

第三，《决定》提出，健全城乡发展一体化体制机制，取消城乡二元结构，推进城镇化建设，改革户籍制度。这就必然涉及教育资源的配置、教育结构的调整、城镇学校的发展和布局、进城务工人员随迁子女上学和升学等一系列问题，会遇到许多困难和矛盾。这些问题都需要通过深化教育改革来解决。

第四，《决定》第13条提出："深化科技体制改革。建立健全鼓励原始创新、集成创新、引进消化吸收再创新的体制机制，健全技术创新市场导向机制，发挥市场对技术研发方向、路线选择、要素价格、各类创新要素配置的导向作用。"这不仅会影响科研单位、企业研发机构，而且对高等学校的科研也会有重大影响。

第五，《决定》提出的社会主义民主政治制度建设、推进文化体制机制创新、推进社会事业改革创新、加快生态文明制度建设等，都需要人力资源的支撑。人才是关键，教育是基础。教育要通过综合改革为我国经济社会各方面的改革和发展培养高素质人才和一批拔尖创新人才。

三、全面深化教育领域综合改革

《决定》第42条提出，要深化教育领域综合改革。我国教育已经从数量的发展转入质量提高的新阶段。解决了有学上的问题，还要解决上好学的问题。所谓综合改革，就是要进行通盘、全面的改革。

（一）改革的核心是立德树人

立德树人是解决培养什么样的人、怎样培养的重大问题。十八大报告明确指出，立德树人是教育的根本任务。各级政府和教育部门都应该树立正确的教育观、人才观、质量观，把培养具有社会责任感、创新精神和实践能力的德智体美全面发展的建设者和接班人作为根本的任务。《决定》提出了具体要求：①加强社会主义核心价值观教育；②完善中华优秀传统文化教育；③形成爱学习、爱劳动、爱祖国活动的有效形式和长效机制；④增强学生的社会责任感、创新精神、实践能力；⑤强化体育课和课外锻炼，促进青少年身心健康、体魄强健；⑥改进美育教学，提高学生审美和人文素养；⑦标本兼治，减轻学生学业负担。这就是全面贯彻党的教育方针、推进素质教育的内容，体现了时代精神和现实要求。

立德树人是我国的优秀传统。中国传统文化既强调个人道德主体精神的弘扬、个人精神境界的追求，又注重个人的道德修养，从而正确处理个人与家庭、个人与国家的关系。

立德树人是时代的要求。当前我们的教育正在遭遇多元文化、多元价值观的挑战，青少年受到社会各种思潮的影响，如果我们不能用正确的人生观、世界观、价值观加以引导，青少年可能就会迷失方向，走入歧途。加强道德教育是当前形势的迫切要求。

党和政府历来重视思想政治教育和道德教育。《国家中长期教育改革和发展规划纲要（2010—2020年）》（以下简称《教育规划纲要》）明确提出："坚持德育为先。立德树人，把社会主义核心价值体系融入国民教育全过程。"习近平总书记2013年11月26日在山东考察时指出："国无德不兴，人无德不立。必须加强全社会的思想道德建设，激发人们形成善良的道德意愿、道德情感，培养正确的道德判断和道德责任，提高道德实践能力，尤其是自觉践行能力。"

立德树人，就要把社会主义核心价值观教育贯穿教育的全过程。从纵向来讲，从幼儿到研究生都要用适合的、有效的方式进行社会主义核心价值观教育；从横向来讲，要把社会主义核心价值观贯穿到学校教育教学的全过程，真正做到教书育人。

当前特别要重视诚信教育。社会缺乏诚信，许多矛盾难以解决，就不可能建设和谐社会。诚信是社会主义核心价值观的重要内容，也是中华美德。《左传》曰："人所以立，信、知、勇也。"诚信既是立身之本，也是一个民族、一个国家的生存之基。

（二）改革的重点之一是促进教育公平和提升教育质量

《决定》提出，要大力促进教育公平。为此要做到：①健全家庭经济困难学生资助体系；②构建利用信息化手段扩大优质教育资源覆盖面的有效机制；③逐步缩小区域、城乡、校际差距，统筹城乡义务教育资源均衡配置，实行公办学校标准化建设；④实行校长教师交流轮岗制度；⑤不设重点学校重点班，破解择校难题。2014年3月的《政府工作报告》特别强调教育资源向中西部地区和农村倾斜，全面改善贫困地区义务教育薄弱学校的办学条件，加强农村，特别是边远贫困地区教师队伍建设，扩大优质教育资源覆盖面，改善贫困地区农村儿童营养状况。促进教育公平、提高教育质量，难点在农村。在《决定》确定城乡一体化、农村城镇化的方针下，如何加强农村教育改革和发展是摆在教育部门面前迫切而艰巨的任务。教育理论工作者要把目光转向农村，深入调查研究，为教育决策部门提供科学的咨询建议。教育部门要攻坚克难，办好每一所农村学校，教好每一个农村孩子，办农民满意的教育。

《教育规划纲要》把促进公平和提高质量作为教育工作的重点。这是一个问题的两个方面。只有普遍提高教育质量，才能促进教育公平。而促进教育公平和提高教育质量，需要解放思想、大胆改革，需要群众的集体智慧和创新。校舍等硬件建设比较容易搞好，软件建设，特别是教师队伍建设，就不是一朝一夕的事了。关于校长教师流动，教师中就有许多议论，也有不少困难，需要认真设计和统筹。此外，择校问题也是大城市教育改革的难点。2014年1月，教育部公布《关于进一步做好小学升入初中免试就近入学工作的实施意见》，这是贯彻落实十八届三中全会精神和《教育规划纲要》的具体举措，表明了政府推进教育公平、深化教育改革的决心。

（三）改革的重点之二是考试招生制度改革

考试招生制度改革是家长、教师、学校乃至全社会最关心的事情。《决定》提出：①探索招生和考试相对分离、学生考试多次选择、学校依法自主招生、专业机构组织实施、政府宏观管理、社会参与监督的运行机制，从根本上解决一考定终身的弊端；②义务教育免费就近入学，试行学区制和九年一贯对口招生；③推行初高中学业水平考试和综合素质评价；④加快推进职业院校分类招考或注册入学；⑤逐步推行普通高校基于统一高考和学业水平考试成绩的综合评价多元录取机制；⑥探索全国统考减少科目、不分文理科、外语等科目社会化考试一年多考；⑦试行普通高校、高职院校、成人高校之间学分转换，拓宽终身学习通道。总的精神是让人人都能通过各种渠道获得接受教育的机会，只要努力，人人都能获得成功。其实，考试制度改革不仅是改革评价人才、选拔人才的手段，而且可以促进中小学的课程改革和人才培养模式改革，有利于推进素质教育，同时也可以通过改革建立全民学习、终身学习的学习型社会。这些改革的力度都很大，会极大地影响中小学教育教学工作。如高中水平考试和综合素质评价如何进行，等级评价如何实施，这些改革如何影响基础教育的改革等，都是中小学十分关心的问题，需要解放思想，改革创新。各地要创造新的经验。

（四）改革的重点之三是教育管理体制改革

《决定》提出，要进一步推进管办评分离，扩大省级政府教育统筹权和学校办学自主权，完善学校内部治理结构。这涉及政府和学校的关系，是教育改革的制度保障。要简政放权，政府加强宏观调控和管理，扩大学校的办学自主权，使学校办出特色；地方政府和教育部门要克服升学率的政绩观，端正办学思想；探索多样化办学体制，开展多样化学校制度的改革实验，有条件的地方可以做义务教育九年一贯制、十二年一贯制的实验；高中阶段实施综合高中的改革，把普通教育与职业教育结合起来；鼓励多元主体多种形式办学，支持民办教育发展，充分发挥市场对民办教育资源配置的作用，把民办教育作为教育事业的重要增长点和教育改革的重要力量。"办人民满意的教育应该考虑三个方面：公平的教育机会、优良的教育品质、可满足的教育选择需求。合理的教育结构，就是在政府主导下公办教育以提供公平的公共服务为主，民办教育以提供选择性教育为主。"

四、动员全社会力量推进教育领域综合改革

深化教育领域综合改革，需要全社会共同努力，营造一个良好的教育环境，使我国教育健康发展。

（一）坚持把教育放在优先发展的战略地位

《教育规划纲要》指出："各级党委和政府要把优先发展教育作为贯彻落实科学发展观的一项基本要求，切实保证经济社会发展规划优先安排教育发展，财政资金优先保障教育投入，公共资源优先满足教育和人力资源开发需要。"2012年，我国教育经费已实现占国民生产总值4%的目标，今后仍然要坚持这个目标并逐年有所增长。把教育放在优先发展的战略地位，不只是增加投入的问题，还要在规划经济社会发展时优先考虑教育的问题。

（二）学校要为每一个学生提供适合的教育

教育领域存在的矛盾是复杂的，是社会矛盾的反映。教育要有所作为，就需要学校校长和教师更新教育观念，改变人才培养模式，坚持以人为本，克服"应试教育"的弊端；坚持以学生为主体，把选择权还给学生；认真贯彻《教育规划纲要》，坚持德育为先、能力为重、全面发展和个性发展相结合，培养学生服务国家和服务人民的社会责任感、创新精神和实践能力。从教育内部的改革来讲，当前人才培养模式改革是最重要的一环。也就是说，一切改革都要落实到学校的教育教学工作上，落实到人才成长上。我国基础教育有优势，重视学生基本知识、基本技能的掌握。但我们的缺点是缺乏思维方式和创新能力的培养，特别是受"应试教育"的干扰，学生处于"被教育""被学习"的状态。学

校要为每个学生营造良好的学习环境，为每个学生提供适合的教育，使每个学生的潜能都得到充分发展，每个学生都能获得成功。

（三）恰当地利用信息技术改进教育教学工作

社会已进入信息化时代，现代信息技术正在改变教育环境、教育模式、师生关系、教育管理等，教育领域信息化的特点是开放性、网络化、个性化、国际化。教育改革要充分、适当地利用信息技术改变人才培养模式：为学生设计个性化学习平台，通过大数据了解学生的学习和生活，通过互联网与学生沟通及与家长联系。教师要指导学生正确选择信息、处理信息的策略和方法，防止学生迷恋网络游戏；教师要成为学生学习的设计者、指导者、帮助者。

（四）加强师德建设

教师要热爱教育、热爱学生，把热爱学生建立在相信学生、尊重学生的基础上；了解学生的需要和困难，满腔热情地帮助学生学习；公平对待每个学生，不把学生分成三六九等；尊重学生的人格，不侮辱、不讽刺学生。

当前有些学校出现了"教育懈怠"现象，需要重视。这是由于教师缺乏对教育事业的认识，缺乏精益求精的精神。要加强教师对教育事业的崇高理想教育，把教育事业看作关系到国家盛衰、民族兴亡的事业，关系到家庭幸福、孩子前途的事业。教师要提高思想品德和文化修养，增强奉献精神和创新精神，对教育工作精益求精。对少数教师的失德行为要严肃处理，严重的要逐出教师队伍。

（五）学校教育和家庭教育形成合力

学校教育和家庭教育形成合力，就会变成巨大的教育力量。当前出现了学校和家庭的矛盾，学校要减轻学生的学业负担，家长却增加学生的负担。这当然不能怪家长，这是教育的激烈竞争带来的矛盾。消解这种矛盾，一方面，家长需要克服陈旧的观念，用正确的教育方法促进孩子思想品德、生理心理、学习能力全面、健康地发展；另一方面，学校要主动与家长沟通，交流教育思想和方法，使家长了解儿童青少年成长的规律，尊重孩子，理解减轻学业负担对孩子健康发展的重要性，使家长支持学校的改革。

（六）发挥媒体的教育作用

媒体要为教育改革提供正能量。电视、网络是儿童青少年接触最多、最喜爱的媒体，他们从各种媒体中获得许多有益的信息和知识。但毋庸讳言，当前媒体，特别是网络媒体，存在许多不利于儿童青少年健康成长的内容。有些网站散布色情、暴力等内容，恶化学习环境。有关部门要加强监管，坚决取缔不法网站和网吧，同时媒体主办单位应该负起应有的社会责任，以我们的子孙后代健康成长为重，以民族未来为重，发挥媒体的教育作用，杜绝一切不良内容。

（七）形成尊师重教的社会氛围

教育领域存在众多矛盾，社会舆情要全面分析，切忌以偏概全；要鼓励改革，不要求全责备，要大力宣传教育领域改革的新鲜经验、先进事迹，鼓舞士气。我国有1 400多万名教师，绝大多数坚守在教育第一线，他们敬业爱岗，爱护学生，为教育事业贡献力量，值得全社会尊重。

2014年1月，《中国教育报》记者采访芬兰教育与科技部部长克丽斯塔·基乌鲁，在谈到芬兰教育的成功经验时，克丽斯塔·基乌鲁说：信任是芬兰教育公平和高质量的基础；高度的教育自主权使教师在芬兰成为一个有魅力、受尊敬、受欢迎的职业；对教师的尊重和对教师专业的投入是最有效的，也是最有价值的。[1]这些观念值得我们深思。

总之，教育是系统工程，教育不只是教育部门的事，需要全社会共同努力、通力协作，创造一个具有中国特色的崭新的现代教育制度。

---

[1] 张东：《芬兰教育与科技部部长克丽斯塔·基乌鲁——信任成就世界一流教育》，载《中国教育报》2014-01-03。

教育观念现代化是教育现代化的灵魂[*]

  《国家中长期教育改革和发展规划纲要（2010—2020年）》（以下简称《教育规划纲要》）规定，到2020年我国要基本实现教育现代化。但关于教育现代化的标准，大家还不是很清楚，因此，首先要明确什么叫教育现代化。我认为，教育现代化就是以现代信息社会为基础，以先进教育观念为指导，运用先进信息技术促进教育变革的过程。我国教育现代化的过程，就是按照"教育要面向现代化，面向世界，面向未来"的要求，通过教育改革和体制创新，由传统教育向现代教育转变的过程。教育现代化的内涵十分丰富，包括观念、制度、内容、方法等多个层面，其灵魂是教育观念的现代化。

  之所以说教育观念的现代化是教育现代化的灵魂，是因为只有教育观念转变了，才有制度的转变和内容方法的改革。我国在清末民初就引进了西方的教育制度，教育内容也几经更新，但教育观念没有彻底转变。正如《教育规划纲要》指出的，我们的"教育观念相对落后"。教育观念的转变是最主要也是最艰难的转变，因为观念是隐藏在人们头脑中根深蒂固的、最不易变化的东西，它与长期积淀的文化传统、民族心理有关，也与现实的社会环境有关。教育观念首先表现为对教育本质、

———————
＊ 原载《人民日报》，2016年1月31日。

教育价值的认识。教育要回答的问题无非三个：什么是教育？为什么要教育？怎样教育？这三个问题都包含着对教育本质和价值的认识。

比如，对于什么是教育，我们有一个逐步认识的过程。长期以来，我们总是用工具理性来认识教育。现在，许多人认为教育要为经济建设服务，这当然没有错。教育离不开一定社会并要为它服务，但教育的本质是促进人的发展，是通过传承文化、创新知识的过程促进人的发展，把一个属于生物的人培养成社会的人。只有人的个体发展了，才能为经济社会发展服务。所以，立德树人就是教育的根本任务，要着力提高学生服务国家、服务人民的社会责任感、勇于探索的创新精神和善于解决问题的实践能力，把学生培养成为德、智、体、美全面发展的人才。受教育是每个人发展的权利，为社会服务是每个人生存的义务。前不久，联合国教科文组织在成立70周年的时候发布了新的报告，叫《反思教育：向"全球共同利益"的理念转变？》，提出面对当今世界的种种矛盾和冲突，要重新定义知识、学习和教育。教育应该坚持人文主义，以尊重生命和人类尊严、权利平等、社会正义、文化多样性、国际团结和分担责任为基础，教育应是"全球共同利益"。在教育观念上，我们要超越狭隘的功利主义和经济主义，将人类生存的多个方面融合起来，采取开放的、灵活的、全方位的学习方法，为所有人提供发挥自身潜能的机会，以实现可持续的未来，使人过上有尊严的生活。这就是教育现代化的观念。

在教育观念层面，我曾提出过教育现代化的八大特征，即教育的民主性和公平性、教育的生产性和社会性、教育的终身性和全时空性、教育的个性化和创造性、教育的多样性和差异性、教育的信息化和创新性、教育的国际性和开放性、教育的科学性和法制性。这是从宏观层面来说的。从人才培养模式的微观层面来讲，教育现代化的主要理念应该是个性化、差异性、创造性、开放性。要做到这一点，就要坚持以学生为主体，改革传统的人才培养模式，充分调动学生学习的主体性、主动性和创造性；注意学生的差异性，因材施教，为每个学生提供适合的教育，使学生的潜能得到充分发挥。

当前，"互联网+"为教育现代化提供了有利条件。"互联网+教育"必然会引起教育和学习环境的变革。它改变了学习的时间和空间，改变了师生的关系。学习者不再局限于学校里或课堂上，而是时时处处可以学习，可以从互联网上获得各种信息。"互联网+教育"的最大优势是个性化、互动性、开放性。在"互联网+教育"的环境下，教师已经不是知识的唯一载体，更不再是知识的权威。教师应利用互联网的特点，为每个学生设计适合他们的学习环境，同时指导学生收集处理信息的正确策略和方法，帮助学生解决学习中的困难，与学生共同学习。因此，教师应该是学生学习的设计者、指导者、帮助者，以及和学生共同学习的伙伴。这也要求我们在教育观念上与时俱进。

教育现代化绝不只是校舍、设备的现代化。拥有再豪华的校舍、再先进的设备，如果教育观念陈旧，教育方法还是老样子，那还算不上教育现代化。更重要的是教育工作者教育观念的现代化，能用现代教育观念和方式、方法培养具有时代精神和中华民族情怀的现代国民。

核心素养：课程改革的原动力*

学校教育很重要的功能，就是立足学生的终身发展和社会需要，培养学生良好的素养。当今世界各国教育都聚焦于人的核心素养的培养。素养需要在长期的教育中慢慢养成。为发展学生的核心素养，基础教育阶段，学校在课程改革方面要进行三方面的努力。

第一，将身心健康放在课程目标的首位。学校教育不能只盯着书本知识，练就一个好体魄是学习的前提。在体育锻炼中要培养学生坚韧、友善、合作、民主、竞争等价值观。今天大力推广的校园足球，其定位既包括强身健体，也包括精神追求、团队意识等。学校教育中，学生良好习惯的养成很重要。习惯养成了，自然就会变为信念。比如，自己整理器材、装备，换衣、换鞋，收拾东西，就是要培养学生独立生活的习惯。小时候学会自己的事情自己干，长大之后就会有自力更生的信念，不会依靠别人。另外，要培养学生阳光、乐观的心态。热爱生活，自信、自尊、自强；容纳别人，学会与别人友好相处。我几次来到清华大学附属小学（以下简称"清华附小"），每到一处，学生们都会向我和其他教师行标准的鞠躬礼。学校的窦校长说清华附小有三张名片，即"微笑、感谢、赞美"。我想，这就是与人相处的礼仪文化，在这样的文

---

* 原载《人民教育》，2015年第13期。

化濡染中，学生心态阳光、相处融洽、团结向上。如果我们的学生都能有这样的心态，那么今天社会上的很多悲剧就不会发生。

第二，课程教学要培养学生终身学习的能力。学校教育不仅要给予学生必备的知识技能、文化修养，更要使其逐步形成终身学习的能力，其中，培养学生学习的兴趣很重要。苏霍姆林斯基说，一个孩子到十二三岁还没有自己的兴趣和爱好，做老师的要为他担忧，担心他长大以后对什么都漠不关心，成为一个平庸的人。今天我们中国的学生，学业水平不成问题，但现实中的问题是学生缺乏学习的兴趣，学习变成了完成父母、老师的任务，学生处于一种"被教育""被学习"的状态。这样的状态怎能形成终身学习的意愿和能力？怎能培养出创新人才？兴趣往往从好奇心发展而来，学校教育要激发学生的好奇心。好奇心是儿童的天性，功课太重会扼杀儿童的好奇心，为此，学校教育要思考怎样建立一种平衡：在保护好奇心的同时，增强学生的思维意识，培养学生独立思考的能力。在小学教育中要鼓励学生大胆地思考、勇敢地提问。只有会思考、敢提问的学生才能对学习产生兴趣。我在清华附小听了一节科学课，教学的主要内容是"种子的传播方式"。老师在教学中并没有着急地和盘托出，而是先让学生就这个问题质疑，然后根据学生的质疑展开教学。教学的过程就是学生们在自主学习的过程中不断解决自己疑问的过程。我认为，这样的教学方式非常值得提倡。

第三，课程内容及实施要为学生打下走向社会的基础。人都生活在社会中，这是人的社会性。人在社会中生存和发展，就要了解社会，学会共处，学会改变，适应瞬息万变的社会，解决遇到的各种问题，甚至以自己的创造性才能促进社会的文明和进步。教师特别要关注学生社会情绪的培养，让他们学会尊重别人、与人沟通交流。尤其是当代社会，独生子女很普遍，自我中心意识很强烈，培养孩子的社会情绪，让他们正确处理与他人的关系、增强自我管理能力就显得尤为重要。

清华附小提出的学生发展五大核心素养"身心健康、成志于学、天下情怀、审美雅趣、学会改变",基于本校学生的群体特点,遵循学校"为聪慧与高尚的人生奠基"的办学使命,体现"儿童站在学校正中央"的办学理念,秉承清华大学的思想与精神,体现出学校在立德树人、落实社会主义核心价值观上的自觉追求,深入回答了"培养什么人"的问题。这五大核心素养对国际上公认的关于核心素养的三个方面"人与自我、人与工具、人与社会"都做出了自己的回答。不仅如此,学校还通过"1+X课程"改革,积极回答了基于学生发展核心素养的"怎么培养人"的问题。

清华附小的"1+X课程"改革在学校迈入新百年之际又有了新的跨越。我感觉,学校基于学生发展核心素养的"1+X课程"是从培养完整的人的高度出发,进行的大胆而又稳妥的课程整合的尝试。比如,学校的科学阅读课,老师通过汇报,引导学生在阅读中学习科学知识,这就是语文与科学的整合,很新颖,有创新。课堂上老师引导学生学会使用标签、便条,并将这些标签和便条最后整理成表格。学生学会了一种提取信息和整理信息的方法,这种方式可以迁移到学生的其他阅读中。

这让我想到最近芬兰提出的:基础教育要去学科化,强调综合;从现象学的视角研究教育。这符合学生核心素养综合发展的需要。只从学科的角度出发,不利于学生素养的发展。比如,数学原来总是强调其集成性的学习体系,认为不把目前的知识弄清楚,后面的内容就学不会,就像不学代数,那么学线性代数就会很难。但是现代社会许多知识的学习并不适用于这种集成性的体系。目前的教育改革也面临着这样的问题,尤其是在小学教育阶段,必须提高教学的综合性。清华附小的"1+X课程",强调学生的综合发展,给学生提供丰富的选择性和自主性课程,充分满足了学生个性发展的需要,符合当今时代的需要。

除了课程设置强调整合,在课程实施上,教师专业领域的整合就显得非常重要。教师要做的不仅是让学生学会知识，而且要让学生自己去领会新的知识，培养学生的思维能力，让学生勤于问"为什么"，而不是仅牢记现象的结论。比如，语文课本发下来，很多学生一两天就看完了，每个学生对于课文都会有自己的想法。老师在语文教学方面，除了要求学生掌握必要的字、词、句之外，还应该让学生将自己悟出的道理讲出来。每个人的悟性不一样，思想不一样，老师应该启发学生的思维，让学生学会思考，这样他会受用一辈子。我一直主张小学老师应该成为全能型老师，更好地整合各学科知识。清华附小的老师正向这个方向努力，并用实践证明自己的转型。我发现在他们的科学阅读课上，学生所获得的远远超出科学知识、阅读能力，更指向意识、审美、情感、价值观等方面的综合发展。我认为，清华附小的课程整合，除了展现学生的进步以外，还展现了教师整合素养的提升。

清华附小基于学生发展核心素养的"1+X课程"改革，对于当下的基础教育课程改革具有价值引领的意义。祝愿清华附小的课程改革之路越走越宽阔，希望所有学校的课程改革都能做出成效！

全社会来共同治理"教育污染"*

2015年5月，我有机会访问芬兰，参观了芬兰从幼儿园到大学的整个教育系统，同时和芬兰的很多教育同人相互交流。芬兰教育质量好，教师水平高，这是众所周知的事情。可是，让我印象最深刻的是芬兰良好的教育生态环境。安迪·哈格里夫斯（Andy Hargreaves）等学者曾提出，与世界大多数国家强调"标准化考试""绩效""竞争"不同，芬兰走的是"第四条道路"，即信任、创新、专业、民主的发展道路。

芬兰社会高度重视教育，将教育视为人力资源开发和国际核心竞争力提升的国家战略，对教师充分信任。教师不是仅仅作为政策的最终执行者，被无情地驱动着耗尽自己的教育激情；相反，他们在包容、信任、尊重的社会环境中尽情发挥教育创造的想象力，自觉、持续地推动芬兰教育的改革和发展。同时，他们鼓励学生自主学习，不断创新，享受学习最本真的快乐。我在与赫尔辛基大学原副校长、芬兰著名的教育家涅米（Niemi）教授对话时，有人问我如何看待中国教育中的减负问题，我脑海里突然冒出了"教育污染"这个概念。它很形象、生动地解释了当前中国教育所面临的困境。

新中国成立以来，我国教育有了很大发展，取得了举世瞩目的成

---

* 原载《中国教育报》，2015年9月15日。

绩，这是毫无疑问的。但社会又对现行的教育制度不满意，朋友聚会都在讨论孩子的教育问题，很多有条件的家长选择将自己的孩子送出国留学，似乎对中国教育丧失了信心。中国教育的问题究竟出在哪儿？我2014年春节期间12天没下楼，写了一篇7万字的文章《中国教育路在何方》，谈的就是这个问题。应该说，每一个家庭都想让自己的孩子接受优质的教育以获得优质的生活。这是无可非议的，因为教育是社会流动的主要途径，是人们改变命运的重要渠道。2015年5月，联合国教科文组织在韩国仁川举办了世界教育论坛，论坛主题就是"教育改变命运"。教育竞争激烈，其实是社会矛盾在教育领域的反映，社会分配不公、就业困难、贫富差距过大、城乡二元结构尚未消除、社会用人制度的学历主义、"学而优则仕"的思想传统、攀比文化、信任危机等，都深刻地影响着学校内部的教育。当然，教育内部也存在很多问题，如我们的教育观念还相对比较落后，人才培养模式相对陈旧，"应试教育"的状况还没有根本改变。一些地方政府、学校和家长只看重升学率，看重考分，破坏孩子自身学习的兴趣和创造力，不顾孩子终身可持续的发展。片面追求升学率是不是可以说是教育领域的"GDP观"？过去我们搞工业，追求GDP，结果污染了环境，现在治理起来要付出很大的代价，北京的雾霾就是典型。如今，以追求"教育GDP"而产生对儿童的危害，是不是也可以称为"教育污染"？它破坏了学生学习本真的快乐和创造力的发挥，影响了教育培养人、发展人的基本功能，使教育不断异化。若不及时治理，未来我们的民族、我们的后代恐怕会付出更大的代价。

　　教育是人类传承文化、培养人才的社会活动，是社会进步、民族振兴的基石，在我国社会主义建设中具有基础性、全局性、先导性的作用。教育更是一个社会系统工程，大家要觉醒起来，要用治理环境污染的决心来治理"教育污染"。我认为，解决这些问题需要从两方面着手：一是转变教育观念；二是建立完善的教育制度，依法治教。

各级政府要转变观念，要把思想统一到中央的精神上来，认真贯彻党的教育方针，把立德树人作为教育的根本任务，不要用升学率、考试成绩来评价学校、评价教师。让教育回归教育本真，全面贯彻教育方针，推进素质教育，使学生得到全面而个性的发展。

家长的观念要转变，不要给孩子预设他的生活和前途，不要拔苗助长，要顺应儿童发展的自然，遵循儿童发展的规律，循序渐进。教师要转变教育观念，树立以人为本、人人成才的观念，热爱每个学生，尊重每个学生，理解和信任每个学生，把学习的选择权交给学生，让学生自主、自动、生动、活泼地生活和学习。

政府要改进教育治理方式，简政放权，克服"教育GDP"的观念，明确学校职责，不要把所有社会责任都加在学校身上。

制度要改革，首先要改革评价制度。不以升学率和考试成绩评价学校和教师，把教师从分数中解放出来。这样教师才能放开手脚，改革人才培养模式，改进教学方法。

"水仙花"教育学[*]

　　每年春节前一个月，福建的朋友就会给我送来几颗水仙花球。这水仙花球犹如洋葱头，起初我并不知道如何处理它。朋友告诉我，要对它进行雕刻，它才能出芽开花。于是，我拿起小时候削铅笔的刀来雕刻，一刀下去，发现把包在里面的嫩芽给切断了，懊丧至极，第一次就此失败。反思之后，我觉得所谓雕刻，就是把像洋葱头一样的水仙花球中包藏着的嫩芽剥开，把它解放出来。于是，我又小心翼翼地一层一层地剥，叮嘱自己千万不能把嫩芽碰坏。我想这下子可算成功了，就放在书桌上等它开花。谁知道，半个月以后，叶子长得老高，花却开不出来。这一下，我傻了眼，怎么会这样？朋友告诉我，水仙喜冷不喜热，要把它放在寒冷的地方，白天吸收阳光的照射，夜里经受寒冷的考验，只要给它浇点水，不用管它，它就会长得很好。于是，我遵照朋友的指导，把雕好的水仙花球放在花盆里，放到阳台上，每天早上去看看，添点水，看它一天天地长起来。果然到春节时，水仙花就盛开了。

　　于是，每年冬天，我最喜欢的一件事就是等着福建的朋友送来水仙花球。雕刻时，一层一层剥下去，露出鲜黄色的嫩芽，我顿时觉得很有成就感；看到它一天天生长，最后花朵盛开，更觉得有成功的喜悦。我

---

*　原载《中国教师》，2016年第3期。

常常把它拍下来，制成贺卡，分送给我的朋友，一同分享水仙花报春的喜悦。

我在想，我们的教育是不是也应该像养水仙花一样，把儿童固有的潜在能力像剥嫩芽似的挖掘出来，让他自由地发展？儿童的好奇心是天生的，儿童的情感是丰富的，但又是很脆弱的。我们对待儿童要像对待水仙花的嫩芽一下，小心谨慎，不能碰伤他。我们要放手让他自由发展，自由成长，不需要大人过多地干预，不需要过多地雕琢。但今天，我们的教育往往违背这个规律，常常把儿童关在温室里，天天去雕琢他（种种教训和要求），结果开不出成功的花来。

让儿童自由发展，并非放任不管，而是要给他提供一个适合的学习环境，并让他在一定的艰苦条件下锻炼。就像水仙花那样，给它适宜的条件——阳光和水，经过寒冷的锻炼，它就会开出美丽的花朵。教师就是阳光和水，天天照看儿童，看到儿童一天天地成长，他们就会充满成就感。

我想，这就是教育的幸福！

还体育以本原[*]

现在一说到体育，人们就想到竞赛，谁得了冠军，谁未能得冠军，讲的都是竞技体育。其实，体育本来是健全身心之教育，是全面发展教育的组成部分。大家都知道，身体是人发展的生理基础，身体不好，什么都谈不上。所以毛泽东对青年说："健康第一。"身体健康，其实包括生理、心理两个方面。体育应该加强这两方面的锻炼。竞技体育是必要的，它可以促进体育事业发展，鼓励运动员追求更强、更快、更美、更灵敏。但能够成为运动员的毕竟只是少数人，而且运动员的成长要在大众体育的基础上涌现。为什么拉美诸国足球踢得那么好？就是因为足球在那里很普及，小孩子都喜爱足球，在大众的基础上就会冒出"球星"来。因此，要在学校普及"三大球"（足球、篮球、排球），我国"三大球"才有希望。

对大众来说，体育主要是增强体质。每个人的身体素质是不同的，对体育的爱好也不同，除了最基本的体能要求外，不能用一个标准来要求。所以，我反对用"应试教育"的办法来测验学生的体育成绩。

体育不仅锻炼生理机能，还锻炼心理，培养健康的精神世界。体育与德育、智育、美育是分不开的。体育要注意与德育、智育、美育结合

---

* 原载《中国体育报》，2015年4月3日。

起来，培养学生的责任心、进取精神、坚韧不拔的精神、与同伴合作的精神，培养对体育的美感等。人有了健康的心理、高尚的精神世界，才是一个真正健康的人。这就是体育文化之所在。

体育锻炼要在青少年时期抓紧，打好身体的基础。到了老年，锻炼就不能太剧烈。我今年已经85岁，身体还灵活，走路很轻松。有人问我锻炼不锻炼？我除了每天做做操和散散步以外，基本不锻炼。我不是反对锻炼，而是主张锻炼主要在青少年时期进行。我小时候身体很弱，体育课的成绩并不好，但我喜欢活动，打乒乓球，特别爱踢足球，课后不到天黑不回家。因此，我很能走路，我的研究生和我走路，有时都跟不上我。前几年我每年都爬山，后来膝盖韧带走坏了。医生说，老年人不能爬山，我这两年才停止爬山。所以我说，青少年要加强体育锻炼，打好生理、心理基础，到老也会很健康。这就是我对体育的看法。

人人都需要学习的教育学*

　　每个人都受过教育，每个父母也都教育过自己的孩子，因此对教育，人人都有发言权。当前大众最关心的就是教育，关心自己子女的教育。教育学就是研究教育是什么、如何进行教育的一门学问。人类产生以后就有教育，老一代人要把生存的经验传授给下一代，这就是教育。

一、教育学如何发展为一门学科

　　研究如何科学地、有效地教育下一代的学问，是人类文明发展到一定阶段才产生的，是一批智者总结了前人的经验归纳出来的。最早的教育论述可追溯到古希腊和我国春秋战国时期。古希腊的苏格拉底、柏拉图、亚里士多德、昆体良等思想家，都在阐明各种社会现象的同时，对教育现象做出各自的解释。

　　中国最早讨论教育的是孔子，《论语》是他教育学生的记录，里面包含了古代教育思想。以后孟子、荀子等都在他们的著作中论述到教育问题。他们有关教育的论述和思想虽然并不系统，而且散落在其他论著之中，但为教育学的产生奠定了基础。世界上最早的教育学著作要数中

* 原载《光明日报》，2015年4月28日。

国古代的《学记》和《大学》、古罗马昆体良的《论演说家的教育》。欧洲文艺复兴以后，教育学逐渐从哲学中分出来，形成独立的知识体系，逐渐发展为一门独立的学科。17世纪初，英国哲学家培根在《学术的进展》和《智慧之球》等著作中就阐明教育学是"讲述和传授的艺术"。17世纪，捷克教育家夸美纽斯从理论上概括了当时欧洲教育的经验，建立了比较完整的教育理论体系。他的著作《大教学论》（1632年）被认为是教育学形成独立学科的开始。

把教育学作为一门学科课程在大学里讲授，始于德国哲学家康德。他于1776年在德国柯尼斯堡大学的哲学讲座中讲授教育学。在同一时代，特拉普于1779年在哈勒大学就任教育学教授，他的《教育学研究》（1780年）是第一本使教育学成为科学的著作。为教育学理论化、科学化做出重大贡献的是19世纪德国教育家赫尔巴特，他先后出版了《普通教育学》（1806年）、《教育学讲授纲要》（1835年），第一次提出要使教育学成为一门科学，并应在伦理学和心理学的基础上建立科学的教育学。马克思主义的诞生，为教育学的科学化开辟了新的道路。马克思主义哲学为科学教育学的建立奠定了科学世界观和方法论基础。马克思、恩格斯还论述了教育与生产力、生产关系的关系，批判资产阶级教育，论述人的全面发展、教育与生产劳动相结合等教育重大问题，为对教育的本质的认识提供了科学根据。

中国虽然在孔子时代就有关于如何给下一代实施教育的思想和论著，但作为一门科学的教育学是从西方传播过来的。最早传入的就是赫尔巴特教育学派，是20世纪初从日本传过来的，包括王国维译、立花铣三郎讲授的《教育学》（1901年）和牧濑五一郎著的《教育学教科书》（1902年）。随后，西方的其他教育学说和著作也陆续传入中国，20世纪20年代又传入了杜威的现代教育学理论。1919—1921年，杜威应他的学生胡适、陶行知、蒋梦麟等之邀，来华讲学达两年零两个月，介绍他的进步主义教育理论。赫尔巴特教育学派以传统教育著称，强调以教师为中心、课本为中心，强调对学生的严格管理。杜威的现代教育学派则强调以儿童为中心，以儿童的经验为基础，主张教育即生长，学校即社会。这两派教育思想都对我国教育产生了重要的影响。新中国成立以后，我们向苏联学习，引进了凯洛夫主编的《教育学》。这本《教育学》的理论实际上继承了传统教育学派的教育思想，强调学科的系统性和基本知识、基本技能的学习和掌握。改革开放以后，大量的西方教育思想流派和课程改革理论传入我国，使我国教育思想呈现多元化的趋势。

二、教育学日益分化，形成教育学科群

19世纪末，随着自然科学和社会科学的分化和发展，各种不同学科展开对教育问题的研究，出现了具有不同价值取向和采用不同研究方法的教育学科，教育学日益分化，出现了各种教育学，形成了教育学科群：以各级教育为对象，出现了各级各类教育分支学科，如学前教育学、初等教育学、中等教育学、职业技术教育学、高等教育学等；以教育过程本身为对象，出现了课程论、教学论、德育论、学科教学论、教育心理学、教育技术学、教育评估与测量、教育管理学等；以教育发展的历史和各国教育的比较为研究对象，有中国教育史、外国教育史、比较教育等；以研究方法和价值取向来分，有教育学与其他学科的交叉学科，如19世纪初期产生了教育哲学，19世纪随着社会学的发展，产生了教育社会学，20世纪60年代产生教育经济学，还有教育法学、教育人类学等交叉学科，形成了一个教育学科群体。教育研究工作者已经不能像20世纪以前那样统领所有教育理论，而只能研究一个教育学分支学科的理论。

三、教师教育体系不断发展变化

教育大计，教师为本。各国都重视教师的专业培养，因此就出现了师范教育。世界上最初的师范教育机构是1681年法国拉萨尔（La Salle）创办的教师训练所。之后欧洲多国建立了相似的机构。1794年，巴黎师范学校正式成立。随着教育的普及，各国在19世纪都办起了师范学校。第一次世界大战以后，随着义务教育年限的延长和对教师学业水平提高的要求，欧美一些国家的师范学校陆续升格为师范学院。20世纪中期，由于同样的原因，许多发达国家把师范学院并入大学或文理学院，于是师范学院就出现了两种类型的体系：一种是教师在专门的师范学院定向培养，称为封闭型师范教育体系；另一种是先在大学本科学习，毕业后到大学的教育学院学习教育理论和参加教育实习，考试合格后成为教师，称为开放型师范教育体系。但不管什么类型培养教师，师范生都需要学习教育学，了解教育法则和方法，养成教师应有的品质。

我国师范教育起步较晚，但起点较高。第一所师范学校是1897年盛宣怀在上海创办的南洋模范学校中的师范馆。1902年，京师大学堂设立师范馆，这是北京师范大学的前身，是我国高等师范教育的肇始。新中国成立后，我国学习苏联，建立了培养幼儿园教师和小学教师的中等师范学校、培养初中教师的高等师范专科学校、培养高中教师的师范学院和师范大学，还有各级教师继续教育的教育学院和进修学校的一整套师范教育体系。我国随着教育的普及和发展，1999年开始进行师范教育的改革，提出采取开放型的教师教育体系，即其他大学也可以培养教师，通过教师资格证书考试成为教师。同时，为了提高小学教师的水平，中师升格为师专或撤销。这次改革缺乏科学论证，冲击了师范教育体系。许多师范院校转化为综合大学，而综合大学和其他高等学校并没有参加教师的培养，从而使师范教育资源大量流失。特别是中等师范学校的撤销，严重地削弱了小学教师的培养。原来的中师都提前招生，生源都是初中毕业的优秀学生，而现在师专招来的新生却是高考第三批录取的。再加上高中毕业生可塑性不如初中生，不能适应小学教师需要知识面宽广、能歌善舞的要求。现在许多师范院校设立小学教师本科专业，学历是提高了，但如何培养，值得研究。

四、教育学是教师教育专业的必修课

师范生通过学习教育学，了解教育规律和法则，了解儿童青少年成长发展的规律，掌握教书育人的本领。高等师范教育的专业，除教育学专业学习教育学科的专业知识外，一般都是按照中学的课程科目设立的，如设有中国语言文学、历史、政教、外语、数字、物理、化学、生物、地理、教育技术（信息技术）、体育、音乐、艺术等，有的院校设有学前教育专业、小学教育专业、特殊教育专业。不论哪一个专业，都要学教育学、心理学、学科教学论（包括学科课程理论、课程标准、教材、教学方法），都要进行教育实习，使学到的学科知识和教育理论能够运用于实际。教育学必修课主要学习教育科学的基本理论，学生也可以选学教育学科群中的其他学科。

学习教育学，首先要解决教育观念问题，树立正确的教育价值观、人才观、学生观等。《国家中长期教育改革和发展规划纲要（2010—2020年）》提出："树立全面发展观念，努力造就德智体美全面发展的高素质人才。树立人人成才观念，面向全体学生，促进学生成长成才。树立多样化人才观念，尊重个人选择，鼓励个性发展，不拘一格培养人才。树立终身学习观念，为持续发展奠定基础。树立系统培养观念，推进小学、中学、大学有机衔接……"

学习教育学，要让师范生正确认识教师的职业和特点，树立献身教育事业的理想，养成高尚的师德，热爱每一个学生，相信每一个学生，尊重每一个学生。

学习教育学，使师范生掌握教书育人的技能，掌握课程标准的要求和教材的内容、本质，学会整合各种教育资源，学会设计适合学生学习的教学设计方案，学会与学生交流沟通，了解和研究学生的情况，因材施教等。

五、家长也要学点教育学

家庭是孩子生活的主要场所，父母是孩子的第一任老师。婴儿呱呱坠地，首先接触的是父母，向父母学习表情、语言，因此，家庭教育特别重要。儿童0～3岁养成的习惯，他们一辈子也忘不了，可是，当前家庭教育中存在许多认识误区。

误区之一，过早地、不加区分地要求孩子学习知识。儿童成长有一定的阶段性，超越儿童发展的阶段性，不仅不能促进儿童的成长，反而会损害他的成长。我国古时候就懂得这个道理，即不能"揠苗助长"。

误区之二，只重视孩子知识的增长，忽视人格的培养。现在幼儿园小学化的倾向十分严重，许多家长都要求幼儿园教识字、教数学，不注意儿童行为习惯和人格品德的养成。其实，幼儿时期儿童的可塑性最强，从小培养他们良好的行为习惯和人格品德可以使他们受益一辈子。有的家长说："为了孩子将来的幸福，只好牺牲童年的幸福。"但是，如果缺乏健全的人格，没有童年的幸福，也不会有将来的幸福。

误区之三，认为学习越多越好，练习越多越好，因此，买许多课外辅导材料，上各种补习班，把孩子的所有时间都占据了。其实，学习是有规律的、有方法的，关键是要教会学生学习，能够理解学习的基本概念，掌握学习的基本方法，能举一反三。

误区之四，不知道怎样爱孩子。有的父母对孩子溺爱，满足孩子所有的要求，造成孩子以自我为中心的心理；有的父母对孩子过于严厉，甚至施加暴力，以为这都是为了孩子好，其实，这都不符合教育规律，容易让孩子形成扭曲的性格，不利于孩子健康地成长。所以，我建议，家长要学点教育学，懂得儿童青少年成长的规律，掌握科学的育儿方法，配合学校，共同把孩子培养成才。

后　记

　　2013年我总算完成了《中国教育大百科全书》的编纂工作，与池田大作的对话录《和平之桥：畅谈人间教育》中文版也于2014年年初面世。我想，我应该搁笔了。我已是耄耋之年，视力又不好，无法阅读现在浩如烟海的书，也没有什么新思想。我对自己说，搁笔吧，不再写作了。但是最近一个时期，无论在亲戚的餐桌上，还是在朋友的聚会上，教育总是最热门的话题，有说不完的问题和意见，我不由得又有了写作的冲动，想把我想到的意见写出来，供大家参考也好，批判也好。总之，我搞了一辈子教育，肚子里有许多话，想一吐为快，于是利用2014年春节期间写了《中国教育路在何方：顾明远教育漫谈》这篇文章。这不是学术论文，是一次漫谈，是讲讲教育的故事。其实，这些内容早已有之，在过去的拙文中都写到过，这次只是稍微系统化一些而已，没有什么新内容，唱的还是老调子。该文于《中国教育科学》2014年第3辑首发，后经压缩、修改，转载于《课程·教材·教法》2015年第3期，《新华文摘》2015年第13期又全文转载。其他报刊和网站也纷纷转载或摘要刊发。为了进一步满足读者需要，人民教育出版社决定于世界比较教育大会在中国召开期间出版该文的单行本。本书上编是这篇长文，下编是我最近几年发表的与中国教育改革直接相关的文章。希望大家继续批评指正。

顾明远

2014年9月初稿　2016年8月改定

图书在版编目(CIP)数据

顾明远文集/顾明远著．—北京：北京师范大学出版社，
2018.10

ISBN 978-7-303-23976-4

Ⅰ．①顾… Ⅱ．①顾… Ⅲ．①教育理论－理论研究－中国－现
代－文集 Ⅳ．①G52-53

中国版本图书馆CIP数据核字（2018）第176353号

营　销　中　心　电　话　010-58805072 58807651
北师大出版社高等教育与学术著作分社　http://xueda.bnup.com

GUMINGYUAN WENJI

出版发行：北京师范大学出版社 www.bnup.com
　　　　　北京市海淀区新街口外大街 19 号
　　　　　邮政编码：100875
印　　刷：北京盛通印刷股份有限公司
经　　销：全国新华书店
开　　本：710 mm×1000 mm　1/16
印　　张：27.5
字　　数：352 千字
版　　次：2018 年 10 月第 1 版
印　　次：2018 年 10 月第 1 次印刷
定　　价：1980.00 元（全 12 册）

策划编辑：陈红艳　　　　　　　责任编辑：周　鹏
美术编辑：李向昕　　　　　　　装帧设计：王齐云　李向昕
责任校对：段立超　陈　民　　　责任印制：马　洁